上海市『十二五』重点图书
本书由上海文化发展基金会图书出版专项基金资助出版

唐宋笔记选注

下

倪进 选注

上海教育出版社

序一

看到《笔记选注》这样的书，有读者也许会有陌生感。他们熟悉的是《古诗文选注》之类的书目，对笔记不太了解。其实，笔记可是中华文化府藏中的一大宗财宝。

于今被称为“笔记”的，是指古人的随笔杂记类著作。其中多为对轶事琐闻的记述，也有考订辨证等议论。因为是随手记录所见所闻所思所想，所以与写作时即准备公之于世的反复推敲的文章，自然会有所不同。笔记更为广泛地反映社会生活，记录当时难以见于史书文集的细节，对今人更为具体地了解古代社会的政治、经济、文化等各个方面，是大为有益的。笔记能较为自由地表达作者的思想情绪，而存世文集中的文字，往往由于种种顾忌，不如笔记率性真实。笔记中流露出的真思想真感情，可以让我们更为感性地体味那个时代士人的精神状态。笔记多为信笔著录，较少字斟句酌，不大会刻意模仿经传史汉，因而其语言较之有为而作的文字，往往显得生动活泼，也会在不经意中用上了当时的鲜活的语词，是我们了解语言变迁的重要资料。

笔记有如此之价值，然而尚未得到充分的关注。以“选注”而言，本人孤陋寡闻，仅见20世纪50年代吕叔湘的《笔记文选读》，不过七万馀字的小册子而已。试想，历代的笔记，汗牛充栋，今日之读者，何从下手？故而出版一部历代笔记选注，乃是极有价值和极为迫切的事情，确实可以称之为填补空白。应感谢倪进先生，感谢上海教育出版社，办成了这件大事。

倪进先生长期从事古代文学、文艺学的教学和研究，以他的学力，任笔记之选注，实在恰当不过。选注之难，首先在“选”。须于海量的笔记中选取若干种，再须于每种之中选取若干则，这固然耗费时间和精力，但更要有眼光。倪君的取舍标准，将思想性、学术性与趣味性结合成一体。我敢说，诸位将此书逐篇读完，不会感到某篇选录不当。倪君的判断力是可以信赖的。

上海人称赞办事认真,常说“一点一画”,即一丝不苟。倪君写东西,可真是“一点一画”,相当之慢。五六年前,就听说他有选注历代笔记的计划,由唐迄清,以后凡见面,必定询问著述进度,这当然有催促之意。现在看到书稿,不得不承认,慢工出细活。此书的注释,史实典故,名物训诂,无不考订翔实,申说清晰,且多有创获。如陆游为其前妻所作《钗头凤》词、《沈园》诗,注家多本《齐东野语》诸书,断唐氏为陆游表妹,且有确指其名为“琬”者。倪君对《齐东野语》“放翁钟情前室”一则之注释,考辨甚详,足证陈说之不确。又若《兰亭帖》如何为唐太宗所得,《南部新书》选注引《隋唐嘉话》《书法要录》等以供参考,注文篇幅为原文之数倍,故事亦生动,平添不少阅读趣味。司马光《涑水记闻》素负盛名,“杯酒释兵权”的故事即首见于此书,学界或以为并非信史,但如此著名的历史故事,毕竟值得一读。其中“以散官就第”一语,读过未必留心,倪君竟将它拈来并加上长注,且把极为复杂的宋代官制陈说了个大概,举重若轻,亦启发读者如何于不疑处生疑。倪君注释,注重与史籍及前后笔记相互印证,每每指示与史合与不合,用工颇深。语词训释亦有如是佳例。若“东坡言勾当自家事”篇,有“只且第一五更起”句,注释曰:“只且,宋人习用语,犹言‘就该’。”之后列举《近思录》一例、《朱子语类》两例为证;又引《诗经》中“只且”作比较,以免读者误读误解。“只且”这样的语词,在阅读时是极容易被忽略的,遍查手头的辞书亦未见,而宋人习用语之说,或为倪君之创获耶。这样的例子,书中还有很多。

在本文的末尾,照例要对这部选注作些批评。考虑到现今社会大众文言阅读能力的实际情况,就该书总体而言,愚以为对语言文字的解说疏通尚嫌太少。这对读者群的扩大,也许会有不利影响,修订再版之时,或可考虑适当增补。以上仅供倪进先生及出版社参考而已。

蒋人杰

2014 年 11 月

序二

中国古代笔记是一份丰厚的文化学术遗产，是人文学科、社会学科乃至自然学科研究的重要资料来源。长期以来，国内学术界就十分重视古代笔记的整理，陆续出版了一系列作品。如近几年中华书局的《历代史料笔记丛刊》、上海师范大学古籍所的《全宋笔记》等。但是，古代笔记卷帙浩繁，即使专门治学者也很难得窥全豹，何况普通读者和青年学子。因此，从继承和光大中华文化的意义出发，出版一部分量适中的选注本，是非常必要的，也是适应当今社会需求的。

《历代笔记选注》可以说填补了这方面的空白。从所选书目看，注意到题材的多样性，有助于读者全面了解古代笔记的丰富内容，能够激发他们阅读、研究中国古代典籍的兴趣。从选文标准看，作者的取舍坚持了传承文明、陶冶情操的原则，去除了古代笔记中掺杂的不良记载，说明其立意的雅正，同时还注意到作品思想性与可读性的统一。而在注释方面，恐怕是作者最为用心的地方。不难看出，作者对古代笔记中的名物故实、语词典章等，花费了大量功夫和精力进行爬梳抉理、考订辨证，并在吸收前人与今人研究成果的基础上渐出己意、自成一家，以科学的笺注方法保证了该书的学术价值。

孙玉文

2014 年 11 月

凡例

一、所选笔记均据中华书局《历代史料笔记丛刊》点校本。

二、选文取舍依李肇《国史补自序》:“纪事实,探物理,辨疑惑,示劝戒,采风俗,助谈笑”则取之;“言报应,叙鬼神,征梦卜,近帷箔”则去之。旨在芟其芜杂,扬其菁华。

三、所选作者作品首次出现时,作简要介绍和评价。

四、选文注释以名物制度、史实人物、词章典故为主,亦兼及天文地理、风土习俗等内容。

五、选文原有标题者一仍其旧,无标题者均加拟标题,另标注阿拉伯数字为序。选文皆注明原卷数,以备查检。

目录

石林燕语

［宋］叶梦得

《石林燕语》十卷，宋叶梦得撰。梦得字少蕴，号石林居士，吴县（今江苏苏州市）人。绍圣四年（1097）登进士第。大观初，任起居郎，累迁翰林学士，以龙图阁直学士知汝州。南渡后，除户部尚书，迁尚书左丞。绍兴八年（1138），除江东安抚制置大使，兼知建康府，行宫留守。因致力长江防务，积极筹措军饷，诏加观文殿学士，移知福州兼福建安抚使，寻拜崇信军节度使致仕。十八年卒于湖州，赠检校少保。著述有《春秋传》二十卷、《春秋考》十六卷、《春秋谳》二十三卷等。

据本书自序，宣和五年（1123），作者避居于湖州卞山之石林谷，每与故人亲戚相过纵谈，内容「多故实旧闻，或古今嘉言善行」，「偶遇笔札，随辄书之」；至建炎二年（1128），令其子栋「裒集为十卷，以《石林燕语》名之」。《四库全书总目提要》曰：「故是书纂述旧闻，皆有关当时掌故，于官制科目言之尤详，颇足以补史传之阙。」然是书之成，「当南北宋间，戈甲倥偬，图籍散佚，或有记忆失真、考据未详之处」，亦在所难免。

选文标题为编者所拟。

1. 太祖英武大度

太祖英武大度,初取僭伪诸国[①],皆无甚难之意。将伐蜀[②],命建第五百间于右掖门之前,下临汴水,曰:"吾闻孟昶族属多,无使有不足。"昶既俘,即以赐之。召李煜入朝,复命作礼贤宅于州南,略与昶等。尝亲幸视役,以煜江南嘉山水,令大作园池,导惠民河水注之。会煜称疾,钱俶先请觐,即以赐俶[③]。二居壮丽,制度略侔宫室[④]。是时,诸国皆如在掌握间矣。昶居后为尚书都省,俶居至钱思公惟演,亦归有司,以为冀公宫锡庆院[⑤],今太学其故地也。(卷一)

【注释】

① 僭伪诸国:指五代时十国。宋朝建立后,按灭亡顺序尚有荆南(963)、后蜀(965)、南汉(971)、南唐(975)、吴越(978)、北汉(979)诸国。

② 蜀:后蜀国。五代时十国之一。后唐同光三年(925),孟知祥为西川节度使,应顺元年(934)称帝,国号蜀,建都成都,史称"后蜀"。当年,孟知祥死,子孟昶继位。宋太祖乾德三年(965),宋军入蜀,孟昶降,后蜀亡。

③ 即以赐俶:据宇文绍奕《石林燕语考异》:"礼贤宅在京城南,钱俶入觐太祖,以此馆之。至太宗初,俶纳土始赐焉,非俶先请觐即赐也。"

④ 略侔:大致相等。

⑤ 冀公宫锡庆院:冀公,王钦若,字定国,临江军新喻(今江西新余市)人。真宗朝官至左仆射兼中书侍郎同平章事。后以太子太保出判杭州。仁宗立,复为相,封冀国公。锡庆院,宋为接待外国使节之馆所。据《文献通考》卷四十二:"庆历四年(1044),判国子监王拱辰等言:'首善自京师。汉太学二百四十房,千八百馀室,生徒三万人;唐学舍亦千二百间。今国子监才二百楹,不足以容学者,请以锡庆院为太学。'从之。明年,三司言更造锡庆院乏财费多,而北使锡宴之所不可阙,乃复以太学为锡庆院。"又《历代制度详说》卷二:"庆历四年,以锡庆院为大学。五年,以马军都虞候公宇为太学。熙宁四年(1071),复以锡庆院为大学。"锡庆院实与礼贤宅相邻。《汴京遗迹志》卷三:"建隆中,艺祖于南宫城立太学,后为国子监。真宗以书库迫隘,易其邻钱俶居第中隙地十步以益之,设斋凡二十,每斋有炉亭。仁宗庆历六年,诏以锡庆院益之。大中祥符五年(1012)建阁,藏太宗御书。东有礼贤宅。"钱惟演献礼贤宅,见《直斋书录解题》卷七:"祥符八年四月,荣王宫火一日二夜,所焚屋宇二千馀间,左藏内藏香药诸库,及秘阁史馆,香闻数十里。三馆图籍,一时俱尽,大风或飘至汴水之南。惟演献礼贤宅,以处诸王。"

2. 韩魏公烛焚御封

韩魏公为英宗山陵使[①]。是时,两宫常为近侍奸人所间[②]。一日侵夜[③],忽有中使持帘帷御封至[④],魏公持之久不发,忽自起赴烛焚之。使者惊恳曰:“有事当别论奏,安可辄焚御笔?”公曰:“此某事,非使人之罪也,归但以此奏知。”卒焚之。有顷,外传有中使再至,公亟出迎问故。曰:“得旨追前使人,取御封。”公曰:“不发,焚之矣。”二使归报,慈圣叹息曰[⑤]:“韩琦终见事远,有断。”(卷一)

【注释】

① 韩魏公为英宗山陵使:据宇文绍奕《石林燕语考异》:“英宗当作仁宗。”又据《宋史·韩琦传》:“英宗嗣位,以琦为仁宗山陵使,加门下侍郎,进封卫国公。”

② 两宫:此指太后和皇帝。

③ 侵夜:入夜。

④ 帘帷御封:太后旨令。

⑤ 慈圣:仁宗慈圣光献曹皇后。英宗即位,尊为皇太后。

3. 太祖令有司造第以赐郭进

郭进守雄州[①],太祖令有司造第于御街之东,欲以赐之。使尽用瓸瓦[②]。有司言:非亲王、公主,例不应用。太祖大怒,曰:“进为我捍契丹十馀年,使我不忧西山,岂不可比我儿女?”卒用之,宅成以赐。进屡辞,乃敢受。太平兴国中,始别赐进宅。或以为因展修相国寺[③],并入为寺基也。(卷三)

【注释】

① 郭进:深州博野(今河北蠡县)人。后汉、后周武将,曾任乾、坊、磁、登诸州刺史。宋初随太祖征河东,有战功,充西山巡检。 雄州:治今河北保定市雄县。

② 瓸(tóng)瓦:即筒瓦。半圆筒形瓦。

③ 展修:扩建。

4. 文潞公摄生有道

元丰末，文潞公致仕归洛，入对时，年几八十矣。神宗见其康强，问其“摄生亦有道乎[①]”，潞公对：“无他，臣但能任意自适，不以外物伤和气，不敢做过当事，酌中恰好即止[②]。”上以为名言。（卷三）

【注释】

① 摄生：养生；保养身体。

② 酌中：折中；适中。

5. 王荆公押名作圈不圆

唐人初未有押字[①]，但草书其名以为私记，故号“花书”，韦陟“五云体”是也[②]。余见唐诰书名，未见一楷字。今人押字，或多押名，犹是此意。王荆公押“石”字，初横一画，左引脚，中为一圈。公性急，作圈多不圆，往往窝匾[③]，而收横画又多带过。常有密议公押“歹”字者，公知之，加意作圈。一日书《杨蟠差遣敕》，作圈复不圆，乃以浓墨涂去，旁别作一圈，盖欲矫言者[④]。杨氏至今藏此敕。（卷四）

【注释】

① 押字：犹今之签字。参见第313页第9则注释⑤。

② 五云体：亦称“五朵云”。唐韦陟用草书署名，书“陟”字若五朵云，故名。据段成式《酉阳杂俎续集》卷三：“（韦陟）每令侍婢主尺牍，往来复章，未常自札，受意而已。词旨轻重，正合陟意。而书体遒利，皆有楷法，陟唯署名。尝自谓所书‘陟’字，如五朵云。当时人多仿效，谓之郇公‘五云体’。”韦陟，字殷卿，京兆万年（今陕西西安市）人。开元中袭郇国公，累官吏部尚书。

③ 窝匾：不圆貌。匾，同“扁”。

④ 矫言：此指矫正之字。

6. 太祖戏李煜诵诗

江南李煜既降，太祖尝因曲燕问[①]：“闻卿在国中好作诗”，因使举其得意者一联。煜沈吟久之，诵其咏扇云："揖让月在手[2]，动摇风满怀。"上曰："满怀之风，却有多少？"他日复燕煜，顾近臣曰："好一个翰林学士。"（卷四）

【注释】

① 曲燕：私宴。多指宫中之宴。燕，通"宴"。

② 揖让：本指宾主相见之礼。此处用来形容摇扇动作似人行礼。

7. 太祖放钱俶归以结其心

吴越钱俶初来朝[1]，将归，朝臣上疏请留勿遣者数十人。太祖皆不纳，曰："无虑。俶若不欲归我，必不肯来，放去适可结其心。"及俶辞，力陈愿奉藩之意[2]。太祖曰："尽我一世，尽你一世[3]。"乃出御封一匣付之，曰："到国开视，道中勿发也。"俶载之而归，日焚香拜之。既至钱塘，发视，乃群臣请留章疏。俶览之泣下，曰："官家独许我归，我何可负恩？"及太宗即位，以尽一世之言，遂谋纳土[4]。（卷四）

【注释】

① 钱俶初来朝：开宝九年（975）二月，钱俶携妻子来朝，四月归。参见第245页第29则注释①。

② 奉藩：谓归顺称臣。

③ 尽我一世，尽你一世：意谓有我一生，就有你一生。

④ 纳土：献出领土。谓归顺。太平兴国三年（978）三月，俶来朝。四月，上表乞解罢所封吴越国王，及天下兵马大元帅职名，诏不许。五月，再上表，愿以所管十三州献于阙下，诏答"所请宜依"，"封俶为淮海国王，仍改赐宁淮镇海崇文耀武宣德守道功臣，即以礼贤宅赐之"。

8. 太祖命曹彬讨江南面授处分

太祖初命曹武惠彬下江南[1]，潘美副之。将行，赐燕于讲武殿。酒三行，彬等起跪于榻前，乞面授处分[2]。上怀中出一实封文字，付彬曰："处分在其间。自潘美以下有罪，但开此，径斩之，不须奏禀。"二臣股栗而退。讫江南平，无一犯律者。比还，复赐燕讲武殿。酒三行，二臣起跪于榻前："臣等幸无败事，昨面授文字不敢藏于家[3]。”即纳于上前。上徐自发封示之，乃白纸一张也。上神武机权如此。初特以是申命令，使果犯而发封，见为白纸，则必入禀；及归而视之，又将以见初无轻斩之意。恩威两得，故虽彬等无不折服。（卷五）

【注释】

① 曹武惠彬：曹彬，宋初大将。参见第217页第3则注释①。

② 处分：处置策略或措施。

③ 昨：以前；过去。

9. 枝头干

元祐初，用治平故事，命大臣荐士试馆职，多一时名士，在馆率论资考次迁[1]，未有越次进用者，皆有滞留之叹[2]。张文潜、晁无咎俱在其间。一日，二人阅朝报[3]，见苏子由自中书舍人除户部侍郎，无咎意以为平，缓曰：“子由此除不离核[4]。”谓如果之黏核者。文潜遽曰：“岂不胜汝枝头干乎[5]？”闻者皆大笑。东北有果如李，每熟不得摘，辄便槁，土人因取藏之，谓之“枝头干”，故云。（卷五）

【注释】

① 论资考次：按资历查考编次。

② 滞留：指长久不得官职或升迁。

③ 朝报：朝廷公报。刊载诏令、奏章及官员任免等事。

④ 不离核：指果肉黏附果核。以喻官职变迁不大。文中苏辙自中书舍人迁户部侍郎，品级由正四品升为从三品。

⑤ 枝头干：喻指人才不得任用而闲置。

10. 卢多逊素与赵普不协

卢相多逊，素与赵韩王不协，韩王为枢密使，卢为翰林学士。一日，偶同奏事，上初改元乾德，因言此号从古未有，韩王从旁称赞。卢曰：“此伪蜀时号也[1]。”帝大惊，遂令检史，视之果然。遂怒，以笔抹韩王面，言曰：“汝争得如他多识[2]！”韩王经宿不敢洗面。翌日奏对,帝方命洗去。自是隙益深。以及于祸[3],多逊《朱崖谢表》,末云:"班超生入玉门[4],非敢望也;子牟心存魏阙[5],何日忘之?"天下闻而哀焉。(卷七)

【注释】

① 伪蜀:指前蜀,五代时十国之一。乾德(919—924)为后主王衍年号。乾德年号事,又载欧阳修《归田录》卷一,所叙不一,参见第131页第6则。

② 争得:怎得;怎么(才)能够。

③ 以及于祸:据《宋史·卢多逊传》,太平兴国中,卢任兵部尚书,尝密遣堂吏交结秦王廷美,事发,太宗怒,削夺其官爵封赠,一家亲属配流崖州(朱崖军,治今海南三亚市崖城镇)。雍熙二年(985)卒于流所,年五十二。

④ 班超生入玉门:班超,东汉名将。字仲升,扶风安陵(今陕西咸阳市东北)人。班固之弟。镇守西域三十一年,战功卓著。永元三年(91),任西域都护。十二年,自以久在绝域,年老思土,上疏乞归,有云:"臣不敢望到酒泉郡,但愿生入玉门关!"十四年八月,返洛阳,九月卒,年七十一。(见《后汉书·班超传》)

⑤ 子牟心存魏阙:魏牟,战国时人。即魏"公子牟",因封于中山,亦称中山公子牟。尝云:"身在江海之上,心居乎魏阙之下。"(见《吕氏春秋·审为》)魏阙,古代宫门两侧高台,其下为悬布法令之所,因以为朝廷之代称。

11. 王祐以百口保符彦卿[1]

太祖与符彦卿有旧,常推其善用兵,知大名十馀年。有告谋叛者,亟徙之凤翔,而以王晋公祐为代,且委以密访其事。戒曰:"得实,吾当以赵普所居命汝。"面授旨,径使上道。祐到,察知其妄,数月无所闻。驿召面问[2],因力为辩曰:"臣请以百口保之[3]。"太祖不乐,徙祐知襄州,彦卿竟亦无他。祐后创居第于曹门外[4],手植三槐于庭曰:"吾虽不为赵普,后世子孙必有登三公者。"已而,魏公果为太保[5]。欧阳文忠作《王魏公神道碑》,略载此语,而《国史》本传不书。余尝亲见其家子弟言之。(卷七)

【注释】

① 王祐:"祐"乃"祜"之误。王祜,字景叔,大名莘(今山东聊城市莘县)人。宋初,累官监察

御史、殿中侍御史、知制诰,加集贤院修撰转户部员外郎,后知潞州(治今山西长治市),不久代符彦卿镇大名(今属河北)。　符彦卿:后周旧将,镇大名;宋太祖称帝,归附,加守太师。

② 驿召:以驿马传召。

③ 百口:全家;近亲一族。此句意谓愿用全家性命担保他。

④ 曹门:位于东京旧城东。出曹门经南斜街、北斜街至牛行街,即王氏居第。参见第468页第2则注释③。

⑤ 魏公:即王旦,王祐次子。真宗朝曾任宰相,卒谥文正,赠太师、尚书令、魏国公。

12. 赵清献不恤私怨

赵清献为御史[1],力攻陈恭公,范蜀公知谏院,独救之。清献遂并劾蜀公党宰相[2],怀其私恩;蜀公复论御史以阴事诬人[3],是妄加人以死罪,请下诏斩之,以示天下。熙宁初,蜀公以时论不合求致仕,或欲遂谪之,清献不从。或曰:"彼不尝欲斩公者耶?"清献曰:"吾方论国事,何暇恤私怨[4]。"方蜀公辩恭公时,世固不以为过,至清献之言,闻者尤叹服云。(卷七)

【注释】

① 赵清献:赵抃,谥清献。参见第173页第39则注释②。

② 党:(为谋私利)结成朋党或同伙。

③ 阴事:隐私;不可告人的私事。

④ 恤:顾及;顾念。

13. 苏子瞻应试所引不讲出处

苏子瞻自在场屋[1],笔力豪骋,不能屈折于作赋。省试时,欧阳文忠公锐意欲革文弊,初未之识。梅圣俞作考官,得其《刑赏忠厚之至论》,以为似《孟子》。然中引皋陶曰"杀之三"[2],尧曰"宥之三",事不见所据,亟以示文忠,大喜。往取其赋,则已为他考官所落矣,即擢第二[3]。及放榜,圣俞终以前所引为疑,遂以问之。子瞻徐曰:"想当然耳,何必须要有出处?"圣俞大骇,然人已无不服其雄俊。(卷八)

【注释】

① 苏子瞻自在场屋：指嘉祐二年(1057)春，苏轼举进士，赴试礼部。

② 皋陶(gāo yáo)：一作咎繇。传说中东夷族首领。偃姓。相传曾被舜任为掌管刑法的官，后被禹选为继承人，早死未继位。

③ 即擢第二：据王宗稷《苏文忠公年谱》："嘉祐二年丁酉，先生年二十二，赴试礼部，馆于兴国寺浴室院。时欧阳文忠公考试，得先生《刑赏忠厚之至论》，以为异人，欲冠多士，疑曾子固所为。子固，文忠门下士也。乃置先生第二，复以《春秋》对义居第一。及殿试章衡榜中进士乙科，始见知于欧阳公及韩魏公、富郑公，皆待以国士。"

14. 梅圣俞作《灵乌》二赋

范文正公始以献百官图讥切吕申公[①]，坐贬饶州。梅圣俞时官旁郡，作《灵乌赋》以寄，所谓"事将兆而献忠，人返谓尔多凶[②]"，盖为范公设也。故公亦作赋报之，有言"知我者谓吉之先，不知我者谓凶之类"。及公秉政，圣俞久困，意公必援己，而漠然无意，所荐乃孙明复、李泰伯。圣俞有违言[③]，遂作《灵乌后赋》以责之。略云："我昔闵汝之忠[④]，作赋吊汝；今主人误丰尔食，安尔巢，而尔不复啄叛臣之目[⑤]，伺贼垒之去[⑥]，反憎鸿鹄之不亲，爱燕雀之来附。"意以其西帅无成功[⑦]。世颇以圣俞为隘。(卷九)

【注释】

① 范文正公献百官图句：指范仲淹以吏部员外郎权知开封府时，因忤宰相吕夷简而遭放逐事。据《宋史·范仲淹传》："时吕夷简执政，进用者多出其门。仲淹上《百官图》，指其次第曰：'如此为序迁，如此为不次，如此则公，如此则私。况进退近臣，凡超格者，不宜全委之宰相。'夷简不悦。他日，论建都之事，仲淹曰：'洛阳险固，而汴为四战之地，太平宜居汴，即有事必居洛阳。当渐广储蓄，缮宫室。'帝问夷简，夷简曰：'此仲淹迂阔之论也。'仲淹乃为四论以献，大抵讥切时政，且曰：'汉成帝信张禹，不疑舅家，故有新莽之祸。臣恐今日亦有张禹，坏陛下家法。'夷简怒诉曰：'仲淹离间陛下君臣，所引用，皆朋党也。'仲淹对益切，由是罢知饶州。" 吕申公：此指吕夷简。景祐二年(1035)，夷简自门下侍郎兼吏部尚书平章事，加右仆射，封申国公。

② 返：反而。此二句借灵乌喻仲淹直言获罪。

③ 违言：此指违恨、失合之言语。

④ 闵：哀怜，怜悯。

⑤ 叛臣：指西夏元昊。宋宝元元年（1038），元昊称帝，都兴庆府（今宁夏银川市）。宋称之为西夏。

⑥ 贼垒：敌方军营。

⑦ 西帅无成功：镇守西部边防未能建功。据《宋史·范仲淹传》：仲淹既贬饶州，"岁馀，徙润州，又徙越州。元昊反，召为天章阁待制、知永兴军，改陕西都转运使。会夏竦为陕西经略安抚招讨使，进仲淹龙图阁直学士以副之。……延州诸寨皆失守，仲淹自请行迁户部郎中兼知延州"。苦心经营边防，数年乃定。进枢密直学士、右谏议大夫，仲淹以军出无功辞。后与韩琦、王沿、庞籍分领陕西路安抚经略招讨使，未几除参知政事。参见第 373 页第 5 则注释③。

15. 哲宗不以契丹使仪状为异

哲宗初即位[①]，契丹吊哀使入见。蔡持正以虏大使衣服与在廷异[②]，上春秋少，恐升殿骤见或惧，前一日奏事罢，从容言其仪状[③]，请上勿以为异，重复数十语皆不答。徐俟语毕，忽正色问："此亦人否？"确言："固是人类，但夷狄耳。"上曰："既是人，怕他则甚[④]？"持正竦然而退。（卷九）

【注释】

① 哲宗即位：元丰八年（1085）三月，神宗崩，哲宗即位，年仅八岁。

② 蔡持正：蔡确，字持正，泉州晋江（今福建泉州市）人。元丰五年（1082），拜尚书右仆射兼中书侍郎，屡兴罗织之狱。入《宋史·奸臣传一》。

③ 仪状：仪容形状。

④ 则甚：犹言做什么。

16. 政和末禁命官传习诗赋

政和末，李彦章为御史，言士大夫多作诗，有害经术，自陶渊明至李、杜，皆遭诋斥，诏送敕局立法[①]。何丞相执中为提举官[②]，遂定命官传习诗赋，杖一百。是岁，莫俦榜，上不赐诗而赐箴。未几，知枢密院吴居厚喜雪，御筵进诗，称"口号"[③]。自是上圣作屡出，士大夫亦不复守禁。或问何立法之意，何无以对，乃曰："非为今诗，乃旧科场诗耳。"（卷九）

【注释】

① 敕局：宋内廷承旨撰制法律条例机构。

② 提举：官名，原意为"管理"。宋设主管专门事务职官，即以"提举"命名。敕局设提举，宰相兼；同提举，执政兼。

③ 口号：表示随口吟成。与"口占"相似。

17. 苏魏公辞相

苏魏公为宰相[1]，因争贾易复官事，持之未决。御史杨畏论苏故稽诏令[2]，苏即上马乞退，请致仕。吕微仲语苏："可见上辩之，何遽去?"苏曰："宰相一有人言，便为不当物望[3]，岂可更辩曲直?"宣仁力留之，不从，乃罢以为集禧观使[4]。自熙宁以来，宰相未有去位而留京师者，盖异恩也。绍圣初，治元祐党人，凡尝为宰执者无不坐贬，惟子容一人独免。(卷十)

【注释】

① 苏魏公：苏颂，字子容，泉州南安(今福建南安市东)人。第进士。元祐七年(1092)，拜右仆射兼中书门下侍郎。据《宋史》本传："颂为相，务在奉行故事，使百官守法遵职，量能授任，杜绝侥幸之原，深戒疆场之臣邀功生事，论议有未安者，毅然力争之。贾易除知苏州，颂言：'易在御史名敢言，既为监司矣，今因赦令反下迁为州，不可。'争论未决。谏官杨畏、来之邵谓稽留诏命。颂遂上章辞位，罢为观文殿大学士、集禧观使。"

② 故稽：故意拖延。

③ 物望：人望；众望。

④ 集禧观使：宫观使名。参见第209页第23则注释⑦。

18. 台府吏习

熙宁以前，台官例少贬责，间有补外者[1]，多是平出，未几复召还。故台吏事去官，每加谨焉[2]，其治行及区处家事[3]，无不尽力。近岁台官进退既速，贬责复还者无几，然吏习成风，独不敢懈。开封官治事略如外州，督察按举必绳以法，往往加以笞责，故府官罢，吏率掉臂不顾[4]，至或欺侮之。时称"孝顺御史台，忤逆开封府"。(卷十)

【注释】

① 补外:谓京官调外地任职。

② 加谨:更加小心谨慎。

③ 治行:整理行装。　区处:筹划安排。

④ 掉臂不顾:甩动胳膊走开。

19. 举子戏学知府判状

李孝寿知开封府,有举子为仆所陵,忿甚,亟缚之,作状欲送府。会为同舍劝解,久之,气亦平,因释去,自取其状,戏学孝寿押字,判曰:"不勘案[1],决臀杖二十。"其仆怨之。翌日,即窃状走府,曰:"秀才日学知府判状,私决人。"孝寿即令追之。既至,具陈所以,孝寿翻然谓仆曰[2]:"如此,秀才所判,正与我同,真不用勘案。"命吏就读其状,如数决之。是岁,举子会省试于都下数千人,凡仆闻之,皆畏戢无敢肆者[3],当时亦称其敏[4]。(卷十)

【注释】

① 勘案:审查、核实。

② 翻然:迅速改变貌。

③ 畏戢:戒惕敬慎。

④ 敏:审慎;庄敬。

20. 宋守约禁蝉

宋守约为殿帅[1],自入夏日,轮军校十数辈捕蝉,不使得闻声。有鸣于前者,皆重笞之,人颇不堪,故言守约恶闻蝉声。神宗一日以问守约,曰:"然。"上以为过。守约曰:"臣岂不知此非理?但军中以号令为先。臣承平总兵殿陛[2],无所信其号令,故寓以捕蝉耳[3]。蝉鸣固难禁,而臣能使必去,若陛下误令守一障[4],臣庶几或可使人。"上以为然。(卷十)

【注释】

① 殿帅:宋以称统领禁军的殿前司长官都指挥使或殿前指挥使。

② 总兵殿陛：领兵守护宫禁。殿陛，御殿前的石阶。

③ 寓：寄托。

④ 误令守一障：意谓奉命戍守边关。误令，谦词，表示身受对方器重而委以重任。

21. 米芾诙谲好奇

米芾诙谲好奇[1]。在真州，尝谒蔡太保攸于舟中，攸出所藏右军《王略帖》示之[2]。芾惊叹，求以他画换易，攸意以为难。芾曰："公若不见从，某不复生，即投此江死矣。"因大呼，据船舷欲坠。攸遽与之。知无为军[3]，初入州廨[4]，见立石颇奇，喜曰："此足以当吾拜。"遂命左右取袍笏拜之，每呼曰"石丈"。言事者闻而论之，朝廷亦传以为笑。（卷十）

【注释】

① 诙谲：诙谐怪诞。

② 王略帖：即《破羌帖》。草书，共九行八十一字。东晋永和十二年(356)八月，桓温收复旧京洛阳，时王羲之已辞官归隐，闻之而作。因帖中第三行有"王略始及旧都"一语，故又名《王略帖》。宇文绍奕《石林燕语考异》云："据米芾所记，《王略帖》八十二字，乃是以十五万得之，而《谢安帖》六十五字，则得于蔡太保也。"

③ 无为军：治今安徽芜湖市无为县。

④ 州廨：州署；州衙。

曲洧旧闻

［宋］朱　弁

《曲洧旧闻》十卷，宋朱弁撰。弁字少章，徽州婺源（今属江西）人，朱熹从叔祖。据《宋史》本传：「既冠，入太学，晁说之见其诗，奇之，与归新郑，妻以兄女。」说之时任宫学教授，宣和元年（1119）致仕归新郑。弁从游，居洧水上，与说之弟咏之、从弟冲之及文人学士多有往来。靖康之变，家破南归。建炎元年（1127）使金被留，越十七年乃还。归后第二年，即绍兴十四年（1144）卒。

本书成于作者留金之时，以记北宋朝廷政事、名臣言行为主。《四库全书总目提要》云：「盖意在申明北宋一代兴衰治乱之由，深于史事有补，实非小说家流也。」此外，书中间及诗话文评、名物考证，亦记述朴实，可为研究北宋历史文化的有用资料。

选文标题为今本点校者孔凡礼所拟。

1. 太祖戒曹秦王等得江南不可辄杀人

太祖皇帝龙潜时,虽屡以善兵立奇功,而天性不好杀。故受命之后,其取江南也[1],戒曹秦王、潘郑王曰:"江南本无罪,但以朕欲大一统,容他不得。卿等至彼,慎勿杀人。"曹、潘兵临城,久之不下,乃草奏曰:"兵久无功,不杀无以立威。"太祖览之赫然[2],批还其奏,曰:"朕宁不得江南,不可辄杀人也。"逮批诏到而城已破。契勘城破,乃批奏状之日也。天人相感之理,不亦异哉!其后,革辂至太原[3],亦徇于师曰[4]:"朕今取河东,誓不杀一人。"大哉仁乎!自古应天命、一四海之君,未尝有是言也。(卷一)

【注释】

① 江南:代指南唐。

② 赫然:愤怒貌。

③ 革辂:又作"革路"。古代帝王所乘兵车。《新唐书·车服志》:"革路者,临兵、巡守所乘也,白质,鞔以革。"

④ 徇:宣令。

2. 真宗庆太平李文靖不以为然

真宗皇帝因元夕御楼观灯,见都人熙熙,举酒属宰执曰:"祖宗创业艰难,朕今获睹太平,与卿等同庆。"宰执称贺,皆饮釂[1],独李文靖沆终觞不怿[2]。明日,牛行王相问其所以[3],且曰:"上昨日宣劝欢甚,公不肯少有将顺,何也?"文靖曰:"'太平'二字,尝恐谀佞之臣,以之借口干进[4],今人主自用此夸耀臣下,则忠鲠何由以进?既谓'太平',则求祥瑞而封禅之说进。若必为之,则耗帑藏而轻民力,万而有一,患生意表,则何以支梧[5]。沆老矣,兹事必不亲见,参政他日当之矣。"其后,四方奏祥瑞无虚日,东封西祀,讲求典礼,纷然不可遏。王公追思其言,叹曰:"李文靖,真圣人也。"求文靖画像,置于书室中而日拜之。予屡见前辈说此,询于两家子孙,其言皆同。(卷一)

【注释】

① 釂(jiào):尽爵。即饮尽杯中酒。

② 终觞不怿:在宴饮中始终不悦。

③ 牛行王相:一本作"王文正旦"。指北宋大臣王旦。旦字子明,大名莘(今山东聊城市莘县)人。太平兴国五年(980)进士及第。真宗时累官中书舍人、参知政事、工部尚书、同中书门下平章事、集贤殿大学士。旦为官清正宽仁,任人唯贤,深得朝廷器重。卒谥文正,赠太师、尚书令、魏国公。牛行(háng),东京(今河南开封市)街巷名。据《东京梦华录》卷二《潘楼东街巷》:"桥头人烟市井,不下州南。以东牛行街、下马刘家药铺、看牛楼酒店,亦有妓馆,一直抵新城。"又据刘子翚《屏山集》卷十二《法石见李汉老参政》诗:"牛行尚忆王相宅,曩日交游几人在?""牛行"下注曰:"公旧居名。"

④ 干(gān)进:谋求仕进。

⑤ 支梧:又作"支吾"。支撑;对付。两句意谓以何应对出乎意外之灾。

3. 掌梳头者劝仁宗拒谏仁宗立命其出宫

仁宗皇帝至诚纳谏,自古帝王无可比者。一日朝退,至寝殿,不脱御袍,去幞头曰:"头痒甚矣,疾呼梳头者来。"及内夫人至,方理发次[1],见御怀中有文字,问曰:"官家,是何文字?"帝曰:"乃台谏章疏也[2]。"问:"所言何事?"曰:"霖淫久[3],恐阴盛之罚,嫔御太多,宜少裁减。"掌梳头者曰:"两府、两制家中[4],各有歌舞,官职稍如意,往往增置不已。官家根底剩有一两人,则言阴盛须待减去,只教渠辈取快活。"帝不语。久之,又问曰:"所言必行乎?"曰:"台谏之言,岂敢不行。"又曰:"若果行,请以奴奴为首[5]。"盖恃帝宠也。帝起,遂呼老中贵及夫人掌宫籍者,携籍过后苑。有旨,戒阍者云:"虽皇后不得过此门来。"良久,降指挥[6],自某人以下三十人尽放出宫,房卧所有,各随身,不得隐落。仍取内东门出尽,文字回奏。时迫进膳,慈圣虑帝御匕箸后时[7],亟遣,莫敢少稽滞[8]。既而奏到,帝方就食。终食,慈圣不敢发问。食罢进茶,慈圣云:"掌梳头者,是官家常所嬖爱[9],奈何作第一名遣之?"帝曰:"此人劝我拒谏,岂宜置左右。"慈圣由是密戒嫔侍:"勿妄言,无豫外事,汝见掌梳头者乎?官家不汝容也。"(卷一)

【注释】

① 发次:发饰。

② 台谏:泛指台官和谏官。唐宋时以专司纠弹的御史为台官,以司建言的给事中、谏议大夫等为谏官,虽各有所司,而职责时有混淆,故多以"台谏"称之。

③ 霖淫:淫雨;过量的雨。

④ 两府、两制:两府指对掌文、武大权的中书门下与枢密院。两制指掌皇帝诰命的内制和外制,由翰林学士所掌诏令为内制,由中书舍人或知制诰所掌诏令为外制。赵彦卫《云麓漫钞》卷五:"翰林学士司麻制批答等,为内制。中书舍人六员分房行词,为外制云。"此处代指任职两府、两制之官。

⑤ 奴奴:犹奴家。妇女自称。

⑥ 降指挥:下达诏令。指挥,唐宋诏敕和命令的统称。

⑦ 后时:不及时。此句意谓慈圣皇后担心仁帝不能按时吃饭。

⑧ 稽滞:拖延;延误。

⑨ 嬖(bì)爱:宠爱。

4. 张康节谓仁宗孤寒

张康节为御史中丞,论宰执不已[①]。上曰:"卿孤寒,殊不自为地[②]。"康节曰:"臣自布衣,叨冒至此[③],有陛下为知己,安得谓之孤寒!陛下今日便是孤寒也。"上惊而问其故,康节曰:"内自左右近习,外至公卿大臣,无一人忠于陛下者,陛下不自谓孤寒,而反谓臣为孤寒,臣所未喻也。"当时有"三真"之语,谓富、韩二公为真宰相[④],欧公为真内翰[⑤],而康节为真御史也。(卷一)

【注释】

① 论宰执不已:指至和二年(1055),张昪官拜御史中丞,弹劾宰相刘沆事。论,弹劾。据《宋史·张昪传》:"至和二年,召兼侍读,拜御史中丞。刘沆在相位,以御史范师道、赵抃尝攻其恶,阴欲出之。昪曰:'天子耳目之官,奈何用宰相怒而斥!'上章力争之。沆竟罢去。"

② 殊不自为地:意谓竟不给自己留馀地。为地,乃"为……地"之省,表示"为……留馀地(创造条件)"之义。

③ 叨冒:受赏赐的谦词。

④ 富、韩二公:指北宋大臣富弼、韩琦。富弼,字彦国,洛阳人。至和二年拜相。韩琦,字稚圭,相州安阳人。与范仲淹、富弼同时登用,嘉祐元年(1056)任枢密使,三年拜相。

⑤ 欧公:指欧阳修。修字永叔,吉州吉水人。皇祐元年(1049),于被贬十二年后回朝,迁翰林学士。嘉祐五年拜枢密副使,六年任参知政事。

5. 盛文肃乞仁宗赐平面子草诏

盛文肃在翰苑日，昭陵尝召入[①]，面谕："近日亢旱，祷而不应，朕当痛自咎责，诏求民间疾苦，卿只就此草诏，庶几可以商量，不欲进本往复也。"文肃奏曰："臣体肥，不能伏地作字，乞赐一平面子[②]。"上从之。逮传旨下有司，而平面子至，则诏已成矣。上览之，嘉其如所欲而敏速，更不易一字。或曰："文肃属文思迟[③]，乞平面子，盖亦善用其短也。"（卷一）

【注释】

① 昭陵：仁宗陵墓名。以代指仁宗。

② 平面子：古人用以倚凭身体的矮桌几。

③ 属（zhǔ）文：作文；撰写文章。

6. 赵元考恭谨神宗嘉叹

赵元考彦若，周翰之子也。无书不记，世谓著脚书楼[①]。然性不伐[②]，而尤恭谨。馆中诸公方论药方，有一药不知所出，虽掌禹锡大卿曾经修《本草》[③]，亦不能省。或云："元考安在？但问之，渠必能记也。"时元考在下坐，对曰："在几卷，附某药下，在第几叶第几行，其说云云。"检之果验。然众怪之，曰："诸公纷纷，而子独不言，何也？"元考曰："诸公不见问，某所以不敢言耳。"元丰间，三韩人使在四明唱和诗[④]，奏到御前，其诗序有"惭非白雪之词，辄效青唇之唱"之句。神宗问"青唇"事，近臣皆不知，因荐元考。元考对："在某小说中，然君臣间难言也，容臣写本上进。"本入，上览之，止是夫妇相酬答言语。因问大臣："赵彦若何以不肯面对？"或对曰："彦若素纯谨，僚友不曾见其惰容[⑤]，在君父前宜其恭谨如此也。"上嘉叹焉。（卷二）

【注释】

① 著（zhuó）脚书楼：长脚的书楼。比喻人知识渊博。

② 不伐：不虚夸。

③ 掌禹锡大卿：掌禹锡，字唐卿，许州郾城（今河南漯河市西北）人。中进士第。仁宗时，迁光禄卿、直秘阁学士。奉敕参与修订《开宝本草》《嘉祐补注神农本草》。英宗即位，怜其博学多记，以尚书工部侍郎致仕。《宋史》卷二九四有传。

④ 三韩：汉时朝鲜南部有马韩、辰韩、弁辰（三国时亦称弁韩），合称三韩。后以指朝鲜。四明：山名。在今浙江省宁波市西南。《三才图会·四明山图考》："四明山者，天台之委也。高与华顶，齐跨数邑。自奉化雪窦入，则直谓之四明。行山中大约五六十里，山山盘互，竹树葱菁，众壑之水，乱流争趋。入益深，猿鸟之声俱绝，悄然嘻咽通颢气，觉与世界如绝，不似天台近人也。道书称第九洞天。峰凡二百八十二，中有芙蓉峰，刻汉隶'四明山心'四字。其山四穴如天窗，隔山通日月星辰之光，故曰四明。"

⑤ 惰容：萎靡不振貌。

7. 邵尧夫为欧阳叔弼谆谆道平生

欧阳公在政府，闻康节之名而未之识也[①]。子棐叔弼之官，道经洛下。公曰："汝至洛，可往谒邵先生，致吾钦慕而无由相见之意。彼若留汝，为少盘旋不妨[②]，所得言语悉报来。"叔弼既到门，尧夫倒履出迎之[③]，甚喜。延入室，说话终日。尧夫又自道平生所见人、所从学、所行事，谆谆不休。已而又问曰："君能记否？"至于再，至于三。棐虽敬听之，然不晓其意也。以书报公，公亦莫测。逮元丰间，尧夫卒，有司上其行应谥，而叔弼为太常博士，当作谥议[④]，乃始恍然悟尧夫当时谆谆，盖是分付兹事也。先生其神哉！世以比郭景纯之于青衣儿[⑤]，虽其事不同，而前知实相类也[⑥]。（卷二）

【注释】

① 康节：邵雍谥号。参见第409页第23则注释⑤。

② 盘旋：逗留；交往。

③ 倒履：一本作"倒屣"。急于出迎，把鞋倒穿。形容热情迎客。

④ 谥议：古代帝王、贵族、大臣、士大夫或其他有地位的人死后，礼官评议其生平事迹，依据谥法拟定谥号，奏请钦定，谓之"谥议"。魏晋而下，由太常博士专掌。参见第155页第15则注释⑧。

⑤ 郭景纯之于青衣儿：东晋学者郭璞，字景纯，河东闻喜（今属山西）人。博学，好古文奇字，又喜阴阳卜筮之术。东晋初，升至著作佐郎，后将军王敦任为记室参军。敦欲谋逆，命其卜筮，璞

谓其无成,被杀,时年49岁。及王敦平,追赠弘农太守。青衣儿,婢女之称。郭璞与婢女事,见《晋书》本传:“行至庐江,太守胡孟康被丞相召为军谘祭酒。时江淮清晏,孟康安之,无心南渡。璞为占曰‘败’,康不之信。璞将促装去之,爱主人婢,无由而得,乃取小豆三斗,绕主人宅散之。主人晨见赤衣人数千围其家,就视则灭,甚恶之,请璞为卦。璞曰:‘君家不宜畜此婢,可于东南二十里卖之,慎勿争价,则此妖可除也。’主人从之。璞阴令人贱买此婢。复为符投于井中,数千赤衣人皆反缚,一一自投于井,主人大悦。璞携婢去。后数旬而庐江陷。”

⑥ 前知:预知;预见。指尧夫可预知叔弼将以太常博士为己作谥议,景纯则预知庐江必陷而作法得青衣婢。

8. 元祐初范忠文累诏不起

范忠文公与司马文正公平生智识、谈论趣向,除议乐一事不同外[①],其馀靡所不同。元祐初,温公起为相,忠文独高卧许下[②],凡累诏,皆力辞不已。其最后表云:“六十三而求去,盖不待年[③];七十五而复来,谁云中理[④]。”朝廷从之。当是时,中外士大夫莫不高公此举,而人至今以为美谈也。(卷三)

【注释】

① 议乐一事:指范镇与司马光关于音乐的辩论。镇字景仁,谥忠文,成都华阳(今四川成都市附近)人。历仁宗、英宗、神宗、哲宗四朝,累官知谏院、翰林学士兼侍读。镇清白坦荡,待人以诚,恭俭慎默,临大节、决大议色和而语壮。与司马光相得甚欢,议论如出一口。据《宋史·范镇传》:“镇于乐尤注意,自谓得古法,独主房庶以律生尺之说。司马光谓不然,往复论难,凡数万言。”

② 高卧许下:隐居于许(今河南许昌市)。熙宁中,范镇因反王安石青苗法而受排挤,以户部侍郎致仕。后徙居许。哲宗即位,起用旧党,司马光拜相,而范镇固辞不就。

③ 待年:等待年老致仕。此句意谓不待年老就已致仕了。

④ 中理:切合事理。

9. 欧 公 下 士

欧公下士[①],近世无比。作河北转运使,过滑州,访刘义叟于陋巷中。义叟时为布衣,未有知者。公任翰林学士,尝有空头门状数十纸随身[②],或见贤士大夫称

道人物，必问其所居，书填门状，先往见之，果如所言，则便以延誉，未尝以位貌骄人也。（卷三）

【注释】

① 下士：屈身交接贤士。

② 空头门状：空白拜帖。

10. 吕申公度量

曾肇子开修史，书吕文靖事[①]，不少假借[②]。元祐间，申公当国[③]，或以为言，公不答，待子开如初。客以密问公者，公曰："肇所职，万世之公也。人所言，吾家之私也。使肇所书非耶，天下自有公议；所书是耶，吾行其私，岂能使后世必信哉！"晁以道尝为予说其事，叹曰："申公度量如此，真宰相也。"（卷三）

【注释】

① 吕文靖：吕夷简。参见第 180 页第 49 则注释②。

② 假借：宽容；宽纵。此句意谓曾肇记述吕夷简事迹，没有稍加宽容。

③ 申公：此指吕公著，吕夷简第三子。哲宗朝重臣，卒赠申国公。参见第 392 页第 5 则注释③、第 438 页第 11 则注释⑫。

11. 伊川谓圣人书熟读之其义自见

周茂叔[①]，居濂溪，前辈名士多赋濂溪诗。茂叔能知人，二程从父兄南游时[②]，方十馀岁，茂叔爱其端爽，谓人曰："二子他日当以经行为世所宗[③]。"其后，果如其言。

崇宁以来[④]，非王氏经术皆禁止[⑤]，而士人罕言其学者，号伊川学[⑥]，往往自相传道。举子之得第者，亦有弃所学而从之者，建安尤盛[⑦]。

伊川一日对群弟子，取《毛诗》读一二篇，掩卷曰："诗人托兴立言，引物连类，其义理炳然如此，其文章浑然如此，诸君尚何疑耶？若劳苦旁求，谓我所自得，以眩惑后生辈，吾不忍也。非独《诗》为然，凡圣人书熟读之，其义自见，藏之于心，终身

可行,患在信之不笃耳。”(卷三)

【注释】

① 周茂叔:周敦颐,字茂叔,道州营道(今湖南永州市道县)人。原名敦实,避英宗旧讳(宗实)改。曾任分宁(今江西九江市修水县)主簿、南安军(治今江西赣州市大余县)司理参军,知桂阳(今湖南郴州市汝城县)、南昌(今属江西南昌市)等县。熙宁初,知郴州(今属湖南),由赵抃、吕公著荐为广东转运判官、提点刑狱。后以疾求知南康军(治今江西九江市星子县)。因家庐山莲花峰下前有溪,取营道故居濂溪以名之,世人遂称濂溪先生。博学而力行,继承《易传》《中庸》和道教思想,著《太极图说》,为理学创始人之一。

② 二程:指程颢、程颐。颢字伯淳,学者称明道先生;颐字正叔,学者称伊川先生。兄弟二人同为北宋理学奠基者,世称“二程”。二人曾学于周敦颐。据《宋史·周敦颐传》:“(敦颐)掾南安时,程珦通判军事,视其气貌非常人,与语,知其为学知道,因与为友,使二子颢、颐往受业焉。”

③ 经行:经术和品行。

④ 崇宁:徽宗年号(1102—1106)。

⑤ 王氏经术:指王安石经学。参见第298页第23则。

⑥ 伊川学:指程颐理学。颐讲学三十馀年,学者出其门最多,渊源所渐,皆成名士。与其兄颢之学后为朱熹所继,世称程朱学派。著作收入《二程全书》中。

⑦ 建安:县名。唐宋建州州治,今福建建瓯市。唐时多书肆,宋时刻书极盛。

12. 晁之道资敏强记

晁之道,名咏之,黄鲁直字之叔予[①]。资敏强记,览《汉书》五行俱下。对黄卷答客,笑语终日,若不经意。及掩卷,论古人行事本末始终,如与之同时者。

东坡作《温公神道碑》[②],来访其从兄补之无咎于昭德第[③]。坐未定,自言:“吾今日了此文,副本人未见也。”啜茶罢,东坡琅然举其文一遍[④],其间有蜀音不分明者,无咎略审其字,时之道从照壁后已听得矣[⑤]。东坡去,无咎方欲举示族人,而之道已高声诵,无一字遗者。无咎初似不乐,久之曰:“十二郎真吾家千里驹也。”(卷三)

【注释】

① 字:此处用作动词。此句意谓黄庭坚(字鲁直)替他取字叔予。

② 神道碑:立于墓道前记载死者生平事迹之碑。《司马温公神道碑》,录于《东坡全集》卷八十六。

③ 昭德第:晁氏府第名,在东京昭德坊。真宗时,先祖晁迥任知制诰,迁居东京昭德坊。其《法藏碎金录序》云:"挂冠之后,栖息乎浚都昭德坊之旧居。"仁宗时,其子宗悫官参知政事,又赐第于昭德坊,应为新居。晁氏至补之凡五世,皆居于此。世谓"昭德晁家"。补之从弟冲之有《别昭德第怆然伤怀》诗云:"吾庐去汝到何期,四十年间此别离。合抱树元从旧种,几丛菊始自新移。老无兄弟飘零日,远有公卿旷绝时。努力不思勤负米,欲求三径可从谁?"

④ 琅然:声音清朗貌。 举:言;说。此处作"读"解。

⑤ 照壁:广宅、寺庙前的墙屏,与正门相对,可作遮蔽、装饰之用,多饰有文字、图案。

13. 龙福寺伏虎禅师

龙福寺据大龟山腹[1],前负佛殿,山西有雁翅岭,岭下有龙潭,皆取其形似也。寺有伏虎禅师。相传云:山旧多虎,猎者数人方射虎,有僧来乞食,猎者指虎穴,绐云:"彼有吾茇舍[2],食饮略具,可往一饱。"僧如言而往。日将暮,寂不闻声,及登东岩望之,见僧跏趺坐穴中[3],虎驯绕其侧。惊异,弃弓矢罗拜,大呼曰:"愿为师弟子,不复射生矣。"僧筑庵大龟山腹,自此虎不为害,学徒日盛,遂为大寺。后以龙潭祷雨屡应,赐今名焉。今正殿西南有禅师祠堂,塑像是真身,猎者五人侍左右。(卷四)

【注释】

① 龙福寺:在禹州(今属河南许昌市)西北。今不存。据《河南通志》卷五十《寺观》:"龙福寺,在州西北高台里。隋开皇十二年创建,明洪武间僧崇威重修。"又卷八《山川》:"大龟山,在州西北五十里。"

② 茇(bá)舍:野宿之草舍。

③ 跏趺(jiā fū):佛教修禅坐法。盘腿而坐,双足交叉放于左右股上。

14. 世畜书以宋次道为善本

宋次道龙图云:"校书如扫尘,随扫随有。"其家藏书,皆校三五遍者。世之畜书[1],以宋为善本。居春明坊[2]。昭陵时,士大夫喜读书者,多居其侧,以便于借置

故也。当时春明宅子比他处僦直常高一倍[3]。陈叔易常为予言此事，叹曰："此风岂可复见也！"（卷四）

【注释】

① 畜书：藏书。畜，同"蓄"，积储。

② 春明坊：在东京朱雀门外天街东。陈振孙《直斋书录解题》卷五："《春明退朝录》，龙图阁直学士常山宋敏求次道撰。其父宣献公绶，居第在春明坊，如晁氏称昭德也。"

③ 僦直：租金。

15. 韩秉则以介甫之论欧公文为非

介甫对裕陵论欧公文章[1]，晚年殊不如少壮时，且曰："惟识道理，乃能老而不衰。"人多骇此语。予与韩秉则正言论此。秉则曰："道理之妙，当求于圣人之言，圣人之言具在六经，不可掩也。欧公识与不识，姑置之勿问，不知介甫所谓道理果安在？抑六经之外别有道理乎？东坡祭原父文云[2]：'大言滔天，诡论灭世。'盖指介甫也。介甫当时在流辈中，以经术自尊大，唯原父兄弟敢抑其锋。故东坡特以祭文表之，以示后人，然亦未知其于君臣间如此无顾忌也。"时坐客颇众，莫不以秉则之言为然。（卷四）

【注释】

① 裕陵：神宗陵墓名。以代指神宗。

② 原父：刘敞，字原父，临江新喻（今江西新余市）人。举庆历进士。通判蔡州，后官至集贤院学士、判南京御史台。与欧阳修等有交。为人耿直敢言，学问渊博，著有《公是集》五十四卷、《春秋权衡》十七卷。弟攽，字贡父，与敞同登科。仕州县二十年，始为国子监直讲，后官至中书舍人。攽尤长于史学，曾助司马光撰《资治通鉴》，专职汉史。刘敞卒于熙宁元年（1068），享年五十。东坡祭原父之文，《东坡全集》未见录。

16. 三同百不同

章子厚与晁秘监美叔同生乙亥年[1]，同榜及第，又同为馆职，常以三同相呼。

元祐间，子厚有诗云："寄语三同晁秘监。"乃谓此也。然绍圣初[2]，子厚作相，美叔见其施设[3]，大与在金山时所言背违[4]，因进谒力谏之。子厚怒，黜为陕守。美叔谓所亲曰："三同，今百不同矣。"（卷五）

【注释】

① 乙亥年：此指景祐二年（1035）。

② 绍圣：哲宗年号（1094—1098）。据《宋史·奸臣传一》，元祐初，宣仁圣烈高太后（太皇太后）听政，罢黜元丰新党，章惇出知汝州（今属河南平顶山市）。元祐八年（1093），高太后死，哲宗亲政，有复熙宁、元丰之意，绍圣元年（1094）首起惇为尚书左仆射兼门下侍郎。

③ 施设：举措；措施。

④ 金山：汝州（今属河南平顶山市）有重金山。《河南通志》卷八《山川》："在州城北四十里。山多黄石层叠，日夕掩映，其色如金。"此句谓章惇今之言行与贬谪汝州时有大不同。

17. 秦少游见秦城铺举子题诗涕泪雨集

秦少游自郴州再编管横州[1]，道过桂州秦城铺[2]。有一举子，绍圣某年省试下第，归至此，见少游南行事，遂题一诗于壁曰："我为无名抵死求，有名为累子还忧。南来处处佳山水，随分归休得自由[3]。"至是，少游读之，泪涕雨集。徽宗践祚，流人皆牵复[4]，而少游竟死贬所[5]，岂非命耶！（卷五）

【注释】

① 编管横州：将贬谪官吏编入横州（治今广西南宁市横县）户籍，加以管束。参见第171页第36则注释⑩。

② 桂州：治今广西桂林市。

③ 随分（fèn）归休：不违本性，退休归隐。

④ 牵复：复官；复原。

⑤ 少游竟死贬所：元符三年（1100）正月，徽宗即位，钦圣献肃向太后听政，凡绍圣、元符年间遭章惇斥逐之臣又被起用。据《宋史·秦观传》："徽宗立，复宣德郎放还。至藤州（治今广西梧州市藤县），出游华光亭，为客道梦中长短句，索水欲饮，水至，笑视之而卒。年五十三。"可见，秦观死于自雷州放还道中。

18. 东坡勉刘壮舆修《三国志》

东坡尝谓刘壮舆曰[①]："《三国志》注中好事甚多，道原欲修之而不果[②]，君不可辞也。"壮舆曰："端明曷不为之[③]？"东坡曰："某虽工于语言，也不是当行家[④]。"（卷五）

【注释】

① 刘壮舆：即刘羲仲。史学家刘恕的长子。撰《通鉴问疑》一卷。四库馆臣《提要》案："《宋史》原本作'义仲'，《癸辛杂识》亦作'义仲'，均传写之误，今改正。"

② 道原：刘恕，字道原。参见第207页第21则注释①。

③ 端明：即端明殿学士。苏轼有端明殿学士兼翰林侍读学士的衔称。端明殿学士，惟学士之久次者始除。据吴处厚《青箱杂记》卷三："后唐明宗不知书，每四方章奏，止令枢密使安重诲读之，而重诲亦不晓文义。宰相孔循请置端明殿学士二员，班在翰林学士上，以冯道、赵凤为之，则端明学士自冯道、赵凤始也。国初亦尝置此职，而班在翰林学士下，寻改为文明殿学士，以侍郎程羽为之，序立乃在枢密副使下。逮明道初，复改承明殿为端明，再置端明殿学士，而班在资政殿学士下，以宋绶为之，则本朝端明殿学士自宋绶始也。"

④ 当行家：行家；内行。

19. 东坡过金陵晤荆公

东坡自黄徙汝[①]，过金陵，荆公野服乘驴谒于舟次[②]。东坡不冠而迎，揖曰："轼今日敢以野服见大丞相。"荆公笑曰："礼岂为我辈设哉！"东坡曰："轼亦自知相公门下用轼不著。"荆公无语，乃相招游蒋山。在方丈饮茶次，公指案上大砚曰："可集古人诗联句赋此砚。"东坡应声曰："轼请先道一句。"因大唱曰："巧匠斫山骨[③]。"荆公沈思良久，无以续之，乃曰："且趁此好天色，穷览蒋山之胜，此非所急也。"田昼承君是日与一二客从后观之。承君曰："荆公寻常好以此困人，而门下士往往多辞以不能，不料东坡不可以此慑伏也。"承君，建中靖国间为大宗正丞[④]，曾布欲用为提举常平[⑤]，以非其所素学，辞不受，士论美之。（卷五）

【注释】

① 东坡自黄徙汝：神宗元丰二年（1079）七月，苏轼贬湖州（今属浙江）未久，又遭御史台以作诗谤讪朝廷罪弹劾，被捕入狱。三年二月，责黄州（治今湖北黄冈市）团练副使。七年四月，受命移汝州；七月过金陵。

② 野服：村野平民服装。

③ 巧匠斫山骨：语出韩愈《石鼎联句诗》。诗前有序，记元和七年（813）十二月四日，衡山道士轩辕弥明，与进士刘师服、校书郎侯喜，赋炉中石鼎，联句成章。此句即师服所题首联："巧匠斫山骨，刳中事煎烹。"

④ 大宗正丞：宋大宗正司属官。大宗正司，景祐三年（1036）始设。长官为知大宗正事，副官为同知大宗正事，均由宗室团练观察使以上有德望者充任。属官大宗正丞二人，以文臣京朝官以上充任；记室一人，教授十二人。大宗正司掌皇室宗族训导、词讼等事。

⑤ 提举常平：即提举常平广惠仓司，宋路级机构。参见第407页第21则注释①。

20. 东坡儋耳试笔

东坡在儋耳[①]，因试笔，尝自书云："吾始至南海，环视天水无际，凄然伤之，曰：'何时得出此岛耶？'已而思之，天地在积水中，九州在大瀛海中[②]，中国在少海中[③]，有生孰不在岛者？覆盆水于地，芥浮于水，蚁附于芥，茫然不知所济。少焉，水涸，蚁即径去，见其类出涕，曰：'几不复与子相见。'岂知俯仰之间，有方轨八达之路乎[④]！念此，可以一笑。戊寅九月十二日[⑤]，与客饮薄酒，小醉，信笔书此纸。"（卷五）

【注释】

① 儋耳：古国名。汉元鼎六年（前111）设儋耳郡，唐设儋州，宋置昌化军（治今海南儋州市中和镇）。苏轼于绍圣四年（1097）七月至元符三年（1100）五月居此。

② 大瀛海：大海。

③ 少海：指渤海。又称幼海。《山海经·东山经》："南望幼海。"晋郭璞注："即少海也。"

④ 方轨：车辆并行。喻道路宽广。

⑤ 戊寅：此指元符元年（1098）。

21. 东坡与晁美叔言性不忍事

东坡性不忍事，尝云："如食中有蝇，吐之乃已。"晁美叔每见以此为言。坡云：

"某被昭陵擢在贤科，一时魁旧往往为知己[①]。上赐对便殿，有所开陈，悉蒙嘉纳。已而章疏屡上，虽甚剀切[②]，亦终不怒。使某不言，谁当言者。子之所虑，不过恐朝廷杀我耳。"美叔默然，坡浩叹久之，曰："朝廷若果见杀我，微命亦何足惜，只是有一事，杀了我后好了你。"遂相与大笑而起。（美叔名端彦。）（卷五）

【注释】

① 魁旧：有深交之友。

② 剀切：恳切规谏。

22. 晁之道不愿为台谏

刘德初为仪真教授日[①]，与官奴密游[②]，监司欲发其事[③]。晁美叔秘监时为大漕[④]，其子之道从容言："刘与某气类不相合，然其人必贵。"美叔因营救之，德初甚感焉。建中靖国间，德初知时事将变，谓吴材圣曰："吾侪取富贵，正在此时。晁之道有文章，善词令，可引为台谏以相助。"之道闻二公言，答曰："此固所愿，但某自视骨相，不是功名会中人[⑤]。若不见听，恐必败二公事。"二公知其意不可强，遂止。（卷六）

【注释】

① 仪真教授：真州（治今江苏仪征市）学官。参见第304页第3则注释⑤。 刘正夫：字德初，衢州西安（今浙江衢州市）人。未冠入太学，元丰八年（1085）进士，官至礼部侍郎、工部尚书。尤工书法。

② 官奴：官妓。

③ 监司：宋代路级行政机构安抚司、转运司、提刑司、提举常平司等的总名。参见第409页第23则注释④。

④ 大漕：转运使之俗称。

⑤ 功名会：犹言"名利场"。追逐官职名位的场所。

23. 张侍晨虚白不沾恩数

政和以后[①]，黄冠寖盛[②]，眷待隆渥[③]，出入禁掖，无敢谁何[④]，号"金门羽客"。

恩数视两府者[5],凡数人。而张侍晨虚白在其流辈中独不一沾,上每以"张胡"呼之而不名焉。性喜多学,而于术数靡不通悟,尤善以太一言休咎[6],然多发于酒,曰:"某事后当然。"已而果然。尝醉,枕上膝而卧[7]。每酒后,尽言无所讳。上亦优容之,曰:"张胡,汝醉也。"宣和间,大金始得天祚[8],遣使来告。上喜,宴其使。既罢,召虚白入语其事。虚白曰:"天祚在海上筑宫室以待陛下久矣。"左右皆惊,上亦不怒,徐曰:"张胡,汝又醉也。"至靖康中[9],都城失守,上出青城[10],见虚白,抚其背曰:"汝平日所言,皆应于今日,吾恨不听汝言也。"虚白流涕曰:"事已至此,无可奈何。愿陛下爱护圣躬,既往不足咎也。"(卷六)

【注释】

① 政和:宋徽宗年号(1111—1118)。

② 黄冠:道士之冠。借指道士。

③ 隆渥:优厚。

④ 无敢谁何:没人敢盘诘查问。

⑤ 恩数(shù):皇帝赐予官职、封号等。 视:比照。

⑥ 以太一言休咎:用太一术数来预言吉凶。太一,术数之一种,占卜内外灾福、古今治乱等。休咎,吉凶、善恶。

⑦ 枕上膝而卧:意谓枕着皇上的膝盖而卧。

⑧ 天祚:辽朝末代皇帝耶律延禧的庙号。天祚保大五年(1125),时宋宣和七年,金灭辽。

⑨ 靖康中:钦宗靖康元年(1126)末,金兵陷东京。二年春,掳徽、钦二帝北还。

⑩ 青城:宋祭天斋宫,在东京南薰门外。又称南青城。据元刘祁《归潜志》卷七:"大梁(今河南开封市)城南五里号青城,乃金国初粘罕驻军受宋二帝降处。当时后妃皇族皆诣焉,因尽俘而北。"

24. 东坡与刘贡父谐谑

东坡尝与刘贡父言:"某与舍弟习制科时,日享三白,食之甚美,不复信世间有八珍也[1]。"贡父问三白,答曰:"一撮盐,一楪生萝卜,一碗饭,乃三白也。"贡父大笑。久之,以简招坡过其家吃皛饭[2]。坡不省忆尝对贡父三白之说也。谓人云:"贡父读书多,必有出处。"比至赴食,见案上所设,唯盐、萝卜、饭而已,乃始悟贡父以三白相戏,笑投匕箸,食之几尽。将上马,云:"明日可见过,当具毳饭奉待[3]。"贡父虽恐其为戏，但不知毳饭所设何物，如期而往。谈论过食时，贡父饥甚，索食。坡云："少待。"如此者再三，坡答如初。贡父曰："饥不可忍矣。"坡徐曰："盐也毛，萝卜也毛，饭也毛，非毳而何？"贡父捧腹曰："固知君必报东门之役[4]，然虑不及此也。"坡乃命进食，抵暮而去。世俗呼"无"为"模"，又语讹"模"为"毛"，尝同音。故坡以此报之，宜乎贡父思虑不到也[5]。（卷六）

【注释】

① 八珍：原指古代八种烹饪法。《周礼·天官·膳夫》："珍用八物。"郑玄注："珍，谓淳熬、淳母、炮豚、炮牂、捣珍、渍、熬、肝膋也。"宋吕希哲《侍讲日记》："八珍者，淳熬也、淳母也、炮也、捣珍也、渍也、熬也、糁也、肝膋也。先儒不数糁，而分炮豚羊为二，皆非也。"后以指八种珍贵食品。明陶宗仪《辍耕录·续演雅发挥》："所谓八珍，则醍醐、麈沆、野驼蹄、鹿唇、驼乳糜、天鹅炙、紫玉浆、玄玉浆也。"俗以龙肝、凤髓、豹胆、鲤尾、鸮炙、猩唇、熊掌、酥酪蝉为八珍。

② 皛（xiǎo）：皎洁；洁白。

③ 毳（cuì）：鸟兽的细毛。

④ 东门之役：指旧仇。典出《左传·隐公四年》："宋公、陈侯、蔡人、卫人伐郑，围其东门，五日而还。"又《隐公五年》："郑人侵卫牧，以报东门之役。"

⑤ 宜：当然；无怪。

25. 定陵纳谏

定陵东封回日[1]，献歌颂者不可胜数。而布衣孙籍上书，独言："升中告成[2]，帝王盛美。臣愿陛下以持盈守成为念[3]，不可便自骄满。"定陵大嘉纳之，召试中书，赐同进士出身[4]。定陵将西祀[5]，孙宣公累上疏切谏，以为必欲西幸，有十不可。至曰："陛下不过欲慕秦皇、汉武，刻石垂名，以夸耀后代耳。"其言痛切者则有曰："秦多徭役，而刘、项起于徒中；唐不恤民，而黄巢起于饥岁。陛下好行幸，频赋敛，岂知今无刘项、黄巢乎？"帝览之，亦不怒，乃作《辨疑论》以解谕之，且遣中使慰勉。其纳谏如此。（卷七）

【注释】

① 定陵：代指真宗。真宗泰山封禅在大中祥符元年（1008）十月。

② 升中（zhòng）：帝王祭天上告成功。

③ 持盈守成：保持已成的盛业。

④ 同进士出身：宋科举殿试进士的第三甲。参见第313页第10则注释⑤。

⑤ 西祀：大中祥符四年（1011）二月，真宗西往汾阴（今山西万荣县西南）祭祀后土。

26. 王履道得势忘师

王安中履道，中山无极人也。元符间，晁以道为无极令。时安中已登进士第，修邑子礼[①]，用长笺见以道[②]，自言："平生颇有意学古，以新学窃一第[③]，固为亲荣，而非其志也。愿先生明以教我。"以道曰："子之志美矣，然为学之道，当慎其初，能慎其初，何患不远到。"安中乃筑室，屏绝人事，榜之曰"初寮"，又自号"初寮居士"。其议论渊源与所闻见，多得于以道；而作诗句法，颇似山谷。以道弟之道，后在北门与之同官[④]，尤喜称誉之。然负才自标置，为梁才甫所阻，不得志。乃游京师，密结梁师成，遂年馀两迁为正字[⑤]。自是与晁氏兄弟绝矣。既长风宪[⑥]，位丞辖[⑦]，讳从晁学。王将明迫于公议，仅能用知成州。安中言出自已[⑧]，始作简招以道，相见，只呼成州使君四丈[⑨]，无复曩时先生之号矣。平日交游，以此莫有称初寮者，但目为有初居士而已。（卷七）

【注释】

① 邑子：同邑之人；同乡。

② 长笺：长的信笺。亦指长的诗文或书信。

③ 新学：指王安石经学。王安石执政，颁《三经新义》（《诗义》《书义》《周礼义》）于学官，程试诸生，一时学者，无敢不传习。除元祐间新政受挫而暂止外，一直盛行不衰，成为北宋后期（神宗、哲宗、徽宗三朝）之显学，影响及于南宋绍兴年间。后程朱理学渐兴，遂废。

④ 北门：唐宋学士院在禁中北门，因以为学士院之代称。

⑤ 正字：宋秘书省属官。神宗元丰五年（1082），改崇文院为秘书省，设监、少监、丞各一人，掌古今经籍图书、国史实录、天文历数之事。其属有五：著作郎一人、著作佐郎二人，掌修纂日历；秘书郎二人，掌集贤院史馆、昭文馆秘阁图籍，以甲乙丙丁为部，各分其类；校书郎四人、正字二人，掌校雠典籍、判正讹谬。《宋史·王安中传》："王安中，字履道，中山阳曲人。进士及第，调瀛州司理参军，大名县主簿，历秘书省著作郎。"

⑥ 风宪：风纪法度。亦指御史。古代御史掌纠弹之事，故以"风宪"称之。《宋史·王安中传》："（元和间）自秘书少监除中书舍人，擢御史中丞。"

⑦ 丞辖：指尚书左右丞。《宋史·王安中传》："宣和元年，拜尚书右丞；三年，为左丞。"

⑧ 言出自已：意谓说话不作数。指用王将明知成州一事，又临时变卦。自已，自止。

⑨ 使君四丈：使君，州郡长官之称；丈，长辈之称。因晁说之（以道）排行第四，故晚辈称之"四丈"。此句意谓王安中只是按官职和辈分等世俗之礼称呼晁说之。

27. 蔡京持禄固位能忍辱

蔡京持禄固位[1]，能忍辱，古今大臣中少有比者。自丙戌罢相[2]，则密求游从，不肯去都城。未逾年，果再入。至庚寅，又因星变去位[3]，台谏论不已，仅能使在外任便居住。京又欲留连南京，闻张天觉除中书侍郎，乃皇遽东下[4]。于姑苏因朱冲内连贵珰[5]，人人与为地，抚问络绎。至壬辰春召还第[6]，声艳光宠，迈于平昔远矣。宣和间，王黼当轴，京势少衰。黼之徒恐不为己利，百方欲去之，然京终不肯去。于是始遣童贯，并令蔡攸同往取表[7]。京以攸被旨俱来，乃置酒留贯饮，攸亦预焉。京以事出不意，莫知所为。酒方行，自陈曰："某衰老宜去，而不忍遽乞身[8]，以上恩未报，此心二公所知也。"时左右闻京并呼攸为公，无不窃笑者。其后，大臣有当去而不去者，往往遣使取表，自京始。（卷七）

【注释】

① 持禄固位：保持禄位。犹言尸位素餐。

② 丙戌罢相：丙戌，崇宁五年（1106）。据《宋史·奸臣传二》："五年正月，慧出西方，其长竟天。帝以言者毁党碑，凡其所建置，一切罢之。（蔡）京免为开府仪同三司、中太乙宫使，其党阴援于上，大观元年（1107）复拜左仆射。"

③ 星变：星相异常变化。古时谓有凶灾。大观四年（庚寅）五月，彗星复出，御史张克公以"不轨不忠凡数十事"劾蔡京，京再贬太子少保，出居杭。

④ 皇遽：惊恐。皇，通"惶"。

⑤ 贵珰（dāng）：指亲近用事的宦官。

⑥ 壬辰：政和二年（1112）。《宋史·奸臣传二》："政和二年，（蔡京）召还京师，复辅政，徙封鲁国，三日一至都堂治事。"

⑦ 蔡攸：字居安，京之长子。曾官枢密直学士。父入相，加龙图阁学士兼侍读。后父子权势相轧，遂为仇敌。　表：此处指请求致仕的奏章。据《宋史·奸臣传二》："京殊无去意，帝呼童贯使诣京，令上章谢事。贯至，京泣曰：'上何不容京数年？当有相谗谮者。'贯曰：'不知也。'京不

得已，以章授贯。帝令词臣代为作三表，请去。”

⑧ 乞身：请求辞职。

28. 韩魏公谓慈圣复子明辟为盛德

厚陵待近侍甚严①。其徒谗惎煽炽②，慈圣殊不怿③。富韩公上书切谏，其略曰：“千官百辟在廷④，岂能事不孝之主。伊尹之事⑤，臣能行之。”厚陵时虽病，犹能嘉纳。其后圣躬康复，车驾一出，都人欢忭鼓舞⑥，所在相庆。慈圣语其事于宰执，宰执称贺。魏公进曰：“臣观太皇太后陛下所以谕臣等⑦，必是圣心深厌万几⑧，欲行复子明辟之事⑨，此盛德也，前代母后岂能有哉。臣敢不仰承慈训，以诏天下。臣等谨自此辞。”乃列拜，呼中贵卷帘而退。既下殿，富韩公徐曰：“稚圭兹事甚好⑩，何不大家先商量。”魏公微笑而已。（卷八）

【注释】

① 厚陵：代指英宗。

② 谗惎（jì）煽炽：指谗害毁谤之风极盛。

③ 慈圣：即仁宗慈圣光献曹皇后。英宗即位，尊为皇太后。神宗立，尊为太皇太后。

④ 百辟：百官。

⑤ 伊尹之事：伊尹，商汤大臣，名伊，尹是官名。伊尹原为汤妻陪嫁之奴，后助汤灭夏桀，尊为阿衡。又佐外丙、仲壬二王。太甲即位，因荒淫失度，为伊尹逐至桐宫，三年后迎之复位。事见《左传·襄公二十一年》：“伊尹放大甲而相之，卒无怨色。”杜预注：“太甲，汤孙也，荒淫失度，伊尹放之桐宫。三年，改悔而复之，而无恨心。”

⑥ 欢忭：欢欣；快乐。

⑦ 太皇太后：疑为“皇太后”之误。见上注③。

⑧ 万几：朝廷各种政务。

⑨ 复子明辟：谓还政或让位。《尚书·洛诰》：“周公拜手稽首曰：‘朕复子明辟。’”孔安国传：“言我复还明君之政于子。子成王，年二十成人，故必归政而退老。”

⑩ 稚圭：韩琦，字稚圭。参见第166页第29则注释⑤。

29. 无尽鄂州到任谢表斥蔡京

元祐间，东坡在禁林①，无尽以书自言曰：“觉老近来见解与往时不同②，若得一把茅盖头，必能为公呵佛骂祖[③]。”盖欲坡荐为台谏也。温公颇有意用之，尝以问坡，坡云：“犊子虽俊可喜，终败人事。不如求负重有力而驯良服辕者，使安行于八达之衢，为不误人也。”温公遂止。绍圣间，章子厚用为中书舍人，《谢启》力诋元祐以来代言者，其略有“二苏狂率，三孔阔疏[④]”之语。韩仪公入相，无尽自知不相合，因论河患，以持橐出[⑤]，相度河事。崇宁初，附蔡京，召为翰林，旋踵丞辖，见物论多不与，与京时有异同。台谏视京风旨，乃交击之。后因星变大赦[⑥]，牵复知鄂州。遂于到任《谢表》尽叙京所更张政事，以称颂圣德。其大略云：“所谓率科严重[⑦]，钩考碎烦。方田扰安业之民[⑧]，圜土聚徙乡之恶[⑨]。学校驱迫者[⑩]，违其孝养之心；保伍追呼者[⑪]，失其耕桑之候。文移急于星火，逮捕遍于里闾。百论纷更，一切蠲罢。可谓崇宁之孝治，真为绍述之圣功。”又言：“有君如此，碎首以之[⑫]。”表至，都下人争传写，虽为京所切齿，而自此有相望矣[⑬]。（卷八）

【注释】

① 禁林：翰林院别称。

② 觉老：张商英，字天觉，号无尽居士，蜀州新津（今属四川成都市）人。始为王安石、章惇新党所荐，元祐时转而亲近旧党，至哲宗亲政，又极力攻击元祐大臣。崇宁初，依附蔡京，起为尚书右丞转左丞。复与京议政不合，罢知亳州。崇宁末，蔡京罢相，商英削籍知鄂州。大观末，蔡京再罢相，起知杭州，除中书侍郎，遂拜尚书右仆射。《宋史》本传曰：“商英作相，适承蔡京之后，小变其政，譬饥者易为食，故蒙忠直之名。靖康褒表司马光、范仲淹，而商英亦赠太保，绍兴中又赐谥文忠，天下皆不谓然。”

③ 呵佛骂祖：禅语。意谓如能解缚去执，不受约束，即可超越前人。后表示无所顾忌，敢作敢为。释道原《景德传灯录》卷十五《朗州德山宣鉴禅师》：“是子将来有把茅盖头，呵佛骂祖去在。”把茅盖头，本指佛徒离群索居、参禅修行之所，后借作寺庙住持。

④ 三孔：指孔文仲、孔武仲、孔平仲兄弟。皆以文声起江西，与“二苏”（苏轼、苏辙）并称。

⑤ 持橐：“持橐簪笔”之省。谓侍从之臣携带书和笔，以备顾问。

⑥ 星变大赦：此指崇宁五年正月，天出彗星，徽宗罢蔡京相，暂停一切新法措置，赦免逐臣。参见第484页第27则注释②。

⑦ 率科：征收赋税。

⑧ 方田：熙宁方田法。以东西南北各千步为一方，按土质肥瘠分等定税。

⑨ 圜（huán）土：指熙宁所兴农田水利、开发淤田。

⑩ 学校：熙宁整顿学校，太学分上、内、外三舍增收学生，又设武学、律学和医学等分科学校，

州县学官则由朝廷委派。

⑪ 保伍:乡民户籍编制,五家为伍,设保统摄,可耕可战。熙宁有保甲新法,规定保丁隔几日便停耕练兵。

⑫ 碎首以之:意谓即使头破血流,亦为其所用。

⑬ 相望:作宰相之声望。

30. 东坡诗文盛行

东坡诗文,落笔辄为人传诵,每一篇到,欧阳公为终日喜。前辈类如此。一日,与棐论文及坡公,叹曰:"汝记吾言,三十年后,世上人更不道著我也。"崇宁、大观间,海外诗盛行①,后生不复有言欧公者。是时,朝廷虽尝禁止,赏钱增至八十万,禁愈严而传愈多,往往以多相夸。士大夫不能诵坡诗,便自觉气索②,而人或谓之不韵③。(卷八)

【注释】

① 海外诗:指苏轼贬官昌化军(治今海南儋州市中和镇)时所作诗。

② 气索:精神萎靡、沮丧。

③ 不韵:不风雅;无趣。

31. 参寥谓东坡天才无施不可

或曰:"东坡诗始学刘梦得①,不识此论诚然乎哉?"予应之曰:"予建中靖国间在参寥座②,见宗子士暕以此问参寥③。参寥曰:'此陈无己之论也④。东坡天才,无施不可⑤。而少也,实嗜梦得诗,故造词遣言,峻峙渊深,时有梦得波峭。然无己此论,施于黄州以前可也。坡自元丰末还朝后,出入李杜,则梦得已有奔逸绝尘之叹矣⑥。无己近来得渡岭越海篇章⑦,行吟坐咏不绝舌吻,常云:此老深入少陵堂奥,他人何可及。其心悦诚服如此,则岂复守昔日之论乎!'予闻参寥此说三十馀年矣,不因吾子,无由发也。"(卷九)

【注释】

① 刘梦得:刘禹锡,字梦得,祖籍洛阳,生长于嘉兴。唐顺宗永贞元年(805),因参与王叔文、

王伾革新集团,与柳宗元等八人被贬边远州郡任司马,史称“二王八司马”事件。

② 参寥:钱塘高僧道潜,字参寥,赐号妙总大师,於潜(今属浙江临安市)浮溪村人。与苏轼诸人交好。著有《参寥子集》。

③ 宗子:皇族子弟。

④ 陈无己:陈师道,字履常,一字无己,号后山居士,徐州彭城(今江苏徐州市)人。元祐时因苏轼等荐,起为徐州教授。历仕太学博士、秘书省正字。江西诗派重要作家。有《后山居士文集》。

⑤ 无施不可:用在任何地方均甚得当。

⑥ 奔逸绝尘之叹:感叹别人迅速前进,自己追赶不及。典出《庄子·田子方》:“颜渊问于仲尼曰:‘夫子步亦步,夫子趋亦趋,夫子驰亦驰,夫子奔逸绝尘,而回瞠若乎后矣!’”此句意谓苏轼诗出入李杜,进步神速,已超刘禹锡诗远甚。

⑦ 渡岭越海篇章:指苏轼绍圣年南迁(贬知惠州、儋州)时所作诗篇。南迁须过五岭、渡琼海,故称。

32. 安信可复新东坡雪堂

中大夫直徽猷阁安咏[①],字信可。宣和初守齐安[②],下车访东坡雪堂[③],遗址虽存,堂木瓦已为兵马都监拆而为教场亭子矣[④]。信可即呼都监责之,且命复新之。堂成,多燕饮其上。兹事士大夫喜称道之。信可亦喜作诗,在黄有诗云:“万古战争馀赤壁,一时形胜属黄冈。”时争传诵,惜不见其全篇也。(卷九)

【注释】

① 中大夫直徽猷阁:中大夫,宋散官(寄禄官)名,九阶,从四品。参见第148页第7则注释⑥。徽猷阁,大观二年(1108)初建,以藏哲宗御集,置学士、直学士、待制等官。

② 齐安:郡名,南齐置,治今湖北麻城市西南。隋置黄州,后改永安郡,治今湖北武汉市新洲区。唐再改齐安郡,又复改黄州。宋沿置,治今湖北黄冈市。

③ 东坡雪堂:元丰五年(1082),苏轼谪居黄州时所筑。故址在今湖北黄冈市东。据《雪堂记》:“苏子得废圃于东坡之胁,筑而垣之,作堂焉,号其正曰‘雪堂’。堂以大雪中为之,因绘雪于四壁之间,无容隙也。起居偃仰,环顾睥睨,无非雪者。”又据《江神子》词下自注:“元丰壬戌之春,余躬耕于东坡,筑雪堂居之。”

④ 兵马都监:宋地方军事指挥。参见第170页第35则注释①。

33. 小 简 多 体

旧说欧阳文忠公虽作一二十字小简，亦必属稿[1]，其不轻易如此。然今集中所见，乃明白平易，反若未尝经意者，而自然尔雅[2]，非常人所及。东坡大抵相类，初不过为文采也。至黄鲁直，始专集取古人才语以叙事[3]，虽造次间[4]，必期于工，遂以名家。二十年前，士大夫翕然效之，至有不治他事而专为之者，亦各一时所尚而已。方古文未行时，虽小简亦多用四六[5]，而世所传宋景文公《刀笔集》[6]，虽平文而务为奇险，至或作三字韵语，近世盖未之见。予在馆中时，盛暑中傅崧卿给事以冰馈同舍，其简云："蓬莱道山，群仙所游。清异人境，不风自凉。火云腾空，莫之能炎。饷以冰雪，是谓附益。"读者莫解，或曰："此《灵棋经》耶[7]?"一坐大笑，而不知其渊源亦有自也。(卷九)

【注释】

① 属(zhǔ)稿：起草文稿；打草稿。

② 尔雅：雅正，文雅。

③ 才语：指言辞或文字中所用生僻典故和词藻。

④ 造次：须臾；片刻。

⑤ 四六：骈文之一体。因以四字、六字为对偶，故名。四六骈文形成于南朝，盛行于唐宋。

⑥ 宋景文公《刀笔集》：刀笔，指奏议、制诰等应用公文。亦指尺牍。据《宋史·艺文志》，宋祁撰《刀笔集》二十卷。今已佚。

⑦ 灵棋经：古代占卜之书。以棋为具，卜棋为卦，凡二卷，一百二十五卦。旧题汉东方朔撰。或又以为出自张良，本黄石公所授，后朔传其术。

34. 史官记事所因

凡史官记事，所因者有四。一曰时政记，则宰相朝夕议政，君臣之间奏对之语也。二曰起居注，则左、右史所记言动也[1]。三曰日历，则因时政记、起居注润色而为之者也。旧属史馆，元丰官制属秘书省国史。案，著作郎佐主之。四曰臣僚行状，则其家之所上也。四者惟时政记执政之所自录，于一时政事最为详备。左、右史虽二员，然轮日侍立，榻前之语既远不可闻，所赖者臣僚所申，而又多务省事，凡经上殿，止称别无所得圣语，则可得而记录者，百司关报而已[2]。日历，非二者所有，不敢有所附益。臣僚行状[3]，于士大夫行事为详，而人多以其出于门生子弟也，类以为虚辞溢美，不足取信；虽然，其所泛称德行功业，不以为信可也。所载事迹，以同时之人考之，自不可诬，亦何可废。予在馆中时，见重修《哲宗实录》，其旧书于一时名臣行事，既多所略，而新书复因之。于时急欲成书，不复广加搜访，有一传而仅载历官先后者，读之不能使人无恨。《新唐书》事倍于旧，皆取小说[4]。本朝小说尤少，士大夫纵私有所记，多不肯轻出之。予谓史官欲广异闻者，当听人聚录所闻见，如《段太尉逸事状》之类[5]，上之史官，则庶几无所遗矣。（卷九）

【注释】

① 言动：言行。

② 百司关报：百官用来通报公务的文书。

③ 行状：旧时称记录死者生平事迹（世系、名字、爵里、行治、寿年等）的文字为“状”或“行状”。

④ 小说：此处指各种杂记琐言。

⑤ 段太尉逸事状：文章篇名。唐柳宗元撰。逸事状，但录其逸者，其所已载，不必详焉。

35. 鹳以所栖树巢将毁求救于官

仇悆徽猷自言[1]，顷年尝为东州一邑宰[2]。晨起视事，方受牒诉[3]，有鹳雀翔舞庭下，驱逐久之方去，明日复来。仇心异之，遣一吏迹所止而观其为何。既出城数里，所见一大树，鹳雀径止其上。视其颠，则有巢焉，数子啁啾其中。其下方有数人，持锯斧绳索将伐之者。吏遽止之，且引其人与俱见仇。问：“伐树何为？”曰：“为薪耳。”又问：“鬻之得几何？”曰：“可得五千。”仇即以己钱五千与之，且告之曰：“是鹳连日来，意若求救于我者。异类而有知如此，尔不可伐。不然，且及祸。”其人遂去，因不敢伐。（卷十）

【注释】

① 徽猷：即徽猷阁之职称。参见第 488 页第 32 则注释①。

② 邑宰:县邑之长,即知县。

③ 牒诉:讼词;诉状。

36. 苻朗韩玉汝知味

韩玉汝丞相喜事口腹[1],每食必殚极精侈。性嗜鸽,必白者而后食。或以他色者绐之,辄能辨其非,世以为异。然此事古人固已有之,《晋史》,苻坚从兄子朗,国破归晋,司马道子为设盛馔,极江左精肴。食讫问曰:“关中之食孰若此?”答曰:“皆好,惟盐味小生耳[2]。”既问宰夫,皆如其言。或人杀鸡以食之,朗曰:“此鸡栖常半露[3]。”检之,皆验。又食鹅肉,知白黑之处。人不信,记而试之,无毫厘之差。时咸以为知味,与玉汝白鸽事正同。此非有法可传,盖独得于心,故能默契如此。天下之至理,固有独得于心,而默契圣贤于千载之上,以此推之,殆无可疑,但不能章章如是[4],故信之者寡耳。(卷十)

【注释】

① 韩玉汝:韩缜,字玉汝,原籍灵寿(今属河北石家庄市)人,徙雍丘(今河南开封市杞县)。哲宗立,拜尚书右仆射兼中书侍郎,后罢知颍昌府,以太子太保致仕。绍圣四年(1097)卒,年七十九,赠司空,谥庄敏。

② 小生:谓未十分入味。

③ 半露:犹言半遮半掩。露,庇覆。

④ 章章:昭著貌。

37. 惇济博识

石林公尝问予兄惇济曰[1]:“自东坡名思无邪斋、德有邻堂,而世争以三字名堂宇,公知前此固尝有是否?”惇济曰:“非狮子吼寺乎?”石林笑曰:“是也。”盖吴兴城南射村有寺,号狮子吼,本钱氏赐名[2],国朝因之。石林既为《春秋》书,其别有四,其解释旨义曰传,其订证事实曰考,其掊击《三传》曰谳[3],其编排凡例曰例。又问曰:“吾之为此名,前古之所未有也。”惇济曰:“已尝有之。”石林曰:“何也?”惇济曰:“吴程秉逮事郑玄[4],著书三万馀言,曰《周易摘》《尚书驳》《论语弼》,得无近是

乎。”石林大笑。(卷十)

【注释】

① 石林:叶梦得,字少蕴,号石林居士,吴县(今江苏苏州市)人。绍圣四年(1097)进士。南渡后曾官户部尚书,迁尚书左丞,以崇信军节度使致仕。著有《春秋传》二十卷、《春秋考》十六卷、《春秋谳》二十三卷、《石林燕语》十卷、《避暑录话》二卷等。

② 钱氏:指吴越王钱镠。参见第63页第11则注释②。

③ 掊(pǒu)击《三传》:抨击《左传》《公羊传》《穀梁传》。

④ 吴程秉:东汉末学者。字德枢,南顿(治今河南周口市项城市西)人。尝师从郑玄。仕吴,为太子太傅。

38. 王荆公性简率

王荆公性简率[1],不事修饰奉养[2],衣服垢污,饮食粗恶,一无所择。自少时则然。苏明允著《辨奸》[3],其言“衣臣虏之衣[4],食犬彘之食,囚首丧面而谈《诗》《书》[5]”,以为不近人情者,盖谓是也。然少喜与吕惠穆、韩献肃兄弟游[6],为馆职时,玉汝尝率与同浴于僧寺,潜备新衣一袭,易其敝衣,俟其浴出,俾其从者举以衣之,而不以告。荆公服之如固有,初不以为异也。及为执政,或言其喜食獐脯者,其夫人闻而疑之,曰:“公平日未尝有择于饮食,何忽独嗜此?”因令问左右执事者,曰:“何以知公之嗜獐脯耶?”曰:“每食不顾他物,而獐脯独尽,是以知之。”复问:“食时置獐脯何所?”曰:“在近匕箸处。”夫人曰:“明日姑易他物近匕箸。”既而,果食他物尽而獐脯固在。而后人知其特以其近故食之,而初非有所嗜也。人见其太甚,或者多疑其伪云。(卷十)

【注释】

① 简率(shuài):简朴直率。

② 奉养:指生活待遇。

③ 苏明允:苏洵,字明允,眉州眉山(今属四川)人。宝元间应进士不第,归而致力于学问文章。嘉祐间,经欧阳修推誉,以文章著名于世。与其子轼、辙合称“三苏”。曾任秘书省校书郎、文安县主簿。

④ 臣虏:奴仆和俘虏。

⑤ 囚首丧(sāng)面：头不梳如囚犯，脸不洗如居丧。语见苏洵《辨奸论》。

⑥ 吕惠穆、韩献肃兄弟：吕公弼，字宝臣，谥惠穆。吕夷简次子，神宗时官至枢密使。韩氏兄弟指韩绛、韩缜。兄绛，字子华，谥献肃，神宗熙宁三年(1070)参知政事，拜同中书门下平章事。弟缜，字玉汝，事见前第36则。

清波杂志

[宋]周　煇

《清波杂志》十二卷，宋周煇撰。煇字昭礼，泰州（今属江苏）人。出身望族而生不逢时，遭遇靖康之变，故常怀亡国流离之痛。一生不仕，喜读书交游。晚年寓居杭州清波门之南，写成此书。

《清波杂志》记宋人轶事及当时风物制度，如其友张贵谟《序》曰：『纪前言往行及耳目所接，虽寻常细事，多有益风教，及可补野史所阙遗者。』盖书中所载，常为后世学者所称引，是研究宋代历史、文化的重要参考资料。此外，书中还录存不少宋人唱和诗词，文学史料价值亦较高。

今有刘永翔《清波杂志校注》，于校勘、注释用力颇深。原书已有标题，错漏处由刘本重为拟定。

1. 思陵俭德[1]

高宗践阼之初[2],躬行俭德,风动四方。一日,语宰执曰:“朕性不喜与妇人久处,早晚食只面饭、炊饼、煎肉而已。食罢,多在殿旁小阁垂帘独坐。设一白木卓,置笔砚,并无长物[3]。”又尝诏有司毁弃螺填倚卓等物[4],谓螺填淫巧之物,不可留。仍举:“向自相州渡大河[5],荒野中寒甚,烧柴,借半破瓷盂,温汤渀饭[6],茅檐下与汪伯彦同食。今不敢忘。”绍兴间[7],复纡奎画以记损斋[8]:“‘损之又损[9]’,终始如一,宜乎去华崇实,还淳返朴,开中兴而济斯民也。”(卷一)

【注释】

① 思陵:高宗陵墓名。以代指高宗。

② 践阼:又作“践祚”。指帝王即位。

③ 长(zhàng)物:多馀的东西。

④ 螺填倚卓:装饰有螺填的椅桌。螺填,即“螺钿”,一种手工艺品,用螺蛳壳或贝壳镶嵌在漆器、硬木家具或雕镂器物的表面,组成花纹、图形。

⑤ 自相州渡大河:靖康元年(1126)十一月,金兵渡黄河进逼宋都东京,钦宗命康王赵构使金求和,未至,止于相州(今河南安阳市)。闰十一月,钦宗又任命赵构为河北兵马大元帅,起兵入卫京师。十二月,赵构率兵离相州,履冰渡黄河,至大名府(今属河北),又东平府(今属山东)。时东京已陷。靖康二年春,金兵掳徽、钦二帝北还,北宋亡。五月,赵构至应天府(今河南商丘市),即皇帝位(高宗),改元建炎,史称南宋。

⑥ 渀(pào):同“泡”。用水浸物。

⑦ 绍兴:宋高宗年号(1131—1162)。

⑧ 复纡奎画以记损斋:又用自己书写的字画萦绕损斋。纡,萦绕。奎画,指帝王的墨迹。损斋,绍兴二年正月,高宗定都临安府(今浙江杭州市),于禁中辟一室名“损斋”,曾作记以自警。

⑨ 损之又损:不断减除。语见《老子》第四十八章:“为道日损,损之又损,以至于无为。”意即在求“道”的过程中,不断去除阻碍或华伪,以归于自然纯朴。

2. 用兵利害

苏东坡言:少时与父并弟同读富韩公《使北语录》[1],至于说大辽国主云:“用兵则士马物故[②]，国家受其害；爵赏日加，人臣享其利。故凡北朝之臣劝用兵者，乃自为计[③]，非为北朝计也。”三人皆叹其言明白，切中事机。老苏谓二子曰：“古人有此意否？”坡对曰：“严安亦有此意[④]，但不明白。”老苏笑以为然。煇观《三国志·顾雍传》：孙权时，沿边诸将各欲立功自效，多陈便宜[⑤]，有所掩袭[⑥]。权以访雍，雍曰：“兵法戒于小利，此等所陈，欲邀功名而为其身，非为国也。”又读《通鉴》：唐武德五年，突厥犯边，郑元琦诣颉利[⑦]，说之曰：“唐与突厥，风俗不同，突厥虽得唐地，不能居也。今虏掠所得，皆入国人，于可汗何有？不如旋师，复修和好，可无跋涉之劳，坐受金币，又皆入可汗府库，孰与弃昆仲积年之欢[⑧]，而结子孙无穷之怨乎？”颉利悦，引兵还。开元六年，吐蕃求和，忠王友皇甫惟明求奏事，从容言和亲之利，明皇未然。惟明力言边境有事，则将吏得以因缘盗匿官物、妄述功状，以取勋爵，此皆奸臣之利，非国家之福。乃许其和。盖皆祖述严安之言也。后东坡载其说于《郑公神道碑》之首。（卷一）

【注释】

① 富韩公：即富弼。其使北事，参见第 176 页第 43 则注释①。

② 用兵则士马物故：意谓用兵就要损失兵马。物故，死亡。

③ 自为(wèi)计：为自己考虑。

④ 严安：汉武帝文学侍臣。曾上书言征伐事：“此人臣之利，非天下之长策也。”见《汉书·严安传》。

⑤ 便(biàn)宜：指有利、合宜之事。

⑥ 掩袭：相沿成风。

⑦ 颉利：当时突厥首领。

⑧ 昆仲积年之欢：指兄弟间多年结下的情谊。　孰与……乎：比……怎么样呢。

3. 东坡八赋

东坡在海外[①]，语其子过曰：“我决不为海外人，近日颇觉有还中州气象。”乃涤砚焚香，写平生所作八赋，当不脱误一字以卜之。写毕，大喜曰：“吾归无疑矣！”后数日，廉州之命至[②]。八赋墨迹，初归梁师成，后入禁中。煇在建康，于老尼处得东坡元祐间绫帕子，上所书《薄命佳人诗》，末两句全用草圣[③]，笔势尤超逸。尼时年八十馀矣。又于吕公经甫少卿家见所书《伤春词》[4];虞部文甫,少卿父也。二墨迹屡经兵火而尚存,诚宜珍秘。吕乃申公之后。(卷二)

【注释】

① 海外:此处指海南岛。苏轼晚年贬官至儋州(今海南儋州市中和镇)。

② 廉州之命至:元符三年(1100)正月,哲宗驾崩,向太后(钦圣献肃)摄政,大赦元祐老臣。五月,苏轼调任廉州(今广西合浦县)。六月,渡海抵雷州,又受命改任永州(今属湖南)。途中,再接随意定居的命令。徽宗建中靖国元年(1101)六月,至常州,不久病死,年六十五。

③ 草圣:即草书。《薄命佳人诗》末两句为:"自古佳人多命薄,闭门春尽杨花落。"

④ 伤春词:文章篇名。为苏轼应虞部郎吕文甫之请,吊其妻安氏而作。

4. 青 沙 烂

武襄赴陈州[1],不怿,语所亲曰:"青此行必死。"问其然,曰:"陈州出一梨子,号'青沙烂'[2],今去本州,青必烂死。"一时虽笑之,未几果卒。初实戏谈,适会其死耳。似云初无此说,好事者为之。或云当时狄为都人指目[3],故为是无稽之言以为笑端。判陈州,竟因疑似[4]。熙宁改元[5],青子谘入对,上问青征南有遗书否,乃上《平蛮记》及《归仁铺战阵》二图。上乃自为文,遣使即其第祭之。其文具载《实录》。(卷二)

【注释】

① 武襄:宋大将狄青谥号。青屡立战功,仁宗朝官至枢密使。嘉祐中罢为同中书门下平章事,出判陈州(今河南周口市淮阳县),明年卒。

② 青沙烂:宋人称果熟过度、果肉酥松者为"沙烂"。陈州梨大概色青而沙烂,故名。

③ 指目:手指而目视之。谓引人关注。

④ 疑似:似是而非,或是非不明。

⑤ 熙宁改元:治平四年(1067)正月,英宗崩,神宗即位。明年春正月诏改元熙宁。

5. 景 阳 台

煇居建康,春时偕一二邻曲,至内后景阳台[1],台之下一尼庵少憩。见若琉璃色一瓦羫[2],径二尺许,厚三四寸,中空,用以阁盆盎。叩之,铿然有声。尼云:近垦地得之,乃李后主用此引后湖水入宫中[3]。虽瓦砾微物,亦有时而显晦[4]。又至白下门外齐安院,主僧曰:近治地得一玉杯,已碎;银一铤,上刻"永定公主为志公和尚净发之资[5],一样十铤"。"行人问宫殿,耕者得珠玑"[6],诚不吾欺。(卷三)

【注释】

① 景阳台:即景阳楼。南朝宋元嘉二十二年(445)建,至宋遗址尚存,俗称景阳台。

② 瓦羫(qiāng):羊形瓦罐。羫,掏去内脏的羊的躯体。

③ 李后主:指南唐后主李煜。开宝七年(974)九月,宋太祖发兵十万伐南唐;八年十一月,宋兵入金陵,李煜降,掳至东京,后被毒死。　后湖:即玄武湖。

④ 显晦:明与暗;显露与隐没。

⑤ 永定公主:南朝梁武帝女。　志公:释宝志,南朝名僧,历宋、齐、梁三朝。事见《高僧传》卷十一。

⑥ 行人问宫殿,耕者得珠玑:宋杨谔《题骊山诗》中句。见刘攽《中山诗话》:"近年能诗者,亦时有佳句。蜀人杨谔……《题骊山诗》云:'行人问宫殿,耕者得珠玑。'最为警策。"

6. 朔 北 气 候

绝江渡淮,过河越白沟[1],风声气俗顿异,寒暄亦不齐。煇淳熙丙申从使节出疆[2],回辕当三月中、下旬[3],一路红尘涨天,热不可耐,若江南五、六月气候。往还经从汴都[4],顾瞻宗庙宫室,"不悟朝阳殿,遂作单于宫"[5],不独兴叹于往古。以中原复中原,规恢洪业[6],信自有时。煇老矣,其及见诸侯东都之会耶?(卷三)

【注释】

① 白沟:河流名。又称"拒马河"。北宋、辽国分界于此,亦称"界河"。故道在今河北容城县北,东流经霸州市抵天津。此句指从南宋出使金国,须渡长江、淮河、黄河、白沟河。

② 淳熙丙申:即宋孝宗淳熙三年(1176)。淳熙元年为甲午年。

③ 回辕:返回。辕,车前驾牲口的直木。

④ 汴都:北宋首都东京(今河南开封市)。

⑤ 不悟朝阳殿,遂作单(chán)于宫:南朝梁陶弘景诗。朝阳殿,又作"昭阳殿",汉宫殿名,后泛指后妃所住宫殿。单于,匈奴君主的称号,亦泛指外族统治者。

⑥ 规恢洪业:规划、弘扬(统一)大业。

7. 东 坡 祠

乾道末,晁强伯子健至毗陵[1],祠苏东坡于学宫。其叔少尹子止为之记[2],其间言:坡之葬也,少公铭其墓[3],皆非实录。其甚者,以赏罚不明罪元祐,以改法免役怀元丰[4],指温公才智不足,而谓公斥逐出其遗意[5]。称蔡确谤讟可赦,而谓公进用由其选擢。章惇之贼害忠良,而云公与之友善。林希之诬诋善类,而云公尝汲引之[6]。子止所书如此。少公之语,志文在,可考也。其然,不其然乎?祠宇成,中置坡塑像,又遍求从壮至老,及自海外归仪刑[7],绘于两庑。晁文元后,子健为景迂生以道之嫡孙[8]。祠堂碑后为人磨去。

东坡自海外归毗陵,病暑,著小冠,披半臂坐船中。夹运河千万人随观之。坡顾坐客曰:"莫看杀我否[9]?"则素知彼民爱慕,坡亦眷眷此地而不忘。强伯尸而祝之之意出此[10]。(卷三)

【注释】

① 晁强伯子健:晁子健,字强伯,钜野(今山东菏泽市巨野县)人。宋孝宗乾道(1165—1173)中,知常州。 毗(pí)陵:亦作"毘陵"。古地名,本春秋时吴季札封地延陵邑。汉置县,治今江苏常州市。后为常州别称。

② 子止:晁公武,字子止。乾道中,以敷文阁直学士为临安府少尹(知府副职,无实权)。藏书家。

③ 少公:即苏辙。其兄死,作有《亡兄子瞻端明墓志铭》。

④ 以赏罚不明罪元祐,以改法免役怀元丰:苏辙铭文述及苏轼于神宗、哲宗朝政治遭遇云:元丰时,因反对王安石新法而求外职,在地方却利用新法便民;元祐时重新起用,又因上言朝政赏罚不明而获谴外放。晁公武以为此说不实。

⑤ 温公:即司马光。元祐元年(1086)入相,起用旧党,尽废新法。苏轼与其政见亦不合。此处,晁公武有为司马光辩解之意。

⑥ 蔡确、章惇、林希等:此三人皆元丰新党,时掌朝廷军政大权,元祐初高太后(宣仁)摄政,遭贬谪。晁公武以为苏轼不可能与他们关系亲近。 谤讟:怨恨毁谤。

⑦ 仪刑:仪容;风范。

⑧ 景迂生以道:即晁说之,字以道,号景迂生。晁子健祖父。宋代晁氏人才辈出,自先祖晁迥

（字明远，谥文元）至晁补之（字无咎，号归来子，苏门四学士之一）凡五世，世有才俊。补之从弟冲之（公武父）、说之、咏之，皆当时名士。

⑨ 莫看杀我否：用晋卫玠事为谑。据《世说新语·容止》："卫玠从豫章至下都，人久闻其名，观者如堵墙。玠先有羸疾，体不堪劳，遂成病而死。时人谓'看杀卫玠'。"

⑩ 尸而祝之：意即把苏轼当作祖宗一样来祭拜。尸，古代代死者受祭的活人，后以神主牌或神像取代。祝，祭祀时的司礼，引申为祝祷。

8. 坡入荆溪

东坡初入荆溪[①]，有"乐死"之语，盖喜其风土也。继抱疾稍革[②]，径山老惟琳来问候[③]，坡曰："万里岭海不死，而归宿田里，有不起之忧，非命也邪？然死生亦细故尔[④]。"后二日，将属纩[⑤]，闻根先离[⑥]。琳叩耳大声曰："端明勿忘西方[⑦]！"曰："西方不无，但个里着力不得[⑧]。"语毕而终。归老素志，竟堕渺茫，一丘一壑，天实啬之。淳熙己酉，周益公罢相回江右[⑨]，小泊荆溪，因董氏出《楚颂帖》[⑩]，乃考坡自元丰七年以后经从此地月日本末为详，刻石具在。"楚颂"，乃坡欲种橘名亭而不遂者也。（卷三）

【注释】

① 荆溪：在常州宜兴县（今属江苏无锡市）南。

② 抱疾稍革（jí）：患病渐重。革，通"亟"，危急。

③ 径山老：径山长老。径山，在浙江杭州市余杭区余杭镇西北，为天目山东北峰。

④ 细故：细小而不值得计较的事。

⑤ 属纩（zhǔ kuàng）：在临死者鼻尖放一块棉，察其是否断气。

⑥ 闻根：佛学六根之一。佛教重视闻根，认为由闻根悟入本心为最妙，由闻根返自性，则一根通达，馀五根亦通，六根可互用无碍。此处"闻根先离"，犹言身心即将寂灭之意。

⑦ 端明：代指苏轼。轼有端明殿学士衔称。参见第 478 页第 18 则注释③。

⑧ 西方不无，但个里着力不得：意谓西方极乐世界或许有，但我此处却不能着力前往。个，这。

⑨ 周益公：周必大，字子充，自号平园老叟，吉州庐陵（今江西吉安市）人。绍兴进士。孝宗时官至左丞相。光宗立，拜少保，封益国公。不久为人所劾，罢相。嘉泰中卒于庐陵，谥文忠。

⑩ 楚颂帖：苏轼书帖。真迹今不传。文字载周必大《东坡宜兴事》，曰："吾来阳羡，船入荆

溪，意思豁然，如惬平生之欲。逝将归老，殆是前缘。王逸少云：'我卒当以乐死。'殆非虚言。吾性好种植，能手自接果木，尤好栽橘。阳羡在洞庭上，柑橘栽至易得。当买一小园，种柑橘三百本。屈原作《橘颂》，吾园若成，当作一亭，名之曰'楚颂'。元丰七年十月二日书。"（《周文忠公全集》卷十九《题跋》六）

9. 七 夫 人

蔡卞之妻七夫人[①]，颇知书，能诗词。蔡每有国事，先谋之于床笫，然后宣之于庙堂。时执政相语曰："吾辈每日奉行者，皆其咳唾之馀也[②]。"蔡拜右相，家宴张乐，伶人扬言曰："右丞今日大拜，都是夫人裙带！"讥其官职自妻而致，中外传以为笑。煇在金陵，见老先生言，荆公尝谓："元度为千载人物，卓有宰辅之器，不因某归以女凭借而然[③]。"其后蔡唯知报妇翁之知[④]，不知掩妇翁之失，致使得罪天下后世，其于报也何有[⑤]！（卷三）

【注释】

① 蔡卞：字元度，蔡京之弟。参见第356页第9则注释②。 七夫人：王安石次女，封福国夫人。

② 咳唾：喻言语。

③ 归以女：以女嫁之。

④ 妇翁：岳父。

⑤ 其于报也何有：意谓哪有什么报答。

10. 借 书

"借书一瓻，还书一瓻"[①]，后讹为"痴"，殊失忠厚气象。书非天降地出，必因人得之，得而秘之，自示不广，人亦岂肯以未见者相假。唐杜暹家书，末自题云："清俸买来手自校，子孙读之知圣道，鬻及借人为不孝。"鬻为不孝，可也；借为不孝，过矣。然煇手抄书，前后遗失亦多，未免往来于怀。因读唐子西（庚）《失茶具说》，释然不复芥蒂。其说曰："吾家失茶具，戒妇勿求。妇曰：'何也？'吾应之曰：'彼窃者，必其所好也。心之所好，则思得之，惧吾靳之不予也而窃之[②]。则斯人也，得其所好矣。得其所好则宝之，惧其泄而秘之，惧其坏而安置之。则是物也，得其所托矣。

人得其所好，物得其所托，复何言哉！'妇曰：'嘻，是乌得不贫[3]！'"煇亦云。（卷四）

【注释】

① 瓻（chī）：陶制盛酒器，大者一石，小者五斗。古人借书、还书，以此盛酒酬谢。后"借书一瓻，还书一瓻"讹为"借书一痴，还书一痴"，意思变成有书借人为痴，借人书送还亦为痴。

② 靳：吝惜。

③ 乌得：怎能。

11. 藏　书

聚而必散，物理之常。父兄藏书，惟恐子弟不读；读无所成，犹胜腐烂箧笥[1]，旋致蠹鱼之变[2]。陈亚少卿藏书千卷、名画一千馀轴，晚年复得华亭双鹤[3]，及怪石异花，作诗戒其后曰："满室图书杂典坟，华亭仙客岱云根[4]。他年若不和根卖，便是吾家好子孙。"亚死，悉归他人。（卷四）

【注释】

① 箧笥（qiè sì）：藏物的竹器。

② 蠹鱼：虫名。即蟫（yín），又叫衣鱼。蛀蚀书籍、衣物。

③ 华亭双鹤：画名。取材晋陆机被诛事。陆机临刑前叹曰："欲闻华亭鹤唳，可复得乎？"华亭在今上海市松江区西。陆机于吴亡入洛以前，常与弟陆云游于华亭墅中。后以"华亭鹤唳"为感慨生平，悔入仕途之典。

④ 华亭仙客岱云根：指华亭双鹤图和奇石。仙客，仙鹤。岱云，喜雨之云。古人以为云从石出，因称石为云根。

12. 逐　客

放臣逐客，一旦弃置远外，其忧悲憔悴之叹，发于诗什，特为酸楚，极有不能自遣者。滕子京守巴陵[1]，修岳阳楼，或赞其落成，答以："落甚成，只待凭栏大恸数场！"闵己伤志，固君子所不免，亦岂至是哉！张芸叟元丰间从高遵裕辟[2]，环庆出师失律[3]，且为转运使李察讦其诗语，谪监郴州酒[4]。舟行，以二小词题岳阳楼："木叶下君山,空水漫漫。十分斟酒敛芳颜。不是渭城西去客,休唱《阳关》。　　醉袖抚危栏,天淡云闲。何人此路得生还?回首夕阳红尽处,应是长安。""楼上久踟蹰,地远身孤。拟将憔悴吊三闾[5]。自是长安日下影,流落江湖。　　烂醉且消除,不醉何如?又看暝色满平芜。试问寒沙新到雁,应有来书。"亦岂无去国流离之思,殊觉婉而不伤也[6]。(卷四)

【注释】

① 滕子京守巴陵:滕宗谅,字子京。仁宗朝累官左司谏。坐事知岳州,重建岳阳楼。巴陵(今湖南岳阳市),岳州治所。

② 张芸叟:张舜民,字芸叟,号浮休居士,邠州(今陕西彬县)人。工诗画。治平二年(1065)进士,为襄乐令。元丰中,环庆帅高遵裕辟掌机密文字。元祐初,以馆阁校勘为监察御史,刚直敢言。徽宗立,擢右谏议大夫,居职才七日,上事已六十章。徙吏部侍郎,旋以龙图阁待制知定州,改同州。坐元祐党贬为楚州团练副使、商州安置。复集贤殿修撰,卒。绍兴中,追赠宝文阁直学士。

③ 环庆出师失律:环庆路环州(治今甘肃环县)、庆州(治今甘肃庆阳)出兵讨西夏失利。元丰四年(1081),张舜民从高遵裕西征,还师,夏兵来追,遂溃。二人均遭贬谪。

④ 监郴州酒:郴州(今属湖南)监督造酒的官吏。

⑤ 三闾:屈原为楚三闾大夫。后以专指屈原。

⑥ 婉而不伤:犹言"哀而不伤"。悲哀而不过分。

13. 能容于物

王荆公初见晏元献[1],元献熟视无他语,但云:"能容于物,物亦容矣。"荆公唯唯[2],退而思之:"此语其有所出,或自为之言?"后识者谓荆公平日所短正在于此,何元献逆知其然耶[3]?(卷四)

【注释】

① 王荆公初见晏元献:王安石,字介甫,号半山,抚州临川(今属江西)人。仁宗庆历二年(1042)进士。神宗朝拜相,推行新法。熙宁九年(1076)罢相,退居江宁(今江苏南京市),封荆国公。晏殊,字同叔,抚州临川人。谥元献。参见第200页第12则注释①。此句言王安石进士及第后,受命拜谢晏殊。

② 唯唯(wěi—):恭敬的应答声。

③ 逆知:预知;逆料。

14. 两 学 人 物

承平时[①],两学作成之盛[②],不但英才辈出,为国之华;群居燕处[③],虽一时谑浪之语[④],人皆喜闻而乐道之。尝见前辈说数事:元祐间,敏求斋有治《春秋》陈生与宋门一倡狎[⑤]。一日,会饮于曹门,因用《春秋》之文题于壁曰:"春正月,会吴姬于宋。夏四月,复会于曹。"有继其文戏之曰:"秋饥,冬大雪,公薨。"其意以谓财匮当有饥寒之厄也。此固知非典语[⑥],亦切中后生泆游迷而不返之病[⑦]。(卷四)

【注释】

① 承平:太平。

② 两学:指国子学与太学。古代设于首都的最高学府。

③ 群居燕处:众人居处在一起。

④ 谑浪:戏谑放荡。

⑤ 敏求斋:宋两学内置有若干斋,研习同一经者聚于一斋,斋名为皇帝所赐。敏求当为其中一斋。 宋门:即朝阳门。下文的曹门,即含晖门。为宋都城东京东面南北二门。

⑥ 典语:典雅的言语。

⑦ 泆(yì)游:放纵。

15. 二 道 人

东坡南迁[①],度岭次[②],于林麓间遇二道人,见坡即深入不出。坡谓押送使臣:"此中有异人,可同访之。"既入,见茅屋数间,二道人在焉,意象甚潇洒。顾使臣:"此何人?"对以苏学士。道人曰:"得非子瞻乎?"使臣曰:"学士始以文章得,终以文章失。"道人相视而笑,曰:"文章岂解能荣辱,富贵从来有盛衰。"坡曰:"何处山林间无有道之士乎!"煇顷得诗话一编,目曰《汉皋》。王季羔端朝尝借去,亲为是正[③],亦言不知何人作。前说,《汉皋》所书也。一小说云:汉皋,张姓,不得其名。(卷五)

【注释】

① 东坡南迁:元祐八年(1093)九月,高太后死,哲宗亲政,重新起用元祐初被太后罢黜的新党。苏轼求外放获准,知定州(今属河北)。绍圣元年(1094)四月,章惇再拜相,调苏轼知英州(治今广东英德市)。未至,贬惠州(今属广东)。绍圣四年(1097)四月,再贬儋州。此处南迁,指贬惠州。

② 度岭次:过五岭间。五岭为大庾岭、越城岭、骑田岭、萌渚岭、都庞岭,是长江流域与珠江流域的分水岭。古代贬官至岭南,是较重的惩罚。

③ 亲为是正:亲自求证这件事。正,证实,求证。

16. 家　　塾

典家塾难其人[①],严则利于子弟而不能久,狎则利于己而负其父兄之托。顷一钜公招客训子[②],积日业不进,踧踖欲退[③]。钜公觉之,置酒,泛引自昔名流后嗣类不振,且曰:"名者,古今美器,造物者深吝之,前人取之多,后人岂应复得!"士人解悟,其迹遂安[④]。张无垢子韶云:"某见人家子弟醇谨及俊敏者[⑤],爱之不啻如常人之爱宝,唯恐其埋没及伤损之,必欲使之在尊贵之所。故教人家子弟,不敢萌一点欺心,其鄙下刻薄,亦为劝戒太息而感诱之。此平生所乐为者。今教子弟,乃以主人厚薄为隆杀[⑥],亦可笑矣!"浑然忠厚之气,可敬而仰之。(卷五)

【注释】

① 典:掌;主持。

② 钜公:指王公大臣。

③ 踧踖(cù jí):恭敬而不安的样子。

④ 迹:行迹;行动。

⑤ 醇谨:淳厚谨慎。　俊敏:聪慧灵敏。

⑥ 隆杀(shài):犹尊卑、厚薄、高下。

17. 王右军帖

老米酷嗜书画[①],尝从人借古画自临拓,拓竟,并与真赝本归之,俾其自择而莫辨也。巧偷豪夺,故所得为多。东坡《二王帖跋》云:"锦囊玉轴来无趾,粲然夺真疑圣智。”因借以讥之。旧传老米在仪真[2]，于中贵人舟中见王右军帖[3]，求以他画易之，未允。老米因大呼，据舷欲赴水，其人大惊，亟畀之[4]。好奇喜异，虽性命有所不计，人皆传以为笑。（卷五）

【注释】

① 老米：米芾，初名黻，字元章，号襄阳漫士、海岳外史等。宋书画家。书法与蔡襄、苏轼、黄庭坚合称“宋四家”。画史上有“米家山”、“米氏云山”和“米派”之称。此言米芾得王右军帖事，又见叶梦得《石林燕语》卷十，参见第464页第21则。

② 仪真：真州扬子县（今江苏仪征市）。

③ 中贵人：帝王所宠幸的近臣。

④ 亟畀（bì）之：赶快给他。

18. 东　西　园

蔡京罢政[1]，赐邻地以为西园，毁民屋数百间。一日，京在园中，顾焦德曰：“西园与东园景致如何[2]？”德曰：“太师公相，东园嘉木繁阴，望之如云；西园人民起离，泪下如雨。可谓‘东园如云，西园如雨’也。”语闻，抵罪。或云：一伶人何敢面诋公相之非，特同辈以飞语嫁其祸云[3]。（卷六）

【注释】

① 蔡京罢政：指宣和二年（1120），蔡京以太师、鲁国公退相位致仕。

② 西园与东园：蔡京宅第甚多，都城东西皆有园。

③ 飞语：犹流言。

19. 没　字　碑

绍兴九年，虏归我河南地[1]。商贾往来，携长安秦汉间碑刻，求售于士大夫，多得善价。故人王锡老，东平人，贫甚，节口腹之奉而事此[2]。一日，语共游：“近得一碑甚奇。”及出示，顾无一字可辨，王独称赏不已。客曰：“此何代碑？”王不能答。客曰：“某知之，是名‘没字碑’，宜乎公好尚之笃也[3]！”一笑而散。（卷七）

【注释】

① 虏归我河南地:绍兴九年(1139)正月,宋、金议和,秦桧代表高宗接受金朝诏书,向金称臣,每年贡银二十五万两、绢二十五万匹。金归还陕西、河南地,并徽宗和皇后的棺木。一年后,金叛盟大举南侵。绍兴十一年,宋请降,划定东自淮河中流、西至大散关(今陕西宝鸡市西南)为两国边界。

② 节口腹之奉:节省生活费用。奉,俸禄;薪俸。

③ 宜乎公好尚之笃:古代称虚有其表而不通文字者为"无字碑"或"没字碑"。此句暗含讥讽,意谓"没字碑"合乎公的喜好,也合乎公的虚有其表。

20. 坡 教 作 文

东坡教诸子作文,或辞多而意寡,或虚字多,实字少,皆批谕之[1]。又有问作文之法,坡云:"譬如城市间种种物有之,欲致而为我用。有一物焉,曰钱;得钱,则物皆为我用。作文先有意,则经史皆为我用。"大抵论文以意为主[2]。今视坡集诚然。(卷七)

【注释】

① 批谕:批阅;评点。

② 大抵论文以意为主:总之说到写作,要以意为主。大抵,总之。论,谈论,说。

21. 邮 亭 曲

陶尚书穀奉使江南[1],恃才凌忽[2],议论间殆应接不暇。有善谋者选籍中艳丽,诈为驿卒孀女,布裙荆钗,日拥篲于庭[3]。穀一见喜之,久而与之狎,赠以长短句。一日,国主开宴[4],立妓于前,歌所赠"邮亭一夜眠[5]"之词。穀大惭沮[6],满引致醉,顿失前日简倨之容。归朝,坐此抵罪。文潞公帅成都[7],有飞语至朝廷,遣御史何郯因谒告俾伺察之[8]。潞公亦为之动,遍询幕客,孰与御史密者。得张俞字少愚者,使迎于汉州,且携营妓名王宫花者往,伪作家姬,舞以佐酒。御史醉中取其领巾,题诗云:"按彻《梁州》更《六么》[9],西台御史惜妖娆。从今改作'王宫柳',舞尽春风万万条。"至成都,此妓出迎,遂不复措手而归[10]。二事切相类。一说:王宫花

一名杨台柳，诗首句云"蜀国佳人号细腰"。何字圣从，亦蜀人也。（卷八）

【注释】

① 陶尚书穀奉使江南：陶穀事，参见第236页第20则注释⑥。

② 恃才凌忽：依仗自己的才华，轻慢众人。凌忽，轻慢。

③ 拥篲：执帚。此句意谓每天手持扫帚打扫庭院。

④ 国主：此处指南唐中主李璟。

⑤ 邮亭：驿馆。

⑥ 惭沮：羞愧沮丧。

⑦ 文潞公：文彦博，参见第157页第18则注释②。

⑧ 因谒告俾伺察之：趁着请假回乡让（他）探察文潞公。谒告，请假。

⑨ 梁州、六幺：皆唐教坊曲名。唐置教坊，专管雅乐以外的乐舞百戏的教习、演出。

⑩ 不复措手：无法着手处事。

22. 姚　解　元

方务德侍郎帅绍兴，赴召[①]，士人姚某以书投诚[②]，其略曰："某流落江湖二十年，兄弟异立，未能成家。重以场屋蹉跌[③]，遂失身于倡馆马慧。岁月滋久，根深蒂结，生育男女，于义有不可负者。兼渠孑然一身，无所依倚，处性不能自立。万一有叛此盟，终身废弃，存亡或未可保。不于侍郎还朝之日得遂脱身从良，他日必困此门户中。不唯无以释儿女之恨，而某亦从此销缩[④]。区区欲望矜怜[⑤]，使鱼鸢之属，川泳云飞[⑥]，侍郎之德大矣。敢不下拜！"方书其后云："姚某解元，文词英丽，早以俊称。杯酒留连，遂致于忘反。露由衷之悬，不愧多言[⑦]；遂成家之名，何爱一妓！韩公之于戎昱[⑧]，既徇所求。奇章之望牧之[⑨]，更宜自爱。"能从其请，可见宽厚之德，且引事切当。韩滉镇润州，戎昱典属郡，昵一妓。或言于韩，韩取。戎不敢留，临别作小词曰："好在春风湖上亭，柳丝藤蔓系人情。黄鹂久住浑相恋，欲别频啼三两声。"韩闻即归之。盖用此事。（卷八）

【注释】

① 赴召：应朝廷征召。

② 投诚：投献诚心。

③ 场屋蹉跌:科场受挫。

④ 销缩:消沉;衰退。

⑤ 区区欲望矜怜:在下希望(您的)怜悯。区区,自称的谦词。

⑥ 使鱼鸢之属,川泳云飞:使鱼游于川,鸢飞于天。比喻使其任性而为,自得其乐。

⑦ 不愧多言:当得起赞扬。多言,称赞的话。

⑧ 韩公之于戎昱:韩滉,唐大历(766—779)时曾任苏州刺史、浙江东西观察使。戎昱,大历诗人,曾任荆南、湖南、桂州幕府,官至辰、虔二州刺史。二人事见下文。刘永翔注以为不实。

⑨ 奇章之望牧之:牛僧孺,唐敬宗朝拜相,封奇章郡公。杜牧,字牧之,唐诗人。在扬州入淮南节度使牛僧孺幕府。杜牧曾沉湎于诗酒伎乐,牛僧孺劝其切莫"风情不节"。

23. 群游嵩山二说

欧阳公为西京留守推官[①],事钱思公。一日,群游嵩山,取颍阳路归。暮抵龙门,雪作。登石楼,望都城次,忽烟霭中有车马渡伊水者。既至,乃思公遣厨传[②]、歌妓,且致俾从容胜赏毋遽归之意。思公既贬汉东,王文康公晦叔为代。一日,讶幕客多游,责曰:"君等自比寇莱公何如?莱公尚坐奢纵取祸[③]!"众不敢对,欧公取手板起立曰:"以某论之,莱公之祸,不在杯酒,在老不知退尔。"四座伟之。是时文康年已高,为之动。故欧公六十五即休致[④],门生或有言:"公德望为朝廷倚重,且未及年,岂容遽去?"公答曰:"某平生名节,为后生描画尽,唯有早退以全晚节,岂可更被驱逐乎?"以是知公未老告归,盖以文康公为戒,且践畴昔之言也[⑤]。或云欧公游颍阳,见山中石壁上丹书"神清洞",即此时也。

一小说名《默记》,内一条云:尹师鲁性高而褊,在洛中与欧、梅诸公同游嵩山,师鲁曰:"游山须是带得胡饼炉来[⑥],方是游山。"诸公咸谓:"游山贵真率,岂有此理!"诸公群起而攻之。师鲁知前言之谬,而不能胜诸公,遂引手扼吭[⑦],诸公争救之,乃免。煇见前辈云:"一时失言,有所不免;若曰愧而扼吭,无是理也。"著《默记》者亦不当书此。(卷九)

【注释】

① 西京留守推官:留守西京的府、州佐官。参见第197页第6则注释②。

② 厨传(zhuàn):古代供应过客食宿、车马的处所。此处借为置办食宿的人员和设备。

③ 莱公尚坐奢纵取祸:寇準奢纵事,见第157页第19则。

④ 休致:官吏年老去职。也泛指辞官。

⑤ 畴昔:过去;以前。

⑥ 胡饼炉:烤饼炉。胡饼,亦称麻饼,宋点心名,犹今之烧饼。饼上洒有胡麻(芝麻),故名。

⑦ 扼吭(háng):自缢。

24. 毁 通 鉴

了斋陈莹中为太学博士。薛昂、林自之徒为正、录[①],皆蔡卞之党也,竞尊王荆公而挤排元祐[②],禁戒士人不得习元祐学术。卞方议毁《资治通鉴》板,陈闻之,因策士题特引序文[③],以明神宗有训。于是林自骇异,而谓陈曰:“此岂神宗亲制耶?”陈曰:“谁言其非也?”自又曰:“亦神宗少年之文耳。”陈曰:“圣人之学,得于天性,有始有卒。岂有少长之异乎?”自辞屈愧叹,遽以告卞。卞乃密令学中敞高阁[④],不复敢议毁矣。毁《通鉴》非细事也,诸公未有纪之者,止著于《了斋遗事》中。国子监旧有安定胡翼之祠[⑤],绍圣初自为博士,闻于朝,彻去。(卷九)

【注释】

① 正、录:学官名。学正、学录的省称。宋太学、国子监设学正、学录各五人,掌学规和考教训导。

② 挤排元祐:元祐八年(1093)哲宗亲政,重行新政,排斥以司马光为代表的旧党。

③ 策士题:策试士子的考题。 序文:此处指神宗《资治通鉴序》。写于治平四年(1068)十月,神宗初即位。

④ 敞高阁:高高地搁置,弃置。高阁,放书籍的高架。

⑤ 胡翼之:胡瑗,字翼之,泰州海陵(今江苏泰州市)人。世居陕西路安定堡,学者称安定先生。讲学于苏州、湖州间达二十馀年。与孙复、石介并称“宋初三先生”。提倡“明体达用”,开宋儒性命之学的先声。宋仁宗皇祐、至和年间主太学。当时有明令以其教授法为太学法。

25. 不 置 田 宅

王晋公祐不置田宅,曰:“子孙当各念自立[①],何必田宅。置之,徒使争财为不义耳。”尝以百口保符彦卿无异志[②],乃植三槐于第中便座[③],谓其子必有任公台者[④]。文正公[⑤],其子也。较以田宅所得,孰为少多?非文正之贤,其能成乃父之

志?(卷十)

【注释】

① 念:思。

② 以百口保符彦卿无异志:用全家性命担保符彦卿没有反心。王祐以百口保符彦卿事,又见叶梦得《石林燕语》卷七。参见第458页第11则。

③ 便座:又作"便坐"。别室;厢房。

④ 公台:三公(太尉、司徒、司空)之位。或泛指高官。

⑤ 文正公:王旦,字子明。宋真宗朝官至工部尚书、同中书门下平章事。卒赠太师、魏国公,谥文正。

26. 东坡僦宅

东坡云:昔僦宅于眉[①],一日,二婢熨帛,足陷于地。视之,深数尺,有大瓮,覆以乌木板。先夫人亟命以土塞之。人谓其下有宿藏物欲出也。其后坡居于岐,欲发地求藏丹,崇德君曰[②]:"使先姑在[③],必不发也。"乃止。唐李景逊为淛西观察使[④],母郑早寡,家贫子幼,居东都。因古墙坏,得钱盈船。郑乃炷香祝之曰:"吾闻无劳而获者,身之灾也。天必以先君馀庆矜其贫而赐之,则愿诸孤它日学问有成,乃其志也。此不敢取。"命掩而筑之。二事实相似,非智识贤明岂能及此?然郑爱幼子景庄,每被黜于场屋,母辄挞景逊。景逊终以朝廷取士自有公道,不肯私嘱主司。以是论之,郑母似有损于贤明。(卷十)

【注释】

① 僦宅于眉:在眉州(治今四川眉山市)租屋。僦,租赁。

② 崇德君:苏轼发妻王弗。英宗治平二年(1065)病逝,年仅二十六岁。

③ 先姑:死去的公婆。

④ 李景逊:即李景让。避宋仁宗生父濮安懿王允让讳而改。唐李景让事,见第105页第50则。

27. 春　州

本朝卢公(多逊)贬朱崖[①],李符知开封府,言于赵韩王曰:"朱崖虽在海外,而水土无他恶，贬者多生全。春州在内地而近[2]，至者必毙。望追改前命，亦外示宽贷[3]，乃置于必死之地。"赵颔之。月馀，符坐事贬宣州行军司马[4]，上怒未已，令再贬岭外。赵具述其事，即以符知春州。到郡月馀而卒。天道好还[5]，其速如是。史传所载，似此不一，姑举二者以为世戒。（卷十）

【注释】

① 卢公贬朱崖：卢多逊，宋太宗时拜中书侍郎、平章事，加兵部尚书，以交通秦王廷美，流朱崖卒。宋广南东路朱崖军，治今海南省崖城。

② 春州：治今广东阳春市。

③ 外示宽贷：意即表面上显示宽容。

④ 行军司马：唐出征将帅及节度使下置行军司马，掌参谋军事。

⑤ 天道好还：意谓天有报应。

28. 黄巢姬妾

唐中和四年，时溥献黄巢及家人首并姬妾[1]，僖宗御大元楼受之。宣问姬妾："汝曹皆勋贵子女，世受国恩，何为从贼?"其居首者对曰："狂贼凶逆，国家以百万之众，失守宗祧[2]，播迁巴蜀，今陛下以不能拒贼责一女子，置公卿将帅于何地乎?"僖宗不复问，皆戮于市。人争与之酒，其馀俱悲恸昏醉，居首者独不饮不泣，至于就刑，神色肃然。刘更生传《列女》八篇[3]，俱着姓氏，唐史《列女传》亦然，而独遗此。若非司马温公特书于《通鉴》中，则视死如归、应对不屈之节，卒泯泯而不传。惜不得其姓氏。（卷十）

【注释】

① 时溥：徐州彭城人。初为州牙将，黄巢攻入京师，溥率兵留后。僖宗以武宁节度命之。中和四年(884)，黄巢兵败兖州，逃入泰山，为外甥林言所杀。唐兵取林言、黄巢及家人首级献时溥。

② 宗祧(tiāo)：家族世系。此处指皇家世系。

③ 列女传：书名。西汉刘向(本名更生，字子政)撰，共七卷。记上古至西汉奇节异行女子百馀位。

29. 柳氏家诫

唐柳氏自公绰以来[①],世以孝悌礼法为士大夫所宗。玭常戒其子弟曰[②]:“凡门地高[③],可畏,不可恃也。立身行己,一事有失,则得罪重于他人,无以见先人于地下,此其所以可畏也。门高则骄心易生,族盛则为人所嫉,懿行实才,人未之信,小有疵纇[④],众皆指之,此其所以不可恃也。”故膏粱子弟[⑤],学宜加勤,行宜加检,仅得比众人耳。古今家诫,深切著明,孰逾于此!盖有镂板以晓于世者[⑥],所谓子弟,千百中曷有一二顾省者[⑦],听之藐藐[⑧],则皆是也。姑识此以示儿辈。(卷十)

【注释】

① 柳公绰:字宽,京兆华原(今陕西三原县北)人。性谨重,动循礼法。举贤良方正,直言极谏。累迁河东节度使,终兵部尚书。文宗太和四年(830)卒,赠太子太保,谥元。公绰治家甚严,子弟克禀诫训。言家法者,世称柳氏云。

② 玭:柳玭,公绰孙。以明经补秘书正字。僖宗文德元年(888),以吏部侍郎拜御史大夫。坐事贬泸州刺史,卒。

③ 门地:犹门第。指家庭社会地位及其成员文化程度。

④ 疵纇(lèi):缺点;毛病。

⑤ 膏粱子弟:富家子弟。膏粱,肥肉和细粮,泛指美味的饮食。

⑥ 镂板:雕板印刷。

⑦ 曷有一二顾省者:何时有一两个思考省察的人。

⑧ 藐藐:轻视冷漠的样子。

30. 昭达纵龟

舍弟昭达[①],淳熙壬寅丞长洲[②]。沿檄往海盐[③],回程次吴江,见岸旁渔舟取龟板,用铦刀剜其肉,最为残酷。小人牟利,忍于物命,不恤也。询之,一枚才直一二钱。恻然动心,以一千得大小五百六十馀枚,贮于竹篓,度去渔舟差远,以数枚置于版。舟行,旋取旋放,盖恐仆隶辈用力抛掷,或堕沮洳中[④],反伤其生。半日方竟事。到家,其妇唐迎谓曰:“昨梦甲士数百人入门,云荷官人见宥[⑤],各声喏而去,殊不可晓。”初不知曾纵龟也。告以故,相与叹息。自尔[⑥],凡遇鳞介鲜活者[⑦],常取以

善价，俾相忘于江湖，迄今毋怠。（卷十一）

【注释】

① 舍(shè)：谦辞，用于称自己辈分低或年纪小的亲属。

② 淳熙壬寅丞长洲：淳熙九年(1182)任平江府(治长洲，今江苏苏州市)佐官。

③ 沿檄：犹出差。谓官员随征召、晓谕之公文而外出办事。

④ 沮洳(jù rù)：由腐烂植物埋在地下而形成的泥沼。

⑤ 荷官人见宥：承蒙官人宽恕(我)。

⑥ 自尔：从此；自此。

⑦ 鳞介：鳞甲。

31. 行虫飞虫

元丰六年冬祀[①]，中书舍人朱服导驾[②]，既进辇，忘设扆褥[③]。遽取未至，上觉之，乃指顾问他事。少选褥至[④]，乃登辇，以故官吏无被罪者[⑤]。又一日，群臣方奏事垂拱殿，见御衣有虫自襟沿至御巾，上既拂之至地，视之乃行虫，其虫善入人耳。上亟曰："此飞虫也。"盖虑治及执侍者。圣德宽大如此。（卷十二）

【注释】

① 冬祀：又称"腊祭"。古代两种祭祀之一。

② 导驾：引导帝王车驾。

③ 扆褥：帝王车驾中的褥垫。

④ 少选：一会儿；不多久。

⑤ 以故官吏无被罪者：因此官吏中没有被惩处的人。

32. 王荆公墓

王荆公墓在建康蒋山东三里，与其子雱分昭穆而葬[①]。绍圣初，复用元丰旧人，起吕吉甫知金陵，时待制孙君孚责知归州[②]，经从[③]，吕燕待之[④]，礼甚厚。一日，因报谒于清凉寺[⑤]，问孙："曾上荆公坟否？"盖当时士大夫道金陵，未有不上荆公坟者。五十年前，彼之士子，节序亦有往致奠者[⑥]，时之风俗如此。曾子开亦有《上荆

公墓》诗,见《曲阜集》。(卷十二)

【注释】

① 分昭穆而葬:按左昭右穆次序安葬。昭穆,古代墓葬左右次序。

② 责:责罚。此处是受责罚贬官的意思。

③ 经从:经过而交往。

④ 燕待之:设宴招待他。

⑤ 报谒:回访;回拜。

⑥ 节序:节令;节气。

老学庵笔记

［宋］陆　游

《老学庵笔记》十卷，宋陆游撰。游字务观，号放翁，越州山阴（今浙江绍兴市）人。生于徽宗宣和七年（1125），值北宋灭亡之际。高宗绍兴中应礼部试，为秦桧所黜。孝宗时，赐进士出身，曾任镇江、隆兴通判。乾道六年（1170）入蜀，任夔州通判；八年，入四川宣抚使王炎幕府，投身军旅。后官至宝谟阁待制。淳熙末（1189）退居家乡，于镜湖边筑庐读书写作，取庐名「老学庵」。本书即成于此。宁宗嘉定三年（1210）卒。其著作有《剑南诗稿》《渭南文集》《南唐书》等。

《老学庵笔记》记抗金事迹颇多，亦议论时政人物，杂述典章制度、掌故逸闻。作者写作态度严谨，资料翔实，故《四库全书总目提要》评曰：「轶闻旧典，往往足备考证。」其史学、文学价值在宋人笔记中均较突出。

选文标题为编者所拟。

1. 秦桧欲逃归

秦会之在山东欲逃归[①]，舟楫已具，独惧虏有告者，未敢决。适遇有相识稍厚者，以情告之[②]。虏曰："何不告监军[③]？"会之对以不敢。虏曰："不然，吾国人若一诺公，则身任其责，虽死不憾。若逃而获，虽欲贷[④]，不敢矣。"遂用其言，告监军，监军曰："中丞果欲归耶？吾契丹亦有逃归者，多更被疑，安知公归而南人以为忠也。公若果去，固不必顾我。"会之谢曰："公若见诺，亦不必问某归后祸福也。"监军遂许之。（卷一）

【注释】

① 秦会之：秦桧，字会之，江宁（治今江苏南京市）人。政和进士。北宋末历任左司谏、御史中丞。靖康之变被掳至北方，成为金太宗弟挞懒的亲信。建炎四年（1130）随金军至楚州（今江苏淮安市），自称杀死守兵，夺船逃回。绍兴年间两任宰相，执政达十九年，主持和议，排斥主战大臣和将领。

② 情：实情。

③ 监军：官名。监督军队的官员。唐中叶以宦官为监军，因督察多路兵马，故称"都监"。宋路、府、州皆设都监，掌驻军训练、防务、军器、差役等事务。金都元帅府有左、右都监，为辅佐元帅的高级将领。

④ 贷：赦免；宽恕。

2. 荆公讥人寡学

荆公素轻沈文通，以为寡学，故赠之诗曰："翛然一榻枕书卧[①]，直到日斜骑马归。"及作文通墓志，遂云："公虽不常读书。"或规之曰："渠乃状元[②]，此语得无过乎？"乃改"读书"作"视书"。又尝见郑毅夫《梦仙诗》曰："授我碧简书[③]，奇篆蟠丹砂[④]。读之不可识，翻身凌紫霞[⑤]。"大笑曰："此人不识字，不勘自承[⑥]。"毅夫曰："不然，吾乃用太白诗语也。"公又笑曰："自首减等[⑦]。"（卷一）

【注释】

① 翛（xiāo）然：无拘无束貌。超脱貌。

② 渠:他。

③ 碧简:犹玉简。指珍贵的佛、道经书。

④ 蟠(pán)丹砂:意谓满纸都是朱笔书写的字。蟠,遍及,充满。丹砂,朱砂制作的颜料。

⑤ 紫霞:紫色云霞。道教谓神仙乘紫霞而行。李白《古风》其二十九:"至人洞玄象,高举凌紫霞。"

⑥ 不勘自承:意谓不用审问而自己招认。

⑦ 自首减等:意谓自行投案承认罪责,可减轻判罪等级。

3. 李泰发远谪

李庄简公泰发奉祠还里[1],居于新河。先君筑小亭曰千岩亭,尽见南山。公来必终日,尝赋诗曰:"家山好处寻难遍,日日当门只卧龙。欲尽南山岩壑胜,须来亭上少从容[2]。"每言及时事,往往愤切兴叹,谓秦相曰咸阳[3]。一日来坐亭上,举酒属先君曰:"某行且远谪矣,咸阳尤忌者,某与赵元镇耳。赵既过峤[4],某何可免?然闻赵之闻命也,涕泣别子弟。某则不然,青鞋布袜[5],即日行矣。"后十馀日,果有藤州之命。先君送至诸暨,归而言曰:"泰发谈笑慷慨,一如平日。问其得罪之由,曰不足问,但咸阳终误国家耳。"(卷一)

【注释】

① 奉祠:宋设宫观使,以安置五品以上不能任事或年老退休的官员,只领官俸而无职事。因宫观使原主祭祀,故亦称"奉祠"。参见第209页第23则注释⑦⑧。

② 少从容:稍作逗留。

③ 咸阳:指秦桧。据《战国策·秦四》,齐、韩、魏三国攻秦,昭王割三城以求和,曰:"宁亡三城而悔,无危咸阳而悔也。"秦桧割地媚金事类此,又秦都咸阳而桧姓秦,故时人以"咸阳"称之。

④ 过峤(jiào):贬官五岭之外。峤,此处特指五岭。参见第507页第15则注释②。绍兴十一年(1141),高宗命秦桧收韩世忠、张俊、岳飞三大将兵权,以"莫须有"罪杀岳飞,贬逐赵鼎(元镇)、李光(泰发)等,与金签订"绍兴和议",称臣纳币。

⑤ 青鞋布袜:借指平民或隐士身份。青鞋,草鞋。

4. 上官道人

青城山上官道人,北人也,巢居[1],食松麨[2],年九十矣。人有谒之者,但粲然一笑耳。有所请问，则托言病聩[3]，一语不肯答。予尝见之于丈人观道院。忽自语养生曰："为国家致太平，与长生不死，皆非常人所能。然且当守国使不乱，以待奇才之出，卫生使不夭[4]，以须异人之至。不乱不夭，皆不待异术，惟谨而已。"予大喜，从而叩之，则已复言聩矣。（卷一）

【注释】

① 巢居：在树上筑巢而居。亦指隐居。

② 松麨（chǎo）：松仁炒熟磨粉制成的干粮。

③ 病聩：患耳聋之病。

④ 卫生：养生；保护生命。

5. 赵广誓不为金兵作画

赵广，合淝人，本李伯时家小史[1]。伯时作画，每使侍左右，久之遂善画，尤工作马，几能乱真。建炎中陷贼。贼闻其善画，使图所掳妇人，广毅然辞以实不能画，胁以白刃[2]，不从，遂断右手拇指遣去。而广平生实用左手。乱定，惟画观音大士而已，又数年乃死。今士大夫所藏伯时观音，多广笔也。（卷二）

【注释】

① 小史：侍从；书童。

② 胁以白刃：用刀威胁逼迫。

6. 王性之读书五行俱下

王性之读书[1]，真能五行俱下，往往他人才三四行，性之已尽一纸。后生有投贽者[2]，且观且卷，俄顷即置之。以此人疑其轻薄，遂多谤毁，其实工拙皆能记也。既卒，秦熺方恃其父气焰熏灼[3]，手书移郡，将欲取其所藏书，且许以官其子。长子仲信，名廉清，苦学有守，号泣拒之曰："愿守此书以死，不愿官也。"郡将以祸福诱胁之，皆不听。熺亦不能夺而止。（卷二）

【注释】

① 王性之:王铚,字性之,汝阴(今安徽阜阳市)人。绍兴初,官迪功郎,权枢密院编修官,因纂集《祖宗兵制》,诏改京官。后受秦桧摈斥,避地剡溪,日以觞咏自娱。有《补侍儿小名录》《四六话》《默记》《雪溪集》等书传世,人称雪溪先生。

② 投贽:此处指进呈诗文求见。

③ 秦熺:秦桧养子。桧妻不育,其兄王[illegible]出其子为桧后。熺凭桧之力,举进士,历官秘书少监、翰林学士兼侍读。桧卒,赐少师致仕。

7. 吕元直治堂吏绝严

吕元直作相,治堂吏绝严[1],一日有忤意者,遂批其颊。吏官品已高,惭于同列,乃叩头曰:"故事,堂吏有罪,当送大理寺准法行遣[2],今乃如苍头受辱。某不足言,望相公存朝廷事体[3]。"吕大怒曰:"今天子巡幸海道[4],大臣皆著草履行泥泞中,此何等时,汝乃要存事体?待朝廷归东京了,还汝事体未迟。"众吏相顾称善而退。(卷二)

【注释】

① 堂吏:唐宋时中书省办事吏员。

② 准法行遣:按法度、规则处置。

③ 事体:体制;体统。

④ 天子巡幸海道:指建炎三年(1129)八月至十二月,金兵再度南侵,攻下杭州、越州、明州、定海,宋高宗采纳宰相吕颐浩(字元直)建议,从定海乘船入海,漂泊至温州避难。明年二月,金兵大肆掳掠后北还。高宗返回临安,大兴土木,修建明堂、太庙,已放弃还都东京的打算。

8. 贾　大　夫

贾表之名公望,文元公之孙也。资禀甚豪,尝谓仕宦当作御史,排击奸邪,否则为将帅攻讨羌戎,馀不足为也。故平居惟好猎[1],常自饲犬。有妾焦氏者,为之饲鹰鹞。寝食之外,但治猎事,曰:"此所以寓吾意也。"晚守泗州。翁彦国勤王不进,久留泗上。表之面叱责之,且约不复饷其军[2]。彦国愧而去。及张邦昌伪赦至[3],率郡官哭于天庆观圣祖殿,而焚其赦书伪命,卒不能越泗而南。所试才一郡[4],而

所立如此。许、颍之间犹徒谓之贾大夫云[5]。(卷二)

【注释】

① 平居:平日;平素。

② 约:(用语言或文字)订立应遵守的条件。

③ 张邦昌:字子能,永静军东光(今属河北)人。靖康元年(1126)任河南路割地使。次年金军攻陷汴京,建立傀儡政权,称"楚帝"三十三日。金兵退后无所依,投附高宗,后放逐至潭州(治今湖南长沙市)处死。

④ 所试:担任的职权。

⑤ 许、颍之间:许州(北宋元丰改颍昌府,治今河南许昌市)、颍州(治今安徽阜阳市)一带地区。南宋时为金所占。

9. 老何道士

会稽天宁观老何道士喜栽花酿酒以延客,居于观之东廊。一日,有道人状貌甚伟,款门求见[1]。善谈论,喜作大字,何欣然接之,留数日乃去。未几,有妖人张怀素号落托者谋乱,乃前日道人也。何亦坐系狱,以不知谋得释。自是畏客如虎,杜门绝往还。忽有一道人,亦美风表[2],多技术[3],观之西廊。道士曰:"张若水介之来谒。"何大怒曰:"我坐接无赖道人,几死于囹圄,岂敢复见汝耶!"因大骂,阖扉拒之。而此道人盖永嘉人林灵噩也。旋得幸,贵震一时,赐名灵素,平日一饭之恩必厚报之。若水乘驿赴阙,命以道官[4],至蕊珠殿校籍[5],视殿修撰,父赠朝奉大夫[6],母封宜人[7]。而老何以尝骂之,朝夕忧惧。若水为挥解[8],且以书慰解之,始少安。观中人至今传笑。(卷三)

【注释】

① 款门:敲门。

② 风表:风度仪态。

③ 技术:此处指法术。

④ 道官:掌道教之官。徽宗政和四年(1114)始置,凡十六等。

⑤ 蕊珠殿:宋宫殿名。在皇宫外别苑延福宫中。徽宗即位后,扩建延福宫,并常居于此。"蕊珠"为道教经典中所称仙宫。徽宗晚年迷信道术,召林灵素入朝讲道,建玉清神霄宫于福宁殿

东,又建上清宝箓宫于皇宫附近。蕊珠殿则为修撰、校雠道教经籍之所。

⑥ 朝奉大夫:宋散官名。文官散阶正五品。参见第 23 页第 13 则注释②。

⑦ 宜人:宋妇女封号。政和年间始置。文官朝奉大夫之妻、母封宜人。

⑧ 挥解:排解。

10. 张真父戏杜起莘

杜起莘自蜀入朝,不以家行。高庙闻其清修独处[1],甚爱之。一日因得对,褒谕曰:"闻卿出局[2],即蒲团、纸帐,如一行脚僧[3],真难及也。"起莘顿首谢。未几,遂擢为谏官。张真父戏之曰:"吾蜀人如刘韶美、冯圜仲及仆,盖皆无妻妾,块然独处[4],与君等耳。君乃独以此见知得拔擢,何也?当挝登闻鼓诉之[5]。"因相与大笑而罢。起莘方为言事官,而真父戏之如此,虽真父豪气盖一时,亦可见向来风俗之厚。(卷三)

【注释】

① 庙:庙号的略称。高庙,即高宗。赵构庙号高宗。

② 出局:离官署回家。

③ 行脚僧:步行参禅的云游僧。

④ 块然:孤独貌。

⑤ 登闻鼓:古代帝王于朝堂外悬鼓,臣民有谏议或冤情可击鼓上闻。参见第 271 页第 1 则注释②。

11. 慎伯筠工书

慎东美字伯筠,秋夜待潮于钱塘江,沙上露坐,设大酒樽及一杯[1],对月独饮,意象傲逸[2],吟啸自若。顾子敦适遇之,亦怀一杯,就其樽对酌。伯筠不问,子敦亦不与之语。酒尽各散去。伯筠工书,王逢原赠之诗,极称其笔法,有曰:"铁索急缠蛟龙僵。"盖言其老劲也。东坡见其题壁,亦曰:"此有何好,但似篾束枯骨耳。"伯筠闻之,笑曰:"此意逢原已道了。"今惟丹阳有《戴叔伦碑》[3],是其遗迹。(卷四)

【注释】

① 酒樽:盛酒器。

② 傲逸:高傲超逸。

③ 戴叔伦:唐诗人。字幼公(一作次公),润州金坛(今属江苏)人。曾任新城令、东阳令、抚州刺史、容管经略使。其诗多表现隐逸生活和闲适情调。贞元五年(789)卒于他乡,次年归葬金坛南郊,年五十七。

12. 东坡恶僧可遵无礼

僧可遵者,诗本凡恶,偶以“直待众生总无垢”之句为东坡所赏,书一绝于壁间。继之山中道俗随东坡者甚众,即日传至圆通[1],遵适在焉,大自矜诩[2],追东坡至前涂[3]。而涂中又传东坡《三峡桥诗》,遵即对东坡自言:“有一绝,却欲题《三峡》之后,旅次不及书。”遂朗吟曰:“君能识我汤泉句,我却爱君《三峡诗》。道得可咽不可漱,几多诗将竖降旗。”东坡既悔赏拔之误,且恶其无礼,因促驾去。观者称快。遵方大言曰:“子瞻护短,见我诗好甚,故妒而去。”径至栖贤[4],欲题所举绝句。寺僧方砻石刻东坡诗[5],大诟而逐之。山中传以为笑。(卷四)

【注释】

① 圆通:寺名。位于庐山西南石耳峰下。原名崇胜寺,为南唐后主李煜所建。

② 矜诩:夸耀。

③ 前涂:又作“前途”。将行经的前方路途。

④ 栖贤:寺名。南齐咨议参军张希于永明七年(489)所建。初名宝庆寺,后因李渤曾在此读书,便改名栖贤寺。寺院坐落于庐山东南栖贤谷中,谷中有三峡桥(又名观音桥)等名胜。

⑤ 砻石:磨石。

13. 鲜于广巧骂扬州帅

隆兴间,有扬州帅,贵戚也。宴席间语客曰:“谚谓‘三世仕宦,方解著衣吃饭。’仆欲作一书,言衣帽酒殽之制[1],未得书名。”通判鲜于广,蜀人,即对曰:“公方立勋业,今必无暇及此。他时功成名遂,均逸林下[2],乃可成书耳。请先立名曰《逸居集》。”帅不之悟。有牛签判者,京东归正官也[3],辄操齐音曰:“安抚莫信[4],此是

通判骂安抚饱食暖衣，逸居而无教[5]，则近于禽兽。是甚言语！”帅为发怒赧面，而通判欣然有得色。（卷五）

【注释】

① 衣帽酒殽之制：衣帽与酒菜的制作方法和样式。酒殽，同“酒肴”。

② 均逸：闲散安逸。常用以指朝官外放或退隐。

③ 京东归正官：从金军占领的京东地区（今河南东部、山东西部、江苏北部）回归南宋的官员。南宋将沦于外邦而返回本朝的官员称为归正官。

④ 安抚：安抚使的省称。宋为一路军民长官，多带“经略使”“马步军都总管”兼衔。

⑤ 逸居而无教：意谓民安居而不施以教化。语出《孟子·滕文公上》：“人之有道也，饱食、暖衣、逸居而无教，则近于禽兽。”

14. 肃王强记而无矜色

肃王与沈元用同使虏[1]，馆于燕山愍忠寺。暇日无聊，同行寺中，偶有一唐人碑，辞皆偶俪，凡三千馀言。元用素强记，即朗诵一再。肃王不视，且听且行，若不经意。元用归，欲矜其敏[2]，取纸追书之。不能记者阙之，凡阙十四字。书毕，肃王视之，即取笔尽补其所阙，无遗者，又改元用谬误四五处，置笔他语，略无矜色。元用骇服。（卷五）

【注释】

① 肃王：徽宗第五子赵枢，封肃王。金兵围东京，入为人质，挟以北去。

② 矜其敏：炫耀自己的聪敏。

15. 田登自讳其名

田登作郡[1]，自讳其名，触者必怒，吏卒多被榜笞[2]。于是举州皆谓灯为火。上元放灯[3]，许人入州治游观[4]。吏人遂书榜揭于市曰：“本州依例放火三日。”（卷五）

【注释】

① 作郡:指担任一郡长官,治理地方。

② 榜(bēng)笞:鞭笞拷打。

③ 上元:元宵节。

④ 州治:指一州最高行政长官官署及其所在地。

16. 王性之记问该洽

王性之记问该洽[1],尤长于国朝故事,莫不能记。对客指画诵说,动数百千言,退而质之,无一语缪。予自少至老,惟见一人。方大驾南渡,典章一切扫荡无遗,甚至祖宗谥号亦皆忘失,祠祭但称庙号而已。又因讨论御名[2],礼部申省言[3]:"未寻得《广韵》。"方是时,性之近在二百里内,非独博记可询,其藏书数百箧,无所不备,尽护致剡山[4],当路藐然不问也[5]。(卷六)

【注释】

① 记问该洽:记诵广博。

② 御名:帝王的名字。古代帝王名称,除姓名外,有谥号、庙号(始于汉)、尊号(始于唐)等。唐以前对殁世皇帝简称谥号,如汉武帝、隋炀帝;唐以后改称庙号,如唐玄宗、宋太祖。皇帝生前上尊号始于唐,如唐玄宗尊号为开元圣文神武皇帝,宋太祖尊号为应天广运仁圣文武至德皇帝。明清两代不改元,故还可以年号称皇帝,如明崇祯皇帝、清乾隆皇帝。

③ 申省:谓向中央官署行文申奏。官府下级向上级行文曰申。朝廷最高政务机关中书、门下、尚书三省因在禁中,故称省。

④ 剡(shàn)山:在剡县(今浙江绍兴市嵊州市)境内,剡溪上游。

⑤ 当路:掌权者。　藐然:轻视貌。

17. 孙少述与王荆公交

孙少述一字正之,与王荆公交最厚。故荆公《别少述诗》云:"应须一曲千回首,西去论心有几人[1]?"又云:"子今此去来何时,后有不可谁予规?"其相与如此。及荆公当国,数年不复相闻,人谓二公之交遂暌[2]。故东坡诗云:"蒋济谓能来阮籍[3],薛宣真欲吏朱云[4]。"刘舍人贡父诗云:"不负兴公《遂初赋》[5],更传中散《绝交书》[6]。”然少述初不以为意也。及荆公再罢相归，过高沙，少述适在焉。亟往造之，少述出见，惟相劳苦及吊元泽之丧[7]，两公皆自忘其穷达。遂留荆公置酒共饭，剧谈经学[8]，抵暮乃散。荆公曰：“退即解舟[9]，无由再见。”少述曰：“如此更不去奉谢矣。”然惘惘各有惜别之色[10]。人然后知两公之未易测也。（卷七）

【注释】

① 论心：谈心；倾心交谈。

② 睽：背离，不合。

③ 蒋济句：魏太尉蒋济闻阮籍有隽才而辟之，籍上奏记以辞。初，济恐籍不至，得记欣然遣卒迎之，而籍已去，济大怒。事见《晋书·阮籍传》。

④ 薛宣句：汉成帝时，槐里令朱云上书，请斩成帝师傅安昌侯张禹。帝大怒，欲诛云，云攀折殿槛，因左将军辛庆忌叩谏得免。成帝觉悟，命保留折坏殿槛，以旌直臣。云自是不复仕，归乡里，受人敬重。后薛宣为丞相，云往见之。宣欲留云在东阁，以观四方奇士。云答：“小生乃欲相吏（以我为吏）耶？”宣不敢复言。事见《汉书·朱云传》。

⑤ 兴公《遂初赋》：孙绰，字兴公，早年博学善属文，放旷山水，曾著《遂初赋》自述其志。与高阳许询为一时名流。时人问他与洵相比怎么样，自称情致不及而文才有馀。事见《晋书·孙绰传》。

⑥ 中散《绝交书》：指嵇康《与山巨源绝交书》。嵇康曾任中散大夫，世称嵇中散。山涛，字巨源，与嵇康同是“竹林七贤”中人。嵇康拒绝与司马氏合作，而山涛则依附司马氏，欲荐举嵇康为选官，康作书拒绝，表明不做官的决心。

⑦ 元泽：王雱，字元泽，王安石之子。治平四年（1067）进士，累官至天章阁待制兼侍讲，迁龙图阁直学士。熙宁九年（1076）卒，年三十二。是年，王安石再罢相，归江宁。

⑧ 剧谈：犹畅谈。

⑨ 解舟：解缆开船。意谓退居江湖之上。

⑩ 惘惘：伤感；失意。

18. 论杜诗不以出处求之

今人解杜诗，但寻出处，不知少陵之意，初不如是。且如《岳阳楼》诗：“昔闻洞庭水，今上岳阳楼。吴楚东南坼，乾坤日夜浮。亲朋无一字，老病有孤舟。戎马关山北，凭轩涕泗流。”此岂可以出处求哉？纵使字字寻得出处，去少陵之意益远矣。

盖后人元不知杜诗所以妙绝古今者在何处，但以一字亦有出处为工。如《西崑酬倡集》中诗[1]，何曾有一字无出处者，便以为追配少陵，可乎？且今人作诗，亦未尝无出处，渠自不知，若为之笺注，亦字字有出处，但不妨其为恶诗耳。（卷七）

【注释】

① 西崑酬倡集：诗集。宋杨亿编。二卷。录杨亿、刘筠等十七人唱和诗。时亿官两禁，诸人多预纂《册府元龟》于秘阁，故取玉山册府之义，名曰《西崑酬唱集》。其诗大抵宗奉唐李商隐、温庭筠，追求词藻，好用典故，文字绮丽，而语意轻浅，一时慕之，号西崑体。

19. 两宋为文所尚

国初尚《文选》[1]，当时文人专意此书，故草必称"王孙"，梅必称"驿使"，月必称"望舒"，山水必称"清晖"。至庆历后，恶其陈腐，诸作者始一洗之。方其盛时，士子至为之语曰[2]："《文选》烂，秀才半。"建炎以来，尚苏氏文章[3]，学者翕然从之，而蜀士尤盛。亦有语曰："苏文熟，吃羊肉。苏文生，吃菜羹。"（卷八）

【注释】

① 文选：总集。又名《昭明文选》。南朝梁昭明太子萧统编。选录先秦至梁各体诗文，分三十七类，三十卷。为我国现存最早的文学总集。唐显庆中（656—661）李善作注，分为六十卷。开元六年（718），吕廷祚集吕延济、刘良、张铣、吕向、李周翰五人注，称"五臣注"。其注偏重于解释字句，与李善注时有出入。南宋以后，两本合刻，称《六臣注文选》。

② 至：犹竟。表示出乎意料。

③ 苏氏：此处指苏洵、苏轼、苏辙父子三人。也专指苏洵。嘉祐间，洵与二子轼、辙至京师，以其文二十二篇呈翰林学士欧阳修，修荐于宰相韩琦，授秘书省校书郎。洵文奇峭雄拔，一时学者竞效苏氏为文章。

20. 秦桧晚岁权重忮刻

秦丞相晚岁权尤重，常有数卒，皂衣持挺立府门外[1]，行路过者稍顾视謦欬[2]，皆呵止之。尝病告一二日，执政独对，既不敢他语，惟盛推秦公勋业而已。明日入堂，忽问曰："闻昨日奏事甚久？"执政惶恐，曰："某惟诵太师先生勋德，旷世所无。

语终即退,实无他言。”秦公嘻笑曰:“甚荷[3]。”盖已嗾言事官上章[4]。执政甫归,阁子弹章副本已至矣[5]。其忮刻如此[6]。(卷八)

【注释】

① 皂衣持挺:身穿黑衣,手持棍棒。皂衣,小吏所着黑衣。挺,通“梃”,棍棒。

② 謦欬(qǐng kài):咳嗽。

③ 甚荷(hè):犹承蒙厚爱。荷,特指承受恩德。

④ 嗾(sǒu):教唆;指使。

⑤ 阁子:即阁门。宋负责朝参、宴饮、礼仪等事宜的机关。长官为阁门使,掌纠弹失仪。

⑥ 忮(zhì)刻:褊狭刻薄。

21. 东坡应试得欧阳公称赏[1]

东坡先生《省试刑赏忠厚之至论》有云:“皋陶为士,将杀人,皋陶曰杀之三,尧曰宥之三。”梅圣俞为小试官,得之以示欧阳公。公曰:“此出何书?”圣俞曰:“何须出处!”公以为皆偶忘之,然亦大称叹。初欲以为魁,终以此不果。及揭榜,见东坡姓名,始谓圣俞曰:“此郎必有所据,更恨吾辈不能记耳。”及谒谢[2],首问之,东坡亦对曰:“何须出处。”乃与圣俞语合。公赏其豪迈,太息不已。(卷八)

【注释】

① 东坡应试:指嘉祐二年(1057),苏轼赴礼部试。此事又见叶梦得《石林燕语》卷八,所载稍异。参见第459页第13则。

② 谒谢:晋见道谢。

22. 王小皤、李顺之乱

蜀父老言:王小皤之乱[1],自言“我土锅村民也,岂能霸一方?”有李顺者,孟大王之遗孤[2]。初,蜀亡,有晨兴过摩诃池上者[3],见锦箱锦衾覆一襁褓婴儿,有片纸在其中,书曰:“国中义士,为我养之。”人知其出于宫中,因收养焉,顺是也,故蜀人惑而从之。未几,小皤战死,众推顺为主,下令复姓孟。及王师薄城[4],城且破矣,顺忽饭城中僧数千人以祈福。又度其童子亦数千人，皆就府治削发，衣僧衣。晡后分东西门两门出[5]。出尽，顺亦不知所在，盖自髡而遁矣[6]。明日，王师入城，捕得一髯士，状颇类顺，遂诛之，而实非也。有带御器械张舜卿者[7]，因奏事，密言："臣闻顺已逸去，所献首非也。"太宗以为害诸将之功，叱出将斩之；已而贷之，亦坐免官。及真庙天禧初[8]，顺竟获于岭南。初欲诛之于市，且令百官贺。吕文靖为知杂御史[9]，以为不可，但即狱中杀之。人始知舜卿所奏非妄也。蜀人又谓：顺逃至荆渚，入一僧寺，有僧熟视曰："汝有异相，当为百日偏霸之主，何自在此？汝宜急去，今年不死，尚有数十年寿。"亦可怪也。又云方顺之作，有术士拆顺名曰："是一百八日有西川耳，安能久也。"如朝而败[10]。（卷九）

【注释】

① 王小皤之乱：皤又作"波"。淳化四年（993）二月，王小皤率众起事于永康军青城，以"均贫富"为号召，蜀中广为响应。十二月，皤战死，李顺继之。明年正月攻下成都，建立政权号"大蜀"，顺自称"大蜀王"，立年号"应运"。是年五月，为宋官军所灭。

② 孟大王：指后蜀国主孟昶。参见第453页第1则注释②。

③ 摩诃池：池名。在今成都东南郊。隋时所置。传说有僧人见之曰："摩诃宫毗罗。"盖胡僧谓摩诃为大宫，毗罗为龙，谓其池广大有龙，因名"摩诃池"。一说，池为隋萧摩诃所修，故名。

④ 薄：迫近。

⑤ 晡：申时（下午三时至五时）。傍晚。

⑥ 自髡（kūn）：自己剃去头发。髡，古代剃去男子头发的刑罚。

⑦ 带御器械：近侍官。由皇帝最亲信的武职充任。宋初，选三班以上武干亲信者佩櫜鞬（gāo jiàn 藏弓和箭的器具）、御剑，或以内臣为之，名"御带"。真宗咸平元年（998），改为"带御器械"。宋仁宗时定员不超六人。后为武臣荣衔。

⑧ 真庙天禧初：即真宗天禧元年（1017）。

⑨ 知杂御史：即侍御史知杂。宋御史台副长官。

⑩ 如朝（zhāo）：到那一天。指"一百八日"这天。

23. 东坡知举而门生李廌见黜

东坡素知李廌方叔。方叔赴省试，东坡知举，得一卷子，大喜，手批数十字，且语黄鲁直曰[1]："是必吾李廌也。"及拆号，则章持致平，而廌乃见黜。故东坡、山谷皆有诗在集中。初，廌试罢归，语人曰："苏公知举，吾之文必不在三名后。"及后黜，廌有乳母年七十，大哭曰："吾儿遇苏内翰知举不及第，它日尚奚望[2]？"遂闭门睡，至夕不出。发壁视之[3]，自缢死矣。廌果终身不第以死，亦可哀也。（卷十）

【注释】

① 黄鲁直：黄庭坚，字鲁直。参见第 344 页第 18 则注释④。

② 尚奚望：还期望什么。表反问。

③ 发壁：开墙。

容斋随笔

[宋] 洪 迈

《容斋随笔》十六卷、《续笔》十六卷、《三笔》十六卷、《四笔》十六卷、《五笔》十卷，宋洪迈撰。迈字景卢，号容斋，鄱阳（今属江西上饶市）人。父皓，字光弼，政和五年登进士第；建炎中，以徽猷阁待制、假礼部尚书出使金国，留北十五年乃还，高宗称其「虽苏武不能过」。长兄适，字景伯，绍兴十二年（1142）与弟遵同登博学宏词科；乾道初，官至尚书右仆射、同中书门下平章事兼枢密使。仲兄遵，字景严，词科中选即为秘书省正字；孝宗时，历翰林学士承旨兼侍读、同知枢密院事、资政殿学士。迈从二兄试，独被黜，绍兴十五年始中第；三十二年春，以起居舍人、假翰林学士出使金国，金以为国书不如式，抑令使人于表章中改称「陪臣」，迈初执不可，金锁使馆三日，乃得见，七月遣还，殿中侍御史以迈使金辱命论罢之；后历知州郡，入馆阁，嘉泰二年（1202）以端明殿学士致仕，卒，年八十。洪氏兄弟皆以文章取盛名，有「三洪」之称，而迈尤为博洽多闻，曾主持修撰《四朝国史》，其著述除《随笔》外，尚有《夷坚志》等，另编有《万首唐人绝句》。

《容斋随笔》五集内容广博，考核经史，论析诸子，厘订制度典故，旁及诗词文翰，数术医卜之类，无不有所辨证。凡意之所之，即随手记录，因其后先，无复诠次。清周中孚《郑堂读书记》卷五十四曰：「昔人尝称其考据精准，议论高简，如执权度而称量万物，不差累黍，欧、曾之徒所不及也。其淹通该博，实为南宋说部之冠。」此外，本书记载、考订宋、金史实亦颇为详审，可备参考。

选文标题为原书所有。

1. 长 歌 之 哀

嬉笑之怒，甚于裂眦，长歌之哀，过于恸哭。此语诚然。元微之在江陵[1]，病中闻白乐天左降江州[2]，作绝句云："残灯无焰影幢幢[3]，此夕闻君谪九江。垂死病中惊起坐，暗风吹雨入寒窗。"乐天以为："此句他人尚不可闻，况仆心哉[4]。"微之集作"垂死病中仍怅望"，此三字既不佳，又不题为病中作，失其意矣。东坡守彭城[5]，子由来访之，留百馀日而去，作二小诗曰："逍遥堂后千寻木[6]，长送中宵风雨声。误喜对床寻旧约，不知漂泊在彭城。""秋来东阁凉如水，客去山公醉似泥。困卧北窗呼不醒，风吹松竹雨凄凄。"东坡以为读之殆不可为怀[7]，乃和其诗以自解[8]。至今观之，尚能使人凄然也。（卷二《容斋随笔》）

【注释】

① 元微之在江陵：元稹自监察御史贬为江陵士曹参军，在元和七年至十年(812—815)。

② 白乐天左降江州：元和十年(815)，白居易以出位言事，自太子左赞善大夫贬为江州刺史。中书舍人王涯上言不宜治郡，追贬江州司马。十三年冬，量移忠州刺史。

③ 憧憧：别本作"幢幢"。摇曳不定貌。

④ 此句句：见白居易《与微之书》："此句他人尚不可闻，况仆心哉？至今每吟，犹恻恻耳。"

⑤ 东坡守彭城：熙宁十年(1077)，苏轼自密州徙知徐州。元丰二年(1079)移湖州，未几入狱。

⑥ 逍遥堂：在徐州府衙内。府衙乃西楚故宫旧址。

⑦ 殆不可为怀：意谓近乎不能忍受(悲伤之情)。

⑧ 乃和其诗：和诗见《新修补苏文忠公诗合注》卷十五，曰："别期渐近不堪闻，风雨萧萧已断魂。犹胜相逢不相识，形容变尽语音存。""但令朱雀长金花，此别还同一转车。五百年间谁复在，会看铜狄两咨嗟。"

2. 贤父兄子弟

宋谢晦为右卫将军[1]，权遇已重，自彭城还都迎家，宾客辐凑。兄瞻惊骇，曰："汝名位未多，而人归趣乃尔[2]，此岂门户之福邪！"乃以篱隔门庭，曰："吾不忍见此。"又言于宋公裕[3]，特乞降黜，以保衰门[4]。及晦立佐命功，瞻意忧惧，遇病，不疗而卒。晦果覆其宗。颜竣于孝武有功贵重[5]，其父延之常语之曰："吾平生不喜见要人，今不幸见汝。"尝早诣竣，见宾客盈门，竣尚未起，延之怒曰："汝出粪土之中，升云霞之上，遽骄傲如此，其能久乎！"竣竟为孝武所诛。延之、瞻可谓贤父兄矣。隋高颎拜为仆射[6]，其母戒之曰："汝富贵已极，但有一斫头尔！"颎由是常恐祸变，及罢免为民，欢然无恨色，后亦不免为炀帝所诛。唐潘孟阳为侍郎[7]，年未四十，母曰："以尔之材，而位丞郎，使吾忧之。"严武卒[8]，母哭曰："而今而后，吾知免为官婢。"三者可谓贤母矣。褚渊助萧道成篡宋为齐[9]，渊从弟炤谓渊子贲曰："不知汝家司空将一家物与一家，亦复何谓？"及渊为司徒，炤叹曰："门户不幸，乃复有今日之拜。"渊卒，世子贲耻其父失节，服除遂不仕，以爵与其弟，屏居终身。齐王晏助明帝夺国[10]，从弟思远曰："兄将来何以自立？若及此引决，犹可保全门户。"及拜骠骑将军，集会子弟，谓思远兄思微曰："隆昌之末，阿戎劝吾自裁，若从其语，岂有今日？"思远曰："如阿戎所见，今犹未晚也。"晏叹曰："世乃有劝人死者！"晏果为明帝所诛。炤、贲、思远，可谓贤子弟矣。（卷三《容斋随笔》）

【注释】

① 谢晦：字宣明，陈郡阳夏（今河南周口市太康县）人。东晋末，仕孟昶建威府中兵参军。昶死，入刘裕府为太尉参军。刘裕代晋立宋，为右卫将军，寻加侍中，又迁中领军，以佐命功封武昌县公。少帝刘义符即位，领中书令，辅朝政。景平二年（424），与司空徐羡之、尚书令傅亮合谋行废立，弑少帝，立宜都王刘义隆。元嘉三年（426），文帝刘义隆问罪，诛杀徐羡之、傅亮，征讨谢晦。晦举兵反，兵败伏诛，年仅三十七。谢氏子弟多人一并处死。

② 归趣（qū）乃尔：意谓趋附如此。

③ 宋公裕：指南朝宋武帝刘裕。字德舆，小字寄奴，彭城（今江苏徐州市）人，迁居京口（今江苏镇江市）。幼贫。后为东晋北府兵将领。东晋义熙十四年（418），以事功受相国、宋公、九锡之命。元熙元年（419），进爵为宋王。二年六月，废晋称帝，国号宋，改元永初。

④ 衰门：衰落的门户。常用作谦词。

⑤ 颜竣：字士逊，琅邪临沂（今山东临沂市北）人。南朝宋文帝时，为太学博士、太子舍人，出为世祖（孝武帝刘骏）抚军主簿。元嘉三十年（453），竣助孝武帝夺位，以功为侍中，俄迁左卫将军，封建城县侯，食邑二千户。孝建元年（454），转吏部尚书，领骁骑将军。累官至右将军、丹阳尹。大明三年（459），因谏争得罪，于狱赐死。子徙交州，亦于道杀之。父延之，官至光禄大夫，工诗，与谢灵运并称"颜谢"。

⑥ 高颎：字昭玄，渤海蓨（今河北衡水市景县东）人。父宾曾为北周大司马独孤信僚佐，赐姓

独孤氏。颎少明敏有器局，略涉书史，后为左丞相杨坚相府司录，平尉迟迥叛，以功进柱国，封义宁县公。杨坚废周立隋，拜尚书左仆射兼纳言，封渤海郡公。颎深避权势，屡求免不许，历左领军大将军，加授上柱国，进齐国公。颎执政近二十年，后因反对废太子杨勇并得罪独孤皇后，受文帝猜忌，除名为民。炀帝即位，又起为太常卿。大业三年(607)，议朝廷侈靡声色、殊无纲纪，为人告发，下诏诛之，诸子徙边。

⑦ 潘孟阳：唐德宗时礼部侍郎炎之子。孟阳以父荫进，登博学宏辞科。德宗末，擢授权知户部侍郎，年未四十。宪宗新即位，加盐铁转运副使，命巡江淮省财赋，且察东南镇之政理。时孟阳以气豪权重，领行从三四百人，所历镇府，但务游赏夜饮，广纳财贿。及归，大失人望，罢为大理卿。后为华州刺史，迁梓州刺史、剑南东川节度使。元和十年(815)卒，赠兵部尚书。

⑧ 严武：唐玄宗时中书侍郎挺之之子。武弱冠以门荫策名，充判官，迁侍御史。至德初，肃宗兴师靖难，大收才杰，武杖节赴行在。既收长安，以武为京兆少尹兼御史中丞，时年三十二。后拜成都尹，充剑南节度等使，以功加检校吏部尚书，封郑国公。前后在蜀累年，肆志逞欲，恣行猛政，虽慈母言不之顾。永泰元年(765)以疾终，年四十。严武事另见第96页第36则。

⑨ 褚渊：字彦回，河南阳翟（今河南禹州市）人。父湛之，南朝宋骠骑将军，尚武帝女始安哀公主。渊少有世誉，尚文帝女南郡献公主，拜驸马都尉。顺帝时，累官至侍中、中书监、司空。后助中领军萧道成代宋立齐。建元元年(479)，进司徒，侍中、中书监如故，封南康郡公，邑三千户。四年，以疾卒。

⑩ 王晏：字士彦，琅邪临沂（今山东临沂市北）人。南朝齐武帝时，官至右仆射。永明十一年(493)七月，武帝崩，遗旨以尚书事付晏及徐孝嗣。郁林王即位，转左仆射；隆昌元年(494)，加侍中。明帝谋废立，晏便响应推奉。七月，郁林王见诛，海陵王立，改元延兴。晏转尚书令，加后将军，侍中、中正如故，封曲江县侯，邑千户。十月，海陵王亦废，明帝即位，改元建武。晏以功进号骠骑大将军，侍中、令、中正如故，领太子少傅，进爵为公，增邑为二千户。未几，为帝所疑，下诏诛之。

3. 张浮休书

张芸叟与石司理书云[1]："顷游京师，求谒先达之门，每听欧阳文忠公、司马温公、王荆公之论，于行义文史为多[2]，唯欧阳公多谈吏事。既久之，不免有请：'大凡学者之见先生，莫不以道德文章为欲闻者，今先生多教人以吏事，所未谕也。'公曰：'不然。吾子皆时才，异日临事，当自知之。大抵文学止于润身，政事可以及物。吾昔贬官夷陵[3]，方壮年，未厌学，欲求《史》《汉》一观，公私无有也。无以遣日，因取架阁陈年公案，反覆观之，见其枉直乖错不可胜数，以无为有，以枉为直，违法徇情，灭亲害义，无所不有。且夷陵荒远褊小，尚如此，天下固可知也。当时仰天誓心曰：自尔遇事不敢忽也。'是时苏明允父子亦在焉[4]，尝闻此语。"又有答孙子发书，多论《资治通鉴》，其略云："温公尝曰：'吾作此书，唯王胜之尝阅之终篇[5]，自馀君子求乞欲观，读未终纸，已欠伸思睡矣。书十九年方成，中间受了人多少语言陵藉[6]'"云云。此两事，士大夫罕言之，《浮休集》百卷无此二篇，今豫章所刊者，附之集后。(卷四《容斋随笔》)

【注释】

① 张芸叟：张舜民，字芸叟，号浮休居士。参见第505页第12则注释②。《与石司理书》，见《宋文鉴》卷一百二十。石司理，名未详。司理，即司理参军，州曹官之一。

② 行义：品行，道义。

③ 昔贬夷陵：景祐三年(1036)，天章阁待制、权知开封府范仲淹言事忤宰相，落职知饶州。宣德郎、试大理评事兼监察御史欧阳修为之鸣不平，五月，降为峡州夷陵(今湖北宜昌市)令。

④ 苏明允：苏洵，字明允。参见第314页第11则注释②。

⑤ 王胜之：王益柔，字胜之，河南(今河南洛阳市)人。明道枢密使王曙之子。益柔以荫至殿中丞，知介丘县。庆历初，得范仲淹荐为集贤校理。久之，为开封府推官、盐铁判官，出为两浙、京东西转运使。熙宁初，入判度支审院。后以龙图阁直学士知蔡、扬、亳州及江宁、应天府。卒，年七十二。

⑥ 了人：犹言明白人。此处含讥讽意。　陵藉：欺辱践踏。

4. 上 官 桀

汉上官桀为未央厩令[1]，武帝尝体不安，及愈，见马，马多瘦，上大怒："令以我不复见马邪？"欲下吏，桀顿首曰："臣闻圣体不安，日夜忧惧，意诚不在马。"言未卒，泣数行下。上以为忠，由是亲近，至于受遗诏辅少主。义纵为右内史[2]，上幸鼎湖[3]，病久，已而卒起，幸甘泉[4]，道不治，上怒曰："纵以我为不行此道乎！"衔之，遂坐以它事弃市。二人者，其始获罪一也，桀以一言之故超用，而纵及诛，可谓幸不幸矣。(卷五《容斋随笔》)

【注释】

① 上官桀：陇西上邽(今甘肃天水市)人。生活于汉武帝、昭帝时期。少为羽林期门郎。始

以材力得幸,为未央厩令,迁侍中,至太仆。昭帝即位,以左将军受遗诏辅政,封安阳侯。子安,任车骑将军,封桑乐侯;安女为昭帝皇后。元凤元年(前80),上官父子与大将军霍光争权,谋废昭帝立燕王旦,事败族诛。未央厩令,掌宫廷舆马,为太仆之属。太仆,汉九卿之一。

② 义纵:河东(郡治今山西运城市夏县西北)人。汉武帝时酷吏。少为盗,其姊姁以医幸王太后,太后荐纵为中郎,补上党郡中令。治政严酷,县中无逃亡事。迁为长陵及长安令、河内都尉、南阳太守、定襄太守。直法行治,不避贵戚,娴于杀戮。后官至左内史。元鼎元年(前116),因破坏告缗法被诛。内史,秦汉掌治京师之官。汉景帝分置左右内史,武帝更名左内史为左冯翊、右内史为京兆尹。

③ 鼎湖:汉宫。《文选·扬雄〈羽林赋〉》:"武帝广开上林,南至宜春鼎湖。"李善注引晋灼曰:"鼎湖宫,《黄图》以为在蓝田。"《三辅黄图·甘泉宫》:"鼎湖宫,在湖城县界……汉武帝于此建宫。"

④ 甘泉:秦宫。故址在今陕西咸阳市淳化县西北甘泉山。汉武帝增筑扩建,在此朝诸侯王,飨外使,亦作夏日避暑之处。

5. 李后主梁武帝

东坡书李后主去国之词云[①]:"最是苍皇辞庙日,教坊犹奏别离歌,挥泪对宫娥。"以为后主失国,当恸哭于庙门之外,谢其民而后行,乃对宫娥听乐,形于词句。予观梁武帝启侯景之祸[②],涂炭江左,以致覆亡,乃曰:"自我得之,自我失之,亦复何恨。"其不知罪己亦甚矣。窦婴救灌夫[③],其夫人谏止之,婴曰:"侯自我得之,自我捐之,无所恨。"梁武用此言而非也。(卷五《容斋随笔》)

【注释】

① 李后主去国之词:指李煜《破阵子》(四十年来家国)。见《南唐二主词》。

② 侯景之祸:指南朝梁武帝末降将侯景叛乱。侯景字万景,怀朔镇(今内蒙古固阳县西南)人。羯族。先属北魏尔朱荣,继归高欢,为镇守河南大将。西魏大统十三年(547),以河南叛降西魏,旋又降梁,受封河南王。梁太清二年(548),勾结梁宗室萧正德举兵叛,破建康;三年,下台城,武帝愤恨而死。景改立简文帝,分兵攻广陵、吴郡、吴兴、会稽等地。大宝二年(551),景废简文帝,立萧栋为梁帝,旋废梁自立,国号汉,建元太始。明年,梁将陈霸先(陈武帝)、王僧辩等破建康,景败走时为部下所杀。

③ 窦婴救灌夫:窦婴,字王孙,清河观津(今河北衡水市武邑县东南)人。汉文帝皇后窦氏侄。景帝时任大将军,封魏其侯。武帝初,任丞相,推崇儒术,反对黄老学说,为窦太后贬斥,免官

不用。灌夫，字仲孺，颍阴（今河南许昌市）人。武帝初曾任太仆、燕相，后坐法免官，闲居于家，为窦婴至交。元光三年（前132），灌夫因在酒席上对时任丞相田蚡出言不逊，被以不敬罪逮捕下狱，判族诛。明年，窦婴亦为营救灌夫遭蚡陷害，以矫诏罪被杀。

6. 佐命元臣

盛王创业，必有同德之英辅，成垂世久长之计，不如是，不足以为一代宗臣。伊尹、周公之事①，见于《诗》《书》，可考也。汉萧何佐高祖②，其始入关，即收秦丞相御史律令图书，以周知天下阸塞③，户口多少强弱处，民所疾苦。高祖失职为汉王④，欲攻项羽，周勃、灌婴、樊哙皆劝之⑤，何独曰："今众弗如，百战百败，愿王王汉中，收用巴蜀，然后还定三秦⑥。"王用其言。此刘氏兴亡至计也。进韩信为大将⑦，使当一面，定魏、赵、燕、齐，高祖得颛心与楚角，无北顾忧。且死，引曹参代己⑧，而画一之法成⑨。约三章以蠲秦暴⑩，拊百姓以申汉德。四百年基业，此焉肇之。唐房玄龄佐太宗，初在秦府，已独收人物致幕下，与诸将密相申结，引杜如晦与参筹帷⑪。及为宰相，粲然兴起治功，以州县成天下之治，以租庸调天下之财⑫，以八百府、十六卫本天下之兵⑬，以谏争付王、魏⑭，以兵事付靖、勣⑮，御夷狄有道，用贤材有术。三百年基业，此焉肇之。其后制节度使而州县之治坏，更二税法而租庸之理坏⑯，变府兵为彍骑⑰、诸卫为神策而军政坏，虽有名臣良辅，不能救也。赵韩王佐艺祖⑱，监方镇之势，削支郡以损其强，置转运、通判使掌钱谷以夺其富，参命京官知州事以分其党，禄诸大功臣于环卫而不付以兵，收天下骁锐于殿岩而不使外重⑲。建法立制，审官用人，一切施为，至于今是赖。此三君子之后，代天理物，硕大光明者，世有其人，所谓一时之相尔。萧之孙有罪及无子，凡六绝国，汉辄绍封之。国朝褒录韩王苗裔，未尝或忘。唯房公之亡未十年，以其子故⑳，夺袭爵、停配享，讫唐之世不复续，唐家亦少恩哉！（卷七《容斋随笔》）

【注释】

① 伊尹、周公：伊尹，商汤佐臣，助汤灭夏。参见第357页第9则注释⑥。周公，姬姓，名旦，又称"叔旦"。文王之子，武王之弟。因采邑在周（今陕西岐山县北），故称"周公"。助武王灭商。武王死，成王年幼，由其摄政。

② 萧何：沛县（今属江苏徐州市）人。曾任秦沛县吏。佐汉高祖刘邦起兵。楚汉之争时，荐

韩信为大将,以丞相留守关中。刘邦称帝,封酂侯。孝惠二年(前193)薨,谥曰文终侯。

③ 阸塞(ài sài):险要之地。

④ 高祖失职为汉王:汉元年(前206)冬十月岁首,刘邦军至霸上(今陕西西安市东灞水西之白鹿原),秦王子婴降,兵入咸阳,封秦府库后还军霸上。十二月,项羽闻沛公破咸阳,帅诸侯兵入函谷关(在今河南三门峡市灵宝市西南),至于戏西(今陕西西安市临潼区新丰镇东南戏水西岸),军新丰鸿门(今新丰镇东),欲击沛公。"鸿门宴"后,羽引兵屠咸阳,杀秦降王子婴,烧秦宫室。楚怀王如约令先入关者沛公王关中。正月,羽阳尊怀王为义帝,实不用其命,自立为西楚霸王,王梁、楚地九郡,都彭城(今江苏徐州市);更立沛公为汉王,王巴蜀、汉中四十一县,都南郑(今陕西汉中市)。失职,此处指失去王关中之职权。

⑤ 周勃、灌婴、樊哙:三人皆汉军将领。周勃,沛县人;以军功为将军,封绛侯。灌婴,睢阳(今河南商丘市南)人;屡立战功,封颍阴侯。樊哙,沛县人;以战功封贤成君,汉立,任左丞相、封舞阳侯。

⑥ 三秦:秦雍、塞、翟三国。项羽三分关中,立秦三降将章邯为雍王、司马欣为塞王、董翳为翟王。汉元年八月,刘邦用韩信计,攻并三秦。

⑦ 韩信:淮阴(今江苏淮安市淮阴区西南)人。秦末,初属项羽军,未得重用,继归刘邦,以萧何荐为大将。善用兵,封齐王。汉立,改封楚王。或告其谋反,降为淮阴侯。后被萧何、吕后定计诱入宫中杀之。

⑧ 曹参:字敬伯,沛县人。曾为秦沛县狱吏。从刘邦起兵,屡建战功。汉立,封平阳侯,为齐相。惠帝二年(前193),继萧何为丞相。

⑨ 画一:亦作"划一"。一致;一律。画一之法,谓全体遵守、无一例外的律令法规。汉初,有颂扬萧何、曹参德政的"画一之歌"。颜师古注:"谓歌曰:'萧何为法,讲若画一;曹参代之,守而勿失。'"(《汉书·循吏传序》)后世有"萧规曹随"之语。

⑩ 约三章:刘邦初入咸阳,废秦刑法,召关中诸县父老、豪杰曰:"杀人者死,伤人及盗抵罪。"称为"约法三章"。此处泛指订立法律,与民相约遵守。　蠲(juān):免除。

⑪ 与参筹帷:参与军机谋划。房玄龄引荐杜如晦事,参见第13页第1则。

⑫ 租庸:即"租庸调"。唐前期向受田课丁所征田租、力庸、户调三种赋役的合称。武德二年(609)制定,七年又详加规定。租,每丁每年缴粟二石或稻三石;调,随乡土所产,蚕乡每丁每年缴绫、绢、絁各二丈,加绵三两,非蚕乡缴布二丈五尺,加麻三斤;庸,每丁每年服役二十日,闰月加二日,如不服役,每日折纳绢三尺或布三尺七寸五分。因事加役十五日免调,三十日租、调皆免。加役连同正役不得超过五十日。遇灾,损四成免租,损六成免调,损七成以上皆免。开元末均田制破坏,此制已不适用,安史乱后,为两税法取代。

⑬ 八百府、十六卫:唐前期沿周、隋府兵制,太宗分全国为十道,共置军府六百三十四。上府兵额一千二百人,中府一千人,下府八百人。府兵平日务农,农隙教练,征发时自备武器资粮,分

番轮守京师。管辖府兵的中央最高军事机关为直隶皇帝的十六卫和东宫六率(lǜ)。其中左右卫、左右骁卫、左右武卫、左右威卫、左右领军卫、左右金吾卫等十二卫,各领四十至六十个折冲府(即军府);左右监门卫、左右千牛卫等四卫,不统府兵。六率各领三至六个折冲府。十六卫各置大将军一人,将军二人;折冲府各设折冲都尉一人,左、右果毅都尉二人统领。开元、天宝年间,府兵制渐为募兵制取代。

⑭ 王、魏:指王珪、魏徵。王珪,字叔玠,太原祁(今属山西)人。武德时为太子中允,受李建成事牵连,流外。太宗即位,召拜谏议大夫。历迁黄门侍郎、侍中。与房玄龄、魏徵、杜如晦等齐名。

⑮ 靖、勣:指李靖、李勣。李靖,本名药师,京兆三原(今陕西咸阳市三原县东北)人。精熟兵法。归唐,入秦王李世民幕府。太宗时,历兵部尚书、尚书右仆射,先后征伐东突厥、吐谷浑,封卫国公。李勣,本姓徐,名世勣,字懋功,曹州离狐(今山东菏泽市西北)人。家富有。初从瓦岗军。武德元年(618)归唐,任右武侯大将军,封曹国公。赐姓李,避太宗讳,改单名勣。

⑯ 二税法:唐建中元年(780),德宗采纳杨炎之议,行两税法。大要为:一、量出制入。二、户无主客,以现居立籍;不分丁男、中男,以贫富为差。三、商贾于所在州县纳税三十分之一,使与定居者负担均等。四、定居者分夏、秋两次纳税;夏税无过六月,秋税无过十一月。五、两税折合钱价征收。六、地税以大历十四年(779)垦田数为准。七、保留丁额。八、租庸调及其他一切科目全部废除。

⑰ 彍骑(guō jì):唐玄宗时,宿卫京师的府兵大量逃亡,开元十一年(723),用宰相张说建议,招募京兆、蒲、同、岐、华等州府兵与白丁,每年宿卫两个月,免除出征、镇守负担,称长从宿卫。十三年,改称彍骑。天宝后,仅存虚名。

⑱ 艺祖:开国帝王。此处指宋太祖赵匡胤。

⑲ 殿岩:谓天子歇息之处。借指朝廷之内。

⑳ 以其子故:房玄龄有三子,遗直、遗爱、遗则。遗直袭爵为梁国公,高宗时官至礼部尚书。遗爱尚高阳公主,官太府卿、散骑常侍。公主骄恣,诬告遗直无礼以夺其封爵,高宗令长孙无忌鞫之,因得公主、遗爱谋反之状。公主赐自尽,遗爱伏诛,诸子配流岭南,遗直除名为庶人,停玄龄配享。

7. 诸葛公

诸葛孔明千载人,其用兵行师,皆本于仁义节制,自三代以降,未之有也。盖其操心制行,一出于诚,生于乱世,躬耕陇亩,使无徐庶之一言[1],玄德之三顾,则苟全性命,不求闻达必矣。其始见玄德,论曹操不可与争锋,孙氏可与为援而不可图,唯荆、益可以取[2]，言如蓍龟[3]，终身不易。二十馀年之间，君信之，士大夫仰之，夷夏服之，敌人畏之。上有以取信于主，故玄德临终，至云“嗣子不才，君可自取”；后主虽庸懦无立，亦举国听之而不疑。下有以见信于人，故废廖立而立垂泣[4]，废李严而严致死[5]。后主左右奸辟侧佞，充塞于中，而无一人有心害疾者。魏尽据中州，乘操、丕积威之后，猛士如林，不敢西向发一矢以临蜀，而公六出征之[6]，使魏畏蜀如虎。司马懿案行其营垒处所[7]，叹为天下奇才。锺会伐蜀[8]，使人至汉川祭其庙，禁军士不得近墓樵采，是岂智力策虑所能致哉！魏延每随公出[9]，辄欲请兵万人，与公异道会于潼关，公制而不许，又欲请兵五千，循秦岭而东，直取长安，以为一举而咸阳以西可定。史臣谓公以为危计不用，是不然。公真所谓义兵不用诈谋奇计，方以数十万之众，据正道而临有罪，建旗鸣鼓，直指魏都，固将飞书告之，择日合战，岂复翳行窃步[10]，事一旦之谲以规咸阳哉！司马懿年长于公四岁，懿存而公死，才五十四耳，天不祚汉，非人力也。“霸气西南歇，雄图历数屯。”杜诗尽之矣。（卷八《容斋随笔》）

【注释】

① 徐庶：字元直，颍川（治今河南禹州）人。初与诸葛亮等为友，归刘备。以其母为曹军所执，被迫归曹操，官至右中郎将。魏明帝时病卒。徐庶荐诸葛亮，见《三国志·蜀志·诸葛亮传》：“时先主屯新野，徐庶见先主，先主器之。谓先主曰：‘诸葛孔明者，卧龙也。将军岂愿见之乎？’先主曰：‘君与俱来。’庶曰：‘此人可就见，不可屈致也。将军宜枉驾顾之。’由是先主遂诣亮，凡三往，乃见。”

② 荆、益：东汉荆州刺史部和益州刺史部。东汉地方行政为州、郡、县三级制。荆州刺史部辖七郡：南阳郡（治今河南南阳市）、江夏郡（治今湖北武汉市新洲区）、南郡（治今湖北荆州市荆州区）、武陵郡（治今湖南常德市）、长沙郡（治今湖南长沙市）、零陵郡（治今湖南永州市零陵区）、桂阳郡（治今湖南郴州市）。三国时，魏、吴各有荆州。益州刺史部辖十二郡国：汉中郡（治今陕西汉中市）、巴郡（治今重庆市）、广汉郡（治今四川广汉市北）、广汉属国（治今甘肃陇南市文县西北）、蜀郡（治今四川成都市）、蜀郡属国（治今四川雅安市名山县北）、犍为郡（治今四川眉山市彭山县东）、犍为属国（治今云南昭通市）、牂牁郡（治今贵州凯里市西北）、越嶲郡（治今四川西昌市）、益州郡（治今云南昆明市晋宁县东）、永昌郡（治今云南保山市东北）。三国时，益州属蜀。

③ 蓍龟：古人以蓍草与龟甲占卜吉凶，因指占卜。此处借指安定天下之策。《周易·系辞上》：“探赜索隐，钩深致远，以定天下之吉凶，成天下之亹亹者，莫大乎蓍龟。”

④ 廖立：字公渊，武陵临沅（今湖南常德市）人。刘备领荆州牧时，辟为从事，年未三十擢为

长沙太守。建安二十年(215),孙权遣吕蒙掩袭零陵、长沙、桂阳三郡,立脱身逃走。刘备未深责,以为巴郡太守。二十四年,刘备为汉中王,征立为侍中。后主刘禅袭位,徙长水校尉。立自意怀才不遇,常论朝政得失,诸葛亮乃上表废立为民,徙汶山郡。闻诸葛亮卒,垂泣叹曰:“吾终为左衽矣。”后终于贬所。

⑤ 李严:后改名平,字正方,南阳(今属河南)人。荆州牧刘表称其才,尝为秭归宰。后诣益州牧刘璋,以为成都令。建安十八年(213),以护军拒刘备,率众降,拜犍为太守、兴业将军。章武二年(222),拜尚书令。刘备疾,与诸葛亮并受遗诏辅少主,为中都护,统内外军事。建兴九年(231),诸葛亮军祁山,严督运粮草,值天霖雨而不继,亮退军。严为解不办之责而委过于诸葛亮,亮上表废之为民,徙梓潼郡。十二年,闻亮卒,以为不复起用,激愤而死。

⑥ 六出:指诸葛亮率蜀军六次攻魏。有成语“六出祁山”。《三国志·蜀志·诸葛亮传》所载攻魏六次,出祁山仅两次。

⑦ 案行:巡视。据《三国志·蜀志·诸葛亮传》:建兴十二年(234),诸葛亮率军据武功五丈原,与魏帅司马懿对峙于渭南。相持百馀日后,亮卒于军。及蜀军退,司马懿巡视其军营,曰:“天下奇才也!”

⑧ 锺会:字士季,颍川长社(今河南许昌市长葛市东)人。魏太傅繇幼子。官至司徒,为司马昭谋臣。晋元四年(263),与邓艾分兵灭蜀,次年谋叛被杀。锺会祭诸葛亮庙,见《三国志·蜀志·诸葛亮传》:“景耀六年春,诏为亮立庙于沔阳。秋,魏镇西将军锺会征蜀,至汉川,祭亮之庙,令军士不得于亮墓所左右刍牧樵采。”

⑨ 魏延:字文长,义阳(今河南信阳市西北)人。初以部曲随刘备入蜀,累迁征西大将军。诸葛亮死,与杨仪争权,率兵击仪,兵败被杀。《三国志·蜀志·魏延传》:“延每随亮出,辄欲请兵万人,与亮异道会于潼关,如韩信故事,亮制而不许。延常谓亮为怯,叹恨己才用之不尽。”又裴松之注引《魏略》:“夏侯楙为安西将军,镇长安。亮于南郑与群下计议,延曰:‘闻夏侯楙少,主婿也,怯而无谋。今假延精兵五千,负粮五千,直从褒中出,循秦岭而东,当子午而北,不过十日可到长安。楙闻延奄至,必乘船逃走。长安中惟有御史、京兆太守耳,横门邸阁与散民之谷足周食也。比东方相合聚,尚二十许日,而公从斜谷来,必足以达。如此,则一举而咸阳以西可定矣。’亮以为此县危,不如安从坦道,可以平取陇右,十全必克而无虞,故不用延计。”

⑩ 翳行窃步:偷行。暗中行走。

8. 范增非人杰

世谓范增为人杰,予以为不然。夷考平生[①],盖出战国从横之馀[②],见利而不知义者也。始劝项氏立怀王[③],及羽夺王之地,迁王于郴,已而弑之,增不能引君臣大谊,争之以死。怀王与诸将约,先入关中者王之,沛公既先定关中,则当如约,增乃劝羽杀之,又徙之蜀汉。羽之伐赵,杀上将宋义,增为末将,坐而视之。坑秦降卒,杀秦降王,烧秦宫室,增皆亲见之,未尝闻一言也。至于荥阳之役[④],身遭反间,然后发怒而去。呜呼,疏矣哉[⑤]!东坡公论此事伟甚[⑥],犹未尽也。(卷九《容斋随笔》)

【注释】

① 夷考:考察。

② 从横:又作"纵横"。"合纵连横"之简称。战国时,从事政治外交活动的谋士,称为"纵横家",《汉书·艺文志》列为"九流"之一。主要人物有苏秦、张仪等。《淮南子·览冥训》:"纵横间之,举兵而相角。"高诱注:"苏秦约纵,张仪连横,南与北合为纵,西与东合为横。"合纵派主张六国联合拒秦,连横派则以分别事秦为务。

③ 项氏立怀王:秦二世元年(前209),项梁举兵渡江西进,闻陈胜死,从范增言,乃求战国楚怀王之孙熊心,于民间为人牧羊,立以为楚怀王,建都盱台(今江苏淮安市盱眙县东北)。项梁战死,项羽、吕臣引兵退守彭城,怀王亦从盱眙来,并项羽、吕臣军自将之。秦军围巨鹿,楚怀王用宋义为上将军、项羽为次将、范增为末将救赵,途中项羽杀宋义,夺兵权。秦灭,项羽自立为西楚霸王,尊怀王为义帝,徙于江南,都郴县(今湖南郴州市),阴令英布(一说为衡山王吴芮、临江王共敖)追杀于江中。

④ 荥阳之役:汉高帝三年(前204),楚汉争战,项羽、范增引兵围荥阳(今河南荥阳市东北)。刘邦患之,用陈平反间计,使项羽疑范增与汉有私,稍削其权。范增忿而离去,行未至彭城,疽发背而死。

⑤ 疏:迂阔。

⑥ 东坡公论此事:指苏轼《论范增》。参见第267页第18则。

9. 水衡都尉二事

龚遂为渤海太守[①],宣帝召之,议曹王生愿从[②],遂不忍逆。及引入宫,王生从后呼曰:"天子即问君何以治渤海,宜曰:'皆圣主之德,非小臣之力也。'"遂受其言。上果问以治状,遂对如王生言。天子悦其有让,笑曰:"君安得长者之言而称之?"遂曰:"乃臣议曹教戒臣也。"上拜遂水衡都尉[③],以王生为丞。予谓遂之治郡,功效著明,宣帝不以为赏,而顾悦其佞词乎!宜其起王成胶东之伪也[④]。褚先生于

《史记》中又载[5]:武帝时,召北海太守,有文学卒史王先生自请与太守俱[6]。太守入宫,王先生曰:"天子即问君何以治北海令无盗贼,君对曰何哉?"守曰:"选择贤材,各任之以其能,赏异等,罚不肖。"王先生曰:"是自誉自伐功,不可也。愿君对言:'非臣之力,尽陛下神灵威武所变化也。'"太守如其言。武帝大笑,曰:"安得长者之言而称之,安所受之?"对曰:"受之文学卒史。"于是以太守为水衡都尉,王先生为丞。二事不应相类如此,疑即龚遂,而褚误书也。(卷十《容斋随笔》)

【注释】

① 龚遂:字少卿,山阳南平阳(今山东济宁市邹城)人。汉昭帝时,为昌邑王刘贺郎中令,忠厚刚毅,敢面刺王过。元平元年(前74),昭帝崩,无子,昌邑王嗣立。王日益骄溢,遂数谏争,不复听。王即位二十七日,卒以淫乱废,群臣二百馀人坐罪伏诛,唯遂与中尉王阳减死,髡为城旦。宣帝时,渤海等郡饥荒,盗贼并起,用遂为渤海太守,年已七十馀。遂在郡开仓借粮,奖励农桑,狱讼止息。后拜水衡都尉。元康四年(前62)卒于官。入《汉书·循吏传》。

② 议曹:郡守属吏。

③ 水衡都尉:官名。汉武帝元鼎二年(前115)始置,掌上林苑,兼管皇室财物及铸钱。秩二千石。《汉书·百官公卿表上》应劭注:"古山林之官曰衡,掌诸池苑,故称水衡。"属官有上林、均输、御羞、禁圃、辑濯、钟官、技巧、六厩、辨铜等九官令、丞。

④ 王成:不知何郡人。汉宣帝时为胶东国(治今山东青岛市平度市东)相。地节三年(前66),朝廷闻其治声,下诏褒之,赐爵关内侯,秩中二千石。未及征用,会病卒官。诏问郡国官吏以政令得失,或对言:"前胶东相成,伪自增加,以蒙显赏。"事见《汉书·循吏传·王成》。此句意谓无怪乎出现王成胶东作伪之事。

⑤ 褚先生:褚少孙,颍川(治今河南许昌市禹州市)人,寓居沛县(今属江苏徐州市)。汉元帝、成帝时博士。一说宣帝时博士。尝补司马迁《史记》。明人辑有《褚先生集》。下文所述北海太守事,见《史记·滑稽列传》褚先生补。

⑥ 文学卒史:郡守属吏。

10. 汉 封 禅 记

应劭《汉官仪》载马第伯《封禅仪记》[1],正纪建武东封事[2],每称天子为国家,其叙山势峭崄、登陟劳困之状极工,予喜诵之。其略云:"是朝上山,骑行,往往道峻峭,下骑步,牵马,乍步乍骑且相半。至中观[3],留马,仰望天关[4],如从谷底仰观抗峰。其为高也，如视浮云，其峻也，石壁窅窱[5]，如无道径。遥望其人，端如行朽兀[6]，或为白石，或雪，久之，白者移过树，乃知是人也。殊不可上，四布僵卧石上，亦赖赍酒脯，处处有泉水，复勉强相将行，到天关，自以已至也，问道中人，言尚十馀里。其道旁山胁，仰视岩石松树，郁郁苍苍，若在云中。俯视溪谷，碌碌不可见丈尺[7]。直上七里，赖其羊肠逶迤，名曰环道，往往有絙索[8]，可得而登也。两从者扶挟，前人相牵，后人见前人履底，前人见后人顶，如画。初上此道，行十馀步一休，稍疲，咽唇燋，五六步一休，牒牒据顿地[9]，不避暗湿，前有燥地，目视而两脚不随。"又云："封毕，诏百官以次下，国家随后[10]，道迫小，步从匍匐邪上[11]，起近炬火，止亦骆驿[12]，步从触击大石，石声正讙[13]，但讙石无相应和者。肠不能已，口不能默。明日，太医令问起居，国家云：'昨上下山，欲行迫前人，欲休则后人所蹈，道峻危险。国家不劳。'"又云："东山名曰日观，鸡一鸣时，见日始欲出，长三丈所。秦观者望见长安[14]，吴观者望见会稽，周观者望见齐。"凡记文之工悉如此，而未尝见称于昔贤，秦、吴、周三观，亦无曾用之者。今应劭书脱略，唯刘昭补注《东汉志》仅有之[15]，亦非全篇也。（卷十一《容斋随笔》）

【注释】

① 应劭：字仲远（一作仲瑗），汝南南顿（今河南周口市项城市西）人。汉献帝时，官泰山太守。博览多闻。著有《汉官仪》十卷，已佚，有清孙星衍辑本；《汉书集解音义》，唐颜师古注《汉书》多所征引；《风俗通义》三十卷，有今人校注本。　马第伯：生卒年不详。汉光武帝侍从。

② 建武东封：指汉建武三十二年（56）春，光武帝东巡狩，行封禅事。车驾正月二十八日发洛阳宫，二月九日到鲁，进幸泰山，二十二日登封祭天，二十五日禅于梁父。四月还宫，大赦天下，改元建武中元。

③ 中观：今谓中天门。位于黄岘岭脊之上，为登顶半程，东、西两路登山交会点。

④ 天关：即天门关。今谓南天门或三天门。位于泰山十八盘尽头，夹于飞龙岩、翔凤岭双峰之间。

⑤ 窅窱（yǎo tiǎo）：又作"窅窕"。幽深貌。

⑥ 端如行（háng）朽兀：意谓（身着白色祭服的队伍）庄严整肃就像排列成行的枯木一样静止不动。端如，庄严整肃貌。行朽，排列成行的枯败之木。兀，静止。陆机《文赋》："兀若枯木，豁若涸流。"

⑦ 碌碌：多石貌。

⑧ 絙（gēng）：本作"緪"。粗绳索。

⑨ 牒牒据顿地：意谓频频席地而坐。牒牒，屡次，频频。据顿地，手按止息之地。

⑩ 国家：犹言“官家”。指皇帝。

⑪ 步从匍匐邪上：意谓随从百官匍匐而行如一条斜线。邪上，即“旁行邪上”，横行斜线。

⑫ 骆驿：又作“络绎”。连续不断。此两句谓首起于前导火把，至队列之尾，骆驿而不绝。

⑬ 讙(huān)：喧哗。

⑭ 秦观：泰山峰名。下文“吴观”“周观”亦同。今泰山玉皇顶东南有日观峰，古称介丘岩，因可观日出而名。相传于峰巅西可望秦，南可望越，故又称“秦观峰”“越观峰”。

⑮ 刘昭：字宣卿，平原高唐(今属山东聊城市)人。梁武帝天监初(502)，起家奉朝请，累迁征北行参军、尚书仓部郎，寻除无锡令。历为宣惠豫章王中军、临川记室。后迁通直郎，出为剡令，卒于官。善属文，外兄江淹早相称赏。补注范晔《后汉书》一百八十卷。今本《后汉书》存其补志并注凡四十卷。应劭《汉官仪》引马第伯《封禅仪记》，散见于《后汉书·祭祀志上》。

11. 燕昭汉光武之明

乐毅为燕破齐[1]，或谗之昭王曰：“齐不下者两城耳，非其力不能拔，欲久仗兵威以服齐人，南面而王耳[2]。”昭王斩言者，遣使立毅为齐王。毅惶恐不受，以死自誓。冯异定关中[3]，自以久在外，不自安。人有章言异威权至重，百姓归心，号为“咸阳王”，光武以章示异。异上书谢，诏报曰：“将军之于国家，恩犹父子，何嫌何疑，而有惧意?”及异破隗嚣[4]，诸将欲分其功，玺书诮大司马以下[5]，称异功若丘山。今人咸知毅、异之为名将，然非二君之明，必困谗口矣。田单复齐国[6]，信陵君败秦兵[7]，陈汤诛郅支[8]，卢植破黄巾[9]，邓艾平蜀[10]，王濬平吴[11]，谢安却苻坚[12]，慕容垂挫桓温[13]，史万岁破突厥[14]，李靖灭吐谷浑[15]，郭子仪、李光弼中兴唐室[16]，李晟复京师[17]，皆有大功于社稷，率为谮人所惎[18]，或至杀身。区区庸主不足责，唐太宗亦未能免。营营青蝇，亦可畏哉!（卷十一《容斋随笔》）

【注释】

① 乐毅：中山国灵寿(今河北石家庄市灵寿县西)人。战国时燕将。燕昭王时，任亚卿。燕昭王二十八年(前284)，以上将军率五国联军击破齐国，下七十馀城，因功封于昌国(今山东淄博市南)，号昌国君。燕惠王即位，中齐反间计，毅畏诛而出奔赵，封于观津(今河北衡水市武邑县东)，号望诸君。后卒于赵。

② 南面而王：称王。古以坐北朝南为尊位，故帝王、诸侯见群臣，皆面向南而坐，因用以指居

帝王或诸侯之位。《史记·乐毅列传》所载异于此,毅受谗害在燕惠王时。《传》曰:"乐毅攻入临菑,尽取齐宝财物祭器输之燕。燕昭王大说,亲至济上劳军,行赏飨士,封乐毅于昌国,号为昌国君。于是燕昭王收齐卤获以归,而使乐毅复以兵平齐城之不下者。乐毅留徇齐五岁,下齐七十馀城,皆为郡县以属燕,唯独莒、即墨未服。会燕昭王死,子立为燕惠王。惠王自为太子时,尝不快于乐毅,及即位,齐之田单闻之,乃纵反间于燕曰:'齐城不下者两城耳。然所以不早拔者,闻乐毅与燕新王有隙,欲连兵且留齐,南面而王。齐之所患,唯恐他将之来。'于是燕惠王固已疑乐毅,得齐反间,乃使骑劫代将,而召乐毅。乐毅知燕惠王之不善代之,畏诛,遂西降赵。赵封乐毅于观津,号曰望诸君,尊宠乐毅以警动于燕、齐。"

③ 冯异:字公孙,颍川父城(今河南平顶山市宝丰县东)人。新莽末,为郡掾。后归刘秀,从其安定河北,为偏将军,封应侯。性谦让不伐,诸将并坐论功,常退避树下,军中号为"大树将军"。刘秀称帝,封阳夏侯,为征西大将军,败赤眉军于崤底。后率军攻隗嚣子纯,病卒于军中。明帝时图画功臣,列云台二十八将之一。

④ 隗(Wěi)嚣:字季孟,天水成纪(今甘肃平凉市静宁县西南)人。新莽末,割据于天水、武都、金城等郡。后归附于更始。未久,自称西州上将军。又归光武,仍图谋割据,并称臣于割据益州之公孙述。建武七年(31),公孙述以隗嚣为朔宁王。秋,嚣将兵侵安定,至阴槃,冯异率诸将拒之,嚣失利而引兵还。后屡为汉军所败。九年春,忧愤而死。其子纯降汉。

⑤ 玺书:秦以后专指皇帝诏书。　大司马:汉武帝罢太尉置大司马,常授予掌权外戚,多与大将军、骠骑将军、车骑将军等联称,或不兼将军号。东汉初为三公之一,旋改太尉,末年又别置大司马。据《后汉书·冯异传》,建武六年(30),冯异击败隗嚣军,诸将或欲分其功,帝患之,乃诏令大司马吴汉等,略曰:"征西功若丘山,犹自以为不足,孟之反奔而殿,亦何异哉!今遣太中太夫,赐征西吏士死伤者医药、棺殓,大司马已下亲吊死问疾,以崇谦让。"

⑥ 田单:战国齐临淄(今山东淄博市临淄区齐都镇)人。为国君远支宗亲。初为临淄市掾。燕将乐毅破齐时,单坚守即墨(今山东青岛市平度市东南)。齐襄王五年(前279),施反间计,诱使燕惠王弃乐毅而改用骑劫为将,并用火牛阵击败燕军,一举收复七十馀城,乃迎襄王于莒(今山东日照市莒县),入临淄听政。襄王任单为相国,封安平君。襄王死,入赵为将。后任赵相,封平都君。

⑦ 信陵君:即魏无忌。战国魏贵族,魏安釐王之弟。号信陵君。门下有食客三千。与齐孟尝君、赵平原君、楚春申君合称"战国四公子"。魏安釐王二十年(前257),秦围赵都邯郸,信陵君以计窃兵符,杀魏将晋鄙,夺取兵权,救赵胜秦。后十年,为上将军,联合五国击退秦将蒙骜。秦数使反间,魏王疑,乃谢病不朝。三十四年(前243),病酒而卒。

⑧ 陈汤:字子公,山阳瑕丘(今山东济宁市兖州市东北)人。汉元帝时,为西域副校尉,曾与西域都护甘延寿发兵攻杀匈奴郅支单于,封关内侯。后为权臣王商所恶,废为庶人,徙敦煌、安定。后归长安,约卒于成帝、哀帝之间。

⑨ 卢植：字子幹，涿郡涿县（今河北保定市涿州市）人。少师马融。汉灵帝时，历任博士，九江、庐江太守。中平元年（184），黄巾贼起，植为北中郎将，率军讨之，与张角战于广宗（今河北邢台市威县东）。后任尚书，因得罪董卓，罢职，隐于上谷。初平三年（192），卒。

⑩ 邓艾：字士载，义阳棘阳（今河南南阳市南）人。初为魏司马懿掾属，尝有屯田两淮之议。后为魏镇西将军，拒蜀将姜维。魏景元四年（263），与锺会分兵灭蜀，自阴平道行无人之地七百馀里，先入成都受降。旋遭锺会诬为谋反，为监军卫瓘所杀。

⑪ 王濬：字士治，小字阿童，弘农湖县（今河南三门峡市灵宝市西北）人。初为羊祜部属，祜荐为益州刺史。西晋泰始八年（272）始，造舟舰，练水师。咸宁五年（279），受命攻吴，次年克武昌，顺流而下，直取吴都建业，孙皓出降。濬自以为功大，为王浑父子及豪强所抑，屡遭有司劾奏。后官至抚军大将军。太康六年（285）卒，时年八十。谥曰武。

⑫ 谢安：字安石，陈郡阳夏（今河南周口市太康县）人。年四十始出仕。东晋孝武帝时，位至宰相。使弟石与侄玄为将拒前秦。太元八年（383），前秦主苻坚统九十万大军攻晋，安使石、玄等战于淝水，大胜。乘机北伐收复洛阳及青、兖、徐、豫诸州。后会稽王司马道子执政，遭排挤，出镇广陵。十年，病卒于京师建康，年六十六。赠太傅，谥曰文靖。

⑬ 慕容垂：字道明，昌黎棘城（今辽宁锦州市义县西）人。鲜卑族。前燕主慕容皝之子。封吴王。前燕建熙十年（369）四月，东晋大司马桓温率步骑五万伐燕，慕容垂以南讨大都督率征南将军慕容德拒之，于枋头（今河南鹤壁市浚县西南）大败桓温军。后为太傅慕容评等排斥，出奔前秦。淝水之战后，前秦崩溃，慕容垂乘机恢复为前秦所灭前燕，定都中山（治今河北保定市定州市）。初称燕王，后称帝，年号建兴，史称"后燕"。晚年败于北魏。建兴十一年（396）四月，病卒于军中。

⑭ 史万岁：京兆杜陵（今陕西西安市）人。少从父入军，长于骑射，好读兵书。北周武帝时，其父战死，以忠臣子拜开府仪同三司，袭爵太平县公。北周末，随上柱国梁士彦攻讨尉迟迥，以功拜上大将军。入隋，大将军尔朱勣谋反被诛，万岁受牵连配敦煌为戍卒。开皇三年（583），秦州总管窦荣定击突厥，遂至辕门请自效。奉命与突厥单骑比武决胜负，驰斩一骑，突厥大惊，不敢复战而退。后屡建战功，进位柱国。二十年，遭杨素嫉妒诬陷，为文帝冤杀。

⑮ 李靖：参见第544页第6则注释⑮。贞观九年（635）正月，吐谷浑寇边，时李靖以足疾辞职居家，太宗命靖为西海道行军大总管统军征之，大破其国。然利州刺史高甑生等告靖谋反，太宗命法官按其事，靖阖门自守，杜绝宾客，虽亲戚不得妄进。

⑯ 郭子仪、李光弼：郭、李事参见第46页第2则注释④、第116页第11则注释④。

⑰ 李晟：字良器，洮州临潭（今甘肃甘南州临潭县东）人。善骑射。初为西北边镇裨将，屡立战功，迁右神策军都将。建中二年（781），魏博田悦反，以晟为神策先锋都知兵马使讨之，击溃田悦军。四年，朱泚叛据长安，德宗出逃奉天，晟回师讨伐。值朔方节度使李怀光叛，德宗再逃至梁州。晟以孤军抗强寇，终收复长安。任凤翔、陇右节度使，兼四镇、北庭行营副元帅，封西平郡王。

贞元三年(787),解除兵权,拜为太尉、中书令。九年八月薨,年六十七。

⑱ 谮(zèn)人:谗毁他人之人。 惎(jì):忌恨;憎恶。

12. 萧房知人

汉祖至南郑,韩信亡去,萧何自追之。上骂曰:"诸将亡者以十数,公无所追,追信,诈也。"何曰:"诸将易得,至如信,国士亡双[①],必欲争天下,非信无可与计事者。"乃拜信大将,遂成汉业。唐太宗为秦王时,府属多外迁,王患之。房乔曰[②]:"去者虽多不足吝,杜如晦,王佐才也,王必欲经营四方,舍如晦无共功者。"乃表留幕府,遂为名相。二人之去留,系兴替治乱如此,萧、房之知人,所以为莫及也。樊哙从高祖起丰、沛,劝霸上之还[③],解鸿门之厄,功亦不细矣,而韩信羞与为伍[④]。唐俭赞太宗建大策[⑤],发蒲津之谋[⑥],定突厥之计,非庸臣也,而李靖以为不足惜[⑦]。盖以信、靖而视哙、俭,犹熊罴之与狸狌耳。帝王之功,非一士之略,必待将如韩信、相如杜公而后用之,不亦难乎!惟能置萧、房于帷幄中,拔茅汇进[⑧],则珠玉无胫而至矣。(卷十三《容斋随笔》)

【注释】

① 国士亡双:谓国中独一无二之人才。亡,通"无"。

② 房乔:字玄龄。一说名玄龄,字乔。参见第13页第1则注释③。

③ 劝霸上之还:汉元年(前206)十月,刘邦军先于诸侯至霸上,秦王子婴降,兵入咸阳,欲止于秦宫而息。樊哙、张良谏,乃封秦府库后还军霸上。

④ 韩信羞与为伍:汉六年(前201),人有告楚王韩信谋反,高帝以陈平计擒信,系至雒阳,降为淮阴侯,与绛侯周勃、颍阴侯灌婴、舞阳侯樊哙同列,信以为耻。事见《史记·淮阴侯列传》:"信知汉王畏恶其能,常称病不朝从。信由此日怨望,居常鞅鞅,羞与绛、灌等列。信常过樊将军哙,哙跪拜送迎,言称臣,曰:'大王乃肯临臣!'信出门,笑曰:'生乃与哙等为伍!'"

⑤ 唐俭:参见第9页第10则注释①。

⑥ 蒲津之谋:武德二年(619),唐军征讨割据马邑郡(治今山西朔州市)刘武周、河东郡(治今山西运城市永济市蒲州镇)王行本,工部尚书独孤怀恩率部屯驻蒲州城东,意欲谋反。三年,王行本降,高祖幸蒲州,几涉险,为唐俭揭发得免。事见《旧唐书·唐俭传》:"王行本守蒲州城不降,敕工部尚书独孤怀恩率兵屯于其东,以经略之。寻又夏县人吕崇茂以城叛,降于刘武周。高祖遣永安王孝基、工部尚书独孤怀恩、陕州总管于筠等率兵讨之。时俭使至军所,属武周遣兵援崇茂,

俭与孝基、筠等并为所获。初，怀恩屯兵蒲州，与其属元君实谋反，时君实亦陷于贼中，与俭同被拘执，乃谓俭曰：'古人有言：当断不断，反受其乱。独孤尚书近者欲举兵图事，迟疑之间，遂至今日，岂不由不断耶？'俄而怀恩脱身得还，仍令依前屯守。君实又谓俭曰：'独孤尚书今遂拔难得还，复在蒲州屯守，可谓王者不死。'俭闻之，惧怀恩为逆，乃密令亲信刘世让以怀恩之谋奏闻。适遇王行本以蒲州归降，高祖将入其城，浮舟至中流，世让谒见，高祖读奏大惊曰：'岂非天命也！'回舟而归，分捕反者按验之，怀恩自缢，馀党伏诛。俄而太宗击破武周部将宋金刚，追至太原。武周惧而北走，俭乃封其府库，收兵甲，以待太宗。"

⑦ 李靖以为不足惜：指贞观四年(630)，代州道行军总管李靖率军破突厥突利可汗于定襄，颉利可汗大惧，退保铁山。太宗遣鸿胪卿唐俭等慰谕，李靖不顾唐俭安危，乘机袭击之。事见《旧唐书·李靖传》："其年二月，太宗遣鸿胪卿唐俭、将军安修仁慰谕。靖揣知其意，谓将军张公谨曰：'诏使到彼，虏必自宽。遂选精骑一万，赍二十日粮，引兵自白道袭之。'公谨曰：'诏许其降，行人在彼，未宜讨击。'靖曰：'此兵机也，时不可失，韩信所以破齐也。如唐俭等辈，何足可惜。'"

⑧ 拔茅汇进：又作"拔茅连茹"。比喻递相推荐引进。语出《周易·泰》："拔茅茹以其汇。"王弼注："茅之为物，拔其根而相牵引者也。茹，相牵引之貌也。"李贽《续藏书·逊国名臣·文学博士方公》："拔茅连茹，随汇并进。"

13. 魏明帝容谏

魏明帝时[①]，少府杨阜上疏[②]，欲省宫人诸不见幸者，乃召御府吏问后宫人数。吏守旧令，对曰："禁密，不得宣露。"阜怒，杖吏一百，数之曰："国家不与九卿为密，反与小吏为密乎？"帝愈严惮之。房玄龄、高士廉问少府少监窦德素北门近有何营造[③]，德素以闻。太宗大怒，谓玄龄等曰："君但知南牙耳，北门小小营造，何预君事耶？"玄龄等拜谢。夫太宗之与明帝，不待比拟，观所以责玄龄之语，与夫严惮杨阜之事，不迨远矣。贤君一话一言，为后世法。惜哉！《魏史》以谓群臣直谏之言[④]，帝虽不能尽用，然皆优容之，虽非谊主[⑤]，亦可谓有君人之量矣。（卷十三《容斋随笔》）

【注释】

① 魏明帝：曹睿，字元仲。累封平原王。黄初七年(226)五月，立为皇太子，即皇帝位。在位十三年。

② 少府：官名。始于战国，秦汉相沿，为九卿之一。掌山海地泽收入与皇室手工制造。东汉时仍为九卿之一，专掌宫中御衣、宝货、珍膳等。魏晋沿置。　杨阜：字义山，天水冀县(今甘肃天

水市甘谷县东)人。东汉建安间,任凉州从事,旋拜安定长史,韦康任刺史后辟为别驾,改州参军事。十七年(212),因讨马超有功,赐爵关内侯。曹操征汉中,以阜为益州刺史,还,转武都太守。魏明帝时,征拜城门校尉,迁将作大匠,后迁少府。卒。每上疏言事,刚亮公直,正谏切至。

③ 房玄龄、高士廉问窦德素事:参见第17页第6则。

④ 魏史:即《三国志·魏志》。《魏志》卷三:"时直臣杨阜、高堂隆等,各数切谏,虽不能听,帝优容之。"又《评》曰:"明帝沉毅断识,任心而行,盖有君人之至概焉。"

⑤ 谊主:犹义主。合乎道义之主。

14. 士之处世

士之处世,视富贵利禄,当如优伶之为参军[①],方其据几正坐,噫呜诃棰[②],群优拱而听命,戏罢则亦已矣。见纷华盛丽,当如老人之抚节物[③],以上元、清明言之,方少年壮盛,昼夜出游,若恐不暇,灯收花暮,辄怅然移日不能忘,老人则不然,未尝置欣戚于胸中也。睹金珠珍玩,当如小儿之弄戏剧,方杂然前陈,疑若可悦,即委之以去,了无恋想。遭横逆机阱[④],当如醉人之受骂辱,耳无所闻,目无所见,酒醒之后,所以为我者自若也,何所加损哉!(卷十四《容斋随笔》)

【注释】

① 参军:唐宋"参军戏"角色名。参军戏,又名"弄参军"。主要由参军(正角)、苍鹘(丑角)两个角色作滑稽对话和表演,以讽刺时政或社会现象。渊源于秦汉俳优,宋时亦称杂剧,角色亦有所增加。

② 噫呜诃棰(yī wù hē chuí):感慨悲叹、斥骂鞭打。

③ 节物:应节之物品。陆游《老学庵笔记》卷二:"靖康初,京师织帛及妇人首饰衣服,皆备四时。如节物则春旛、灯球、竞渡、艾虎、云月之类。"

④ 横逆机阱:厄运和圈套。机阱,设有机关的捕猎陷阱。

15. 绝唱不可和

韦应物在滁州[①],以酒寄全椒山中道士[②],作诗曰:"今朝郡斋冷,忽念山中客。涧底束荆薪,归来煮白石。欲持一樽酒,远慰风雨夕。落叶满空山,何处寻行迹。"其为高妙超诣,固不容夸说,而结尾两句,非复语言思索可到。东坡在惠州[③],依其韵作诗寄罗浮邓道士曰[④]:"一杯罗浮春,远饷采薇客。遥知独酌罢,醉卧松下石。幽人不可见,清啸闻月夕。聊戏庵中人,空飞本无迹。"刘梦得"山围故国周遭在,潮打空城寂寞回"之句[⑤],白乐天以为后之诗人无复措词。坡公仿之曰[⑥]:"山围故国城空在,潮打西陵意未平。"坡公天才,出语惊世,如追和陶诗[⑦],真与之齐驱,独此二者,比之韦、刘为不侔,岂非绝唱寡和,理自应尔邪!(卷十四《容斋随笔》)

【注释】

① 韦应物在滁州:唐建中三年(782)秋,韦应物出任滁州刺史。兴元元年(784)罢,闲居滁州西涧。一年后起为江州刺史。

② 寄全椒山中道士:诗见《韦苏州集》卷三,兴元元年作。"欲持一樽酒"句中"一樽",韦集中为"一瓢"。全椒,唐淮南道滁州属县,今属安徽滁州市。

③ 东坡在惠州:绍圣元年(1094),苏轼由定州再贬惠州。参见第353页第4则注释①。四年,移儋州。

④ 寄罗浮邓道士:诗见《新修补苏文忠公诗合注》卷三十九。诗题为《寄邓道士并引》。《引》曰:"罗浮山有野人,相传葛稚川之隶也。邓道士守安,山中有道者也。尝于庵前见其足迹,长二尺许。绍圣二年正月日,予偶读韦苏州《寄全椒山中道士》诗云:'今朝郡斋冷,忽念山中客。涧底束荆薪,归来煮白石。遥持一樽酒,远慰风雨夕。落叶满空山,何处寻行迹。'乃以酒一壶,依苏州韵作诗寄之。"罗浮,山名,在今广东惠州市博罗县西北,为道教胜地。

⑤ 刘梦得诗:见《刘禹锡集》卷二十四。诗题为《金陵五题并引》。《引》曰:"余少为江南客,而未游秣陵,尝有遗恨。后为历阳守,跂而望之。适有客以金陵五题相示,逌尔生思,欻然有得。他日友人白乐天掉头苦吟,叹赏良久,且曰:'石头题诗云:"潮打空城寂寞回",吾知后之诗人不复措词矣。'馀四咏虽不及此,亦不孤乐天之言尔。"五题为《石头城》《乌衣巷》《台城》《生公讲堂》《江令宅》。其《石头城》诗曰:"山围故国周遭在,潮打空城寂寞回。淮水东边旧时月,夜深还过女墙来。"

⑥ 坡公诗:诗题为《次韵秦少章和钱蒙仲》,见《新修补苏文忠公诗合注》卷三十一。元祐四年(1089)出知杭州时作。诗曰:"碧畦黄陇稻如京,岁美人和易得情。鉴里移舟天外思,地中鸣角古来声。山围故国城空在,潮打西陵意未平。二子有如双白鹭,隔江相照雪衣明。"

⑦ 和陶诗:苏轼《和陶诗》凡一百有九首。除《和陶饮酒二十首》作于扬州外,其他皆作于贬谪惠州、儋州期间。由苏轼亲自编纂成集,苏辙为之序。

16. 京师老吏

京师盛时,诸司老吏,类多识事体,习典故。翰苑有孔目吏,每学士制草出,必据案细读，疑误辄告。刘嗣明尝作《皇子剃胎发》文，用“克长克君”之语[1]，吏持以请。嗣明曰：“此言堪为长堪为君，真善颂也。”吏拱手曰：“内中读文书不如是，最以语忌为嫌，既克长又克君，殆不可用也。”嗣明悚然亟易之。靖康岁，都城受围，御敌器甲刓弊[2]。或言太常寺有旧祭服数十，闲无所用，可以藉甲。少卿刘珏即具稿欲献于朝，以付书史。史作字楷而敏[3]，平常无错误，珏将上马，立俟之，既至，而结衔脱两字[4]。趣使更写，至于三，其误如初。珏怒责之，逡巡谢曰：“非敢误也，某小人窃妄有管见。在《礼》‘祭服敝则焚之’[5]，今国家迫急，诚不宜以常日论，然容台之职[6]，唯当秉礼。少卿固体国，不若俟朝廷来索则纳之，贤于先自背礼而有献也。”珏愧叹而止。后每为人言，嘉赏其意。今之胥徒，虽公府右职[7]，省寺掌故，但能鼓扇猾浮[8]，顾赇谢为业[9]，簿书期会之间[10]，乃漫不之晓，求如彼二人，岂可得哉！（卷十五《容斋随笔》）

【注释】

① 克长克君：意谓能为师长而诲人不倦，能为君主而赏罚得当。语出《诗经·大雅·皇矣》：“其德克明，克明克类，克长克君。”下文“既克长又克君”之“克”，乃战胜、克制义。

② 刓（wán）弊：又作“刓敝”。磨损，损坏。

③ 楷而敏：工整而快捷。

④ 结衔：官吏签署官衔。

⑤ 礼：指《礼记》。《礼记正义》卷三：“临祭不惰，祭服敝则焚之，祭器敝则埋之，龟筴敝则埋之，牲死则埋之。”

⑥ 容台：礼署、礼部的别称。太常寺掌朝廷礼仪，文中刘珏为太常少卿，故书史有此言。

⑦ 右职：重要职位。

⑧ 鼓扇（shān）猾浮：鼓动煽惑、偏狭浮浅。

⑨ 赇谢：受贿。

⑩ 簿书期会：指官署在规定期限内收发登录文书簿册。

17. 治盗法不同

唐崔安潜为西川节度使[1]，到官不诘盗，曰：“盗非所由通容[2]，则不能为。”乃出库钱置三市，置榜其上，曰：“告捕一盗，赏钱五百缗。侣者告捕[3]，释其罪，赏同平人。”未几，有捕盗而至者。盗不服，曰：“汝与我同为盗十七年，赃皆平分，汝安能捕我?"安潜曰:"汝受知吾有榜,何不捕彼以来?则彼应死,汝受赏矣。汝既为所先,死复何辞!"立命给捕者钱,使盗视之,然后杀盗于市。于是诸盗与其侣互相疑,无地容足,夜不及旦,散逃出境,境内遂无一人之盗。予每读此事,以为策之上者。及得李公择治齐州事[④],则又不然。齐素多盗,公择痛治之,殊不止。他日得黠盗,察其可用,刺为兵[⑤],使直事铃下。间问以盗发辄得而不衰止之故。曰:"此繇富家为之囊[⑥]。使盗自相推为甲乙,官吏巡捕及门,擒一人以首[⑦],则免矣。"公择曰:"吾得之矣。"乃令凡得藏盗之家,皆发屋破柱,盗贼遂清。予乃知治世间事,不可泥纸上陈迹。如安潜之法可谓善矣,而齐盗反恃此以为沈命之计[⑧],则变而通之,可不存乎其人哉。(卷十六《容斋随笔》)

【注释】

① 崔安潜:字进之。僖宗乾符中任西川节度使。参见第60页第7则注释③。

② 所由通容:有关官吏变通处置。所由,"所由官"之省,犹言有关官吏,特指府县亲事之官。

③ 侣者:同伴,同伙。

④ 李公择:李常,字公择,南康建昌(今江西九江市永修县西北)人。黄庭坚之舅。少读书庐山白石僧舍。擢皇祐进士第,留所抄书九千卷,名舍曰"李氏山房"。熙宁中,为三司条例检详官,改右正言,知谏院。王安石立新法,常极言其不便,徙知鄂、湖、齐州。哲宗元祐中,累拜御史中丞兼侍读。后出知邓州,徙成都。元祐五年(1090),卒于行次。年六十四。

⑤ 刺:征募兵卒之代称。宋制,军士常须于右臂或背部刺字为记。

⑥ 繇(yóu):通"由",于。　囊:此处指用于敛藏的暗道密室。

⑦ 首:伏罪。

⑧ 沈命:亦作"沉命"。犹绝命。

18. 靖康时事

邓艾伐蜀[①],刘禅既降[②],又敕姜维使降于锺会[③],将士咸怒,拔刀斫石。魏围燕于中山[④],既久,城中将士皆思出战。至数千人相率请于燕主[⑤],慕容隆言之尤力[⑥],为慕容麟沮之而罢。契丹伐晋连年[⑦],晋拒之,每战必胜。其后,杜重威阴谋欲降,命将士出陈于外,士皆踊跃,以为出战,既令解甲,士皆恸哭,声振原野。予顷修《靖康实录》,窃痛一时之祸,以堂堂大邦,中外之兵数十万,曾不能北向发一矢、获一胡,端坐都城,束手就毙!虎旅云屯[⑧],不闻有如蜀、燕、晋之愤哭者。近读朱新仲诗集[9]，有《记昔行》一篇，正叙此时事。其中云："老种愤死不得战[10]，汝霖疽发何由痊[11]。"乃知忠义之士，世未尝无之，特时运使然耳。（卷十六《容斋随笔》）

【注释】

① 邓艾伐蜀：指三国魏景元四年（263），邓艾与锺会分兵灭蜀。参见第552页第11则注释⑩。

② 刘禅：字公嗣，小字阿斗。刘备之子。三国蜀皇帝，即后主。蜀建兴元年（223）至炎兴元年（263）在位。即位初由丞相诸葛亮辅政，亮死，宠信宦官黄皓，朝政日趋腐败。炎兴元年，邓艾率魏军迫成都，出降。后迁洛阳，封安乐县公，有"乐不思蜀"之谓。晋武帝泰始七年（271），薨。

③ 姜维：字伯约，天水冀县（今甘肃天水市甘谷县东）人。本为魏将，后归蜀，得诸葛亮信重，拜为征西将军。亮死，继领其军。后任大将军，屡攻魏无功。魏军攻蜀，维坚守剑阁，闻后主出降，始被迫降于魏将锺会。魏咸熙元年（264），锺会谋叛，维伪与合谋，拟乘机恢复蜀汉，事败被杀。

④ 魏围燕于中山：北魏皇始二年（397），拓跋珪（字涉圭）率军攻伐十六国后燕，围其都城中山。

⑤ 燕主：慕容宝。后燕建兴十一年（396）四月，慕容垂病死军中，太子慕容宝继位，改元永康。在位仅两年，为兰汗兄弟所杀。

⑥ 慕容隆：慕容垂之子，封高阳王。慕容宝即位后，任尚书右仆射、征北大将军。永康二年（397）三月，北魏军围中山，隆列阵请战数四，为赵王、卫大将军慕容麟所阻。慕容宝弃中山而北行，隆与辽西王慕容农率数百骑护从。至蓟，慕容宝之子、清河王慕容会率二万骑来迎，与隆、农合兵，击退北魏追兵。四月，慕容宝宿广都黄榆谷，遭慕容会部下偷袭，杀隆于帐下，农被重创。未久，慕容宝逃回龙城，击败慕容会。据《资治通鉴》卷一百九："辛亥，复围中山。燕将士数千人，俱自请于宝，曰：'今坐守穷城，终于困弊，臣等愿得一出乐战，而陛下每抑之，此为坐自摧败也。且受围历时，无他奇变，徒望积久寇贼自退。今内外之势，强弱悬绝，彼必不自退明矣，宜从众一决。'宝许之。隆退而勒兵，召诸参佐谓之曰：'皇威不振，寇贼内侮，臣子同耻，义不顾生。今幸而破贼，吉还固善；若其不幸，亦使吾志节获展。卿等有北见吾母者，为吾道此情也。'乃被甲上马，诣门俟命。麟复固止宝，众大忿恨，隆涕泣而还。"

⑦ 契丹伐晋：辽太宗会同五年（942），五代后晋高祖石敬瑭死，子重贵继位，是为出帝。出帝不肯向契丹称臣，辽太宗决意伐晋。会同七年正月，发兵大举攻晋，出帝亲统大军拒敌，击退契丹军。当年冬，契丹军再伐晋，晋军且战且退，诱敌深入，又挫契丹兵。八年春，辽太宗亲率大军三伐晋，败于阳城，辽太宗险被俘，获一橐驼乘之而逃。次年，晋出帝命大将杜重威统军攻契丹，重威率军降契丹，契丹乘势四伐晋。十年正月，契丹兵至开封，出帝降，后晋灭亡。

⑧ 虎旅云屯：勇猛之军聚集。云屯，像云一样聚集，形容众多。

⑨ 朱新仲：朱翌，字新仲，舒州怀宁（今安徽安庆市潜山县）人。政和八年（1118），登进士第。入江宁王彦昭幕中。南渡后，入馆阁，掌书命文章。绍兴十一年（1141），迁中书舍人兼实录院修撰。旋忤时宰秦桧，谪居韶州。二十五年，起为秘阁修撰，历知睦、宣、平江、饶等州府。三十一年，除敷文阁待制，罢。晚卜居于鄞。乾道三年（1167）卒，年七十一。累赠少师。工诗，有《灊山集》三卷。

⑩ 老种：种师道，字彝叔，洛阳（今属河南）人。种氏三世皆为北宋名将。祖种世衡，仁宗朝曾率种家军镇守西北边关，抗击西夏。父种谔，神宗朝亦为西北经略安抚使。师道初任文职，后为将，屡败西夏兵。靖康元年（1126），金兵围东京，师道率兵入卫，任京畿两河宣抚使，威望颇重，人称"老种"。京城暂时解围后，被解除兵权，未久病卒。

⑪ 汝霖：宗泽，字汝霖。参见第 333 页第 5 则注释①。

19. 唐藩镇幕府

唐世士人初登科或未仕者，多以从诸藩府辟置为重。观韩文公送石洪、温造二处士赴河阳幕序[1]，可见礼节。然其职甚劳苦，故亦或不屑为之。杜子美从剑南节度严武辟为参谋[2]，作诗二十韵呈严公[3]，云："胡为来幕下，只合在舟中。束缚酬知己，蹉跎效小忠。周防期稍稍[4]，太简遂匆匆[5]。晓入朱扉启，昏归画角终[6]。不成寻别业，未敢息微躬[7]。会希全物色[8]，时放倚梧桐。"而其题曰《遣闷》，意可知矣。韩文公从徐州张建封辟为推官[9]，有书上张公云："受牒之明日，使院小吏持故事节目十馀事来，其中不可者，自九月至二月，皆晨入夜归，非有疾病事故，辄不许出，若此者非愈之所能也。若宽假之，使不失其性，寅而入[10]，尽辰而退，申而入，终酉而退，率以为常，亦不废事。苟如此，则死于执事之门无悔也。"杜、韩之旨，大略相似云。（卷一《容斋续笔》）

【注释】

① 送石洪、温造二处士序：韩愈《送石处士序》《送温处士赴河阳军序》两文，见《东雅堂韩昌黎集注》卷二十一。石洪，字浚川，洛阳人；其先姓乌石兰，后独以石为氏；举明经，为黄州录事参军，罢归东都十馀年，隐居不仕；后乌重胤镇河阳，辟为从事。温造，字简舆，并州祁县（今属山西晋中市）人；唐初学者温大雅五世孙；文宗朝官至礼部尚书。河阳军，唐藩镇名，辖河阳（治今河南焦作市孟州市南）、怀州（治今河南焦作市沁阳市）、卫州（治今河南新乡市卫辉市）等地。韩愈前

文作于元和五年(810),七年作后文。

② 杜子美从剑南节度严武辟:安史之乱后,严武曾三次镇蜀。至德三载(758),出为绵州刺史,迁剑南东川节度使,未久入为太子宾客兼御史中丞。上元二年(761)冬,拜成都尹兼御史大夫、充剑南节度使。宝应元年(762)四月,玄宗、肃宗相继去世,七月召武入为太子宾客,迁京兆尹兼御史大夫,充二圣山陵桥道使。时蜀中大乱,成都尹高適力不能支,又值吐蕃内犯,攻陷陇右。广德二年(764)春,复拜武为成都尹,充剑南节度等使,旋破吐蕃七万馀众,拔盐川等城。以功加检校吏部尚书,封郑国公。严武辟杜甫入幕,在广德二年。据《新唐书·文艺传上·杜甫》:"(杜甫)流落剑南,结庐成都西郭。召补京兆功曹参军,不至。会严武节度剑南东西川,往依焉。武再帅剑南,表为参谋、检校工部员外郎。"

③ 作诗二十韵呈严公:诗题为《遣闷奉呈严公二十韵》,作于广德二年秋。下引诗句乃节录。原诗见仇兆鳌《杜诗详注》卷十四。

④ 周防期稍稍:意谓涉世须求些许谨慎与防范。周防,谨密防患。

⑤ 太简:过于简略草率。语出《论语·雍也》:"居简而行简,无乃大简乎?"

⑥ 画角:古管乐器。传自西羌。形如竹筒,本细末大,以竹木或皮革等制成,因表面有彩绘,故称。发声哀厉高亢,军中多用以警昏晓,振士气,肃军容。帝王出巡,亦用以报警戒严。

⑦ 微躬:谦词。卑贱的身子。

⑧ 会希全物色:意谓惟望保其物性,全其天年。物色,犹物性,自然之本性。

⑨ 韩文公从徐州张建封辟:张建封,字本立,兖州(今属山东)人;贞元四年(788),为徐州刺史兼御史大夫,徐、泗、濠节度、支度、营田、观察使;十二年,加检校右仆射;在彭城十年,军州称理,又礼贤下士;十六年遇疾,卒于镇。张建封辟韩愈为从事,在十五年二月,愈时年三十二。

⑩ 寅:寅时。凌晨三时至五时。下文"辰",七时至九时,"尽辰"为九时;"申",十五时至十七时;"酉",十七时至十九时,"终酉"为十九时。

20. 父子忠邪

汉王氏擅国[1],王章、梅福尝言之[2],唯刘向勤勤恳恳[3],上封事极谏,至云:"事势不两大,王氏与刘氏亦且不并立。陛下为人子孙,守持宗庙,而令国祚移于外亲,降为皂隶[4]。为后嗣忧,昭昭甚明。"其言痛切如此。而子歆乃用王莽举为侍中[5],为莽典文章,倡导在位,褒扬功德,安汉、宰衡之名[6],皆所共谋,驯致摄篡[7],卒之身亦不免。魏陈矫事曹氏[8],三世为之尽忠,明帝忧社稷,问曰:"司马懿忠正,可谓社稷之臣乎?"矫曰:"朝廷之望,社稷未知也。"懿竟窃国柄。至孙炎篡魏为晋,而矫之子骞乃用佐命勋,位极公辅。晋郗愔忠于王室[9],而子超党于桓氏,为温建废立之谋。超死，愔哀悼成疾。后见超书一箱，悉与温往反密计，遂大怒，曰："小子死恨晚！"更不复哭。《晋史》以为有大义之风。向、矫、愔之忠如是，三子不胜诛矣！（卷二《容斋续笔》）

【注释】

① 汉王氏擅国：汉竟宁元年（前33）五月，元帝崩，六月，成帝即位，尊其母王政君为皇太后，以其舅王凤为大司马、大将军，领尚书事。自此，王氏家族凡九侯五大司马，外戚莫盛焉。永始元年（前16），太后之侄王莽封新都侯，迁侍中。莽字巨君，魏郡元城（今河北邯郸市大名县东）人。绥和元年（前8），擢莽为大司马，继四父而辅政。哀帝元寿二年（前1），莽特进给事中，礼同三公。元始五年（5），毒杀平帝，自称假皇帝。次年立年仅两岁刘婴为太子，号"孺子"。初始元年（8）称帝，改国号新，年号始建国。

② 王章、梅福：汉元帝、成帝时谏臣。王章，字仲卿，泰山郡钜平（今山东泰安市宁阳县磁窑镇）人，官至京兆尹，为王凤所陷，下狱死。梅福，字子真，九江郡寿春（今安徽六安市寿县）人，补南昌县尉，屡上书言政，王莽篡政后，隐于海昏（今江西九江市永修县西北），卒。

③ 刘向：本名更生，字子政，沛（今江苏徐州市沛县）人。汉元帝、成帝时，屡上书劾奏宦官、外戚专权。历官谏大夫、宗正等，终中垒校尉。曾校阅群书，撰成《别录》，为中国目录学之祖。又编有《楚辞》。另有《洪范五行传》《新序》《说苑》《列女传》等著作，今存。

④ 皂隶：古代贱役。后专以称衙门差役。

⑤ 刘歆：字子骏，后改名秀，字颖叔。刘向子。继承父业，总校群书，撰成《七略》，其主要内容存于《汉书·艺文志》中。好《左传》，并请将《左传》《毛诗》《逸礼》《古文尚书》列于学官，遭今文博士反对。王莽执政，立古文经博士，任国师，号嘉新公。地皇四年（23），谋诛王莽，事泄被杀。

⑥ 安汉、宰衡：指汉平帝元始元年（1），王莽拜为太傅，赐号安汉公，备四辅官；四年，采伊尹、周公称号，加莽为宰衡，位上公。

⑦ 驯致摄篡：逐渐招致篡夺替代。

⑧ 陈矫：字季弼，广陵郡东阳（今安徽滁州市天长县西北）人。早年避乱江东，曹操辟为司空掾属，除相县令，彭城、乐陵太守，魏郡西部都尉。曹操西征马超，拜丞相长史，转西曹属、尚书。曹丕称帝，领吏部事，封高陵亭侯，迁尚书令。明帝继位后，进爵东乡侯，加侍中、光禄大夫，迁司徒。景初元年（237）卒，谥曰贞侯。矫之子骞，字休渊。咸熙中为车骑将军。司马炎篡魏为晋，骞为佐命功臣，官至太傅，封高平郡公。

⑨ 郗愔：字方回，高平金乡（今山东济宁市金乡县北）人。东晋咸康五年（339）袭爵南昌县公，迁黄门侍郎，转临海太守。愔无参政之心，在郡中优游养志。后征召为辅国将军、会稽内史。

太和二年(367),迁平北将军,领徐、兖二州刺史,镇京口。四年,大司马桓温北伐前燕,愔子超为温幕下参军,劝父作书以疾辞,请温接掌京口兵众,温乃领平北将军、徐兖二州刺史。太和六年(371),超又进废立之计,温立司马昱为帝,加愔镇军、都督浙江东五郡诸军事。愔以年老辞之,居会稽。太元九年(384)卒,年七十二。追赠侍中、司空,谥曰文穆。

21. 党锢牵连之贤

汉党锢之祸[①],知名贤士死者以百数,海内涂炭,其名迹章章者,并载于史。而一时牵连获罪,甘心以受刑诛,皆节义之士,而位行不显,仅能附见者甚多。李膺死[②],门生故吏并被禁锢。侍御史景毅之子,为膺门徒,未有录牒[③],不及于谴。毅慨然曰:"本谓膺贤,遣子师之,岂可以漏籍苟安!"遂自表免归[④]。高城人巴肃被收[⑤],自载诣县,县令欲解印绶与俱去,肃不可。范滂在征羌[⑥],诏下急捕。督邮吴导至县[⑦],抱诏书,闭传舍[⑧],伏床而泣。滂自诣狱,县令郭揖大惊,出解印绶,引与俱亡。滂曰:"滂死则祸塞,何敢以罪累君。"张俭亡命[⑨],困迫遁走,所至破家相容。其所经历,伏重诛者以十数。复流转东莱[⑩],止李笃家。外黄令毛钦操兵到门[⑪],笃谓曰:"张俭亡非其罪,纵俭可得,宁忍执之乎?"钦抚笃曰:"蘧伯玉耻独为君子[⑫],足下如何自专仁义?"叹息而去。俭得免。后数年,上禄长和海上言[⑬]:"党人锢及五族,非经常之法。"由是自从祖以下[⑭],皆得解释[⑮]。此数君子之贤如是,东汉尚名节,斯其验欤!(卷四《容斋续笔》)

【注释】

① 党锢之祸:东汉桓帝时,宦官专权。司隶校尉李膺等人与太学生郭泰、贾彪等连议朝政,品评公卿,深为宦官所忌。延熹九年(166),宦官乃诬膺等养太学游士,诽讪朝廷。李膺等二百馀名"党人"被捕,后虽释放,但终身不许为官。此谓第一次"党锢之祸"。灵帝即位后,外戚窦武执政,起用"党人",与太傅陈蕃谋诛宦官,事泄被杀。建宁二年(169),宦官侯览、曹节收捕李膺、杜密等百馀人下狱处死,并陆续诛杀、流徙、囚禁六七百人。熹平五年(176),灵帝又命凡"党人"门生故吏、父子兄弟,皆免官禁锢,连及五族。此谓第二次"党锢之祸"。本则所记,当属第二次"党锢之祸"。

② 李膺:字元礼,颍川襄城(今属河南许昌市)人。历青州刺史、渔阳太守、乌桓校尉。因公事免官,居乡教授常千人。永寿二年(156),鲜卑寇云中,征膺为度辽将军,声振远域。延熹二年(159),迁河南尹。与太学生交,反宦官专权。士以被其接纳为荣,称"登龙门",有"天下楷模李

元礼"之誉。再迁司隶校尉,捕杀宦官张让之弟。九年,被诬入狱,遇赦,禁锢归乡。灵帝即位,太傅陈蕃、大将军窦武共秉朝政,连谋诛诸宦官,起膺为长乐少府。事败,收捕钩党,膺乃诣诏狱考死,年六十。入《后汉书·党锢传》。

③ 录牒:记入名册。《资治通鉴》卷五十六:"侍御史蜀郡景毅子顾为膺门徒,未有录牒,不及于谴。"胡三省注:"录,记也;牒,籍也。时聚徒教授,多者以千计,各录记其姓名于谱牒。"

④ 免归:免除职务并遣送回乡。朱弁《曲洧旧闻》卷十:"西汉之为丞相者,有就国,有免归,有自杀,有伏诛,而无复为他官者。"

⑤ 巴肃:字恭祖,渤海高城(今河北沧州市盐山县东南)人。历慎令、贝丘长,迁拜议郎。参与窦武、陈蕃谋诛宦官,坐党禁锢。中常侍曹节闻其谋,收捕之,肃自载诣县,令欲解印绶与俱去,肃不许,遂被害。入《后汉书·党锢传》。

⑥ 范滂:字孟博,汝南征羌(今河南漯河市召陵区召陵镇东南)人。少厉清节,举孝廉、光禄四行。曾以清诏使案察冀州之政,迁光禄勋主事。见时政腐败,弃官而去。后汝南太守宗资请署功曹,委任政事,滂在职,严整疾恶。延熹九年,以党事下狱,释归汝南,士大夫往迎之者数千辆。建宁二年再兴党锢之狱,诏捕滂,自投案,死狱中。入《后汉书·党锢传》。

⑦ 督邮:官名。汉置,郡属吏,代太守督察县乡,宣达教令,兼司狱讼捕亡。唐以后废。

⑧ 传舍(zhuàn shè):古时供行人休息住宿之处所。

⑨ 张俭:字元节,山阳高平(今山东济宁市邹城市西南)人。初举茂才。延熹八年,太守请为山阳东部督邮,举劾中常侍侯览及家属罪恶,为太学生所敬仰,称为"八及"之一。建宁二年,党锢之祸再起,遂四处亡命,望门投止。时人重其名行,多破家相容。中平元年(184)党事解,乃还乡里。献帝建安初,征为卫尉,岁馀病卒,年八十四。入《后汉书·党锢传》。

⑩ 东莱:郡名。东汉东莱郡,治黄县(今山东烟台市龙口市东)。

⑪ 外黄:县名。东汉外黄县属陈留郡(治今河南开封市开封县陈留镇)。此处毛钦盖为黄县令。"外"字疑衍。

⑫ 蘧(Qú)伯玉:名瑗,春秋末卫国大夫。为人有贤名。孔子适卫,尝居于其家,赞为"君子"。《论语·卫灵公》:"君子哉蘧伯玉!邦有道,则仕;邦无道,则可卷而怀之。"

⑬ 上禄:县名。东汉上禄县属武都郡(治今甘肃陇南市成县)。县令和海上书,在光和二年(179)。

⑭ 从祖:祖父兄弟。

⑮ 解释:解免,免除。

22. 田横吕布

田横既败[①],窜居海岛中。高帝遣使召之,曰:"横来,大者王,小者乃侯耳。"横遂与二客诣雒阳。将至，谓客曰：“横始与汉王俱南面称孤，今汉王为天子，而横乃为亡虏，北面事之，其愧固已甚矣！”即自刭。横不顾王侯之爵，视死如归，故汉祖流涕称其贤，班固以为雄材。韩退之道出其墓下，为文以吊曰[②]：“自古死者非一，夫子至今有耿光[③]。”其英烈凛然，至今犹有生气也。吕布为曹操所缚[④]，将死之际，乃语操曰：“明公之所患[⑤]，不过于布，今已服矣。令布将骑，明公将步，天下不足定也。”操竟杀之。布之材，未必在横下，而欲忍耻事仇。故东坡诗曰[⑥]：“犹胜白门穷吕布[⑦]，欲将鞍马事曹瞒[⑧]。”盖笑之也。刘守光以燕败[⑨]，为晋王所擒，既知不免，犹呼曰：“王将复唐室以成霸业，何不赦臣使自效？”此又庸奴下才，无足责者。（卷四《容斋续笔》）

【注释】

① 田横：狄县（今山东淄博市高青县东南）人。本齐国贵族。秦末从兄田儋起兵，重建齐国。楚汉争战时，自立为齐王，不久为汉军所破，投彭越。汉立，率徒属五百馀亡于海岛。汉高帝五年（前202），高祖遣使召之，被迫前往洛阳，因不愿称臣，自杀于途。居海岛徒属闻横死，亦皆自杀。

② 为文以吊：贞元十一年（795），韩愈三试吏部博学宏词选见黜，决意东归。五月出潼关，九月过偃师，作《祭田横墓文》。见《东雅堂昌黎集注》卷二十二。田横墓在偃师尸乡，洛阳东三十里。

③ 耿光：光辉，光荣。

④ 吕布：字奉先，五原九原（治今内蒙古包头市西）人。善弓马，时号“飞将”。东汉末，初从并州刺史丁原，继杀原归董卓，又与王允合谋杀卓。后任奋威将军，封温侯，割据徐州。建安三年末（199），在下邳为曹操所败，被俘杀。

⑤ 明公：尊称有名位者。

⑥ 东坡诗：指苏轼《答范淳甫》诗：“吾州下邑生刘季，谁数区区张与李。重瞳遗迹已尘埃，惟有黄楼临泗水。而今太守老且寒，侠气不洗儒生酸。犹胜白门穷吕布，欲将鞍马事曹瞒。”见《新修补苏文忠公诗合注》卷十六。

⑦ 白门：下邳外城南门谓白门楼。东汉下邳郡，治徐州（今江苏徐州市睢宁县古邳镇）。《三国志·魏志·吕布传》：“布与其麾下登白门楼，兵围急，乃下降，遂生缚布。”

⑧ 曹瞒：曹操，字孟德，小字阿瞒。

⑨ 刘守光：深州乐寿（今河北沧州市献县）人。五代十国燕主。唐哀帝天祐四年（907），唐亡。刘守光夺其父刘仁恭卢龙节度使、兄刘守文义昌节度使，兼有两镇。后梁太祖朱全忠封其为燕王。开平五年（911），守光称帝，国号大燕，都幽州（今北京市），改年号应天。仅三年，为晋王李存勖所灭。李存勖事，参见第71页第24则注释①。

23. 盗贼怨官吏

陈胜初起兵[①],诸郡县苦秦吏暴,争杀其长吏以应胜。晋安帝时,孙恩乱东土[②],所至醢诸县令以食其妻子[③],不肯食者辄支解之。隋大业末,群盗蜂起,得隋官及士族子弟皆杀之。黄巢陷京师[④],其徒各出大掠,杀人满街,巢不能禁,尤憎官吏,得者皆杀之。宣和中,方腊为乱[⑤],陷数州,凡得官吏,必断脔支体[⑥],探其肺肠,或熬以膏油,丛镝乱射,备尽楚毒[⑦],以偿怨心。杭卒陈通为逆[⑧],每获一命官,亦即枭斩[⑨]。岂非贪残者为吏,倚势虐民,比屋抱恨[⑩],思一有所出久矣,故乘时肆志,人自为怒乎?(卷五《容斋续笔》)

【注释】

① 陈胜初起兵:陈胜,字涉,阳城(今河南郑州市登封市东南)人。秦二世元年(前209)七月,被征屯戍渔阳(今北京市密云县西南),至蕲县大泽乡(今安徽宿州市埇桥区西寺坡镇刘村)遇雨失期,遂与吴广发动同行戍卒九百人起事。未久,据陈(今河南周口市淮阳县),立为王,号张楚。

② 孙恩乱东土:孙恩,字灵秀,祖籍琅邪(今山东青岛市胶南市琅琊镇)。家族世奉五斗米道。叔父孙泰师事钱塘杜子恭,传其道术。东晋隆安二年(398),辅国将军王恭起兵讨伐权臣王国宝,孙泰以为晋祚将终,乃私集徒众,三吴士庶多从之。事未发,为司马道子所诛。孙恩逃入海岛,聚合亡命得百馀人,志欲复仇。三年,扬州刺史司马元显纵暴东土诸郡,孙恩因百姓骚动,自海攻上虞、会稽,东土八郡一时俱起,杀长吏以应之。十日之内,聚数十万众,据会稽。朝廷先后遣卫将军谢琰、镇北将军刘牢之、建武将军刘裕讨之。元兴元年(402)三月,孙恩犯临海,为太守辛景讨破之,乃赴海自沉,从死者百数。馀众复推孙恩妹夫卢循为主。二年,卢循攻下广州,摄州事,号平南将军。义熙中,为刘裕所败,投水自尽。

③ 食其妻子:使其妻子食。此句意谓把县令剁成肉酱给他们的妻子儿女吃。

④ 黄巢陷京师:广明元年(880)十一月,黄巢军克洛阳,十二月,入长安。僖宗逃蜀。

⑤ 方腊为乱:参见第308页第7则。

⑥ 断脔支体:把肢体分割成块。

⑦ 楚毒:酷刑。

⑧ 杭卒陈通为逆:南宋建炎元年(1127)八月,杭州军校陈通以衣粮不足发动兵变,执守帅叶梦得,杀两浙转运判官吴昉,逼以金紫光禄大夫致仕薛昂权领州事。各地军乱纷起。高宗命王渊

为制置使,提兵四出,平赵万于镇江,诛陈通于杭州,降张遇于杨子桥,期年群盗略尽。

⑨ 枭斩:斩首,并悬挂示众。

⑩ 比屋:犹言家家户户。形容众多而普遍。

24. 朱 温 三 事

义理所在,虽盗贼凶悖之人,亦有不能违者。刘仁恭为卢龙节度使[1],其子守文守沧州,朱全忠引兵攻之,城中食尽,使人说以早降。守文应之曰:“仆于幽州,父子也,梁王方以大义服天下,若子叛父而来,将安用之?”全忠愧其辞直,为之缓攻。其后还师,悉焚诸营资粮,在舟中者凿而沉之。守文遗全忠书曰:“城中数万口,不食数月矣,与其焚之为烟,沉之为泥,愿乞其所馀以救之。”全忠为之留数囷[2],沧人赖以济。及篡唐之后,苏循及其子楷[3],自谓有功于梁,当不次擢用。全忠薄其为人,以其为唐鸱枭[4],卖国求利,勒循致仕,斥楷归田里。宋州节度使进瑞麦,省之不怿,曰:“宋州今年水灾,百姓不足,何用此为!”遣中使诘责之,县令除名。此三事,在他人为不足道,于全忠则为可书矣,所谓憎而知其善也。(卷六《容斋续笔》)

【注释】

① 刘仁恭:深州乐寿(今河北沧州市献县)人。五代十国燕主刘守光之父。初为卢龙节度使李匡威裨校,后附河东节度使、晋王李克用。乾宁二年(895),随李克用破幽州后,授以幽州卢龙节度使,旋与李克用反目。光化元年(898),袭沧州义昌节度使卢彦威,并吞其辖区,令其长子刘守文镇之。自此兵锋益盛,遂有吞噬河朔之志。天祐三年(906),宣武节度使、梁王朱全忠大举攻幽、沧,仁恭乞援于李克用才得以自保。仁恭子刘守光,曾因烝于父妾罗氏,为仁恭笞而逐之。四年,朱全忠废唐自立,再遣将攻幽州。仁恭不备,守光乘机率兵代之,囚其父。守光称燕帝后三年,李克用之子晋王李存勖陷幽州,俘刘氏父子,祭于晋太庙。诛守光,拘送仁恭至代州李克用墓,刺心血以祭。

② 囷(qūn):古时圆形谷仓。

③ 苏循及其子楷:循,咸通中登进士第,累历台阁。昭宗朝,官至礼部尚书。循性阿谀,附会于梁王朱全忠。梁王逼禅登基,循为典册副使。子楷,乾宁二年(895)举进士第。天祐元年(904),朱全忠弑昭宗,立哀帝,楷始起为起居郎。有司先定尊谥“圣穆景文孝皇帝”,庙号“昭宗”,楷等驳议,请改谥为“恭灵庄闵皇帝”,庙号“襄宗”。其阿谀附会如是。朱全忠即位于汴,诏令楷等“勒归田里”,循、楷大失所望。二人后投晋王李存勖。入后唐,循为节度副使,同光元年

(923)卒;楷为尚书员外郎,天成中忧惭而卒。

④ 鸱枭:亦作“鸱鸮”。俗称猫头鹰。常用以比喻贪恶之人。

25. 蜘蛛结网

佛经云:“蠢动含灵[①],皆有佛性。”《庄子》云:“惟虫能虫,惟虫能天[②]。”盖虽昆虫之微,天机所运,其善巧方便,有非人智虑技解所可及者。蚕之作茧,蜘蛛之结网,蜂之累房,燕之营巢,蚁之筑垤[③],螟蛉之祝子之类是已[④]。虽然,亦各有幸不幸存乎其间。蛛之结网也,布丝引经,捷急上下,其始为甚难。至于纬而织之,转盼可就,疏密分寸,未尝不齐。门槛及花梢竹间,则不终日,必为人与风所败。唯闲屋垝垣[⑤],人迹罕至,乃可久久而享其安。故燕巢幕上[⑥],季子以为至危[⑦]。李斯见吏舍厕中鼠食不絜[⑧],近人犬,数惊恐之,仓中之鼠食积粟,居大庑之下,不见人犬之忧,叹曰:“人之贤不肖,譬如鼠矣,在所自处耳!”岂不信哉!(卷八《容斋续笔》)

【注释】

① 蠢动含灵:犹言一切众生。《五灯会元》卷七:“益州普通山普明禅师,僧问:‘如何是佛性?’师曰:‘汝无佛性。’曰:‘蠢动含灵,皆有佛性。学人为何却无?’师曰:‘为汝向外求。’”

② 惟虫能虫,惟虫能天:意谓惟有虫才能安于为虫,惟有虫才能合乎天然。虫,鸟兽等动物总称。语出《庄子·庚桑楚》:“羿工乎中微而拙乎使人无己誉,圣人工乎天而拙乎人,夫工乎天而俍乎人者,唯全人能之。唯虫能虫,唯虫能天。全人恶天,恶人之天,而况吾天乎人乎!”

③ 垤(dié):小土堆。蚁垤,蚂蚁做窝时堆在穴口的小土堆。

④ 螟蛉之祝子:螟蛉,泛指稻螟蛉、棉蛉虫、菜粉蝶等多种鳞翅目昆虫之幼虫。《诗经·小雅·小宛》:“螟蛉有子,蜾蠃负之。”蜾蠃(guǒ luǒ),乃一种寄生蜂。蜾蠃常捕捉螟蛉负之,置于蜂巢,产卵于螟蛉体内,卵孵化后即以螟蛉为食。古人误以为蜾蠃养螟蛉为己子,因以为养子代称。祝子,祝愿儿子。意谓蜾蠃养非所生,祝愿螟蛉子长得像自己。语出扬雄《法言·学行》:“螟蠕之子,殪而逢蜾蠃,祝之曰:‘类我,类我。’久则肖之矣。”

⑤ 垝垣(guǐ yuán):坍毁的墙。

⑥ 燕巢幕上:燕于帐幕上筑巢。比喻处境危险。语出《左传·襄公二十九年》:“(吴公子季札)自卫如晋,将宿于戚,闻钟声焉,曰:‘异哉!吾闻之也,辩而不德,必加于戮,夫子获罪于君以在此,惧犹不足,而又何乐?夫子之在此也,犹燕之巢于幕上。’”

⑦ 季子:吴公子季札。春秋时吴国贵族。吴王诸樊弟,多次推让君位。封于延陵(今江苏常

州市武进区南),称“延陵季子”。后又封州来(今安徽淮南市凤台县),称“延陵来季子”。

⑧ 李斯:楚上蔡(今河南驻马店市上蔡县西南)人。初为郡小吏,后从荀卿学。战国末入秦,为吕不韦舍人,后秦王政任以为客卿。秦王政十年(前237),上书谏阻宗室贵族逐客之议,迁廷尉。秦王竟并天下,尊为始皇帝,以斯为丞相。斯反对分封,主张焚《诗》《书》,禁私学,以“小篆”整理文字。秦始皇死,与赵高合谋篡改遗诏,迫令始皇长子扶苏自杀,立少子胡亥为秦二世。二世二年(前208)七月,为赵高所陷,腰斩于市。据《史记·李斯列传》:“李斯者,楚上蔡人也。年少时,为郡小吏,见吏舍厕中鼠食不洁,近人犬,数惊恐之。斯入仓,观仓中鼠食积粟,居大庑之下,不见人犬之忧。于是李斯乃叹曰:‘人之贤不肖譬如鼠矣,在所自处耳。’”

26. 曹参不荐士

曹参代萧何为汉相国,日夜饮酒不事事,自云:“高皇帝与何定天下,法令既明,遵而勿失,不亦可乎!”是则然矣,然以其时考之,承暴秦之后,高帝创业尚浅,日不暇给,岂无一事可关心者哉?其初相齐,闻胶西盖公善治黄、老言[①],使人厚币请之。盖公为言治道贵清净而民自定。参于是避正堂以舍之,其治要用黄、老术。故相齐九年,齐国安集。然入相汉时,未尝引盖公为助也。齐处士东郭先生、梁石君隐居深山[②],蒯彻为参客[③],或谓彻曰:“先生之于曹相国,拾遗举过[④],显贤进能,二人者,世俗所不及,何不进之于相国乎?”彻以告参,参皆以为上宾。彻善齐人安其生[⑤],尝干项羽,羽不能用其策。羽欲封此两人,两人卒不受。凡此数贤,参皆不之用,若非史策失其传,则参不荐士之过多矣。(卷十《容斋续笔》)

【注释】

① 胶西盖(Gě)公:胶西,汉初郡国名。高帝六年(前201)置郡,文帝时或为国,或为郡。治高密(今山东潍坊市高密市西南)。宣帝本始元年(前73),改为高密国。盖公,汉初学者,尤善黄老之学。今潍坊市安丘市峡山水库西岸有盖公山,山上原有盖公祠与墓,已毁。

② 东郭先生、梁石君:秦汉时齐士。秦末,田荣自立为齐王,谋举兵叛项羽,召齐士,二人强从。及田荣为项羽所败,二人相与隐于深山。汉立,曹参为齐相,二人以蒯通(彻)荐为上宾。《汉书·蒯通传》:“客谓通曰:‘先生之于曹相国,拾遗举过,显贤进能,齐国莫若先生者。先生知梁石君、东郭先生世俗所不及,何不进之于相国乎?’通曰:‘诺。臣之里妇,与里之诸母相善也。里妇夜亡肉,姑以为盗,怒而逐之。妇晨去,过所善诸母,语以事而谢之。里母曰:“女安行,我今令而家追女矣。”即束缊请火于亡肉家,曰:“昨暮夜,犬得肉,争斗相杀,请火治之。”亡肉家遽追

呼其妇。故里母非谈说之士也，束缊乞火非还妇之道也，然物有相感，事有适可。臣请乞火于曹相国。'乃见相国，曰：'妇人有夫死三日而嫁者，有幽居守寡不出门者，足下即欲求妇，何取？'曰：'取不嫁者。'通曰：'然则求臣亦犹是也。彼东郭先生、梁石君，齐之俊士也，隐居不嫁，未尝卑节下意以求仕也。愿足下使人礼之。'曹相国曰：'敬受命。'皆以为上宾。"东郭、梁石，皆古代复姓。

③ 蒯彻：避汉武帝讳改名"通"。范阳（治今河北保定市定兴县固城镇）人。陈胜起事，遣武臣攻赵，彻说范阳令徐公归降，武臣不战而得赵地三十馀城。后又说韩信取齐地，并背汉自立，信不听。惠帝时，为丞相曹参宾客。

④ 拾遗举过：补正他人缺点过错。

⑤ 安其生：又作"安期生"。秦汉时隐士。皇甫谧《高士传》卷中："安期生者，琅琊人也。受学河上丈人，卖药海边，老而不仕，时人谓之'千岁公'。秦始皇东游，请与语三日三夜，赐金璧直数千万。出置阜乡亭而去，留赤玉舄为报，留书与始皇曰：'后数十年，求我于蓬莱山下。'及秦败，安期生与其友蒯通交往，项羽欲封之，卒不肯受。"安期，古代复姓。

27. 妇 人 英 烈

妇人女子，婉娈闺房[①]，以柔顺静专为德，其遇哀而悲，临事而惑，蹈死而惧，盖所当然尔。至于能以义断恩，以智决策，斡旋大事，视死如归，则几于烈丈夫矣。齐湣王失国[②]，王孙贾从王[③]，失王之处。其母曰："汝朝出而晚来，则吾倚门而望；汝暮出而不还，则吾倚闾而望[④]。汝今事王，不知王处，汝尚何归！"贾乃入市，呼市人攻杀淖齿，而齐亡臣相与求王子立之，卒以复国。马超叛汉[⑤]，杀刺史、太守。凉州参军杨阜出见姜叙于历城，与议讨贼。叙母曰："韦使君遇难，亦汝之负，但当速发，勿复顾我。"叙乃与赵昂合谋。超取昂子月为质，昂谓妻异曰："当奈月何？"异曰："雪君父之大耻，丧元不足为重[⑥]，况一子哉！"超袭历城，得叙母，母骂之曰："汝背父杀君，天地岂久容汝，敢以面目视人乎？"超杀之，月亦死。晋卞壶拒苏峻[⑦]，战死，二子随父后，亦赴敌而亡。其母拊尸哭曰："父为忠臣，子为孝子，夫何恨乎！"秦苻坚将伐晋[⑧]，所幸张夫人引禹、稷、汤、武事以谏曰："朝野之人，皆言晋不可伐，陛下独决意行之？"坚不听，曰："军旅之事，非妇人所当预也。"刘裕起兵讨逆[⑨]，同谋孟昶谓妻周氏曰[⑩]："我决当作贼，幸早离绝。"周氏曰："君父母在堂，欲建非常之谋，岂妇人所能谏。事之不成，当于奚官中奉养大家[⑪]，义无归志也。"昶起，周氏追昶坐，曰："观君举措，非谋及妇人者，不过欲得财物耳。"指怀中儿示之曰："此而可卖，亦当不惜！"遂倾赀以给之。何无忌夜草檄文[⑫]，其母，刘牢之姊也，登橙密窥之[13]。泣曰:"汝能如此,吾复何恨!"问所与同谋者,曰:"刘裕。"母尤喜,因为言举事必有成之理以劝之。窦建德救王世充[14],唐拒之于虎牢。建德妻曹氏,劝使乘唐国之虚,西抄关中,唐必还师自救。建德曰:"此非女子所知。"李克用困于上源驿[15],左右先脱归者,以汴人为变告其妻刘氏,刘神色不动,立斩之,阴召大将约束,谋保军以还。克用归,欲勒兵攻汴,刘氏曰:"公当诉之于朝廷,若擅举兵相攻,天下孰能辨其曲直?"克用乃止。黄巢死,时溥献其姬妾[16]。僖宗宣问曰:"汝曹皆勋贵子女,何为从贼?"其居首者对曰:"狂贼凶逆,国家以百万之众,失守宗祧。今陛下以不能拒贼责一女子,置公卿将帅于何地乎?"上不复问,戮之于市。馀人皆悲怖昏醉,独不饮不泣,至于就刑,神色肃然。唐庄宗临斩刘守光,守光悲泣哀祈不已,其二妻李氏、祝氏谯之曰[17]:"事已如此,生复何益?妾请先死。"即伸颈就戮。刘仁赡守寿春[18],幼子崇谏夜泛舟渡淮北,仁赡命斩之。监军使求救于夫人,夫人曰:"妾于崇谏,非不爱也,然军法不可私,若贷之,则刘氏为不忠之门矣。"趣命斩之,然后成丧。王师围金陵[19],李后主以刘澄为润州节度使,澄开门降越[20]。后主诛其家,澄女许嫁未适,欲活之。女曰:"叛逆之馀,义不求生。"遂就死。此十馀人者,义风英气,尚凛凛有生意也。虽载于史策,聊表出之。至于唐高祖起兵太原,女平阳公主在长安[21],其夫柴绍曰:"尊公将以兵清京师,我欲往,恐不能偕,奈何?"主曰:"公往矣!我自为计。"即奔鄠,发家赀招南山亡命,谕降群盗,申法誓众,勒兵七万,威振关中,与秦王会渭北,分定京师。此其伟烈,又非它人比也。(卷十二《容斋续笔》)

【注释】

① 婉娈:缠绵;缱绻。

② 齐湣王失国:齐湣王亦作"齐闵王""齐愍王"。名地,一作遂。战国时齐国君。一度与秦昭王并称东西帝。周赧王二十九年(前286),齐国攻灭宋国,引众怒。三十一年,燕、秦、赵、韩、魏五国联合攻齐,为燕将乐毅所破,下七十馀城。齐湣王出奔莒(今山东日照市莒县),不久为楚将淖齿所杀。

③ 王孙贾:齐湣王侍从。《战国策·齐策六》:"王孙贾年十五,事闵王。王出走,失王之处。其母曰:'女朝出而晚来,则吾倚门而望;女暮出而不还,则吾倚闾而望。女今事王,王出走,女不知其处,女尚何归?'王孙贾乃入市中,曰:'淖齿乱齐国,杀闵王,欲与我诛者,袒右!'市人从者四百人,与之诛淖齿,刺而杀之。"

④ 闾:里巷大门。

⑤ 马超:字孟起,右扶风茂陵(今陕西宝鸡市扶风县东北)人。东汉末随父腾起兵,后领腾部

属。建安十六年(211),攻曹操,败于潼关,退居凉州。后率兵叛汉,击陇上郡县,杀凉州刺史韦康,据冀城(今甘肃天水市甘谷县),自称征西将军。韦康旧属参军杨阜,与外兄姜叙、统兵校尉赵昂等合谋击超,超败走,投汉中张鲁,继归刘备。蜀立,为骠骑将军。章武二年(222)卒,年四十七。

⑥ 丧元:掉头颅。亦泛指献出生命。

⑦ 卞壸(kǔn)拒苏峻:卞壸,字望之,济阴冤句(今山东菏泽市曹县西北)人。东晋明帝、成帝时,两为尚书令。咸和三年(328),大司农苏峻以讨伐执政庾亮为名,起兵反,诏以壸为领军将军率部拒之。壸先败于陵西,继而再败于青溪。时壸发背疮,犹率散众数百人苦战至死,年四十八。平峻后,赠壸侍中、骠骑将军、开府仪同三司,谥曰忠贞。

⑧ 苻坚:一名文玉,字永固,氐族。十六国时前秦国主。初为东海王,永兴元年(357),杀苻生自立,称大秦天王。在位时,国力达于鼎盛。先后攻灭前燕、前凉、代国,统一北方大部地区,又夺东晋益州,远征西域等。建元十九年(383),征九十万军攻晋,败于淝水,前秦大乱。明年,为羌酋姚苌所杀。

⑨ 刘裕起兵讨逆:东晋元兴二年(403)十二月,大将军桓玄篡位为帝。三年二月,建武将军刘裕与北府旧将何无忌、刘毅等率军讨之,五月桓玄败于江陵,被杀。击败桓玄,刘裕始掌东晋大权。

⑩ 孟昶:字彦达,平昌(今山东潍坊市安丘市东南)人。因预谋讨伐桓玄有功,迁丹阳尹,后转吏部尚书。东晋义熙四年(408),加尚书左仆射。六年四月,卢循兵逼近京畿,昶惧,仰药而死。

⑪ 奚官:晋置养马官,属少府。此处借指官府小吏。

⑫ 何无忌:东海郯(今山东临沂市郯城县西北)人。少有大志。初为州从事,转太学博士。其舅镇北将军刘牢之镇京口,每有大事,常与参议之。司马彦章封东海王,以无忌为国中尉,加广武将军。桓玄篡位,刘裕谋起兵。裕为刘牢之参军时,即与无忌亲结,而无忌又与刘毅素善,因密共图之。及玄败,无忌以兴复之功,封安城郡开国公,进镇南将军。义熙六年,卢循部属犯江州,无忌率舟师以拒,兵败战死。赠侍中、司空,谥曰忠肃。

⑬ 橙(dèng):同"凳"。

⑭ 窦建德救王世充:窦建德,清河漳南(今河北衡水市故城县东北)人。世代务农,尝为里长,尚豪侠,为乡里敬重。隋大业七年(611),炀帝募兵征高句丽,建德任二百人长。因助孙安祖举兵抗隋,家属遭杀害,乃率部众二百人投清河高鸡泊高士达军,任司兵。高士达死,继为首领,称将军。十四年,称夏王,都乐寿(今河北沧州市献县)。王世充,字行满,本姓支,西域胡人。隋大业间,累迁江都丞,兼领江都宫监,为炀帝所信重。后胜李密瓦岗军,尽收其众,据洛阳。炀帝死,世充拥越王侗为帝,未久,废侗自立,国号郑。唐武德三年(620),秦王李世民率兵攻伐王世充,次年四月围洛阳,世充求援于窦建德。五月,李世民阻击建德援军于虎牢关,俘建德,继破洛阳,郑亡。七月,窦建德、王世充等皆押往长安,唐高祖斩建德,释世充。世充将行蜀,为仇人定州

刺史独孤修德所杀。

⑮ 李克用困于上源驿：唐中和三年(883)，黄巢军围陈州、许州，进逼汴州。宣武节度使朱全忠自知不敌，乃乞援于河东节度使李克用。四年三月，克用移军自河中南渡东下洛阳，五月击破黄巢军，班师次汴州。朱全忠馆克用于上源驿，以其兵力寡弱、大军在远方，图谋除之。是夜置酒邮舍，克用既醉，全忠派兵围驿，并四面纵火。时雷雨骤作，平地水深尺馀，克用逾垣得免。

⑯ 时溥献其姬妾：时溥献黄巢姬妾事，参见第514页第28则。

⑰ 谯(qiào)：责备。

⑱ 刘仁赡：字守惠，彭城(今江苏徐州市)人。仕南唐，为右监门卫将军，黄、袁二州刺史。仁赡为将，重士轻财，法令严肃。中主李璟使掌亲军，以为武昌军节度使，徙清淮军节度使，镇寿州。保大十四年(956)，周师入淮，围寿州，三月不能下。明年正月，周世宗复至淮上，尽破南唐诸州，独仁赡能坚守。会病甚，其副使孙羽诈为仁赡书以城降，世宗命舁至帐前，赐以玉带御马，拜检校太尉兼中书令、天平军节度使。仁赡不受命，是日卒，年五十八。世宗遣使吊祭，追封彭城郡王。李璟闻之，亦赠太师。

⑲ 王师围金陵：开宝七年(974)九月，宋太祖命曹彬以昇州西南面行营都部署统军十万伐南唐，明年正月，攻金陵，十一月乃克，李煜降。

⑳ 澄开门降越：刘澄，南唐侍卫都虞候，李煜亲信。澄受命镇润州，尽辇金玉以往，谓国家有难，当散此以图勋业。时吴越王钱俶助宋，与宋将丁德裕领吴越兵攻常州、润州。及吴越兵至，澄已怀向背，先不战而待援，继而率将吏开门请降，润州平。

㉑ 平阳公主：唐高祖李渊三女，母窦氏，嫁武将柴绍。大业十三年(617)五月，李渊太原起兵，其家眷多在长安。柴绍自长安间赴太原军中，平阳公主则避走鄠(今陕西西安市户县)。高祖在鄠有业，公主散家财以募众，举兵助之，屡败隋兵。唐武德间卒，葬日给卤簿。《续资治通鉴长编》卷一百九十七："卤簿本以赏军功，未尝施于妇人，惟唐平阳公主有举兵佐高祖定天下之功，方给鼓吹。"

28. 帝王训俭

帝王创业垂统，规以节俭，贻训子孙，必其继世象贤[①]，而后可以循其教，不然，正足取侮笑耳。宋孝武大治宫室[②]，坏高祖所居阴室[③]，于其处起玉烛殿，与群臣观之。床头有土障，上挂葛灯笼、麻蝇拂。侍中袁顗因盛称高祖俭素之德，上不答，独曰："田舍公得此，已为过矣。"唐高力士于太宗陵寝宫[④]，见梳箱一、柞木梳一、黑角篦一、草根刷子一，叹曰："先帝亲正皇极，以致升平，随身服用，唯留此物。将欲传示子孙，永存节俭。"具以奏闻。明皇诣陵，至寝宫，问所留示者何在，力士捧跪上，上跪奉，肃敬如不可胜，曰：“夜光之珍[5]，垂棘之璧[6]，将何以喻此！”即命史官书之典册。是时，明皇履位未久，厉精为治，故见太宗故物而惕然有感[7]。及侈心一动，穷天下之力不足以副其求，尚何有于此哉。宋孝武不足责也，若齐高帝、周武帝、陈高祖、隋文帝，皆有俭德，而东昏、天元、叔宝、炀帝之淫侈[8]，浮于桀、纣，又不可以语此云。（卷十四《容斋续笔》）

【注释】

① 必其继世象贤：意谓保证他们能够继承先世、效法先贤。

② 宋孝武：南朝宋皇帝刘骏。字休龙，小字道民，文帝刘义隆第三子。初为武陵王。元嘉三十年（453）正月，太子刘劭弑文帝，刘骏自江州起兵讨之。四月，即皇帝位，大赦天下。在位十一年，虽有减免租税、崇尚简约之举，然终失于骄奢淫佚之行。大明八年（464）五月，崩于玉烛殿，年三十五。

③ 高祖：南朝宋武帝刘裕庙号。

④ 高力士：唐玄宗宠信之宦官。参见第39页第9则注释②。

⑤ 夜光之珍：夜光珠。亦泛指珠宝。

⑥ 垂棘之璧：泛指璧玉。垂棘，春秋晋地名，以产美玉著称。

⑦ 惕然：惶恐貌。

⑧ 东昏、天元、叔宝：三人皆南北朝时期荒淫残暴之皇帝。东昏，南朝齐皇帝萧宝卷，本名明贤，字智藏，明帝萧鸾次子。即位后凶暴嗜杀，科敛无度。尝凿金为莲花布于地，令所宠潘妃行其上，谓为“步步生莲花”。后萧衍起兵围建康，为部属所杀，在位仅三年。和帝立，追废为东昏侯。天元，北周宣帝宇文赟，字乾伯，武帝宇文邕长子。初立，即逞奢欲，通乱先帝宫人，游戏无度，诛杀功臣。在位不满一年，传位于六龄子宇文衍，自封“天元皇帝”。叔宝，南朝陈后主，字元秀，小字黄奴，宣帝陈顼长子。即位后大建宫室，日夕游宴，喜作艳词。在位八年，国灭，为隋兵所俘，病死于洛阳。

29. 思 颍 诗

士大夫发迹垄亩，贵为公卿，谓父祖旧庐为不可居，而更新其宅者多矣。复以医药弗便，饮膳难得，自村疃而迁于邑[1]，自邑而迁于郡者亦多矣。唯翩然委而去之，或远在数百千里之外，自非有大不得已，则举动为不宜轻。若夫以为得计，又从而咏歌夸诩之，著于诗文，是其一时思虑，诚为不审[2]，虽名公钜人，未能或之免也。

欧阳公，吉州庐陵人，其父崇公，葬于其里之泷冈，公自为《阡表》[3]，纪其平生。而公中年乃欲居颍，其《思颍诗序》云[4]："予自广陵得请来颍，爱其民淳讼简，土厚水甘，慨然有终焉之志。尔来思颍之念，未尝少忘于心，而意之所存，亦时时见于文字。乃发旧稿，得南京以后诗十馀篇，皆思颍之作，以见予拳拳于颍者，非一日也。"又《续诗序》云："自丁家难，服除，入翰林为学士，忽忽八年间，归颍之志虽未遂，然未尝一日少忘焉。至于今，年六十有四，免并得蔡[5]，蔡、颍连疆，因得以为归老之渐。又得在亳及青十有七篇[6]，附之，时熙宁三年也。"公次年致仕，又一年而薨。其逍遥于颍，盖无几时，惜无一语及于松楸之思[7]。崇公惟一子耳，公生四子，皆为颍人，泷冈之上，遂无复有子孙临之，是因一代贵达，而坟墓乃隔为它壤。予每读二序，辄为太息。嗟乎！此文不作可也。若东坡之居宜兴[8]，乃因免汝州居住而至，其后自海外北还，无以为归，复暂至常州，已而捐馆。文定公虽居许[9]，而治命反葬于眉山云[10]。（卷十六《容斋续笔》）

【注释】

① 村疃（tuǎn）：村庄。

② 不审：不慎重；不周密。

③ 阡表：即《泷冈阡表》，熙宁三年（1070）四月作。见《欧阳修全集》卷二十五。泷（shuāng）冈，在宋吉州永丰县沙溪镇南（今属江西吉安市），欧阳修葬其父母于此，今有西阳宫存焉。阡表，犹墓表，竖碑于墓前或墓道中，表彰死者，故称。

④ 思颍诗序：原题《思颍诗后序》，治平四年（1067）五月作。后熙宁三年九月，又作《续思颍诗序》。两文均见《欧阳修全集》卷四十二。

⑤ 免并得蔡：谓免除并州之任而改知蔡州。据胡柯《庐陵欧阳文忠公年谱》："（熙宁三年庚戌公年六十四）四月壬申，除检校太保、宣徽南院使，判太原府，河东路经略安抚监牧使，兼并、代、泽、潞、麟、府、岚、石路兵马都总管。公坚辞不受。七月辛卯，改知蔡州。九月甲寅，至蔡，是岁更号六一居士。"宋蔡州（治汝阳，今河南驻马店市汝南县）与颍州（治汝阴，今安徽阜阳市）相邻。

⑥ 在亳及青：治平四年三月，欧阳修除观文殿学士，转刑部尚书、知亳州（治今安徽亳州市）。熙宁元年八月，转兵部尚书，改知青州（治今山东青州市），充京东东路安抚使。是岁，筑第于颍。

⑦ 松楸：松、楸，多植于墓地，因以代称坟墓。亦特指父母坟茔。

⑧ 东坡之居宜兴：参见第381页第18则注释①。

⑨ 文定公：苏辙。卒谥文定。元符三年（1100）正月，哲宗崩，徽宗即位，大赦天下。二月，苏辙量移永州安置；四月，移岳州。十一月，授大中大夫，提举凤翔上清太平宫，有田在颍昌府（元丰

三年升许州，治今河南许昌市），往居。政和二年（1112）十月卒，居颍昌十三年。

⑩ 治命：人死前遗嘱。苏辙《颍滨遗老传下》："家本眉山，贫不能归，遂筑室于许。先君之葬在眉山之东，昔尝约祔于其庚，虽远不忍负也，以是累诸子矣。"建中靖国元年（1101）七月，苏轼卒于常州。崇宁元年（1102）闰六月，葬轼于汝州郏城县上瑞里（今河南平顶山市郏县茨芭镇）小峨眉山。及辙卒，亦葬于此。

30. 北狄俘虏之苦

元魏破江陵[①]，尽以所俘士民为奴，无问贵贱，盖北方夷俗皆然也。自靖康之后，陷于金虏者，帝子王孙，宦门仕族之家，尽没为奴婢，使供作务。每人一月支稗子五斗[②]，令自舂为米，得一斗八升，用为餱粮[③]。岁支麻五把，令缉为裘，此外更无一钱一帛之入。男子不能缉者，则终岁裸体，虏或哀之，则使执爨[④]，虽时负火得暖气，然才出外取柴归，再坐火边，皮肉即脱落，不日辄死。惟喜有手艺，如医人、绣工之类，寻常只团坐地上，以败席或芦藉衬之。遇客至开筵，引能乐者使奏技，酒阑客散，各复其初，依旧环坐刺绣，任其生死，视如草芥。先公在英州[⑤]，为摄守蔡寯言之[⑥]，蔡书于《甲戌日记》，后其子大器录以相示，此《松漠记闻》所遗也[⑦]。（卷三《容斋三笔》）

【注释】

① 元魏：即北魏。太和十七年（493），魏孝文帝拓跋宏自平城（今山西大同市东北）迁都洛阳。二十年，诏改姓元氏。故北魏亦称元魏。

② 稗（bài）子：一年生草本植物，叶似稻，实似黍，可酿酒或作饲料。

③ 餱粮：干粮。

④ 执爨：司炊事。

⑤ 先公：亡父。此处指洪迈父洪皓。建炎三年（1129），皓以徽猷阁待制、假礼部尚书出使金国，留北十五年乃还。因忤秦桧，贬官英州（治今广东清远市英德市），卒。

⑥ 摄守：代知州事。摄，非正员兼职代理。

⑦ 松漠记闻：即《松漠纪闻》。二卷，洪皓撰。记留金时闻见杂事。始惧金人搜获，付诸火。归后遭谴谪，复追述一二以成书。

31. 东坡慕乐天

苏公责居黄州，始自称东坡居士。详考其意，盖专慕白乐天而然。白公有《东坡种花》二诗云[1]："持钱买花树，城东坡上栽。"又云："东坡春向暮，树木今何如？"又有《步东坡》诗云[2]："朝上东坡步，夕上东坡步。东坡何所爱，爱此新成树。"又有《别东坡花树》诗云[3]："何处殷勤重回首，东坡桃李种新成。"皆为忠州刺史时所作也[4]。苏公在黄，正与白公忠州相似，因忆苏诗，如《赠写真李道士》云[5]："他时要指集贤人，知是香山老居士。"《赠善相程杰》云[6]："我似乐天君记取，华颠赏遍洛阳春。"《送程懿叔》云[7]："我甚似乐天，但无素与蛮。"《入侍迩英》云[8]："定似香山老居士，世缘终浅道根深。"而跋曰："乐天自江州司马除忠州刺史，旋以主客郎中知制诰，遂拜中书舍人。某虽不敢自比，然谪居黄州，起知文登[9]，召为仪曹[10]，遂忝侍从。出处老少[11]，大略相似，庶几复享晚节闲适之乐。"《去杭州》云[12]："出处依稀似乐天，敢将衰朽较前贤。"序曰："平生自觉出处老少粗似乐天。"则公之所以景仰者，不止一再言之，非东坡之名偶尔暗合也。（卷五《容斋三笔》）

【注释】

① 东坡种花：原题《东坡种花二首》。见《白香山诗集》卷十一。

② 步东坡：见《白香山诗集》卷十一。

③ 别东坡花树：原题《别种东坡花树两绝》。见《白香山诗集》卷十八。

④ 忠州：唐属山南东道，治临江（今重庆市忠县）。元和十三年（818）十二月，白居易自江州司马除忠州刺史，次年三月抵郡。十五年冬，召为尚书司门员外郎，未久除主客郎中、知制诰。在忠州近两年。以上三诗，皆作于十五年。

⑤ 赠写真李道士：原题《赠李道士并叙》。见《新修补苏文忠公诗合注》卷二十九。"他时要指集贤人，知是香山老居士"句下苏轼自注："乐天为翰林学士，奉诏写真集贤院。"白居易《香山居士写真诗并序》曰："元和五年，予为左拾遗、翰林学士，奉诏写真于集贤殿御书院，时年三十七。会昌二年，罢太子少傅，为白衣居士，又写真于香山寺藏经堂，时年七十一。前后相望，殆将三纪。观今照昔，慨然自叹者久之。形容非一，世事几变。因题六十字，以写所怀。昔作少学士，图形入集贤。今为老居士，写貌寄香山。鹤毳变玄发，鸡肤换朱颜。前形与后貌，相去三十年。勿叹韶华子，俄成婆叟仙。请看东海水，亦变作桑田。"（《白香山诗集》卷二十四）

⑥ 赠善相程杰：见《新修补苏文忠公诗合注》卷三十二。"华颠赏遍洛阳春"句，"华颠"指白头老人。白居易《闲吟》诗曰："看雪寻花玩风月，洛阳城里七年闲。"（《白香山诗集》卷二十四）

⑦ 送程懿叔：原题《次京师韵送表弟程懿叔赴夔州运判》。见《新修补苏文忠公诗合注》卷三十二。"但无素与蛮"句，白居易有妾樊素、妓小蛮。孟棨《本事诗》："白尚书姬人樊素善歌，妓人小蛮善舞。尝为诗曰：'樱桃樊素口，杨柳小蛮腰。'年既高迈，而小蛮方丰艳，因为杨柳枝词以

托意。”

⑧ 入侍迩英：原题《轼以去岁春夏侍立迩英而秋冬之交子由相继入侍次韵绝句四首各述所怀》。见《新修补苏文忠公诗合注》卷二十八。“定似香山老居士，世缘终浅道根深”句为《绝句四首》其四，句下苏轼自注：“乐天自江州司马除忠州刺史，旋以主客郎中知制诰，遂拜中书舍人。轼虽不敢自比，然谪居黄州，起知文登，召为仪曹，遂忝侍从。出处老少，大略相似，庶几复享此翁晚节闲适之乐焉。”

⑨ 起知文登：元丰七年（1084）四月，命苏轼自黄州移汝州，途中上书求居常州宜兴，获允。八年五月，复朝奉郎、知登州（治今山东烟台市蓬莱市）。九月，到郡五日，以礼部郎官召，旋除起居舍人。元祐元年（1086）正月，除中书舍人，寻复迁翰林学士、知制诰。

⑩ 仪曹：唐以后礼部郎官之别称。

⑪ 出处老少：指出仕、隐退时年龄大小。

⑫ 去杭州：原题《予去杭十六年而复来留二年而去平日自觉出处老少粗似乐天虽才名相远而安分寡求亦庶几焉三月六日来别南北山诸道人而下天竺惠净师以丑石赠行作三绝句》。见《新修补苏文忠公诗合注》卷三十三。元祐四年（1089）三月，苏轼累章请郡，除龙图阁学士、知杭州。六年三月，被旨赴阙，本除吏部尚书，以苏辙为尚书右丞，改除翰林承旨。数月，复以旧职出知颍州。“出处依稀似乐天，敢将衰朽较前贤”句为《三绝句》其二，句下引王（十朋）注（赵）次公曰：“白乐天以进士登第，以制科进秩。元和中为京兆户曹参军，以母堕井而作《新井》诗，坐言章贬江州司马，徙忠州刺史，入为司门员外郎，以主客郎中知制诰，迁中书舍人。以言不听乞外迁，为杭州刺史，复拜苏州刺史，病免。寻以秘书监召迁刑部侍郎，其后遂以刑部尚书致仕。而先生以进士登第，以制科进秩。熙宁中摄开封推官，出倅杭，守密，徙湖，乃以诗案责授黄州团练副使。起知登州，入为礼部郎中，除起居舍人，迁中书舍人，又为翰林学士。以不见容乞外任，为杭州守二年，以翰林承旨召。此白公未致仕之前，出处盖相似也。”

32. 贤士隐居者

士子修己笃学，独善其身，不求知于人，人亦莫能知者，所至或有之，予每惜其无传。比得上虞李孟传录示四事[①]，故谨书之。其一曰：慈溪蒋季庄，当宣和间，鄙王氏之学[②]，不事科举，闭门穷经，不妄与人接。高抑崇居明州城中，率一岁四五访其庐。季庄闻其至，必倒屣出迎，相对小室，极意讲论，自昼竟夜，殆忘寝食。告去则送之数里，相得欢甚。或问抑崇曰：“蒋君不多与人周旋，而独厚于公，公亦惓惓于彼[③]，愿闻其故？”抑崇曰：“阅终岁读书[④]，凡有疑而未判，与所缺而未知者，每积至数十，辄一扣之，无不迎刃而解。”而蒋之所长，他人未必能知之。世之所谓知己，其是乎?其二曰:王茂刚,居明之林村,在岩壑深处,有弟不甚学问,使颛治生以糊口[5],而刻意读书,足迹未尝妄出,尤邃于《周易》。沈焕通判州事[6],尝访之。其见趣绝出于传注之外云。气象严重[7],窥其所得,盖进而未已也。其三曰:顾主簿,不知何许人,南渡后寓于慈溪。廉介有常[8],安于贫贱,不蕲人之知。至于践履间[9],虽细事不苟也。平旦起,俟卖菜者过门,问菜把直几何,随所言酬之。它饮食布帛亦然。久之人皆信服,不忍欺。苟一日之用足,则玩心坟典[10],不事交游。里中有不安其分、武断强忮者[11],相与讥之,曰:"汝岂顾主簿耶?"其四曰:周日章,信州永丰人。操行介洁,为邑人所敬。开门授徒,仅有以自给,非其义一毫不取。家至贫,常终日绝食,邻里或以薄少致馈。时时不继,宁与妻子忍饿,卒不以求人。隆寒披纸裘,客有就访,亦欣然延纳。望其容貌,听其论议,莫不耸然。县尉谢生遗以袭衣,曰:"先生未尝有求,吾自欲致其勤勤耳[12],受之无伤也。"日章笑答曰:"一衣与万钟等耳[13],倘无名受之,是不辨礼义也。"卒辞之。汪圣锡亦知其贤[14],以为近于古之所谓独行者。是四君子,真可书史策云。(卷六《容斋三笔》)

【注释】

① 李孟传:字文授,越州上虞(今浙江绍兴市上虞区丰惠镇)人。父光,高宗朝历官吏部尚书、参知政事,以资政殿学士知绍兴府,绍兴十一年(1141)贬官南迁岭海。光南迁之日,孟传方六岁,奉母居乡,刻志于学。后以父恩累官至太府丞,不肯附韩侂胄而出知江州,以朝请大夫、直宝谟阁致仕。卒,年八十。孟传博学多闻,持身甚严,有诗文多卷。

② 王氏之学:指王安石经学。参见第299页第23则注释②。

③ 惓惓:亦作"拳拳"。形容恳切。

④ 闶(kàng):高大。此处作人名。高闶,字抑崇。

⑤ 颛治生以糊口:专门经营家业用来养活自己。颛,同"专"。

⑥ 沈焕:字叔晦,号定川,定海(今浙江宁波市镇海区)人。少入太学,始与陆九龄为友,从而学。乾道五年(1169)举进士,授馀姚尉、扬州教授,召太学录事,充殿试考官。官至舒州通判。尝讲学于定海南山书院,与杨简、袁燮、舒璘同创四明学派,时称"淳熙四先生"。

⑦ 气象严重:气派严肃庄重。

⑧ 廉介有常:经常保持清廉耿介。

⑨ 践履:犹行为举止。

⑩ 坟典:三坟、五典之并称。三坟,三皇之书;五典,五帝之书。后转为古代典籍之通称。

⑪ 强忮(jiàng zhì):固执。

⑫ 勤勤:恳切至诚。

⑬ 万钟:指优厚俸禄。钟,古量名。《孟子·告子上》:"万钟则不辩礼义而受之,万钟于我何加焉?"

⑭ 汪圣锡:汪应辰,字圣锡,信州玉山(今江西上饶市玉山县)人。五岁知读书,十岁能诗。绍兴五年(1135),进士第一人,年甫十八。累官至吏部尚书兼翰林学士并侍读。接物温逊,遇事特立不回,刚方正直,敢言不避,为张栻、吕祖谦所器许。

33. 小 星 诗

《诗序》不知何人所作[1],或是或非,前人论之多矣。唯《小星》一篇[2],显为可议。《大序》云[3]:"惠及下也。"而继之曰:"夫人惠及贱妾,进御于君。"故毛、郑从而为之辞[4],而郑笺为甚[5]。其释"肃肃宵征,抱衾与裯"两句,谓"诸妾肃肃然而行,或早或夜,在于君所,以次序进御。"又云:"裯者,床帐也。谓诸妾夜行,抱被与床帐待进御。"且诸侯有一国,其宫中嫔妾虽云至下,固非闾阎贱微之比[6],何至于抱衾而行!况于床帐,势非一己之力所能致者,其说可谓陋矣。此诗本是咏使者远适,夙夜征行,不敢慢君命之意,与《殷其靁》之指同[7]。(卷十《容斋三笔》)

【注释】

① 诗序:即《毛诗序》。汉初有鲁、齐、韩、毛四家传《诗》。鲁、齐、韩三家用汉代通行隶书写定本传授,属今文经学派,武帝时已立学官;毛诗晚出,用先秦篆书本传授,属古文经学派,至东汉章帝时才立于学官。此后,习毛诗者渐增,今文三家诗遂废。现存《毛诗序》有大、小序之分。列于各诗之前,解释各篇主旨者为"小序";在首篇《关雎》"小序"之后(自"风,风也"句始),有大段文字概论全经者为"大序"。东汉学者以"大序"为子夏作,"小序"为子夏、毛公作;宋代学者则以《诗序》为卫宏作。

② 小星:见《诗经·国风·召南》。诗曰:"嘒彼小星,三五在东。肃肃宵征,夙夜在公,寔命不同。嘒彼小星,维参与昴。肃肃宵征,抱衾与裯,寔命不犹。"

③ 大序:此实为"小序"。即《小星》篇之序。《序》曰:"惠及下也。夫人无妒忌之行,惠及贱妾,进御于君,知其命有贵贱,能尽其心矣。"

④ 毛、郑:指《诗经》注解者毛公、郑玄。关于毛公,《汉书·艺文志》"又有毛公之学,自谓子夏所传,而河间献王好之,未得立",但云"毛公",不著其名;郑玄《诗谱》"鲁人大毛公为《训诂传》于其家,河间献王得而献之,以小毛公为博士",始有大、小"毛公"之分;陆玑《毛诗草木虫鱼

鸟兽疏》"荀卿授鲁国毛亨,毛亨作《训诂传》以授赵国毛苌,时人谓亨为大毛公,苌为小毛公",正式著大、小"毛公"之名。后多从此说。然此说却遭近人质疑,皮锡瑞《经学通论》列毛诗来历不可信者有六,概言之:若毛公为六国时人,所著有《毛诗故训传》,史公无缘不知;毛公之学,自谓子夏所传,又以为出于荀卿,则祖子夏不应祖荀卿,祖荀卿不应祖子夏;郑君始言大小毛公有二,陆玑始著大小毛公之名,郑汉末人,不应所闻详于刘、班,陆玑吴人,不应所闻又详于郑。皮氏所疑,未必尽当,但毛诗渊源确有模糊不清之嫌,故今只能笼统而言"毛公传,郑玄笺"。郑玄,字康成,北海高密(今山东潍坊市高密市双羊镇)人。东汉经学家。为汉代经学集大成者,称郑学。

⑤ 郑笺:今通行本《十三经注疏》中《毛诗正义》,为郑玄笺、孔颖达疏。下文所引《小星》郑笺有误。在"肃肃宵征,夙夜在公,寔命不同"句下,《笺》云:"夙,早也。谓诸妾肃肃然夜行,或早或夜,在于君所,以次序进御者,是其礼命之数不同也。"在"肃肃宵征,抱衾与裯,寔命不犹"句下,《笺》云:"裯,床帐也。诸妾夜行,抱衾与床帐待进御之次序。不若,亦言尊卑异也。"

⑥ 闾阎:里巷外门和内门。后多借指民间或平民。

⑦ 殷其靁:见《诗经·国风·召南》。诗曰:"殷其靁,在南山之阳。何斯违斯?莫敢或遑。振振君子,归哉归哉。殷其靁,在南山之侧。何斯违斯?莫敢遑息。振振君子,归哉归哉。殷其靁,在南山之下。何斯违斯?莫或遑处。振振君子,归哉归哉。"《序》曰:"劝以义也。召南之大夫远行从政,不遑宁处,其室家能闵其勤劳,劝以义也。"靁,同"雷"。

34. 桃　源　行

陶渊明作《桃源记》云源中人自言[1]:"先世避秦时乱,率妻子邑人,来此绝境,不复出焉。乃不知有汉,无论魏晋。"系之以诗曰:"嬴氏乱天纪[2],贤者避其世。黄绮之商山[3],伊人亦云逝。愿言蹑轻风,高举寻吾契。"自是之后,诗人多赋《桃源行》,不过称赞仙家之乐。唯韩公云[4]:"神仙有无何渺茫,桃源之说诚荒唐。世俗那知伪为真,至今传者武陵人。"亦不及渊明所以作记之意。按,《宋书》本传云:"潜自以曾祖晋世宰辅,耻复屈身后代。自宋高祖王业渐隆,不复肯仕。所著文章,皆题其年月。义熙以前[5],则书晋氏年号,自永初以来[6],唯云甲子而已。"故五臣注《文选》用其语[7]。又继之云:"意者耻事二姓,故以异之。"此说虽经前辈所记,然予切意桃源之事,以避秦为言,至云"无论魏晋",乃寓意于刘裕,托之于秦,借以为喻耳。近时胡宏仁仲一诗[8],屈折有奇味。大略云:"靖节先生绝世人,奈何记伪不考真。先生高步窘末代,雅志不肯为秦民。故作斯文写幽意,要似寰海离风尘。"其说得之矣。(卷十《容斋三笔》)

【注释】

① 桃源记:《陶渊明集》作《桃花源记》。

② 嬴氏:秦姓嬴。此指秦始皇嬴政。

③ 黄绮:指夏黄公、绮里季。秦末汉初,有东园公、夏黄公、绮里季、甪里先生,避秦乱,隐于商山(在今陕西商洛市东南),年皆八十有馀,须眉皓白,时称"商山四皓"。汉高祖召,不应。后高祖欲废太子,吕后用留侯张良计,迎四皓,辅太子,高祖遂罢其议。见《史记·留侯世家》。

④ 韩公:韩愈。韩愈有《桃源图》诗,大约作于元和八年(813)末。见《韩昌黎诗系年集释》卷八。下引诗句乃截其首尾。

⑤ 义熙:东晋安帝年号(405—418)。义熙末,宋王刘裕专权,未久立宋代晋。

⑥ 永初:南朝宋武帝年号(420—422)。

⑦ 文选:即《昭明文选》。南朝梁昭明太子萧统所编总集。选录自先秦至梁诗文辞赋,不选经、子,史仅略选论赞。分三十八类,凡七百馀篇。原为三十卷,唐显庆间李善为之注,析为六十卷;开元间,又有吕延济、刘良、张铣、吕向、李周翰五人合注,称"五臣注"。宋人合两注,称"六臣注文选"。

⑧ 胡宏:字仁仲,号五峰,学者称五峰先生,崇安(今福建武夷山市)人。宋经学家胡安国季子,二程再传弟子。张栻曾从之问学。初荫补右承务郎,以秦桧当国,终避不复出。胡宏有《桃源行》诗,见《五峰集》卷一。下引诗句系节录其中。

35. 盼泰秋娘三女

白乐天《燕子楼诗序》云[①]:"徐州故张尚书,有爱妓曰盼盼。善歌舞,雅多风态。尚书既殁,彭城有旧第,第中有小楼名燕子。盼盼念旧爱而不嫁,居是楼十馀年,幽独块然[②]。"白公尝识之,感旧游,作三绝句,首章云:"满窗明月满帘霜,被冷灯残拂卧床。燕子楼中霜月苦[③],秋来只为一人长。"末章云:"今春有客洛阳回,曾到尚书家上来[④]。见说白杨堪作柱,争教红粉不成灰?"读者伤恻。刘梦得《泰娘歌》云[⑤]:"泰娘本韦尚书家主讴者,尚书为吴郡,得之,诲以琵琶,使之歌且舞,携归京师。尚书薨,出居民间,为蕲州刺史张愻所得。愻谪居武陵而卒,泰娘无所归。地荒且远,无有能知其容与艺者,故日抱乐器而哭。"刘公为歌其事,云:"繁华一旦有消歇,题剑无光履声绝[⑥]。蕲州刺史张公子,白马新到铜驼里[⑦]。自言买笑掷黄金,月堕云中从此始。山城少人江水碧[⑧],断雁哀弦风雨夕[⑨]。朱弦已绝为知音,云鬟未秋私自惜。举目风烟非旧时,梦寻归路多参差。如何将此千行泪,更洒湘江斑竹枝。”杜牧之《张好好诗》云[10]:“牧佐故吏部沈公在江西幕,好好年十三,以善歌来乐籍中,随公移置宣城,后为沈著作所纳[11]。见之于洛阳东城,感旧伤怀,题诗以赠曰:君为豫章姝,十三才有馀。主公再三叹,谓言天下无[12]。自此每相见,三日已为疏。身外任尘土,尊前极欢娱[13]。飘然集仙客[14],载以紫云车[15]。尔来未几岁,散尽高阳徒[16]。洛城重相见,绰绰为当垆[17]。朋游今在否,落拓更能无[18]?门馆恸哭后,水云秋景初。洒尽满襟泪,短歌聊一书。”予谓妇人女子,华落色衰,至于失主无依,如此多矣。是三人者,特见纪于英辞鸿笔,故名传到今。况于士君子终身不遇而与草木俱腐者,可胜叹哉!然盼盼节义,非泰娘、好好可及也。(卷十二《容斋三笔》)

【注释】

① 燕子楼:原题《燕子楼三首并序》。作于元和十年(815),长安。见《白香山诗集》卷十五。

② 幽独块然:孤寂独处貌。

③ 霜月苦:白集中作“霜月夜”。

④ 冢上来:白集中作“墓上来”。

⑤ 泰娘歌:原题《泰娘歌并引》。见《刘禹锡集》卷二十七。下引《引》文及诗句皆为节录。

⑥ 题剑:题名于剑,表彰功德。《后汉书·韩棱传》:“(韩棱)五迁为尚书令,与仆射郅寿、尚书陈宠,同时俱有以才能称。肃宗尝赐诸尚书剑,唯此三人特以宝剑,自手署其名曰:‘韩棱楚龙渊,郅寿蜀汉文,陈宠济南椎成。’时论者为之说:以棱渊深有谋,故得龙渊;寿明达有文章,故得汉文;宠敦朴善不见外,故得椎成。”后遂用作典故,以“题剑”表示君主对臣子的特殊恩宠。亦泛指主仆、上下之间的特殊知遇。此处用于后义。

⑦ 铜驼里:又作“铜驼街”。在洛阳故城中,以道旁曾有汉铸铜驼两枚而得名。为洛阳繁华地。刘禹锡《泰娘歌引》:“元和初,尚书薨于东京,泰娘出居民间。”

⑧ 山城:此处指武陵(今湖南常德市)。唐武陵为江南西道朗州治所。

⑨ 哀弦:刘集中作“哀猿”。

⑩ 张好好诗:原题《张好好诗并序》。见《樊川诗集》卷一。下引《序》文及诗句皆为节录。

⑪ 著作:著作郎。杜牧《张好好诗序》:“后二岁,为沈著作述师以双鬟纳之。”沈述师,与前文中“吏部沈公”或为伯仲。据冯集梧《樊川诗集注》,吏部沈公为沈传师,历江西、宣、歙、池观察使,官至吏部侍郎,太和九年(835)卒,年五十九。传师卒,张好好由述师以千金高价纳之。双鬟,本指少女头上两个环形发髻,后借指千金高价。语出东汉辛延年《羽林郎》:“胡姬年十五,春日独当垆。长裾连理带,广袖合欢襦。头上蓝田玉,耳后大秦珠。两鬟何窈窕,一世良所无。一鬟五百万,两鬟千万馀。”

⑫ 天下无:杜集中作“天下殊”。

⑬ 尊前:杜集中作“樽前”。

⑭ 集仙:集仙殿。唐开元间改集贤殿,设集贤殿书院,隶中书省。置学士,五品以上;六品及以下为直学士、侍讲学士、修撰、校理、待制、检讨等,官无常员,以他官兼之。《樊川诗集注》:“原注:著作尝任集贤校理。”

⑮ 紫云车:神话中西王母所乘之车。张华《博物志》卷八:“汉武帝好仙道,祭祀名山大泽,以求神仙之道。时西王母遣使乘白鹿告帝当来,乃供帐九华殿以待之。七月七日夜漏七刻,王母乘紫云车而至于殿西,南面东向,头上太华髻,青气郁郁如云。”此处指雕饰华丽的车。

⑯ 高阳徒:即高阳酒徒。《史记·郦生陆贾列传》:“郦生瞋目案剑叱使者曰:‘走!复入言沛公,吾高阳酒徒也,非儒人也。’”后用以指嗜酒而放荡不羁者。

⑰ 绰绰:杜集中作“婥婥”。婥婥,姿态柔美貌。 当垆:卖酒。垆,置酒坛的土台。

⑱ 落拓:又作“落托”。贫困失意,景况凄凉。

36. 片言解祸

自古将相大臣,遭罹谮毁,触君之怒,堕身于危棘将死之域,而以一人片言,转祸为福,盖投机中的,使闻之者晓然易寤,然非遭值明主,不能也。萧何为民请上林苑中空地①,高祖大怒,以为多受贾人财物,下何廷尉②,械系之。王卫尉曰③:“陛下距楚数岁,陈豨、黥布反④,时相国守关中,不以此时为利,乃利贾人之金乎!”上不怿,即日赦出何。绛侯周勃免相就国⑤,人上书告勃欲反,廷尉逮捕勃治之。薄太后谓文帝曰:“绛侯绾皇帝玺,将兵于北军,不以此时反,今居一小县,顾欲反邪?”帝即赦勃。此二者,可谓至危不容救,而于立谈间见效如此。萧望之受遗辅政⑥,为许、史、恭、显所嫉,奏望之与周堪、刘更生朋党,请“召致廷尉”,元帝不省为下狱也,可其奏。已而悟其非,令出视事。史高言:“上新即位,未以德化闻于天下,而先验师傅⑦,既下九卿大夫狱,宜因决免。”于是免为庶人。高祖、文帝之明而受言,元帝之昏而遂非,于是可见。(卷十二《容斋三笔》)

【注释】

① 上林苑:秦汉宫苑。秦都咸阳时置,始皇三十五年(前212),建朝宫于苑中,阿房宫即其前殿。汉初荒废,高帝十二年(前195),许民入苑开垦。武帝时,复收为宫苑,并扩至二百馀里,括长安南及西南盩厔(今陕西西安市周至县东南)、鄠县(今陕西西安市户县)之境。萧何为民请上林苑地,见《汉书·萧何曹参传》:“后何为民请曰:‘长安地狭,上林中多空地,弃,愿令民得入田,

毋收稿为兽食。’上大怒,曰:‘相国多受贾人财物,为请吾苑!’乃下何廷尉,械系之。”

② 廷尉:官名。秦始置。汉景帝时改称“大理”,武帝时复称“廷尉”。掌刑狱,秩中二千石,列九卿。属官有廷尉正、廷尉监、廷尉平等。

③ 卫尉:官名。战国始置。汉时列九卿。掌宫门警卫,统南军。

④ 陈豨(xī)、黥布反:陈豨,宛朐(今山东菏泽市西南)人;刘邦部将;汉高帝七年(前200),随刘邦征讨韩王信,封列侯,以赵相国将监赵、代边兵;因宾客众多,又独掌兵权于外,为刘邦所疑;十年七月,太上皇崩,召豨入京,豨称病甚,九月自立为王,劫掠赵、代,刘邦发兵征讨;十二年冬,为樊哙军追杀于代郡灵丘(今山西大同市灵丘县东)。黥布,即英布,六县(今安徽六安市东北)人;早年坐法黥面,输骊山,故称“黥布”;秦末率骊山刑徒起事,归附番君吴芮,后随项羽救赵,封九江王;楚汉相争,归汉,封淮南王,从刘邦击灭项羽于垓下;十一年,韩信、彭越相继为刘邦所杀,因举兵反,败走江南,次年为长沙王(吴芮子成王臣)诱杀。

⑤ 周勃免相就国:汉高后八年(前180),吕后崩,太尉周勃与丞相陈平定计除诸吕,迎立文帝,拜右丞相,经人劝说而辞之。岁馀,陈平卒,复用勃为相,十馀月,免相就国(绛)。旋遭诬告谋反,入狱,不久得免。文帝十一年(前169),卒于绛。

⑥ 萧望之:字长倩,东海兰陵(今山东临沂市苍山县兰陵镇)人,徙杜陵(今陕西西安市东南)。汉宣帝时,历左冯翊、大鸿胪、太子太傅。宣帝寝疾,与侍中史高、少傅周堪等受遗诏辅政,领尚书事。元帝即位,望之与堪本以师傅见重,数宴见言治乱。又荐刘更生(向)为给事中,与侍中金敞,四人同心谋议。时中书宦官用权,中书令弘恭、石显勾结外戚车骑将军史高、侍中许章,诬陷望之,罢为庶人。初元二年(前47),被逼饮鸩自尽。

⑦ 验:查验,审查。

37. 亲除谏官

仁宗庆历三年,用欧阳修、余靖、王素为谏官[①],当时名士作诗,有“御笔新除三谏官”之句。元丰八年,诏范纯仁为谏议大夫,唐淑问、苏辙为司谏[②],朱光庭、范祖禹为正言[③]。宣仁后问宰执:“此五人者如何?”佥曰[④]:“外望惟允[⑤]。”章子厚独曰[⑥]:“故事,谏官皆荐诸侍从,然后大臣禀奏。今诏除出中[⑦],得无有近习援引乎?此门寖不可启[⑧]。”后曰:“大臣实皆言之,非左右也。”子厚曰:“大臣当明扬,何为密荐?”由是有以亲嫌自言者,吕公著以范祖禹,韩缜、司马光以范纯仁。子厚曰:“台谏所以纠大臣之越法者,故事,执政初除,苟有亲戚及尝被荐引者,见为台臣,则皆他徙。今天子幼冲,太皇同听万几[⑨],故事不可违。”光曰:“纯仁、祖禹实宜在谏列,不可以臣故妨贤，宁臣避位。”子厚曰：“缜、光、公著必不私，他日有怀奸当国者，例此而引其亲党，恐非国之福。”后改除纯仁待制，祖禹著作佐郎，然此制亦不能常常恪守也。（卷十四《容斋三笔》）

【注释】

① 余靖、王素：靖字安道，韶州曲江（今广东韶关市）人。举进士第。仁宗朝历集贤校理、知礼院，庆历中为右正言。英宗时官至集贤院学士、工部侍郎。治平元年（1064）卒，年六十五。赠刑部尚书，谥曰襄。素字仲仪，大名莘县（今属山东聊城市）人。太尉王旦季子。赐进士出身。仁宗朝知谏院，遇事敢言，为帝嘉许。神宗朝官至端明殿学士、工部尚书。熙宁六年（1073）三月卒，年六十七。谥曰懿敏。

② 唐淑问：字士宪，江陵（今湖北荆州市荆州区）人。赠礼部尚书唐介长子。进士及第。神宗朝历殿中丞、监察御史里行。哲宗立，以司马光荐，召为左司谏。未供职，以病致仕，数月卒。

③ 朱光庭：字公掞（yàn），河南偃师（今河南洛阳市偃师市东南）人。十岁能属文辞，尝从胡瑗、孙复受学。以父荫擢第，历四县令。神宗朝签书河阳判官，从吕大防于长安幕府。哲宗即位，司马光荐为左正言，乞罢保甲、青苗等法，论蔡确、章惇、韩缜等人不端，宣仁后称其守正。历左司谏、太常少卿、右谏议大夫、给事中。后以集贤院学士知潞州。元祐八年（1093）卒，年五十八。绍圣中追贬柳州别驾，元符初又停锢其诸子。徽宗立，复其官。据《续资治通鉴长编》卷三百六十：“（元丰八年冬十月）丁丑，诏尚书侍郎、给、舍、谏议、中丞、待制以上，各举堪充谏官二员以闻。初，中旨除朝议大夫、直龙图阁知庆州范纯仁为左谏议大夫，朝请郎知虔州唐淑问为左司谏，朝奉郎朱光庭为左正言，校书郎苏辙为右司谏，正字范祖禹为右正言，令三省、枢密院同进呈。”左右谏议大夫、左右司谏、左右正言，参见第154页第14则注释⑤。

④ 佥：皆；都。

⑤ 外望惟允：意谓在朝廷的声望使人信服。

⑥ 章子厚：章惇，字子厚。参见第201页第13则注释②。

⑦ 出中：出自禁中。

⑧ 寖：通“寝”。废弃。

⑨ 万几：万事之微。《尚书·皋陶谟》：“无教逸欲有邦，兢兢业业，一日二日万几。”孔安国《传》：“兢兢，戒慎；业业，危惧；几，微也。言当戒惧万事之微。”后指帝王日常处理的纷繁事务。元丰八年（1085）三月，神宗崩。哲宗继位，年九岁，与宣仁太皇太后同听政。

38. 秦汉重县令客

秦、汉之时，郡守县令之权极重，虽一令之微，能生死人，故为之宾客者，邑人不敢不敬。单父人吕公善沛令[1]，辟仇从之客，沛中豪杰吏闻令有重客，皆往贺。谓以礼物相庆也。司马相如游梁归蜀[2]，素与临邛令王吉相善[3]，来过之，舍于都亭。临邛富人卓王孙、程郑相谓曰："令有贵客，为具召之，并召令。"相如窃王孙女归成都[4]，以贫困复如临邛，王孙杜门不出，昆弟诸公更谓王孙曰："长卿人材足依，且又令客，奈何相辱如此！"注云："言县令之客，不可以辱也。"是时为令客者如此。今士大夫为守令故人，往见者虽未必皆贤，岂复蒙此礼敬。稍或戾于法制，微有干托[5]，其累主人必矣！（卷十五《容斋三笔》）

【注释】

① 单父（Shàn fǔ）：秦砀郡属县（今山东菏泽市单县）。　沛：秦泗水郡属县（今属江苏徐州市）。

② 司马相如：字长卿，蜀郡成都（今属四川）人。西汉辞赋家。景帝时官武骑常侍，以病免。之梁（治今河南商丘市睢阳区），从枚乘等游。作《子虚赋》，为武帝召见，又作《上林赋》，用为郎。后为孝文园令。元狩五年（前118）卒。

③ 临邛：汉蜀郡属县（今四川成都市邛崃市）。

④ 王孙女：即卓文君。《史记·司马相如列传》："相如之临邛，从车骑，雍容闲雅甚都。及饮卓氏，弄琴，文君窃从户窥之，心悦而好之，恐不得当也。既罢，相如乃使人重赐文君侍者通殷勤。文君夜亡奔相如，相如乃与驰归。"

⑤ 干（gān）托：请托；走门路。

39. 杨涉父子

唐杨涉为人和厚恭谨[1]。哀帝时，自吏部侍郎拜相。时朱全忠擅国，涉闻当为相，与家人相泣，谓其子凝式曰："此吾家之不幸也，必为汝累。"后二年，全忠篡逆，涉为押传国宝使[2]，凝式曰："大人为唐宰相，而国家至此，不可谓之无过，况手持天子玺绶与人，虽保富贵，奈千载何，盍辞之？"涉大骇，曰："汝灭吾族！"神色为之不宁者数日。此一杨涉也，方其且相，则对其子有不幸之语，及持国宝与逆贼，则骇其子劝止之请，一何前后之不相侔也！鄙夫患失，又惩白马之祸[3]，丧其良心，甘入"六臣"之列[4]，其可羞也甚矣。凝式病其父失节，托于心疾，历五代十二君，佯狂不仕，亦贤乎哉！（卷十六《容斋三笔》）

【注释】

① 杨涉：同州冯翊（今陕西渭南市大荔县）人。父严，唐僖宗时官至兵部侍郎。涉举进士，昭宗朝为吏部尚书。天祐元年（904）八月，朱全忠弑昭宗，哀帝即位。二年三月，以涉为中书侍郎平章事、集贤殿大学士判户部事。四年四月，唐亡，与张文蔚总率百僚事梁；五月，拜门下侍郎平章事。在位三年，俯首无所施为，罢为左仆射。乾化三年（913）七月，以太子太傅致仕，卒。子凝式，字景度，号虚白。历事梁、唐、晋、汉、周，常以心疾致仕，官至太子太保。居于洛阳。显德元年（954）卒，年八十三。凝式善文词，工书，有《韭花帖》等传世。

② 传国宝：即传国玺。秦以后皇帝世代相传印章，故又称秦玺。唐改称传国宝。据传秦始皇得蓝田玉，雕为印，刻李斯所书篆“受命于天，既寿永昌”八字。秦亡归汉，后佚。历代多自刻制，文亦各有同异。天祐四年（907）三月，朱全忠欲行“传禅”之礼，命中书侍郎平章事张文蔚充册礼使，礼部尚书苏循为副；中书侍郎平章事杨涉为押传国宝使，翰林学士、中书舍人张策为副；御史大夫薛贻矩为押金宝使，左丞赵光逢为副。四月，朝于梁。

③ 白马之祸：天祐元年正月，以柳璨为右谏议大夫同平章事。璨出身贫寒，升迁过速，常遭同列轻慢，璨深蓄怨，附朱全忠。二年五月，有占星者云，君臣俱灾，宜刑杀以应天变。璨乃疏轻己者三十馀人，诛杀大臣裴枢、陆扆等“衣冠清流”于滑州白马驿，投尸于河。伤害既甚，冤声载道，朱全忠亦心恶之。全忠代唐，借“兴复李氏”之名捕璨，璨临刑呼曰：“负国贼柳璨，死其宜矣！”参见《旧唐书·柳璨传》。

④ 六臣：指朱全忠行立国大典时，率文武百官事梁的六位唐臣。见本则注释②。《新五代史》卷三十五有《唐六臣传》。

40. 陈翠说燕后

赵左师触龙说太后[①]，使长安君出质，用爱怜少子之说以感动之。予尝论之于《随笔》中[②]。其事载于《战国策》《史记》《资治通鉴》，而《燕语》中又有陈翠一段[③]，甚相似。云：“陈翠合齐、燕，将令燕王之弟为质于齐，太后大怒曰：‘陈公不能为人之国，则亦已矣，焉有离人子母者！’翠遂入见后，曰：‘人主之爱子也，不如布衣之甚也，非徒不爱子也，又不爱丈夫子独甚。’太后曰：‘何也？’对曰：‘太后嫁女诸侯，奉以千金。今王愿封公子，群臣曰公子无功不当封，今以公子为质，且以为功而封之也，太后弗听，是以知人主之不爱丈夫子独甚也。且太后与王幸而在，故公子贵；太后千秋之后，王弃国家，而太子即位，公子贱于布衣。故非及太后与王封公子，则终身不封矣。’太后曰：‘老妇不知长者之计。’乃命为行具[④]。”此语与触龙无

异,而《史记》不书,《通鉴》不取,学者亦未尝言。(卷三《容斋四笔》)

【注释】

① 触龙:战国时赵国大臣。官左师。赵惠文王三十三年(前266),惠文王卒,太子丹立,是为孝成王。孝成王新立,太后用权。明年,秦急攻赵,赵求救于齐。齐必欲以太后所爱少子长安君为质,始肯出兵。太后不许。触龙愿见,以说太后,太后乃悟。事见《战国策·赵策四》《史记·赵世家》《资治通览·周纪五》。

② 论之于《随笔》中:见《容斋随笔》卷十三《谏说之难》。

③ 燕语:应为《燕策》。陈翠说燕后,事见《战国策·燕策二》。

④ 行具:出行用具。

41. 左黄州表

唐肃宗时,王玙以祠祷见宠[1],骤得宰相。帝尝不豫,玙遣女巫乘传,分祷天下名山大川[2]。巫皆盛服,中人护领,所至干托州县,赂遗狼藉[3]。时有一巫美而艳,以恶少年数十自随,尤憸狡不法[4]。驰入黄州,刺史左震晨至馆请事[5],门镝不启[6]。震怒,破镝入,取巫斩廷下,悉诛所从少年,籍其赃得十馀万,因遣还中人。玙不能诘,帝亦不加罪。震刚决如此,而史不记其他事。予读《元次山集》[7],有《左黄州表》一篇云:"乾元己亥,赞善大夫左振,出为黄州刺史,下车,黄人歌曰:'我欲逃乡里,我欲去坟墓。左公今既来,谁忍弃之去。'后一岁,又歌曰:'吾乡有鬼巫,惑人人不知。天子正尊信,左公能杀之。'盖此巫黄人也。振在州三迁侍御史,判金州刺史,将去,黄人多去思[8],故为作表。"予谓振为政宜民[9],见于歌颂,史官当特书之于循吏中,而仅能不没其实,故为标显于此[10]。己亥者,乾元二年。玙以元年五月自太常少卿拜中书相,二年三月罢,本纪及《宰相表》同[11]。而《新史》本传以为三年自太常卿拜相,明日罢[12],失之矣。乃承《旧史》之误也[13]。(卷四《容斋四笔》)

【注释】

① 王玙:少习礼学,博通古今祀典。玄宗朝迁太常博士、侍御史,充祠祭使。肃宗即位,累迁太常少卿,以祠祷每多赐赉。据《资治通鉴》卷二百二十:乾元元年(758)五月,王玙"专依鬼神以求媚,每议礼仪,多杂以巫祝俚俗,上悦之,以玙为中书侍郎同平章事"。

② 乘传(zhuàn):乘坐驿车。传,驿站马车。

③ 赂遗(wèi)狼藉:谓获赠财物多而杂乱堆积。狼藉,纵横散乱貌。此处指散乱堆积。

④ 憸(xiān)狡:奸诈。

⑤ 左震:又作"左振"。泾县(今安徽宣城市泾县西北)人。乾元二年(759),以赞善大夫出任黄州刺史。

⑥ 门鐍(jué):门锁。

⑦ 元次山:元结,字次山,号漫郎、聱叟、猗玗子。河南(治今河南洛阳市)人,居鲁山(今属河南平顶山市)。天宝十二载(753),举进士。以讨史思明叛有功,迁监察御史里行。后拜道州刺史、容管经略使。大历七年(772)卒,年五十。赠礼部侍郎。善文词,有《元次山文集》。

⑧ 去思:谓地方士民对离任官吏的怀念。

⑨ 振:即左震。原文"振"字下有注"即震也"。

⑩ 标显于此:指彰显在《王玙传》中。标显,彰显,炫示。

⑪ 本纪及《宰相表》同:指《旧唐书·肃宗本纪》与《新唐书·宰相表中》所载相同。《肃宗本纪》曰:"(乾元元年五月)己未,中书令崔圆为太子少师,刑部尚书同平章事李麟为太子少傅,并罢知政事,以太常少卿、知礼仪事王玙为中书侍郎、同中书门下平章事。"《宰相表中》曰:"乾元元年五月乙未,圆罢为太子少师,麟罢为太子少傅,太常少卿王玙为中书侍郎、同中书门下平章事。"

⑫ 明日:疑为"明年"之误。

⑬ 承《旧史》之误:指两《唐书·王玙传》承袭之误。《旧唐书》本传:"肃宗即位,累迁太常卿,以祠祷每多赐赉。乾元三年七月,兼蒲州刺史,充蒲、同、绛等州节度使。中书令崔圆罢相,乃以玙为中书侍郎、同中书门下平章事。"《新唐书》本传因之。

42. 饶州风俗

嘉祐中,吴孝宗子经者[①],作《馀干县学记》[②],云:"古者江南不能与中土等,宋受天命,然后七闽二浙与江之西东[③],冠带《诗》《书》[④],翕然大肆[⑤],人才之盛,遂甲于天下。江南既为天下甲,而饶人喜事,又甲于江南。盖饶之为州,壤土肥而养生之物多,其民家富而户羡[⑥],蓄百金者不在富人之列。又当宽平无事之际,而天性好善,为父兄者,以其子与弟不文为咎;为母妻者,以其子与夫不学为辱。其美如此。"予观今之饶民,所谓家富户羡,了非昔时,而高甍巨栋连阡亘陌者,又皆数十年来寓公所擅[⑦],而好善为学,亦不尽如吴记所言,故录其语以寄一叹。(卷五《容斋四笔》)

【注释】

① 吴孝宗：字子经，临川（今江西抚州市）人。熙宁三年（1070）举进士第。据魏泰《东轩笔录》卷十二："（吴孝宗）少落魄，不获细行，然文辞俊拔，有大过人者。嘉祐初，始作书谒欧阳文忠公，且贽其所著《法语》十馀篇，文忠读而骇叹，问之曰：'子之文如此，而我不素知之，且王介甫、曾子固皆子之乡人，亦未尝称子，何也？'孝宗具言少无乡曲之誉，故不见礼于二公。文忠尤怜之，于其行赠之诗……孝宗至熙宁间，始以进士得第一，命为主簿而卒。既尝忤王荆公，无复荐引之者。家贫无子，其书亦将散落而无传矣。"

② 馀干县学：馀干县（治今江西上饶市余干县西北）所设官学。馀干，宋江南东路饶州（治今江西上饶市鄱阳县）属县。据《明一统志》卷五十："（馀干县学）在县治东。唐置于江滨，以水患迁县左。宋以来迁建不一，绍兴间得董氏东湖故宅，迁之即此。"吴孝宗《馀干县学记》，未见载他籍。

③ 七闽二浙与江之西东：七闽，古代闽人分为七族，故称七闽，北宋置福建路，辖福、建、泉、南剑、漳、汀六州，邵武、兴化二军。二浙，北宋两浙路，辖平江、镇江二府，杭、越、湖、婺、明、常、温、台、处、衢、严、秀十二州。江之西东，北宋江南东路、江南西路；江南东路辖江宁一府，宣、徽、江、池、饶、信、太平七州，南康、广德二军；江南西路辖洪、虔、吉、袁、抚、筠六州，兴国、南安、临江、建昌四军。

④ 冠带：本指服制，引申为礼仪、教化。

⑤ 翕然大肆：谓忽然盛行开来。大肆，此处指迅而广地传扬。

⑥ 家富而户羡：家家户户富裕丰足。羡，有馀。

⑦ 寓公：古指失其领地而寄居他国的贵族。后泛指流亡而寄居他乡的官僚士绅。此处指随宋室南渡的官僚士绅。

43. 洗儿金钱

车驾都钱塘以来[①]，皇子在邸生男及女，则戚里、三衙、浙漕、京尹皆有餉献[②]，随即致答，自金币之外，洗儿钱果[③]，动以十数合，极其珍巧，若总而言之，殆不可胜算，莫知其事例之所起。刘原甫在嘉祐中[④]，因论无故疏决云："在外群情皆云，圣意以皇女生，故施此庆，恐非王者之令典也。又闻多作金银、犀象、玉石、琥珀、玳瑁、檀香等钱，及铸金银为花果，赐予臣下，自宰相、台谏，皆受此赐。无益之费，无名之赏，殆无甚于此。若欲夸示奢丽，为世俗之观则可矣，非所以轨物训俭也。宰相、台谏以道德辅主，奈何空受此赐，曾无一言，遂事不谏！臣愿深执恭俭，以答上天之贶[5],不宜行姑息之恩,以损政体。”伟哉刘公之论,其劲切如此。欧阳公铭墓[6],略而不书。予为国史,亦不知载于本传,比方读其奏章,故敬纪之。韩偓《金銮密记》云[7]:“天复二年,大驾在岐[8],皇女生三日,赐洗儿果子、金银钱、银叶坐子、金银铤子。”予谓唐昭宗于是时尚复讲此,而在庭无一言,盖宫掖相承,欲罢不能也。(卷六《容斋四笔》)

【注释】

① 车驾都钱塘:绍兴八年(1138)二月,宋高宗即位已十一年,遂定都临安(今浙江杭州市)。

② 戚里、三衙、浙漕:戚里,为帝王外戚居住之地,借指外戚。三衙,宋掌管禁军机构殿前司、侍卫亲军马军司、侍卫亲军步军司之合称。浙漕,两浙转运司,总一路之利权兼纠察官吏。 饷献:馈赠奉献。

③ 洗儿:旧俗,婴儿出生三日或满月时替其洗身,称“洗儿”;亲朋会集庆贺,称“洗儿会”,馈赠婴儿钱物,称“洗儿钱”。此处“洗儿钱果”是指主家答谢亲朋的钱物与糖食糕点。

④ 刘原甫:刘敞,字原甫(父)。参见第476页第15则注释②。

⑤ 贶(kuàng):赠;赐。

⑥ 欧阳公铭墓:指欧阳修撰《集贤院学士刘公墓志铭》,熙宁二年(1069)作。见《欧阳修全集》卷三十五。

⑦ 韩偓:字致光(一作致尧),小字冬郎,自号玉山樵人,京兆万年(今陕西西安市)人。唐龙纪进士,授刑部员外郎。天复初,官翰林学士、中书舍人,随昭宗奔凤翔,进兵部侍郎、翰林承旨。后以不附朱全忠遭贬斥,率族南依闽王王审知而卒。有诗名。《金銮密记》,《新唐书·艺文志》存其目,五卷,主要记述从昭宗西幸岐,其谋议及所闻见事。

⑧ 大驾在岐:指天复元年(901),宰相崔胤矫诏令朱全忠率兵赴京除宦,全忠乘机攻取同、华等州,兵临长安。宦官韩全诲等劫持昭宗出奔凤翔李茂贞。朱全忠兵追至凤翔城下,韩全诲矫诏令全忠返镇。二年,全忠再围凤翔,城中食尽。三年正月,李茂贞无奈,杀韩全诲等二十人,与朱全忠议和,全忠挟昭宗归长安。

44. 久而俱化

天生万物,久而与之俱化,固其理焉,无间于有情无情,有知无知也。予得双雁于衢人郑伯膺,纯白色,极驯扰可玩[1],置之云壑,不远飞翔。未几,殒其一,其一块独无俦[2],因念白鹅正同色,又性亦相类,乃取一只与同处。始也,两下不相宾接[3],

见则东西分背，虽一盆饲谷，不肯并啜。如是五日，渐复相就，逾旬之后，怡然同群，但形体有大小，而色泽飞鸣则一。久之，雁不自知其为雁，鹅不自知其为鹅，宛如同巢而生者。与之俱化，于是验焉。今人呼鹅为舒雁，或称家雁，其褐色者为雁鹅，雁之最大者曰天鹅。唐太宗时，吐蕃录东赞上书[4]，以谓圣功远被，虽雁飞于天，无是之速，鹅犹雁也，遂铸金为鹅以献。盖二禽一种也。(卷七《容斋四笔》)

【注释】

① 驯扰：驯服和顺。

② 块独无俦：孤独无侣。

③ 宾接：以宾礼接待。

④ 录东赞：《新唐书·吐蕃传上》作"禄东赞"。吐蕃大论，尝为吐蕃赞普使者入唐求婚。贞观十五年(641)，唐太宗以宗女文成公主与吐蕃赞普联姻，既而太宗伐辽还，赞普命禄东赞上书贺之。吐蕃称其王为赞普，称其大相为大论，副相为小论。时吐蕃赞普为松赞干布，新旧《唐书》称"弃宗弄赞"或"弃苏农"。

45. 文潞公平章重事

文潞公元丰六年以太师致仕[1]，时七十八岁矣。后二年，哲宗即位，太皇太后垂帘同听政，用司马公为门下侍郎[2]，公奏乞召潞公置之百寮之首，以镇安四海，后遣中使梁惟简宣谕曰："彦博名位已重，又得人心，今天子幼冲，恐其有震主之威。且于辅相中无处安排，又已致仕，难为复起。"公当时以新入，不敢复言。元祐元年三月，公拜左仆射，乃再上奏曰："《书》曰：'人惟求旧[3]。'盖以其历年之多也。彦博沉敏有谋略，知国家治体，能断大事，自仁宗以来，出将入相，功效显著，天下所共知，年逾八十，精力尚强。臣初曾奏陈，寻蒙宣谕。切惟彦博一书生尔，年逼桑榆[4]，富贵已极，夫复何求？非有兵权死党可畏惧也。假使为相，一旦欲罢之，止烦召一学士，授以词头[5]，白麻既出[6]，则一匹夫尔，何难制之？有震主之威，防虑大过。若依今官制用之为相，以太师兼侍中行左仆射[7]，有何不可？倘不欲以剧务烦老臣，则凡常程文书，只委右仆射以下签书发遣，惟事有难决者，方就彦博咨禀。自古致仕复起，盖非一人，彦博今年八十一，不过得其数年之力，愿急用之，臣但以门下侍郎助彦博，恐亦时有小补。今不以彦博首相，而以臣处之，是犹舍骐骥而策驽驸也[8]，切为朝廷惜之。若以除臣左仆射，难为无故以他人易之，则臣欲露表举其自代[9]。"奏入，不许。给事中范纯仁亦劝乞召致，留为师臣[10]。未几，右仆射韩缜求去，后始赐司马公密诏，欲除彦博兼侍中行右仆射事，其合行恩礼，令相度条具[11]。公以名体未正，不敢居其上，乞以行左仆射，自守右仆射。诏曰："使彦博居卿上，非予所以待卿之意，卿更思之。"公执奏言："臣为京官时，彦博已为宰相，今使彦博列位在下，非所以正大伦也[12]。"于是召赴阙。既而御史中丞刘挚、左正言朱光庭、右正言王觌俱上言[13]："彦博春秋高，不可为三省长官。"司马公又言："若令以正太师平章军国重事，亦足以老尊成矣[14]。"四月，遂下制如公言，诏一月两赴经筵，六日一入朝，因至都堂与执政商量事，朝廷有大政令，即与辅臣共议。潞公此命，可谓郑重费力，盖本不出于主意也[15]。然居位越五年，屡谢病，乃得归，竟坐此贻绍圣之贬[16]。（卷七《容斋四笔》）

【注释】

① 文潞公：文彦博。封潞国公。参见第157页第18则注释②。

② 司马公：司马光。参见《涑水记闻》简介与第189页第12则注释④。

③ 人惟求旧：谓用人当以年高德劭的旧臣为贵。语见《尚书·盘庚上》："人惟求旧，器非求旧，惟新。"

④ 桑榆：日落时光照桑树、榆树之端，因以指日暮。亦喻指垂暮之年。

⑤ 词头：词臣所撰诏敕之摘由或提要。

⑥ 白麻："白麻纸"省称。唐制，由翰林学士起草凡赦书、德音、立后、建储、大诛讨及拜免将相等重要诏书，皆用白麻纸，因直接从禁中发出，故称"内制"。中书舍人所撰一般诏书，用黄麻纸，因由外朝所出，故称"外制"。

⑦ 行：宋元丰官制改革后，官员俸禄分行、守、试三个等级，凡寄禄官品级比职事官高一品以上，带"行"字，职钱最高。在"太师兼侍中行左仆射"中，"太师""侍中（开府仪同三司）"皆寄禄官称，正一品，而"左仆射"为职事官称，从一品，故带"行"字。参见第271页第1则注释③。

⑧ 骐骥：骏马。喻贤才。　驽骀：劣马。喻劣才。

⑨ 露表：犹露章。泛指上奏章。

⑩ 师臣：对居师保之位或加有太师官号的执政大臣的尊称。

⑪ 相度（xiàng duó）条具：观察估量后分条陈述。

⑫ 大伦：基本伦理道德。

⑬ 刘挚、朱光庭、王觌：刘挚，参见第313页第9则注释④。朱光庭，参见第586页第37则注

释③。王觌，字明叟，泰州如皋（今属江苏南通市）人。进士及第。哲宗立，以吕公著、范纯仁荐为右正言，进司谏，迁右谏议大夫。徽宗朝，为工部侍郎，迁御史中丞。后以龙图阁学士知润州，徙海州，罢。主管太平观，安置临江军。崇宁二年（1103），无疾而卒，年六十八。

⑭ 老尊成：疑为“尊老成”之误。

⑮ 主意：君主之心意。

⑯ 绍圣之贬：指绍圣元年（1094），哲宗亲政，起章惇为相，排斥元祐大臣，恢复新法。文彦博即从太师贬为太子少保，卒。

46. 王逸少为艺所累

王逸少在东晋时[1]，盖温太真、蔡谟、谢安石一等人也[2]，直以抗怀物外[3]，不为人役，故功名成就，无一可言，而其操履识见，议论闳卓[4]，当世亦少其比。公卿爱其才器，频召不就。殷渊源辅政[5]，劝使应命，遗之书曰：“足下出处，正与隆替对[6]，岂可以一世之存亡，必从足下从容之适？”逸少报曰：“吾素自无廊庙，王丞相欲内吾[7]，誓不许之，手迹犹存，由来尚矣，不于足下参政而方进退。自儿娶女嫁，便怀尚子平之志[8]，数与亲知言之，非一日也。”及殷侯将北伐，以为必败，贻书止之。殷败后，复图再举，又遗书曰：“以区区江左，所营综如此[9]，天下寒心久矣。自寇乱以来，处内外之任者，疲竭根本，各从所志，竟无一功可论，一事可纪。任其事者，岂得辞四海之责哉！若犹以前事为未工，故复求之于分外，宇宙虽广，何所自容！”又与会稽王笺曰[10]：“今虽有可欣之会，内求诸己，而所忧乃重于所欣，以区区吴、越，经纬天下十分之九，不亡何待！愿令诸军皆还保淮，须根立势举，谋之未晚。”其识虑精深，如是其至，恨不见于用耳。而为书名所盖，后世但以翰墨称之。《晋书》本赞，标为唐太宗御撰，专颂其研精篆素[11]，尽善尽美，至有“心慕手追”之语，略无一词论其平生，则一艺之工，为累大矣。献之立志[12]，亦似其父。谢安欲使题太极殿榜，以为万代宝，而难言之，试及韦仲将陵云榜事[13]，即正色曰：“使其若此，有以知魏德之不长。”遂不之逼。观此一节，可以知其为人，而亦以书名之故，没其盛德。二王尚尔[14]，况于他人乎！（卷十《容斋四笔》）

【注释】

① 王逸少：即王羲之。参见第257页第2则注释④。

② 温太真、蔡谟、谢安石：三者皆东晋名臣。温峤，字太真，太原祁县（今山西晋中市祁县东）人。少聪敏有风仪。初为司隶都官从事，后举秀才。西晋末，从平北大将军刘琨为从事中郎、上党太守，又随府迁司空右司马。仕元帝、明帝、成帝，历太子中庶子、侍中、中书令，累至骠骑将军、开府仪同三司，加散骑常侍，封始安郡公。咸和四年（369）卒，年四十二。赠侍中大将军，使持节，谥曰忠武。蔡谟，字道明，陈留考城（今河南商丘市民权县东北）人。弱冠察孝廉，州辟从事，举秀才。渡江避难，明帝为东中郎将，引为参军。元帝拜丞相，复辟为掾，转参军，迁中书侍郎。历侍中、太常、征北将军。康帝即位，拜左光禄大夫、开府仪同三司，领司徒，代殷浩为扬州刺史。穆帝时，拜侍中、司徒，称病不就，免为庶人。谟既废，杜门不出，终日讲诵，教授子弟。数年后复官，不朝。永和十二年（356）卒，年七十六。赠侍中、司空，谥曰文穆。谢安石，谢安，字安石。参见第552页第11则注释⑫。

③ 抗怀：坚守高尚情怀。

④ 闵卓：高远。

⑤ 殷渊源：殷浩，字渊源（《晋书》避唐高祖李渊讳，改"深源"），陈郡长平（今河南周口市西华县东北）人。少识度清远，有美名，尤精于玄言。三府辟，皆不就。征西将军庾亮引为记室参军，迁司徒左长史。后称病隐居近十年。康帝末，司马昱执政，征浩为建武将军、扬州刺史。穆帝时，桓温灭成汉，威势转振，朝廷惮之。司马昱引浩为腹心，以抗于温，为是温、浩颇相疑。永和六年（350），以浩为中军将军、假节、都督扬豫徐兖青五州诸军事，欲北征中原及关中。八年，攻许昌、洛阳；九年，因降将叛，退守谯郡。桓温闻其败，上疏罪浩，朝廷乃废浩为庶人，徙于东阳信安县。十二年卒。

⑥ 隆替：盛衰；兴废。

⑦ 王丞相：王导，字茂弘，琅邪临沂（今山东临沂市北）人。西晋末，为琅邪王司马睿献策移镇建康。大兴元年（318），司马睿称帝（元帝），以导为骠骑将军、开府仪同三司。明帝即位，受遗诏辅朝政。太宁元年（323），为司徒。咸康四年（338），成帝罢司徒之设，以导为丞相。五年薨，年六十四。谥曰文献。两晋时，司徒、丞相废置无常，故王导在相位自太宁元年至咸康五年，凡十七年。

⑧ 尚子平：尚，《后汉书·逸民传》作"向"。向长，字子平，河内朝歌（今河南鹤壁市淇县）人。东汉隐士。性尚中和，好通《老》《易》。家贫无资食，人馈焉，受之，取足而返其馀。建武中，儿女娶嫁既毕，不问家事，谓曰："当如我死也。"遂肆意与同好北海禽庆俱游五岳名山，竟不知所终。

⑨ 营综：经营治理。引文节选自《又遗殷浩书》，原文见《王右军集》卷一。

⑩ 会稽王：司马昱，字道万，元帝司马睿少子。初封琅邪王，后徙封会稽王。建元二年（344），康帝崩，入朝专总万机。太和元年（366），海西公立，进位丞相，录尚书事。六年，大司马桓温率百官迎于会稽邸，拜受玺绶，改元咸安。在位两年崩，谥曰简文帝。

⑪ 篆素:写篆书于素帛。此处指书法。

⑫ 献之:王献之,字子敬,生于会稽山阴(今浙江绍兴市)。王羲之第七子。尚简文帝女新安公主。孝武帝时,官至中书令。工书,尤以行草擅名。与其父并称"二王"。

⑬ 韦仲将陵云榜事:韦诞,字仲将。东汉建安中尝为郡上计吏。入魏,历郎中、侍中、中书监。以光禄大夫逊位,卒于家,年七十五。诞有文才,善书,人称"草圣"。据《晋书·王献之传》:"魏时陵云殿榜未题,而匠者误钉之,不可下,乃使韦仲将悬橙书之。比讫,须鬓尽白,裁馀气息。还,语子弟,宜绝此法。"陵云殿,魏明帝时所建宫殿。橙,高脚凳。

⑭ 尚尔:尚且如此。

47. 当官营缮

元丰元年,范纯粹自中书检正官谪知徐州滕县[1],一新公堂吏舍,凡百一十有六间,而寝室未治,非嫌于奉己也,曰吾力有所未暇而已。是时,新法正行,御士大夫如束湿[2],虽任二千石之重[3],而一钱粒粟,不敢辄用,否则必著册书。东坡公叹其廉,适为徐守,故为作记。其略曰:"至于宫室,盖有所从受,而传之无穷,非独以自养也。今日不治,后日之费必倍。而比年以来,所在务为俭陋,尤讳土木营造之功,欹仄腐坏[4],转以相付,不敢擅易一椽,此何义也!"是记之出,新进趋时之士,娼疾以恶之[5]。恭览国史,开宝二年二月诏曰:"一日必葺,昔贤之能事。如闻诸道藩镇、郡邑公宇及仓库,凡有隳坏,弗即缮修,因循岁时,以至颓毁,及僝工充役[6],则倍增劳费。自今节度、观察、防御、团练使、刺史、知州、通判等罢任,其治所廨舍,有无隳坏及所增修,著以为籍,迭相符授。幕职州县官受代,则对书于考课之历[7],损坏不全者,殿一选[8],修葺、建置而不烦民者,加一选。"太祖创业方十年,而圣意下逮,克勤小物,一至于此。后之当官者不复留意。以兴仆植僵为务[9],则暗于事体、不好称人之善者,往往翻指为妄作名色[10],盗隐官钱,至于使之束手讳避,忽视倾陋,逮于不可奈何而后已。殊不思贪墨之吏,欲为奸者,无施不可[11],何必假于营造一节乎!(卷十二《容斋四笔》)

【注释】

① 范纯粹:字德孺,吴县(今江苏苏州市)人。范仲淹第四子。以荫入仕。元丰中,为陕西路转运判官,进副使。哲宗立,以直龙图阁代为京东路转运使,又代兄纯仁知庆州。元祐六年(1091),除宝文阁待制,召为户部侍郎,出知延安府。绍圣初,以元祐党人夺职,知均州。徽宗立,

起知信州，帅延安，又知永兴军。寻以党禁复起，责常州别驾、鄂州安置。党禁解，复徽猷阁待制，致仕。政和七年(1117)卒，年七十二。纯粹沉毅干略，直言剀切，为帅亦端重有体，边人畏服。检正官："检正中书五房公事"之简称。宰执属官，隶中书省，掌总理、督察中书五房吏人公事。五房为孔目房、吏房、户房、礼房、刑房。熙宁创置，元丰改制后罢。《宋史·范纯粹传》："(纯粹)以荫迁至赞善大夫、检正中书刑房，与同列有争，出知滕县。"

② 束湿：捆扎湿物。形容官吏驭下苛酷急切。

③ 二千石：汉制，郡守俸禄为二千石，即月俸百二十斛。世因称郡守为"二千石"。

④ 攲仄：倾斜；歪斜。

⑤ 媢(mào)疾：嫉妒。

⑥ 僝(zhuàn)工充役：差遣工匠从事劳役。僝工，又作"僝功"，显现功业。此处指筹集工料，从事或完成建筑工程。

⑦ 考课之历：考核官吏记录册。考课，按一定标准考核官吏优劣，评定等差，决定升降赏罚之法。历，又称"历子"，宋记述官吏功过政迹之簿册，以备考课升降之用。

⑧ 殿一选：指停叙铨选一次。唐制，吏部掌六品以下官选授，每年一选。届时，候选注官人汇集京师，称"调集"，由铨司鉴别评试，授予新官，称"选"。宋初罢京官以上铨选，幕职州县官(选人)归吏部流内铨选。通常，选人七阶历三任六考、五人荐举(其中一员为监司官)，经磨勘、待次便殿引见等程序，方得改官。每岁改官限定为百人或百二十人，依时而定。选人有以历任资序、举主员数等故，而永无改官之日者。

⑨ 兴仆植僵：扶植倒下之物。此处指为政兴利救弊。

⑩ 翻指为妄作名色：反而以胡作妄为的名目加以指责。翻，反而。名色，名称，名目。

⑪ 无施不可：用在任何地方均甚得当。此处指在任何方面都能贪赃枉法。

48. 国初救弊

国朝削并僭伪[1]，救民水火之中，然亦有因仍旧弊，未暇更张者，故须赖于贤士大夫昌言之。江左初平，太宗选张齐贤为江南西路转运使[2]，谕以民间不便事，令一一条奏。先是诸州罪人多锢送阙下，缘路非理而死者[3]，常十五六。齐贤至蕲州，见南剑州吏送罪人者，索得州帖视之。二人皆逢贩私盐者，为荷盐笼得盐二斤，又六人皆尝见贩盐而不告者，并黥决传送，而五人已死于路。江州司理院自正月至二月，经过寄禁罪人，计三百二十四人。建州民二人，本田家客户，尝于主家塘内，以锥刺得鱼一斤半，并杖脊、黥面，送阙下。齐贤上言："乞俟至京，择官虑问，如显有负屈者，本州官吏量加惩罚。自今只令发遣正身[4]。"及虔州，送三囚，尝市得牛肉,并家属十二人悉诣阙,而杀牛贼不获,齐贤悯之,即遣其妻子还。自是江南送罪人者减太半。是皆相循习所致也,齐贤改为,其利民如此。齐贤以太平兴国二年方登科,六年为使者,八年还朝,由密学拜执政[5],可谓迅用也。(卷十三《容斋四笔》)

【注释】

① 削并僭伪:指宋立国后,先后平定十国尚存之荆南、武平、后蜀、南汉、南唐、吴越、北汉等割据政权。

② 张齐贤:参见第163页第25则注释①。太平兴国六年(981),为江南西路转运副使,冬改右补阙,加正使。

③ 非理:不合常理;不正常。

④ 正身:确系本人,非冒名顶替者。

⑤ 密学:枢密直学士。太平兴国八年,张齐贤自枢密直学士迁右谏议大夫、同签署枢密院事。

49. 汉重苏子卿

汉世待士大夫少恩,而独于苏子卿加优宠[1],盖以其奉使持节,褒劝忠义也。上官安谋反[2],武子元与之有谋,坐死。武素与上官桀、桑弘羊有旧,数为燕王所讼,子又在谋中,廷尉奏请逮捕武,霍光寝其奏[3]。宣帝立,录群臣定策功,赐爵关内侯者八人[4],刘德、苏武食邑[5]。张晏曰[6]:"旧关内侯无邑,以武守节外国,德宗室俊彦,故特令食邑。"帝闵武年老,子坐事死,问左右:"武在匈奴久,岂有子乎?"武曰:"前发匈奴时,胡妇实产一子通国,有声问来,愿因使者赎之。"上许焉。通国至,上以为郎[7],又以武弟子为右曹[8],以武著节老臣[9],令朝朔望[10],称祭酒[11],甚优宠之。皇后父、帝舅、丞相、御史、将军皆敬重武。后图画中兴辅佐有功德知名者于麒麟阁[12],凡十一人,而武得预。武终于典属国[13],盖以笃老不任公卿之故。先公絷留绝漠十五年[14],能致显仁皇太后音书[15],蒙高宗皇帝有"苏武不能过"之语。而厄于权臣,归国仅升一职,立朝不满三旬,讫于窜谪南荒恶地,长子停官。追诵汉史,可为痛哭者已。又案武本传云:"奉使初还,拜为典属国,秩中二千石。昭帝时,免武官。后以故二千石与计谋立宣帝,赐爵。张安世荐之,即时召待诏,数进见,复为典属国。"然则豫定策时,但以故二千石耳。而《霍光传》连名奏昌邑王时[16],直称典属国,宣纪封侯亦然,恐误也。(卷十六《容斋四笔》)

【注释】

① 苏子卿:苏武,字子卿。参见第259页第5则注释②。

② 上官安:陇西上邽(今甘肃天水市)人。上官桀之子。始元元年(前86),昭帝立,大将军霍光秉政,左将军上官桀副之,封桀为安阳侯,安为骠骑将军。四年,上官安求于帝姊鄂邑长公主,以其女为昭帝婕妤,数月立为皇后。五年,封安桑乐侯。桀、安父子与霍光争权,欲害之。元凤元年(前80),遂与长公主、御史大夫桑弘羊联络燕王旦,阴谋去光,另立旦为帝。事发觉,皆伏诛。

③ 霍光:字子孟,河东平阳(今山西临汾市西南)人。霍去病异母弟。汉武帝时,为奉车都尉。昭帝即位,受遗诏与金日磾、上官桀等同辅政,为大司马大将军,封博陆侯。昭帝死,迎立昌邑王刘贺为帝,未久即废,又迎立宣帝。前后执政凡二十年,子孙亲属皆为大官,权势显赫。地节二年(前68)卒。以其妻谋害许皇后事遭族诛。

④ 关内侯:秦汉爵号。汉立国,袭用秦爵二十级,以赏有功。最高第二十为彻侯(后因避武帝讳改为"通侯"),言其爵位上通天子;第十九为关内侯,言有侯号而居京畿,无国邑。一至四级为士卒,五至九级为军吏,十至十八级为军将,十九、二十级为列侯。

⑤ 刘德:字路叔,楚元王刘交之后。少修黄老术,有智略。武帝召见,谓之"千里驹"。昭帝时,为宗正丞。元平元年(前74)四月,昭宗崩;七月,与立宣帝,受命以軨猎小车奉迎帝于长安尚冠里舍。本始元年(前73)正月,论定策功,赐爵关内侯,食邑。地节中,以亲亲行谨厚封为阳城侯。

⑥ 张晏:字子博,中山(治今河北保定市定州市)人。三国魏学者。尝注《史记》《汉书》。

⑦ 郎:帝王侍从官。秦汉沿置,有议郎、中郎、侍郎、郎中等,掌护卫陪从、备顾问差遣。九卿之一郎中令(武帝时改为"光禄勋")属官。

⑧ 右曹:汉左右曹受尚书事。尚书,秦汉属九卿之一少府,掌文书章奏。长官为尚书令、丞,下使左右曹分堂任事。西汉为增其权势,常以大将军以下诸将领尚书事。

⑨ 著节:以节操高尚而著称。

⑩ 朝朔望:每逢朔日、望日朝谒。古代功勋老臣可享此礼。朔望,每月初一、十五。

⑪ 祭酒:古代飨宴时酹酒司祭之长。后泛指年长或位尊者。

⑫ 麒麟阁:汉宫阁。苏武卒后数年,宣帝图画功臣十一人入麒麟阁。据《汉书·苏武传》:"甘露三年,单于始入朝,上思股肱之美,乃图画其人于麒麟阁。法其形貌,署其官爵、姓名。唯霍光不名,曰大司马大将军博陆侯姓霍氏;次曰卫将军富平侯张安世;次曰车骑将军龙额侯韩增;次曰后将军营平侯赵充国;次曰丞相高平侯魏相;次曰丞相博阳侯丙吉;次曰御史大夫建平侯杜延年;次曰宗正阳城侯刘德;次曰少府梁丘贺;次曰太子太傅萧望之;次曰典属国苏武。皆有功德,知名当世,是以表而扬之。"

⑬ 典属国:秦官,汉沿置。掌蛮夷降者,禄秩二千石。成帝时并入大鸿胪。

⑭ 先公:此处指洪迈父皓。建炎中,洪皓以徽猷阁待制、假礼部尚书出使金国,留北十五年乃还。

⑮ 显仁皇太后:韦氏,开封人。宋徽宗龙德宫贤妃,高宗生母。靖康之变,从徽宗北迁。建炎改元,遥尊为宣和皇后。绍兴七年(1137),徽宗及郑皇后崩于北,高宗号恸,遥尊其母为皇太后,三年丧毕然后举行,并遣使乞归。十年,遥上皇太后册宝于慈宁殿。洪皓在金,求得后书,遣人持归。高宗大喜,乃与金议和,以归太后,金主允之。十二年八月,太后至临安,入居慈宁宫。二十九年九月崩,年八十。谥曰显仁。

⑯ 昌邑王:汉武帝孙刘贺。袭父爵为昌邑王。昭帝崩,无嗣,霍光迎其继位,年十九。二十七日后,光奏其淫乱,废。史称废帝。

50. 曹马能收人心

曹操自击乌桓[①],诸将皆谏,既破敌而还,科问前谏者,众莫知其故,人人皆惧。操皆厚赏之,曰:"孤前行,乘危以微倖,虽得之,天所佐也,顾不可以为常。诸君之谏,万安之计,是以相赏,后勿难言之。"魏伐吴,三征各献计[②],诏问尚书傅嘏[③],嘏曰:"希赏徼功,先战而后求胜,非全军之长策也。"司马师不从[④],三道击吴,军大败。朝议欲贬出诸将,师曰:"我不听公休[⑤],以至于此,此我过也,诸将何罪!"悉宥之。弟昭时为监军,唯削昭爵。雍州刺史陈泰求敕并州[⑥],并力讨胡,师从之。未集,而二郡胡以远役遂惊反,师又谢朝士曰:"此我过也,非陈雍州之责。"是以人皆愧悦。讨诸葛诞于寿春,王基始至,围城未合,司马昭敕基敛军坚壁,基累求进讨,诏引诸军转据北山。基守便宜[⑦],上疏言:"若迁移依险,人心摇荡,于势大损。"书奏报听。及寿春平,昭遗基书曰:"初,议者云云,求移者甚众,时未临履[⑧],亦谓宜然。将军深筭利害,独秉固心,上违诏命,下拒众议,终于制敌禽贼,虽古人所述,不过是也。"然东关之败[⑨],昭问于众曰:"谁任其咎?"司马王仪曰[⑩]:"责在元帅。"昭怒曰:"司马欲委罪于孤耶!"引出斩之。此为谬矣。操及师、昭之奸逆,固不待言,然用兵之际,以善推人,以恶自与,并谋兼智,其谁不欢然尽心悉力以为之用!袁绍不用田丰之计[⑪],败于官渡,宜罪己谢之不暇,乃曰:"吾不用丰言,卒为所笑。"竟杀之。其失国丧师,非不幸也。(卷十六《容斋四笔》)

【注释】

① 乌桓:亦作"乌丸"。古族名。东胡一支。秦末汉初,东胡为匈奴所破,部分迁乌桓山(今

内蒙古阿鲁科尔沁旗以北),因以为名。一说因族名山。以游牧射猎为生。汉初附匈奴,武帝后附汉,迁至上谷、渔阳、右北平、辽西、辽东等五塞外。汉、魏置护乌桓校尉监领之。建安十二年(207),曹操迁其众万馀落中原,部分留居东北,后渐与汉族等融合。

② 三征:三国魏征南将军王昶、征东将军胡遵、镇南将军毌丘俭之合称。嘉平四年(252)十月,三将各献征吴之计,朝廷以三征计异,诏问尚书傅嘏。

③ 傅嘏:字兰石,北地泥阳(今甘肃庆阳市宁县东)人。弱冠知名,司空陈群辟为掾属。正始初(240),除尚书郎,迁黄门侍郎。时曹爽秉政,嘏与吏部尚书何晏不平,坐微事免官。大将军司马懿诛爽,以嘏为河南尹,迁尚书。正元二年(255),毌丘俭、文钦作乱,嘏又以平叛功进封阳乡侯。是年卒,年四十七。追赠太常,谥曰元侯。

④ 司马师:字子元。司马懿长子。参见第7页第7则注释⑥。师有雄才大略,助其父谋诛曹爽,以功封长平乡侯,旋加卫将军。嘉平三年(251),司马懿死,以抚军大将军辅政,专权。曾以计击败吴大将军诸葛恪。六年,废魏帝曹芳,立高贵乡公曹髦。次年病死于平乱途中,弟司马昭继为大将军。后侄司马炎代魏立晋,追尊为景帝,庙号世宗。

⑤ 公休:诸葛诞,字公休,琅邪阳都(今山东临沂市沂南县南)人。东汉司隶校尉诸葛丰之后,蜀相诸葛亮族弟。魏明帝时,历官御史中丞、尚书。齐王继位,为扬州刺史,加昭武将军。嘉平四年(252),以镇东将军伐吴。初,诞献计以三路击吴,征南将军王昶攻江陵,镇南将军毌丘俭攻武昌,以牵制上游吴军,再以精兵攻东兴二城。因诸将计异,大将军司马师决以王昶攻南郡,毌丘俭攻武昌,诞与征东将军胡遵率军七万攻东兴。战不利,胡遵军为吴诸葛恪所破,王昶、毌丘俭以东兴兵败,皆烧营退还。正元二年(255),毌丘俭与扬州刺史文钦起兵反于寿春,司马师以诞为镇东大将军、都督扬州诸军事率兵讨之,击溃俭、钦军,夺寿春。诞以功封高平侯,转为征东大将军。诞累见司马氏专权,夷灭大将,惧不自安。甘露二年(257),大将军司马昭召诞入朝为司空,诞惊惧,起兵反。司马昭遣镇东将军王基、安东将军陈骞领兵合围寿春。次年,城中粮尽,诞兵败被杀,诛灭三族。

⑥ 陈泰:字玄伯,颍川许昌(今河南许昌市东)人。司空陈群之子。明帝时除散骑侍郎,正始中徙游击将军,为并州刺史,加振威将军。嘉平初,代为雍州刺史,加奋威将军。四年,西部羌胡寇逼诸郡,泰上书请合雍、并兵以讨之。并州兵以远役而反,泰以孤军胜之。五年,又与车骑将军郭淮击退蜀将姜维。正元二年,以泰为征西将军,假节都督雍、凉二州诸军事。后率军再退姜维军,解狄道之围,平诸葛诞之叛,皆有功。甘露五年(260),曹髦为司马昭亲信所杀,泰悲恸忧愤,吐血而卒。赠司空,谥曰穆侯。

⑦ 便(biàn)宜:不拘陈规,斟酌事宜,自行决断。

⑧ 临履:谓实地核查。

⑨ 东关之败:指嘉平四年,魏诸葛诞、胡遵进攻吴国东兴之战,为诸葛恪所败。东兴,又名"东关"(今安徽马鞍山市含山县东关镇西),为魏、吴间要冲。时司马昭为监军,兵败,兄司马师

夺其爵。

⑩ 王仪：字朱表，北海营陵（今山东潍坊市安丘市西北）人。大司农郎中令王修之子。嘉平中，为安东司马。东关战败，为司马昭所杀。

⑪ 袁绍：字本初，汝南汝阳（今河南周口市商水县西北）人。东汉末，为司隶校尉。何进召董卓进京讨宦，未至而事泄，进被杀，绍尽诛宦。卓至而专朝政，绍出奔冀，除渤海太守。初平元年（190），起兵讨卓。次年，逐冀州牧，据其地。后破公孙瓒，占冀、青、幽、并四州。建安五年（200），为曹操击破于官渡（今河南郑州市中牟县东北），寻病卒。官渡之战前，刘备袭杀徐州刺史车胄，曹操率兵讨备。别驾田丰劝绍击操后方，不听。备败投绍，绍举兵攻许，田丰以为不可，绍怒而囚丰。绍败还，杀之。

51. 王安石弃地

熙宁七年，辽主洪基遣泛使萧禧来言河东地界未决[1]。八年再来，必欲以代州天池分水岭为界[2]。诏询于故相文彦博、富弼、韩琦、曾公亮以可与及不可许之状，皆以为不可。王安石当国，言曰："将欲取之，必固与之[3]。"于是诏不论有无照验[4]，擗拨与之[5]。往时界于黄嵬山麓[6]，我可以下瞰其应、朔、武三州，既以岭与之，虏遂反瞰忻、代，凡东西失地七百里。案庆历中，虏求关南十县[7]，朝廷方以西夏为虑，犹不过增岁币以塞其欲，至于土地，尺寸弗与。熙宁之兵力胜于曩时，而用萧禧坚坐都亭之故[8]，轻弃疆埸设险要害之处。安石果于大言，其实无词以却之也。孙权谓[9]："鲁肃劝吾借刘玄德地云[10]：'帝王之起，皆有驱除，关羽不足忌。'此子敬内不能辨，外为大言耳！"安石之语亦然。（卷一《容斋五笔》）

【注释】

① 泛使：宋称派往别国临时办理事务的一般使节。辽咸雍十年（1074）二月，辽道宗耶律洪基遣林牙萧禧来议河北东路疆事，宋神宗以太常少卿刘忱出疆报之。次年三月，萧禧复来，遣知制诰沈括报之。七月，以王安石言，遣天章阁待制韩缜奉使，尽举所画之地与之。

② 代州天池：在宋河北东路代州西境（今山西忻州市宁武县西南余庄乡桑干河与汾河分水岭上）。

③ 必固：犹必定。

④ 照验：查验，勘合。

⑤ 擗（pǐ）拨：分割；划拨。

⑥ 黄嵬山：在代州西境（今山西忻州市原平市西北），临辽武州（治今山西忻州市神池县）。

⑦ 关南十县：参见第 371 页第 3 则注释⑥。

⑧ 都亭：都邑传舍。“萧禧坚坐都亭”，据《宋史·张方平传》：“契丹泛使萧禧来议疆事，临当辞，卧驿中不起。方平谓枢密使吴充曰：‘但令主者日致馈，勿问，且使边郡檄其国可也。’充启从之。禧即行。”又《沈括传》：“辽萧禧来理河东黄嵬地，留馆不肯辞，曰：‘必得请而后反。’帝遣括往聘。括诣枢密院阅故牍，得须岁所议疆地书，指古长城为境，今所争盖三十里远。表论之。”

⑨ 孙权：字仲谋，吴郡富春（今浙江杭州市富阳市）人。东汉末，继其兄孙策据有江东六郡。建安十三年（208），与刘备联合，大败曹操于赤壁。后又击败刘备于夷陵。黄龙元年（229），称帝于武昌，国号吴，旋迁都建业。神凤元年（252）四月崩，年七十一。谥曰大皇帝。

⑩ 鲁肃：字子敬，临淮东城（今安徽滁州市定远县东南）人。东汉末，率所部百馀人从周瑜至江南，后为孙权图谋帝业。赤壁之战，为赞军校尉，助瑜大破曹军。瑜死，任奋武校尉，代领其军，继为横江将军，力主与刘备修好。建安二十二年（217）卒，年四十六。孙权举哀临其葬，诸葛亮亦为发哀。　刘玄德：刘备，字玄德，涿郡涿县（今河北保定市涿州市）人。汉远支皇族。幼贫，与母贩鞋织席为业。东汉末，起兵讨黄巾。曾先后依附公孙瓒、陶谦、曹操、袁绍、刘表。后用诸葛亮联孙抗曹之策，大败曹操于赤壁，占荆州大部，旋又取益州与汉中。章武元年（221）称帝，国号汉，都成都。次年，与吴战于夷陵，大败。三年四月，崩于白帝城永安宫，年六十三。谥曰昭烈皇帝。“借刘玄德地”，即刘备借荆州。赤壁之战后，荆州七郡为曹、孙、刘三家所瓜分，曹操据荆州北部南阳郡，孙权据江夏郡、南郡，刘备得南部长沙、零陵、桂阳、武陵四郡，为荆州牧，治公安（今湖北荆州市公安县西）。建安十五年（210），刘备以地少不足以容其众，见孙权，求请江汉之地。周瑜上书力阻，言宜徙刘、关、张于吴，不从。寻瑜卒，鲁肃代之，劝孙权以荆州借刘备，与共拒曹操，权从之。十九年，留关羽守荆州，刘备西取益州，领益州牧。二十年，孙权遣使求还荆州诸郡，备不许，谓正图凉州，凉州定，乃尽以荆州相与。孙权以为借而不返，欲以虚辞延引岁时而已，遂置长沙、零陵、桂阳三郡长吏。既而，三郡长吏皆为关羽所逐。权大怒，发兵夺三郡。时曹操将攻汉中，刘备惧，使使与孙权求和，分荆州以湘水为界，长沙、江夏、桂阳以东属权，南郡、零陵、武陵以西属备。

52. 张释之柳浑

汉张释之为廷尉[①]，文帝出行，有人惊乘舆马，使骑捕之，属廷尉。释之奏当此人犯跸[②]，罚金。上怒，释之曰：“方其时，上使使诛之则已。”颜师古谓[③]：“言初执获此人，天子即令诛之，其事即毕。”唐柳浑为相[④]，玉工为德宗作带，误毁一銙[⑤]，工私市它玉足之。帝识不类，怒其欺，诏京兆论死，浑曰：“陛下遽杀之则已，若委有司，须详谳乃可[⑥]。于法，罪当杖，请论如律。”由是工不死。予谓张、柳之论，可谓善矣。然张云“上使使诛之则已”，柳云“陛下遽杀之则已”，无乃启人主径杀人之端乎！斯一节，未为至当也。（卷一《容斋五笔》）

【注释】

① 张释之：字季，堵阳（今河南南阳市方城县东）人。汉文帝时，历官谒者仆射、公车令、中大夫、中郎将，至廷尉。性刚直，持议平，执法严正。景帝立，释之恐，乃称病。岁馀，出为淮南王相，卒。

② 犯跸：冲犯皇帝车驾。

③ 颜师古：颜籀，字师古，京兆万年（今陕西西安市）人。北齐学者颜之推之孙。隋文帝时，尝为安养尉。入唐，官至中书侍郎。师古长于文辞，精于训诂。撰《汉书注》《匡谬正俗》等，考证文字，多所订正。贞观十九年（645），从太宗征辽东，病卒于道，年六十五。谥曰戴。

④ 柳浑：初名载，更为浑，字夷旷，其先自河东徙于襄州（今湖北襄阳市）。天宝初进士及第。历官监察御史、袁州刺史、谏议大夫，累迁尚书左丞，改左散骑常侍。贞元二年（786），拜兵部侍郎，封宜城县伯。三年正月，加同平章事、判门下省。与张延赏同列，为其所挤，寻除常侍，罢知政事。五年二月，以疾终，年七十五。

⑤ 銙（kuǎ）：古代腰带上所附扣版，作方、椭圆等形。原用作受环悬物，后纯为装饰。其质料与数目视饰者身份而异。《新唐书·车服志》：“一品、二品銙以金，六品以上以犀，九品以上以银，庶人以铁。”又曰：“以紫为三品之服，金玉带，銙十三；绯为四品之服，金带，銙十一；浅绯为五品之服，金带，銙十；深绿为六品之服，浅绿为七品之服，皆银带，銙九；深青为八品之服，浅青为九品之服，皆鍮石带，銙八；黄为流外官及庶人之服，铜铁带，銙七。”

⑥ 详谳（yàn）：审判。

53. 唐曹因墓铭

庆元三年[①]，信州上饶尉陈庄发土得唐碑，乃妇人为夫所作。其文曰：“君姓曹，名因，字鄙夫，世为鄱阳人。祖、父皆仕于唐高祖之朝，惟公三举不第，居家以礼义自守。及卒于长安之道，朝廷公卿、乡邻耆旧，无不太息。惟予独不然。谓其母曰：‘家有南亩[②]，足以养其亲；室有遗文，足以训其子。肖形天地间[③]，范围阴阳内，死生聚散，特世态耳，何忧喜之有哉！’予姓周氏，公之妻室也。归公八载，恩义有夺[④]，故赠之铭曰：‘其生也天，其死也天，苟达此理，哀复何言！’”予案唐世上饶本

隶饶州[5]，其后分为信，故曹君为鄱阳人。妇人能文达理如此，惜其不传，故书之，以裨图志之缺。（卷二《容斋五笔》）

【注释】

① 庆元：宋宁宗年号（1195—1200）。

② 南亩：谓农田。南坡向阳，利于稼禾，古人多向南辟田土，故称。《诗经·小雅·大田》："以我覃耜，俶载南亩，播厥百谷。"

③ 肖形：犹仿形。亦泛指形状。此处指万物人生。

④ 恩义有夺：犹恩义已失。夺，丧失，失去。意谓夫亡而夫妻间恩义断绝。

⑤ 饶州：唐饶州属江南西道，治鄱阳（今属江西上饶市），辖鄱阳、新昌、馀干、乐平、弋阳诸县。乾元元年（758），析饶州之弋阳、衢州之常山、玉山及建抚之地置信州，治上饶。宋沿置。

54. 人 生 五 计

朱新仲舍人常云[1]："人生天地间，寿夭不齐，姑以七十为率：十岁为童儿，父母膝下，视寒暖燥湿之节，调乳哺衣食之宜，以须成立，其名曰生计；二十为丈夫，骨强志健，问津名利之场，秣马厉兵，以取我胜，如骥子伏枥[2]，意在千里，其名曰身计；三十至四十，日夜注思[3]，择利而行，位欲高，财欲厚，门欲大，子息欲盛，其名曰家计；五十之年，心怠力疲，俯仰世间，智术用尽，西山之日渐逼，过隙之驹不留[4]，当随缘任运，息念休心，善刀而藏[5]，如蚕作茧，其名曰老计；六十以往，甲子一周，夕阳衔山，倏尔就木，内观一心，要使丝毫无慊[6]，其名曰死计。"朱公每以语人，以身计则喜，以家计则大喜，以老计则不答，以死计则大笑，且曰："子之计拙也。"朱既不胜笑者之众，则亦自疑其计之拙，曰："岂皆恶老而讳死邪！"因为南华长老作《大死庵记》[7]，遂识其语。予之年龄逾七望八，当以书诸绅云[8]。（卷三《容斋五笔》）

【注释】

① 舍人：此指中书舍人。绍兴十一年（1141），朱翌除中书舍人，当年得罪秦桧而被贬韶州。参见第560页第18则注释⑨。

② 骥子伏枥：谓良马蓄养于厩中。喻俊才蓄志待发。

③ 注思：集中精神思考。

④ 过隙之驹：又作"过隙白驹"。比喻光阴易逝，人生短促。语出《庄子·知北游》："人生天

地之间，若白驹之过郤，忽然而已。”陆德明释文：“白驹，或云日也。过郤，本亦作隙。隙，孔也。”

⑤ 善刀：拭刀。善刀而藏，用以指事前做好准备。语出《庄子·养生主》：“善刀而藏之。”陆德明释文：“善，犹拭也。”

⑥ 无慊：无所憾恨。

⑦ 南华：寺名。在韶州曹溪（今广东韶关市曲江区）。南朝梁武帝天监元年（502）建，初名“宝林寺”。唐时，禅宗六祖惠能在此弘法，创南宗，中宗赐名“中兴寺”，又改“法泉寺”。宋太祖开宝元年（968），赐名“南华禅寺”。为岭南禅林之冠。据祝穆《方舆胜览》卷三十五：“梁天监元年，有天竺国僧智药自西土来，泛舶至汉土，寻流上至韶州曹溪水口，闻其香，掬尝其味，曰：‘此水上流有胜地。’寻之，遂开山立石‘宝林’。乃云：‘此去一百七十年，当有无上法宝在此演法。’今六祖南华寺是也。”

⑧ 绅：古代士大夫束腰大带，垂其馀以为饰，谓之绅。“书诸绅”，谓书写在束腰垂带上，以示不忘。语出《论语·卫灵公》：“子曰：‘言忠信，行笃敬，虽蛮貊之邦，行矣。言不忠信，行不笃敬，虽州里，行乎哉？立则见其参于前也；在舆则见其倚于衡也。夫然后行。’子张书诸绅。”

55. 元正父子忠死

唐安禄山表权皋入幕府[①]，皋度禄山且叛，以其猜虐不可谏，欲行，虑祸及亲，因献俘京师，在道诈死，既唅敛而逸去[②]。皋母谓实死，恸哭感行路[③]，故禄山不之虞，归其母。皋潜奉侍，昼夜南奔。既渡江而禄山反。天下闻其名，争取以为属。甄济居青岩山[④]，诸府五辟，诏十至，坚卧不起。安禄山入朝，求济于玄宗，授范阳掌书记，济不得已而起。察禄山有反谋，不可谏，因谒归，阳欧血不支，舁归旧庐。禄山反，使封刀召之[⑤]，曰：“即不起，断其首。”济引颈待之。使以实病告，庆绪复使强舆至东都。会广平王平东都[⑥]，诣军门上谒，肃宗使污贼官罗拜，以愧其心。《唐书》列二人于《卓行传》，褒之至矣。有元正者，在河南幕府，史思明陷河、洛[⑦]，挈父匿山中。贼以名召之。正度事急，谓弟曰：“贼禄不可养亲，彼利吾名，难免矣。然不污身而死，吾犹生也。”贼既得，诱以高位，瞋目固拒，兄弟皆遇害。父闻，仰药死。事平，诏录伏节十一姓[⑧]，而正为冠。皋、济之终，与正皆赠秘书少监。予谓皋、济得生，而正一门皆并命，故当时以为伏节之冠。而《唐史》不列之《忠义》《卓行》中，但附见于其祖万顷《文艺》之末，《资治通鉴》亦不载其事，使正之名寂寥不章显，为可恨也。白乐天作《张诚碑》云[⑨]：“以左武卫参军分司东都，属安禄山陷覆洛京，以伪职淫刑，胁劫士庶，公与同官卢巽潜遁于陆浑山[⑩]，食木实，饮泉水者二年，讫不为逆命所污。肃宗诏河南搜访不仕贼庭、隐藏山谷者,得六人以应诏,公与巽在焉。繇是名节闻于朝,优诏褒美,特授密县主簿⑪。"(卷三《容斋五笔》)

【注释】

① 权皋:字士繇,秦州略阳(今甘肃天水市秦安县)人,徙润州丹徒(今江苏镇江市)。擢进士第,为临清尉。安禄山籍其名,表为蓟尉署幕府。度禄山且叛,欲行。天宝十四载(755),借献俘于京师还,过其妹夫家,诈以疾死逸去。后屡召不起。卒,年四十六。诏赠秘书少监,元和中谥为贞孝。子德舆,元和中官至宰相。

② 唅(hàn)敛:亦作"含敛""含殓""琀殓"。古代丧礼,纳珠玉贝米等于死者口中,并易衣衾,然后入棺,故称。

③ 行路:路人。

④ 甄济:字孟成,定州无极(今属河北石家庄市)人。少孤好学,居青岩山十馀年,有仁声。采访使苗晋卿表之,府辟、诏至皆不起。天宝十载(751),安禄山强授范阳掌书记,居府中,论议正直。察禄山有反谋,不可谏,乃佯装呕血不支,舁归旧庐。禄山反,遣封刀召之,亦不行,禄山之子庆绪强舆至东都安国观。会广平王李豫平东都,济诣军门上谒,肃宗使污贼官罗拜,以愧其心。拜太子舍人。大历初,为著作郎,兼侍御史,卒。赠秘书少监。

⑤ 封刀:谓授予使者诛杀大权。犹俗称"尚方宝剑",常以黄绫封裹,故称。

⑥ 广平王:肃宗长子。初名俶,年十五封广平王。安禄山叛,从肃宗起兵于灵武,为天下兵马元帅。至德二载(757)九月,率郭子仪军收复长安;十月,与安庆绪战于新店(今河南三门峡市西南),败之,克陕郡,复东都洛阳。改封楚王。乾元元年(758)三月,改封成王;四月,立为皇太子,改名豫。宝应元年(762)四月,太上皇玄宗、肃宗相继登遐,太子即位,是为代宗。

⑦ 史思明:初名窣干,营州宁夷州突厥族人。通六蕃语,与安禄山同为互市牙郎。骁勇善战,为幽州节度使张守珪偏将,以战功迁平卢兵马使,为安禄山所亲信。与禄山反,率军南下,攻取河北地,为范阳节度使。安庆绪弑父称帝,思明降唐,为范阳长史、河北节度使。旋再叛。乾元二年(759),在魏州称大圣燕王,年号应天。进兵援庆绪,解邺城之围。不久杀庆绪,还范阳,称大燕皇帝,年号顺天,并攻占洛阳及附近州县。上元二年(761)三月,为其子朝义所杀。

⑧ 伏节:犹言殉节。指为维护某种事物或信念而死。

⑨ 张诚碑:据赵明诚《金石录》卷九:"唐《张诚碑》,白居易撰,武翊黄正书,侄孙皤篆。长庆二年六月。"

⑩ 陆浑山:据《元和郡县志》卷六:"(伊阙县)陆浑山,俗名方山,在县西五十五里。"伊阙(治今河南洛阳市伊川县西南),唐属都畿道河南府。

⑪ 密县主簿:密县属官,掌文书簿计。密县(治今河南郑州市新密市),唐属都畿道河南府。

56. 严先生祠堂记

范文正公守桐庐[①],始于钓台建严先生祠堂[②],自为记,用《屯》之初九[③],《蛊》之上九[④],极论汉光武之大,先生之高,财二百字。其歌词云:"云山苍苍,江水泱泱。先生之德,山高水长。"既成,以示南丰李泰伯[⑤]。泰伯读之,三叹味不已,起而言曰:"公之文一出,必将名世,某妄意辄易一字,以成盛美。"公瞿然握手扣之[⑥],答曰:"云山、江水之语,于义甚大,于词甚溥[⑦],而'德'字承之,乃似趢趚[⑧],拟换作'风'字,如何?"公凝坐颔首,殆欲下拜。张伯玉守河阳[⑨],作《六经阁记》,先托游士及在职者各为之,凡七八本,既毕,并会于府,伯玉一一阅之,取纸书十四字,遍示客曰:"六经阁,诸子、史、集在焉,不书,尊经也。"时曾子固亦预坐[⑩],惊起摘伏[⑪]。(迈)顷闻此二事于张子韶,不能追忆经阁所在及其文竟就于谁手,后之君子,当有知之者矣。(卷五《容斋五笔》)

【注释】

① 范文正公守桐庐:明道二年(1033)十二月,仁宗废郭皇后,右司谏范仲淹等极言不可,诏仲淹出知睦州。桐庐(今属浙江杭州市),唐武德间尝为严州治所,严州后改睦州,移治建德(今浙江杭州市建德市梅城镇),北宋宣和时又改严州。

② 钓台:即严子陵钓台。严光,字子陵,会稽馀姚(今属浙江宁波市)人。西汉末,与光武帝同游学。光武即位,乃变名姓,隐于富春山。后人名其钓处为严陵濑。建武十七年(41)卒,年八十。宋范仲淹知睦州,建钓台、子陵祠于富春江严陵濑,并作《桐庐郡严先生祠堂记》,曰:"先生,汉光武之故人也,相尚以道。及帝握《赤符》,乘六龙,得圣人之时,臣妾亿兆,天下孰加焉?惟先生以节高之。既而动星象,归江湖,得圣人之清,泥涂轩冕,天下孰加焉?惟光武以礼下之。在《蛊》之上九,众方有为,而独'不事王侯,高尚其事',先生以之。在《屯》之初九,阳德方亨,而能'以贵下贱,大得民也',光武以之。盖先生之心,出乎日月之上;光武之器,包乎天地之外。微先生不能成光武之大,微光武岂能遂先生之高哉?而使贪夫廉,懦夫立,是大有功于名教也。某来守是邦,始构堂而奠焉,乃复其为后者四家,以奉祠事。又从而歌曰:'云山苍苍,江水泱泱。先生之风,山高水长。'"(《范文正集》卷七)

③《屯》之初九:《周易》第三卦为《屯》,"初九"为此卦第一爻爻题。辞曰:"初九,磐桓,利居贞,利建侯。象曰:虽磐桓,志行正也。以贵下贱,大得民也。"初九为阳爻,意谓阳刚之才居下位,处于屯难之中,故盘桓不前。居贞即守正,意谓唯其守正,方可度过屯难。而此时可为之事,即在

"建侯"。象即象传,解释爻辞。意谓虽盘桓不进,但志在行其正,自处众阴之下,"以贵下贱",故能大得民心。此处用以赞颂光武帝。

④《蛊》之上九:《周易》第十八卦为《蛊》,"上九"为此卦终爻爻题。辞曰:"上九,不事王侯,高尚其事。象曰:不事王侯,志可则也。"意谓世事蛊坏,超脱于外,可治人心之蛊,故为高尚之志,可以效法。此处用以赞颂严光。

⑤ 李泰伯:李觏,字泰伯,南城(一说南丰。两县今皆属江西抚州市)人。仁宗时学者,以文章知名,从学数百。以范仲淹荐补将士郎、海门簿,召赴太学,卒。

⑥ 瞿(jù)然:惊视貌。谓眼目转动而求索。

⑦ 溥:广。

⑧ 趢趚(lù sù):形容狭隘、局促。

⑨ 张伯玉:字公达,福建建安(今福建南平市建瓯市)人。早年举进士,又举书判拔萃科。庆历初,以秘书丞知并州太谷县时,范仲淹荐以应贤良方正能直言极谏科。历知福、越、睦、孟等州,官至侍御史。能诗善饮,有《蓬莱集》二卷,已佚。 河阳:宋孟州(今属河南焦作市)治所。

⑩ 曾子固:曾巩,字子固。参见第376页第9则注释①。

⑪ 摘伏:犹折服。

57. 李彦仙守陕

靖康夷虏之祸,忠义之士,死于守城,而得书史传者,如汾州之张克戬、隆德之张确、怀之霍安国、代之史抗、建宁寨之杨震、振武之朱昭是已[①]。唯建炎以来,士之得其死者盖不少。兹读王灼所作《李彦仙传》[②],虽尝具表上进,然虑实录、正史未曾采用,谨识于此。

彦仙字少严,本名孝忠,其先宁州人也[③],后徙于巩[④]。幼有大志,喜谈兵,习骑射,所历山川形势必识之。尚气,谨然诺,非豪侠不交。金人南侵,郡县募勤王军,彦仙散家赀,得三千人,入援京师。虏围太原,李纲为宣抚使[⑤],彦仙上书切诋[⑥],有司逮捕急,乃易今名,弃官亡命。顷之,复从种师中[⑦],师中败死,仙走陕州。守将李弥大问北事[⑧],条对详复,使扼殽、渑间[⑨]。金人再围汴,陕西范致虚总六路兵进援[⑩],仙请曰:"殽、渑险隘,难于立军,前却即众溃矣。宜分道并进,伺空以出。且留半军于陕,为善后计。"致虚曰:"如子言,乃逗挠也[⑪]。"仙曰:"兵轻而分,正可速达。"不从,争益牢,致虚怒,罢其职。既而败绩,卒无功。建炎元年四月,金人屠陕州,经制使王瓆度不能支[⑫],引部曲去,官吏逃逸。仙为石壕尉[⑬],独如平时,归者襁属[14]，即徙老稚入土花寨、三䓿、石柱、大通诸山，拔武锐者分主之，自营三䓿。谕众曰："虏实易与[15]，今得地利，若辈坚守足矣。"少日虏复据陕，分军来攻，有健酋升前阜嫚骂，仙单骑冲击，挟之以归，始料众[16]，正部伍。虏数万围三䓿，仙邀战，伏精兵后崦，掩杀万计，夺马三百，虏解去。京、洛间多争附者，势益雄张，未阅月，破虏五十馀壁。初，虏再入陕，官其土人，俾招复业者，人给符别之。仙阴纵麾下往，约日内应。二年三月，引兵直州南，城中火起，虏方备南壁，而水军自新店，夜顺流薄城东北蒙泉坡、龙堂沟以入，表里夹攻，僵尸相藉，遂复陕。始，河东之人倡义拒虏，仙约胡夜叉者为助，假以沿河提举，意不满，叛趋南原。仙诱致杀之，夺五千众。邵隆、邵云本其党，欲为复仇，仙因客镌说[17]，遂来归。乘胜渡河，栅中条诸山，蒲、解至太原皆响动[18]，乃分遣隆、云等取安邑、虞乡、芮城、正平、解[19]，皆下之，蒲几拔，会援至，不克。以功迁閤门宣赞舍人[20]，就畀陕[21]，兼安抚司公事[22]，悉裒所俘酋长护送行在。上咨叹，赐袍带、枪剑，许直达奏事，便宜处决。时关以东独陕在，益增障、疏堑、蒐军、缮铠[23]，广屯田，训农耕作。家素留巩，尽取至官，曰："吾父母妻子同城存亡矣！"闻者感悦，各有固志。十二月，金酋乌鲁撒拔围陕[24]，仙背城鏖斗七日，虏伤甚跳奔。三年，娄宿孛堇自绛移屯蒲、解，谍知之。设伏于诸谷，鼓噪横突，俘馘十八，娄宿仅以身免。制置使王庶檄使轻军掎角[25]，次虞乡，虏以万甲逆石钟谷口，终日战，斩级二千。迁武功大夫、宁州观察使、河解同耀制置使[26]。时河东土豪密附，期王师来为应。仙益治军，欲请于朝，乞诏陕西诸路各助步骑二万。会张浚经略处置川、陕[27]，弗之许。十二月，娄宿众十万复围陕，仙夜使人隧地，焚其攻具，营部嚣乱，纵兵乘之，虏稍退。四年正月，益生兵傅垒[28]，昼夜进攻，鹅车、天桥、火车、冲车丛进[29]，仙随机拒敌，又为金汁炮[30]，火药所及，糜烂无遗，而围不解。日凭堞须外援，浚为遣军，虏先阻雍，不得进，则令泾原曲端出鄜、坊绕虏后[31]。端素嫉仙声绩逾己，幸其败，诡托不行。丁巳，城陷，仙挟亲军巷战，矢集身如蝟，左臂中刃，不殊，战逾力，遂死之，并其家遇害。先是，虏尝许以河南元帅，及围合，复言如前约，当退师。仙叱曰："吾宁鬼于宋，安用汝富贵为！"虏惜其才，必欲降之，城将破，先令军中，生致者予万金。仙平时弊衣同士卒，及是，杂群伍中死，虏不能察。其为人，面少和色，有犯令，虽亲属不贷。诸将败事，或有他过，其外屯者，辄封梃[32]，遣帐下往，皆裸就笞，不敢出一词。当是时，同、华、长安尽为敌薮[33]，陕斗绝一隅[34]，初无朝家素定约束[35]，中立孤军日与虏确[36]，但诵忠义，感励其众。每拜君赐暨取敌金赀，悉均之，毫铢不入己。以是精兵三万，大小二百战，皆乐为用。军事独裁决，至郡政必问法所底，阖境称治。浚承制赠彰武军节度使，建庙商州。

邵云者，龙门人。城破被执，娄宿欲命以千户长，肆詈不屈[37]，乃钉之木架上，置解州东门外。恶少抚其背涅文[38]，戏曰："可鞘吾佩刀。"云怒，偃架仆之。后五日磔解之[39]，至抉眼摘肝，詈不绝，喉断乃已。初行刑，将剸刃[40]，云叱之，失刀而踣，其忠勇盖如此。（卷六《容斋五笔》）

【注释】

① 张克戬等六人：皆靖康守土死国之文臣武将。入《宋史·忠义传》。张克戬，进士及第，知汾州（治今山西吕梁市汾阳市），城破，引自决。张确，进士及第，知隆德府（治今山西长治市），城陷，战而死。霍安国，累拜徽猷阁待制，知怀州（治今河南焦作市沁阳市），城陷被俘，不降遇害。史抗，代州（治今山西忻州市代县）沿边安抚副使，力战，死于城隅。杨震，为安边巡检，知麟州建宁寨（今陕西榆林市神木县东），城破而殁。朱昭，以效用进，累官震武城（今青海海北州门源县东南东川镇）兵马监押摄知城事，突围时中矢而死。

② 王灼：字晦叔，号颐堂，遂宁（今重庆市潼南县西北）人。生活于两宋之交。少赴京师应试不第，遂入幕中。后闲居于家，潜心著述。有《颐堂先生文集》五卷、《碧鸡漫志》五卷、《糖霜谱》一卷。

③ 宁州：宋属永兴军路，治定安（今甘肃庆阳市宁县）。

④ 巩：巩县（治今河南郑州市巩义市东）。宋属京西北路河南府。

⑤ 李纲：字伯纪，邵武（今属福建南平市）人，自其祖始居无锡。政和二年（1112）进士。历太常少卿。靖康元年（1126），金兵南下，疏请徽宗禅位太子以号召天下。钦宗即位，授兵部侍郎、尚书右丞，致力备战。金兵围太原，以纲为河东河北宣抚使率兵救援，寻以"专主战议"被谪。次年高宗即位，拜相，力图革新内政，收复失地。然任职仅七十五日，即遭罢免。绍兴二年（1132），复起为湖广宣抚使兼知潭州，不久又罢。累上疏陈抗金大计，均未纳。绍兴十年卒，年五十八。赠少师。淳熙十六年（1189），孝宗追谥纲曰忠定。纲能诗文，亦能词。著有《梁溪集》《靖康传信录》等。

⑥ 切诋：切直之言。

⑦ 种师中：字端孺。种师道从弟。参见第560页第18则注释⑩。师中长于军，金兵入侵，曾率兵赴京勤王，后奉命救援太原，因友军失约未至，陷入重围，力战而亡。诏赠少师，谥曰庄愍。

⑧ 李弥大：字似矩，号无碍居士，吴县（今江苏苏州市）人。崇宁三年（1104）登进士第。积官礼部侍郎。金兵大举入侵，李纲定城守之策，命弥大为参议，与纲不合，罢。未几，除刑部尚书、河东宣抚副使、知陕州。高宗即位，命权绍兴府，试户部尚书兼侍读。后忤旨罢去。绍兴十年卒，年六十一。

⑨ 殽(yáo)、渑:即崤山与渑池。宋陕州与河南府交界处(今属河南三门峡市),形势险要。

⑩ 范致虚:字谦叔,建州建阳(今属福建南平市)人。举进士,为太学博士。徽宗朝历左正言、中书舍人,改兵部侍郎。靖康元年,除知京兆府、陕西宣抚使。高宗即位,徙知邓州,以兵败责安远军节度副使、英州安置。绍兴七年(1137),召复资政殿学士、知鼎州,行至巴陵卒。赠银青光禄大夫。

⑪ 逗挠:亦作"逗桡"。谓因怯阵而避敌。

⑫ 经制使:军职差遣名。建炎元年(1127)始置。掌统兵或北渡黄河经营措置、节制忠义民兵,抗击金兵,征讨叛军等。以龙神卫四厢都指挥使或枢密院都承旨兼。与招抚使平位,受制置使节制。是年,高宗即位,以温州观察使、枢密院都承旨王瓔为河东经制使,与各路并发赴行在。

⑬ 石壕:镇名。在崤、渑之间要道上(今河南三门峡市陕县观音堂镇)。

⑭ 襁属(qiǎng zhǔ):连续不断。

⑮ 易与(yǔ):容易对付。

⑯ 料众:犹率兵。料,整理。

⑰ 镌说(juān shuì):告诫;劝说。

⑱ 蒲、解:蒲州,唐开元间升河中府,治河东(今山西运城市永济市蒲州镇)。解州,治解县(今山西运城市盐湖区解州镇)。

⑲ 安邑、虞乡、芮城、正平:宋解州安邑县(治今山西运城市东北)、河中府虞乡县(治今山西运城市永济市于乡镇)、陕州芮城县(今属山西运城市)、绛州正平县(治今山西运城市新绛县)。

⑳ 阁门宣赞舍人:政和间由阁门通事舍人改。本掌在京祇应,选吐词清晰洪亮、熟悉仪制、礼容有节的武臣,充朝会、宴集、巡幸时宣传辞令及相导仪规、察举殿庭失仪、殿陛应奉等事。亦为武臣外任差遣带职(阁职),为武臣储才。此处指后者。

㉑ 畀(bì):委派。

㉒ 安抚司公事:即安抚使司勾当公事(南宋避高宗讳改"勾当"为"干办")。安抚使司,安抚使治所。安抚使掌一路军政,下为副使、都监。属官有参议官、管勾(主管)机宜文字、书写本司机宜文字、勾当(干办)公事等。

㉓ 增陴、疏堑、蒐军、缮铠:指构筑工事,集结队伍,整治兵器装备等。陴,女墙。疏堑,疏掘壕堑。蒐军,集结军队。缮铠,修治铠甲。

㉔ 金酋乌鲁撒拔围陕:指建炎二年(1128)十二月,金大将乌鲁撒拔率军围陕州城,为李彦仙击退。次年,金大将娄宿勃堇从绛州移兵解州,又为李彦仙伏兵所败。

㉕ 制置使:军职名。参见第310页第7则注释⑨。　王庶:字子尚,庆阳(今属甘肃)人。崇宁五年(1106)举进士。以种师道荐为怀德军通判。高宗即位,除直龙图阁、鄜延经略使兼知延安府,屡立战功,进集英殿修撰,升龙图阁待制,节制陕西六路兵马,官至枢密副使。后遭陷害,罢官夺职,道州安置。绍兴十三年(1143),至贬所卒。

㉖ 武功大夫：武阶名。属诸司正使八阶列。政和间由皇城使改。参见第165页第28则注释①。　河解同耀：河中府、解州、同州（治今陕西渭南市大荔县）、耀州（治今陕西铜川市耀州区）。

㉗ 张浚：字德远，汉州绵竹（今属四川德阳市）人。政和八年（1118）进士。靖康初，为太常簿。高宗即位，驰赴南京，擢殿中侍御史、礼部侍郎。建炎三年（1129），除知枢密院事，建议经营川陕以保东南，为川陕宣抚处置使。次年，金人大攻江淮，浚忧其复扰东南，集五路之兵攻永兴，败于富平（今陕西渭南市富平县东北），命吴玠等聚兵扼险于秦岭和尚原、大散关，使全蜀安堵，江淮赖之以安。绍兴四年（1134），复知枢密院事。次年，除尚书右仆射同中书门下平章事，重用岳飞、韩世忠，罢黜庸懦刘光世。秦桧执政，浚被排斥在外二十年，尝于永州贬所连上五十疏，反对议和。三十一年，金海陵王攻宋，复被起用，判建康府兼行宫留守。孝宗即位，除少傅、江淮东西路宣抚使，进封魏国公，再拜相。主持北伐，因将领不和，符离之战失利，又为议和派所挤。隆兴二年（1164）卒，年六十八。赠太保，后加赠太师，谥曰忠献。

㉘ 傅垒：进逼营垒。傅，迫近，靠近。

㉙ 鹅车、天桥、火车、冲车：皆为攻城车具。

㉚ 金汁炮：用金属熔液灌注后投掷的炮弹。

㉛ 曲端：字正甫，镇戎（今宁夏固原市）人。历秦凤路队将、泾原路通安寨兵马监押、权泾原路第三将。拒西夏有功，除知镇戎军兼经略使统制官。建炎三年（1129），为泾原路经略安抚使。张浚宣抚川陕，拜端为威武大将军、宣州观察使、宣抚处置使司都统制知渭州。四年，败金娄室、撒离曷部于邠州、白店原等地。端知书而长于兵略，金人畏之。后与浚有嫌隙，罢兵权，责海州团练使、万安州安置。富平之战，宋军失利。浚受端部将吴玠之谋，以谋反罪送端入恭州狱。绍兴元年（1131），受酷刑而死，年四十一。浚寻得罪朝廷，追复端宣州观察使，谥壮愍。　鄜、坊：鄜州（治今陕西延安市富县）、坊州（治今陕西延安市黄陵县南）。

㉜ 封棰：封裹鞭子。

㉝ 华：华州（治今陕西渭南市华县）。　敌薮：敌占区；敌兵聚集地。

㉞ 斗绝一隅：孤悬于边远之地。

㉟ 朝家：朝廷；皇帝。

㊱ 确：较量。

㊲ 肆詈：恣意谩骂。

㊳ 涅文：古时在人身上所刺黑色文字或图案。

㊴ 磔解：古代一种酷刑，将肢体分解。

㊵ 剸（tuán）刃：用刀裁割。

58. 白居易出位

白居易为左赞善大夫，盗杀武元衡[1]，京都震扰。居易首上疏，请亟捕贼，刷朝廷耻，以必得为期。宰相嫌其出位，不悦，因是贬江州司马。此《唐书》本传语也。案是时宰相张弘靖、韦贯之[2]，弘靖不足道，贯之于是为失矣。白集载《与杨虞卿书》云[3]："左降诏下，明日而东，思欲一陈于左右。去年六月，盗杀右丞相于通衢中，迸血体，磔发肉，所不忍道。合朝震栗，不知所云。仆以书籍以来[4]，未有此事，苟有所见，虽畎亩皂隶之臣[5]，不当默默，况在班列[6]，而能胜其痛愤耶！故武丞相之气平明绝，仆之书奏日午入。两日之内，满城知之，其不与者，或语以伪言，或陷以非语，皆曰：'丞、郎、给、舍、谏官、御史尚未论请[7]，而赞善大夫何反忧国之甚也！'仆闻此语，退而思之，赞善大夫诚贱冗耳，朝廷有非常事，即日独进封章，谓之忠，谓之愤，亦无愧矣。谓之妄，谓之狂，又敢逃乎？以此获辜，顾何如耳，况又不以此为罪名乎！"白之自述如此。然则一时指为出位者，不但宰相而已也。史又曰："居易母坠井死，而赋《新井篇》[8]，以是左降。"前书所谓不以此为罪名者，是已。（卷八《容斋五笔》）

【注释】

① 盗杀武元衡：唐元和十年（815）六月三日晨，时门下侍郎同平章事武元衡上朝途中遇刺身亡，并伤及御史中丞裴度。先是，淮西节度使吴元济欲反，上以讨伐机务委元衡，成德节度使王承宗、淄青节度使李师道惊惧，师道乃遣客密往刺之。《旧唐书·武元衡传》："元衡宅在静安里，十年六月三日，将朝，出里东门，有暗中叱使灭烛者，导骑诃之，贼射之，中肩。又有匿树阴突出者，以棓击元衡左股。其徒驭已为贼所格奔逸，贼乃持元衡马，东南行十馀步害之，批其颅骨怀去。及众呼偕至，持火照之，见元衡已踣于血中，即元衡宅东北隅墙之外。时夜漏未尽，陌上多朝骑及行人，铺卒连呼十馀里，皆云贼杀宰相，声达朝堂，百官恟恟，未知死者谁也。"武元衡，字伯苍，河南缑氏（今河南洛阳市偃师市南）人。建中进士。德宗朝累迁御史中丞。宪宗即位，进户部侍郎。元和二年，拜门下侍郎同平章事，寻充为西川节度使。八年，征还秉政，至遇刺亡。赠司徒，谥曰忠愍。工诗，今《全唐诗》存其诗二卷。

② 张弘靖、韦贯之：元和九年（814）六月，张弘靖自河中节度使为刑部尚书、同中书门下平章事；十月，中书侍郎同平章事李吉甫薨，弘靖守中书侍郎。十二月，韦贯之自尚书右丞为同中书门下平章事。贯之，本名纯，避宪宗庙讳以字称。十年六月，武元衡遇刺，裴度自御史中丞为中书侍郎同平章事，力主征讨诸镇。贯之谓宜专攻淮西蔡州而后图之，上纳其策，后灭蔡而镇自服。

③ 与杨虞卿书：见《白氏长庆集》卷四十四。作于元和十一年（816），江州。下引文字为节录。杨虞卿，字师皋，虢州弘农（今河南三门峡市灵宝市）人。元和五年进士。元和末累官监察御史。后为李宗闵、牛僧孺之党。太和九年（835），拜京兆尹，寻坐事贬虔州司户，卒于贬所。

④ 书籍：书于简册。谓有记载。

⑤ 畎亩皂隶：泛指地位低贱之人。畎亩，农民。皂隶，贱役。

⑥ 班列：朝班行列。借指朝官。

⑦ 丞、郎、给、舍：如尚书省左、右丞，中书、门下、尚书六部侍郎，各司郎中、员外郎，门下省给事中，中书省中书舍人等，皆为三省要职。

⑧ 赋《新井篇》：白居易贬江州司马之罪名。《旧唐书》本传："（元和）九年冬，入朝授太子左赞善大夫。十年七月，盗杀宰相武元衡，居易首上疏论其冤，急请捕贼，以雪国耻。宰相以宫官非谏职，不当先谏官言事。会有素恶居易者，掎摭居易言浮华无行，其母因看花堕井而死，而居易作《赏花》及《新井》诗，甚伤名教，不宜置彼周行。执政方恶其言事，奏贬为江表刺史。诏出，中书舍人王涯上疏论之，言居易所犯状迹，不宜治郡。追诏授江州司马。"

59. 哀公问社

哀公问社于宰我[①]，宰我对曰："夏后以松[②]，殷人以柏，周人以栗。"曰："使民战栗[③]。"子闻之，曰："成事不说，遂事不谏，既往不咎[④]。"古人立社，但各因其土地所宜木为之，初非求异而取义于彼也。哀公本不必致问，既闻用栗之言，遂起"使民战栗"之语。其意谓古者弗用命戮于社，所以威民。然其实则非也。孔子责宰我不能因事献可替否，既非成事，尚为可说，又非遂事，尚为可谏，且非既往，何咎之云。或谓"使民战栗"一句，亦出于宰我，记之者欲与前言有别，故加"曰"字以起之，亦是一说。然战栗之对，使出于我[⑤]，则导君于猛，显为非宜。出于哀公，则便即时正救，以杜其始。两者皆失之，无所逃于圣人之责也。哀公欲以越伐鲁而去三家[⑥]，不克成，卒为所逐，以至失邦，其源盖在于此。何休注《公羊传》云："松，犹容也，想见其容貌而事之，主人正之意也。柏，犹迫也，亲而不远，主地正之意也。栗犹战栗，谨敬貌，主天正之意也。"然则战栗之说，亦有所本。《公羊》云："虞主用桑[⑦]，练主用栗[⑧]。"则三代所奉社，其亦以松、柏、栗为神之主乎？非植此木也。程伊川之说有之。（卷十《容斋五笔》）

【注释】

① 社：古代祭祀时所设土地神木制牌位。亦指社坛，封土为社，各栽种其土所宜之树，以为祀社神之所在。"哀公问社于宰我"，见《论语·八佾》。哀公，春秋后期鲁国君主。宰我，名予，孔子弟子。

② 夏后以松：夏后，指禹受舜禅建立夏朝，称夏后氏。谓夏朝立社以松木。《论语·八佾》原文为“夏后氏以松”。

③ 战栗：恐惧貌。“使民战栗”，此处指曲解“周人以栗”，即戮人于社以祭，使民恐惧。

④ 成事三句：意谓已经做过的事，不便再解释了；已经完成的事，不便再挽救了；已经过去的事，就不再追究了。朱熹《论语集注》：“孔子以宰我所对，非立社之本意，又启时君杀伐之心，而其言已出，不可复救，故历言此以深责之，欲使谨其后也。”又引尹氏曰：“古者各以所宜木名其社，非取义于木也。宰我不知而妄对，故夫子责之。”

⑤ 使出于我：假使出自于宰我。

⑥ 以越伐鲁而去三家：三家，即“三桓”，鲁大夫孟孙（仲孙）、叔孙、季孙。以皆桓公之后，故称。文公死后，三桓势力日盛，分领三军，实掌鲁国之政。鲁哀公二十七年（前468）春，公患三桓之侈，欲借诸侯（尤指越国）伐之，反为三桓所逐，公出奔有山氏而卒。

⑦ 虞主：虞祭时所立神主。虞祭，古代葬后祭祀之礼。

⑧ 练主：练祭时所立神主。练祭，古代亲丧周年之祭礼。又称“小祥”。以上两句见《公羊传·文公二年》。

60. 斯须之敬

今公私宴会，称与主人对席者曰席面。古者谓之宾、谓之客是已。《仪礼·燕礼篇》：“射人请宾[1]。公曰：‘命某为宾。’宾少进，礼辞。又命之，宾许诺。”《左传》季氏饮大夫酒，臧纥为客[2]。宋公兼享晋、楚之大夫[3]，赵孟为客[4]。杜预云：“客，一坐所尊也。”乾道二年十一月[5]，薛季益以权工部侍郎受命使金国[6]，侍从共饯之于吏部尚书厅，陈应求主席[7]，自六部长贰之外，两省官皆预，凡会者十二人。薛在部位最下，应求揖之为客，辞不就，曰：“常时固自有次第，奈何今日不然！”诸公言：“此席正为侍郎设，何辞之为？”薛终不可。予时为右史[8]，最居末坐，给事中王日严目予曰：“景卢能仓卒间应对[9]，愿出一转语折衷之。”予笑谓薛曰：“孟子不云乎：‘庸敬在兄，斯须之敬在乡人[10]。’侍郎姑处‘斯须之敬’可也。明日以往，不妨复如常时。”薛无以对，诸公皆称善，遂就席。（卷十《容斋五笔》）

【注释】

① 射人：古官名。掌公、孤、卿、大夫将射始入见王之位，以射法治射仪。古时重武习射，常为射礼，有大射、宾射、燕射、乡射。将祭择士为大射，诸侯来朝或相朝为宾射，宴饮之射为燕射，卿

大夫举士而后行射为乡射。参见《周礼·夏官司马·射人》。此处所引《仪礼·燕礼》为节录。

② 臧纥:春秋时鲁卿大夫。姬姓,臧孙氏,名纥。继其父为卿,袭司寇,尝佐成公、襄公。矮小多智,号为"圣人"。后因与孟孙氏有仇,被告发将作乱,遭季孙氏讨伐,出奔邾,旋又奔齐。谥武,史称臧武仲。"季氏饮大夫酒,臧纥为客",见《左传·襄公二十三年》。

③ 宋公兼享晋、楚之大夫:指周灵王二十六年(前546),在宋国举行的晋楚弭兵会盟。是年五月至七月,晋、郑、鲁、齐、陈、卫、邾、楚、滕、蔡、曹、许等诸侯大夫,应宋大夫向戌弭兵之约,先后至宋,宋平公同时设宴招待晋、楚两国大夫。诸大夫会于都城蒙门之外,约定各国间停止战争,奉晋、楚两国为霸主,平分霸权;除齐、秦两国外,各国须向晋、楚同样朝贡。盟成,晋、楚弭兵。事见《左传·襄公二十七年》。兼享,同时设宴。享,通"飨",飨宴。

④ 赵孟:春秋时晋卿大夫。嬴姓,赵氏,名武,又称赵文子。参见第283页第10则注释⑧。其祖赵盾,为晋襄公、灵公、成公时执政,亦尊称"赵孟"。

⑤ 乾道:宋孝宗年号(1165—1173)。

⑥ 薛季益:薛良朋,字季益,温州瑞安(今属浙江)人。绍兴八年(1138)进士及第。历国子监主簿、御史台检法官、两浙转运副使、知临安府。乾道二年,以直龙图阁、权工部侍郎使金。累官至吏部尚书。淳熙十二年(1185)卒,年七十。

⑦ 陈应求:陈俊卿,字应求,泰州兴化(今属江苏)人。绍兴八年进士及第。历校书郎、著作佐郎兼王府教授、监察御史、殿中侍御史、兵部侍郎。孝宗立,除礼部侍郎参赞军事。乾道元年,迁吏部侍郎、同修国史;二年,拜吏部尚书、同知枢密院事;三年,参知政事;四年,除右仆射同平章事兼枢密使;六年,以观文殿大学士知福州。淳熙二年(1175),移建康通判兼江东安抚使;八年,以少师、魏国公致仕;十三年卒,年七十四。谥曰正献。

⑧ 右史:即起居舍人,隶中书省。元丰新制,以起居郎、起居舍人分隶两省(门下、中书),所以备左、右史官。掌记录皇帝言行、群臣殿上进对、朝廷赦宥、文武臣除授、礼乐法度增删,以及气候、符瑞、户口增减、州县废置等,以送史馆修撰之用。

⑨ 景卢:洪迈,字景卢,号容斋。

⑩ 庸敬在兄两句:意谓平时的恭敬在于兄长,暂时的恭敬在于本乡长者。语见《孟子·告子上》。庸,平时。斯须,暂时。

四朝闻见录

［宋］叶绍翁

《四朝闻见录》五卷，宋叶绍翁撰。绍翁字嗣宗，号靖逸。其先本姓李，为光州固始（今属河南信阳市）人，徙居建州浦城（今属福建南平市），后又嗣处州龙泉（今属浙江丽水市）叶氏。生卒年不详。宁宗时似尝为朝官，晚年隐于钱塘西湖之滨。绍翁师从理学家叶適，与翰林学士真德秀相友善。工诗词。

《四朝闻见录》分为甲、乙、丙、丁、戊五集，记叙高宗、孝宗、光宗、宁宗四朝事迹，凡二百馀条，不以时代为先后。其中，记韩侂胄由幸及诛事尤详，多为《宋史》所取。丁集记宁宗受禅、庆元党禁二事，亦条理清晰，史料足采。《四库全书总目提要》评曰：「南渡以后，诸野史足补史传之阙者，惟李心传之《建炎以来朝野杂记》号为精核，次则绍翁是书。」然亦指其颇涉烦碎，不如李心传书，「故心传书入史部，而此书则列小说家焉」。

选文标题为原书所有。

1. 恭孝仪王大节

恭孝仪王,讳仲湜[1]。王之生也,有紫光照室,及视则肉块,以刃剖块,遂得婴儿。先两月,母梦文殊而孕动[2]。二帝北狩,六军欲推王而立之。仗剑以却黄袍,晓其徒曰:"自有真主。"其徒犹未退,则以所仗剑自断其发。其徒又未退,则欲自伏剑以死。六军与王约,以逾月而真主不出,则王当即大位。王阳许而阴实款其期[3]。未几,高宗即位于应天,王间关渡南[4],上屡嘉叹。王祭濮园[5],尝自赞其容,曰:"熙宁六载,岁在癸丑,月当孟夏,二十有九,予乃始生,濮祖之后。性比山麋[6],貌同野叟。随圆就方,似无惟有。惟忠惟孝,不污不苟。皓月清风,良朋益友。湛然灵台[7],确乎不朽。""不污不苟",盖自叙其推戴事也。尝游天竺,有"山禽忽惊起,冲落半岩花"之句[8]。葬西湖显明寺[9]。子孙视诸邸最为繁衍,盖恭孝之报云。(甲集)

【注释】

① 仲湜:字巨源。濮王赵允让之孙,楚王赵宗辅之子。初名仲但,钦宗嗣位,授靖海节度使,更今名。汴京失守,康王赵构即帝位于南京,仲湜率众径谒。时嗣濮王仲理亦随二帝北迁,乃诏仲湜袭封,加开府仪同三司。历检校少保少傅。绍兴七年(1137)薨,年六十四。封仪王,谥恭孝。

② 文殊:即文殊师利或曼殊室利。亦称"妙吉祥""妙德"等。佛教大乘菩萨。为释迦牟尼左胁侍,专司"智慧"。造像多骑狮。中国佛教尊为"四大菩萨"之一。相传五台山为其显灵说法道场。

③ 款其期:谓诚心守约。指靖康二年(1127)五月,赵构至应天府(今河南商丘市)即皇帝位。

④ 间关:犹辗转。

⑤ 濮园:濮王赵允让之陵园。英宗所造。太宗第四子为商王元份,元份子允让。允让嘉祐四年(1059)薨,追赠濮王,谥安懿。仁宗无子,崩,以濮王第十三子宗实(曙)嗣,是为英宗。英宗乃以茔为园,即园立庙,俾王子孙主奉祠事。

⑥ 麋:俗称"四不像"。哺乳动物。毛淡褐色,雄性有角,角似鹿,尾似驴,蹄似牛,颈似骆驼,然整体全不似。性温顺,食草。此处借"山麋"比喻草野优游之性。

⑦ 湛然灵台:谓丘墓清静安宁。灵台,丘墓,祭台。

⑧ 山禽两句:原注:"按二句是刘禹锡《甘棠馆诗》。"《四库全书总目提要》亦曰:"陈郁《藏一话腴》尝摘其误,以刘禹锡《题寿安甘棠驿》诗为赵仲湜游天竺诗。"案《刘宾客文集》卷二十五《题

寿安甘棠馆二首》其一,曰:"公馆似仙家,池清竹迳斜。山禽忽惊起,冲落半岩花。"

⑨ 显明寺:在临安府西湖北山。绍兴三十二年(1162)秋,孝宗初即位,迁岳飞遗骸葬于栖霞岭下,赐显明寺充功德院。

2. 布衣入馆

震泽王蘋,少师事龟山①。高宗宿闻其名,又以诸郎官力荐,驾幸吴门,起召赐对,以布衣赐进士出身,正字中秘②。制曰:"朕于一时人才,苟得其名目,稍有自见③,往往至于屡试,而治不加进④。于是从而求所未试者,至于岩穴之士,庶几有称意焉。尔学有师承,亲闻道要。蕴椟既久⑤,声实自彰。行谊克修,溢于朕听。延见访问,辞约而指深。师友渊源,朕所嘉尚。赐之高第,职是校雠。岂特为儒者一时之荣,盖将使国人皆有所矜式⑥。勉行而志,毋负师言。"上意盖谓龟山也。王既入馆,犹子谊年方十四岁⑦,于书塾拈纸作御批曰:"可斩秦桧以谢天下。"为仆所持,索千金。王之父不能从。族子谓之曰:"予金则返批,批返而后别议仆罪,千金可返也。"其父亦不能从,仆遂持以告有司。有司惧桧耳目,不敢隐,驿闻于朝。诏赴廷尉,狱具,伏罪当诛。桧阅其牍,审知年十四,翌日言之上。上赦其幼,编置象台⑧。能诗文,聚徒贬所。桧死得归,治生产有绪。蘋本将阶大用,以犹子故,旋以他事为言者所列,坐废于家云。(甲集)

【注释】

① 龟山:杨时,字中立,南剑将乐(今属福建三明市)人。熙宁九年(1076)中进士第。调官不赴,从学于程颢、程颐,有"程门立雪"之誉。后历州县,靖康时官至右谏议大夫兼侍讲、国子监祭酒。高宗时,以龙图阁直学士致仕。优游林泉,以读书讲学为事,学者称为龟山先生,推为"程氏正宗"。绍兴五年(1135)四月卒,年八十三。谥曰文靖。有《龟山集》四十二卷。

② 正字中秘:任秘书省正字,掌编校图籍。中秘,秘书省别称。

③ 自见(xiàn):显露自己。

④ 治不加进:意谓以不晋升官阶作为惩处。

⑤ 蕴椟:亦作"蕴匵""韫匵"。包容,含藏。《论语·子罕》:"有美玉于斯,韫匵而藏诸?求善贾而沽诸?"朱熹《集注》:"韫,藏也。匵,匮也。沽,卖也。"韫,通"蕴"。

⑥ 矜式:敬重与取法。

⑦ 犹子:侄子。谓如同儿子。

⑧ 象台:象州(今属广西来宾市)。南宋象州属广南西路。

3. 天 子 狱

永康之俗,固号珥笔[1],而亦数十年必有大狱。龙川陈亮既以书御孝宗[2],为大臣所沮,报罢居里,落魄醉酒,与邑之狂士甲命妓饮于萧寺[3],目妓为妃。旁有客曰乙,欲陷陈罪,则谓甲曰:"既册妃矣,孰为相?"甲谓乙曰:"陈亮为左。"乙又谓甲曰:"何以处我?"曰:"尔为右。吾用二相,大事其济矣。"乙遂请甲位于僧之高座。二相奏事讫,降阶拜甲,甲穆然端委而受[4]。妃遂捧觞,歌《降黄龙》为寿[5]。妃与二相俱以次呼"万岁",盖戏也。先是,亮试南宫[6],何澹校其文而黜之[7]。亮不能平,遍语朝之故旧曰:"亮老矣,反为小子所辱。"澹闻而衔亮,未有间。时澹已为刑部侍郎。乙探知其事,遂不复告之县若州[8],亟走刑部上首状。澹即缴状以奏,事下廷尉。廷尉,刑部属也,笞亮无全肤,诬服为不轨[9]。案具,闻于孝宗,上固知为亮,又尝阴遣左右往永康,廉知其事[10]。大臣奏入取旨,上曰:"秀才醉了胡说乱道,何罪之有?"以御笔画其牍于地。亮与甲俱掉臂出狱[11]。居无几,亮又以家僮杀人于境外,适被杀者尝辱亮父,其家以为亮实以威力用僮。有司笞掠,僮气绝复苏者屡矣,不服。仇家置亮父于州圄,又嘱中执法论亮情[12],重下廷尉。时王丞相淮知上欲活亮[13],以亮款所供尝讼僮于县而杖之矣[14]。仇家以此尤亮之素计[15],持之愈急,王亦不能决。稼轩辛公与相婿素善[16],亮将就逮,亟走书告辛。辛公北客也,故不以在亡为解,援之甚至,亮遂得不死。时考亭先生、水心先生、止斋陈氏俱与亮交[17],莫有救亮迹。亮与辛书,有"君举吾兄,正则吾弟,竟成空言"云。骊塘危公尝语余曰[18]:"罗枢密点自西府归里[19],有里人从容叩罗公曰:'吾有疑于公者,蓄而不敢白者有年。公今容某白其疑,可乎?'罗公曰:'言之何伤?'其人曰:'以某观公,平生未尝妄行一步。公为从官时,天夜大雪,某醉归,见公以铁拄杖拨雪,戴温公帽[20],丁屐微有声[21],吾醉不敢与公揖。后有苍奴佩篋,苍奴亦吾所识,为公奴。吾固醉,以为误认公则不可。'公笑曰:'子之言与所见,是未尝醉也。陈同父狱事急,吾未尝识之,怜其才援之吏手,篋内皆白金也。同父死矣,吾故因子问而发之。'"(甲集)

【注释】

① 珥笔:指诉讼。此句谓永康之民好诉讼。

② 陈亮:初名汝能,字同父,后改名亮,婺州永康(今属浙江金华市)人。少有才气,喜谈兵,议论风生,下笔数千言立就。州以解元荐,因上《中兴五论》,奏入不报。已而退修于家,力学著书者十年,学者称为“龙川先生”。淳熙五年(1178),诣阙上书论国事,指斥苟安,倡言恢复。孝宗欲官之,亮以“吾欲为社稷开数百年之基,宁用以博一官乎”拒之。后曾两次被诬入狱。绍熙四年(1193),光宗策进士,擢为第一。寻授佥书建康府判官厅公事,未至官而卒,年五十二。谥曰文毅。所著政论气势纵横,词作豪放。有《龙川集》三十卷。

③ 萧寺:佛寺。李肇《唐国史补》卷中:“梁武帝造寺,令萧子云飞白大书‘萧’字,至今一‘萧’字存焉。”后因以称佛寺。

④ 穆然:和敬貌。 端委:古代礼服。《左传·昭公元年》:“吾与子弁冕端委,以治民临诸侯。”杜预注:“端委,礼衣。”孔颖达疏引服虔曰:“礼衣端正无杀,故曰端;文德之衣尚褒长,故曰委。”此处用作动词,穿着礼服。

⑤ 降黄龙:曲调名。南曲。

⑥ 南宫:尚书省别称。此处指礼部试或省试。

⑦ 何澹:字自然,处州龙泉(今属浙江丽水市)人。乾道二年(1166)进士。累官至国子祭酒、兵部侍郎、右谏议大夫兼侍讲。宁宗即位,除御史中丞。庆元二年(1196),除同知枢密院事、参知政事,迁知枢密院。附权臣韩侂胄,立党禁排除异己。后得罪侂胄,以资政殿大学士出知福州。以书祈侂胄,怜之,进观文殿学士移知隆兴府,后除江淮制置大使兼知建康府等。病卒,赠少师。《宋史》本传曰:“澹美姿容,善言论。少年取科名,急于荣进,阿附权奸,斥逐善类,主伪党之禁,贤士为之一空。”

⑧ 若:和;及。

⑨ 诬服:谓无辜而服罪。

⑩ 廉知:察知。廉,考察,查访。

⑪ 掉臂:甩开臂膀走开。表示不顾而去。

⑫ 中执法:御史中丞别称。

⑬ 王淮:字季海,婺州金华(今属浙江)人。绍兴十五年(1145)进士,授临海尉。历监察御史、右正言、秘书少监兼恭王府直讲、太常少卿、中书舍人。淳熙二年(1175),除端明殿学士签书枢密院事。寻同知枢密院事、参知政事。八年,拜右丞相兼枢密事。九年,为左丞相。十五年,授观文殿学士判衢州,力辞。十六年薨,年六十四。赠少师,谥曰文定。淮为官,不党无私,刚直不欺,于时贤多有举荐。

⑭ 款所供:招认的供词。款,招供,供认。

⑮ 素计:犹预谋。预先设计。

⑯ 稼轩辛公：辛弃疾，字幼安，号稼轩，历城（今山东济南市）人。绍兴三十一年（1161），率义军归宋，历湖北、江西、湖南、福建、浙东安抚使。曾上《美芹十论》《九议》等奏疏以图恢复，不纳。后长期落职闲居上饶、铅山一带。韩侂胄当政，一度起用。开禧三年（1207）病卒，年六十八。赠少师，谥曰忠敏。工词，与苏轼并称"苏辛"。有《稼轩长短句》十二卷。

⑰ 考亭先生、水心先生、止斋陈氏：考亭先生，朱熹，字元晦，一字仲晦，号晦庵，别称紫阳；祖籍徽州婺源（今属江西上饶市），生于南剑州尤溪（今属福建三明市），寓居建阳（今属福建南平市）；绍兴十八年（1148）进士及第，累官秘阁修撰；师事李侗，为二程四传弟子，南宋理学集大成者；讲学授徒五十馀年，世称"考亭学派"，亦称考亭先生；庆元六年（1200）卒，年七十一，谥曰文；著述主要有《四书章句集注》《诗集传》《周易本义》，及后人所辑《晦庵先生朱文公文集》《朱子语类》等。水心先生，叶適，字正则，永嘉（今浙江温州市鹿城区）人；淳熙五年（1178）进士，历仕孝宗、光宗、宁宗三朝，官至吏部侍郎；韩侂胄伐金败，以宝谟阁待制知建康府兼沿江制置使，捍卫江防颇力；嘉定十六年（1223）卒，年七十三，谥忠定；为永嘉学派代表人物，与朱熹道学、陆九渊心学并列为三，学者称水心先生；著述有《习学记言》《水心先生文集》等。止斋陈氏，陈傅良，字君举，号止斋，瑞安（今属浙江温州市）人；乾道进士，历吏部员外郎、中书舍人，官至宝谟阁待制；师事薛季宣，同开永嘉学派先声；嘉泰三年（1203）终于家，年六十七，谥文节；著作有《春秋后传》《止斋文集》等。

⑱ 骊塘危公：危稹，字逢吉，自号巽斋，又号骊塘，临川（今江西抚州市）人。原名科，淳熙十四年（1187）举进士，孝宗更名稹。调南康军教授，擢著作郎兼屯田郎官，出知潮州，又知漳州。后自请以归，卒，年七十四。工诗文，文为洪迈所赏，诗与杨万里唱和。著有《巽斋集》。

⑲ 罗点：字春伯，抚州崇仁（今属江西）人。淳熙三年（1176）进士。授定江节度推官，累迁校书郎兼国史院编修官。宁宗嗣位，拜点端明殿学士、签书枢密院事。得疾卒，年四十五。赠太保，谥文恭。

⑳ 温公帽：仿司马光所戴帽。赵彦卫《云麓漫钞》卷四："在元祐间，独司马温公、伊川先生以孱弱恶风，始裁皂绸包首，当时只谓之'温公帽''伊川帽'，亦未有巾之名。"

㉑ 丁屐：木屐底部带有钉齿以防滑。

4. 径山大慧

大慧名妙喜。张公九成字子韶[①]，自为士时已耽释学，尝与妙喜往来，然不过为世外交。张公自以直言忤秦桧，桧既窜斥张公，廉知其素所往来者，所善独妙喜，遂杖妙喜背，刺为卒于南海[②]。妙喜色未尝动。后桧死，孝宗果放还[③]，复居径山[④]。有劝之去其墨者，妙喜笑拒不答。孝宗怜而敬之，宠眷尤厚，赐金钵、袈裟，舆前用青盖[5]，赐号“大慧”。言者列其宠遇太过。高宗既御北内[6]，得以游幸山间，以妙喜故，赐吴郡田万亩。驾幸越二年，始建龙游阁。（甲集）

【注释】

① 张九成：字子韶，自号无垢居士，其先开封人，徙居钱塘。游京师，从杨时学。绍兴二年(1132)，廷试第一，授镇东军签判。累官宗正少卿，权礼部侍郎兼侍讲兼权刑部侍郎。因与秦桧不和，谪守邵州，复徙居南安军。桧死，起知温州。绍兴二十九年丐祠归，数月而卒，年六十八。宝庆初(1225)特赠太师，封崇国公，谥文忠。九成研思经学，多有训解。著有《横浦集》二十卷。

② 刺：刺配。刺字于面而后发配。

③ 孝宗果放还：绍兴二十五年(1155)十月，秦桧自太师、左仆射进封建康郡王致仕，病卒。孝宗其时为普安郡王、常德军节度使，尝破秦桧以其子熺代相之谋。桧死，为其所逐之臣多牵复，孝宗之力也。

④ 径山：在馀杭县(今杭州市余杭区余杭镇)境内。《方舆胜览》卷一：“径山，乃天目山之东北峰也，中有径路后通天目，故名径山。”

⑤ 青盖：青色车盖。汉制用于皇太子、皇子所乘之车。

⑥ 高宗既御北内：指绍兴三十二年(1162)六月，高宗禅位于孝宗，以太上皇退处德寿宫。《宋史·舆服志》：“德寿宫在大内北望仙桥，故又谓之北内，绍兴三十二年所造。”

5. 洛　　学

淳熙间，考亭以行部劾台守唐氏[1]，上将置唐于理[2]。王淮与唐为姻，乃以唐自辩疏与考亭章俱取旨，未知其孰是。王但微笑，上固问之，乃以“朱程学，唐苏学”为对[3]。上笑而缓唐罪。时上方崇厉苏氏[4]，未遑表章程氏也，故王探上之意以为解。考亭上书力辩以谓，至以臣得力于师友之学以中伤，不报。故终王之居相位，屡召不拜。考亭之子在[5]，趋媚时好，遂阶法从[6]，视其父忤淮者异矣。予尝与闽士同舟，相与叹息在之弗绍[7]，且谓在尽根尽骨卖了武夷山[8]。闽士谓予曰：“子之乡曩[9]，只是卖了一座武夷山。我之乡曩，却卖了三座山。”三座山，盖指三山。乡曩，谓梁成大也[10]。程源为伊川嫡孙[11]，无聊殊甚，尝鬻米于临安新门之草桥。后有教之以干当路者，著为《道学正统图》，自考亭之后剿入当路姓名，遂特授初品[12]，因除二令，又以轮对改合入官，迁寺监丞。伊川、考亭扫地矣。诸学子孙惟吕氏未坠[13]。成公犹子康年，甲戌廷对[14]，真文忠欲置之状头[15]。同列以其言中书之务未清，恐触

时政,文忠固争不从,遂自甲置乙。文忠尝出其副示予,相与叹息。公辍俸,命书市刻之。(乙集)

【注释】

① 行部:谓巡行所属部域,考核政绩。淳熙八年(1181)十月,朱熹为提举两浙东路常平茶盐公事;次年七月,巡所部将趋温州,涉台州境,民诉太守唐仲友不法。仲友新除江西提刑,未行。朱熹奏劾之。

② 理:掌刑狱官署。

③ 朱程学,唐苏学:谓朱熹属于程学,唐仲友属于苏学。程学,指北宋二程之学。程颢、程颐早年受业于周敦颐,接受其道德性命之学,构建起以"理"为最高范畴的哲学体系。因二程长期讲学授徒于洛阳,故称其为洛学。洛学经南宋杨时、李侗发扬,至朱熹而集大成。朱熹在二程思想的基础上,提出"格物致知"与"知行"等性命及其修养学说。后来学者合称为程朱学派,为理学的主流学派。苏学,指苏轼之学。元祐年间,苏轼指程颐主"敬"之说,拘而不近人情,且出之以嘲谑之语,程颐深嫉之。此后,双方弟子纷纷介入,互为攻讦,乃酿为蜀洛党争,绵延日久。南渡后,犹馀响不绝。此处,王淮以蜀洛之争为唐仲友开脱。

④ 崇厉苏氏:尊崇褒奖苏氏。指乾道六年(1170)九月,孝宗追赐苏轼谥曰文忠。

⑤ 考亭之子在:朱在,字叔敬,朱熹第三子。世袭博士,以荫补官,理宗绍定中官至吏部侍郎。

⑥ 法从:跟随皇帝车驾;追随皇帝左右。

⑦ 弗绍:不能承继。

⑧ 尽根尽骨卖了武夷山:意谓(朱在)彻底背弃了朱熹之学。淳熙十年(1183)四月,朱熹在武夷山之五曲建武夷精舍(后改为紫阳书院),潜心著书立说,讲学授徒,四方学者纷至沓来。此处借武夷山代指朱熹之学。

⑨ 乡蠹:喻败基毁业之人。

⑩ 梁成大:字谦之,福州(今属福建)人。开禧元年(1205)进士。谄事宰相史弥远家臣以求进,拜监察御史。诬劾魏了翁、真德秀,又劾奏杨长孺、徐瑄、胡梦昱等人。进左司谏。迁宗正少卿、权刑部侍郎。史弥远死,黜罢之。

⑪ 程源:伊川先生程颐玄孙。宝庆元年(1225),用伊川荫,授将仕郎、籍田令,改太社令,进将作监丞、通判江州。以朝奉郎致仕。

⑫ 初品:宋最低文散官阶。即将仕郎,从九品下。

⑬ 吕氏:吕祖谦,字伯恭,婺州(今浙江金华市)人。出身官宦世家。隆兴进士,历著作郎兼国史院编修官。金华学派主要代表,学者称东莱先生。与朱熹、张栻齐名,时称"东南三贤"。曾邀集"鹅湖之会",试图调和朱、陆学术之争。淳熙八年(1181)七月病卒,年四十五。谥曰成。其

为学兼采众长，尤重于史，不尚空谈阴阳性命之说。著有《近思录》《东莱集》《吕氏家塾读诗记》《左氏博议》等，另编有《宋文鉴》《古文关键》等。祖谦之后，其子延年、侄康年接续薪传，守其家学，文献不坠。

⑭ 甲戌：宋宁宗嘉定七年(1214)。

⑮ 真文忠：真德秀，字景元，后更字景希，世称西山先生，浦城(今属福建南平市)人。庆元五年(1199)进士。历南剑州判官、秘书郎、著作佐郎、起居舍人兼太常少卿，后出为江东转运副使，知泉州、隆兴府、潭州等。理宗即位，召为中书舍人，擢礼部侍郎、直学士院，改翰林学士、知制诰，拜参知政事。端平二年(1235)卒，年五十八。谥文忠。德秀为学，力倡朱熹，著有《西山读书记》四十卷。

6. 三王得

三王得，不知何许人，亦无姓名。带杭音，额角中有刺字，意拣罢军员也[①]。头蓬面垢，或数日不食，莫迹其止宿。包道成尝与之共衾[②]，谓其体壮热如伤寒，道成汗而异衾。人即之，或咄咄哕骂[③]，至以瓦砾诟群儿。予尝呼之，但正目以视，邈无所言。光宗始开王社[④]，位为第三，孝宗储副之位未知孰授。一日，三王得于道中前邀王车，卫者拽之。王问为谁，但连称："三王得，三王得。"王悟其兆，纵使去。既即大位，命入中禁赐命，不拜而出。道遇与之钱者，亦无所谢云。(乙集)

【注释】

① 拣罢军员：军士经挑选不合格而令其退伍。宋制，征募兵卒常须于右臂或背部刺字为记，或有刺于额者。

② 包道成：道士。开禧间，宁宗尝赐其道院崇道庵额。陆游《今上皇帝赐包道成御书崇道庵额》："臣道成，实晋陵人。少学黄老之说，以劬身济众为事。寓迹都城三十馀年，筑室以居，凡以黄冠褐衣至者，靡不馆之，往来千人。"(《渭南文集》卷二十六)

③ 咄咄哕(yuě)骂：形容盛气凌人地唾骂。哕，用力吐唾沫。

④ 开王社：此处指封王赐爵。王社，本指天子祀土神谷神之所，代指王爵。光宗为孝宗第三子，绍兴十七年(1147)九月生，隆兴元年(1163)封恭王，乾道七年(1171)二月立为皇太子。

7. 光皇策士

龙川陈亮奏书阜陵[①]，几至大用，厄于卿相，流泊有年。光皇赐对，问以礼乐刑政之要,亮举君道、师道以为对。时诸贤以光皇久阙问安[②],更进迭谏。亮独于末篇有"岂在一月四朝为礼"之说,光皇以为善处父子之间,故亲擢为第一。及发卷,首得亮,上大喜曰:"天下英才,为朕所得。"命词臣行亮制曰:"往赞侯藩[③],姑循近比[④];朕之待尔,岂止是哉!"盖有意于大用也。亮谢阜陵《表》云:"昔者论天下大计之小臣[⑤],亦尝劝圣人隐忧之良会[⑥]。一时排擯,十五载之多奇;末路遭逢,四百人之自见。共幸奋身于今日,独知回首于当年。"末联云:"设科取士,虽旧贯之相仍;陈力复仇,亦大义之难废。"阜陵称奖。水心先生序龙川之文乃谓:"同父使不以进士第一人及第,则诚狼疾人矣[⑦]。"龙川狱事,盖为父也,天意佑之,而诸公竞全活之,水心先生不当以是冠篇首。龙川虽不为进士第一人,其所上阜陵三书,讵可泯乎?或谓水心先生微时,盖亦顿挫流滞,故因龙川之序而自道耳。水心,进士第二人也。骊塘危公稹尝以龙川书气振对策气索[⑧],盖是要做状元也。水心本为第一人,阜陵览其策,发有"圣君行弊政,庸君行善政"之说。上微笑曰:"即是圣君行弊政耶?即是庸君行善政耶?"有司遂以为亚。(乙集)

【注释】

① 阜陵:宋孝宗陵墓永阜陵之省称。在绍兴宝山。此处代称孝宗。

② 久阙问安:谓久不视朝。淳熙十六年(1189)二月,孝宗禅位于光宗,称寿皇圣帝退居重华宫。光宗即位,诏一月四朝重华宫。绍熙二年(1191)十一月,皇后李氏杀贵妃,次日合祭天地遇大风雨不成礼,光宗震惧感疾,自是不视朝。五年六月,寿皇圣帝崩,光宗以疾不能出,皇子嘉王代行祭奠之礼,旋即皇帝位,是为宁宗。光宗以太上皇帝移御泰安宫,庆元六年(1200)八月崩。

③ 往赞侯藩:前往辅佐王侯、藩镇。即入幕府任职。

④ 姑循近比:姑且遵循近例。近比,犹近例。

⑤ 论天下大计之小臣:陈亮自谓。指隆兴初(1163),宋与金约和,天下忻然,独亮持不可;婺州方以解元荐亮,因上《中兴五论》,不报,退居于家十年。

⑥ 圣人隐忧:此处指国家之耻、君父之仇。陈亮曾三上孝宗书,劝帝力戒偏安一隅之心,勿失雪耻伸痛之良机。三书见《龙川集》卷一。

⑦ 狼疾人:糊涂人。狼疾,昏乱,糊涂。

⑧ 书气振对策气索:儒雅敦厚之气振、考试应答之气尽。

8. 陆　放　翁

陆游字务观,山阴人。名游,字当从观[①],至今谓观[②]。盖母氏梦秦少游而生公,故以秦名为字而字其名。或曰公慕少游者也。其祖名佃,字农师。新学行[3],有《诗说》传于世,大率祖半山[4],后以新法浸异[5]。公绍兴间已为浙漕锁厅第一[6],有司竞首秦熺[7],置公于末。及南宫一人[8],又以秦桧所讽见黜,盖疾其喜论恢复。绍兴末始赐第[9]。学诗于茶山曾文清公[10],其后冰寒于水云。尝从紫岩张公游[11],具知西北事。天资慷慨,喜任侠,常以踞鞍草檄自任,且好结中原豪杰以灭敌。自商贾、仙释、诗人、剑客,无不遍交游。宦剑南[12],作为歌诗,皆寄意恢复。书肆流传,或得之以御孝宗。上乙其处而韪之[13],旋除删定官。或疑其交游非类,为论者所斥。上怜其才,旋即复用。未内禅[14],一日上手批以出,陆游除礼部郎。上之除目,自公而止,其得上眷如此。公早求退,往来若耶、云门[15],留宾款洽,以觞咏自娱。官已阶中大夫,遂致其仕,誓不复出。韩侂胄固欲其出[16],落致仕,除次对,公勉为之出。韩喜陆附己,至出所爱四夫人擘阮琴起舞,索公为词,有"飞上锦裀红绉"之语。又命公勺青衣泉[17],旁有唐开成道士题名。韩求陆记,记极精古,且以坐客皆不能尽一瓢,惟游尽勺,且谓挂冠复出,不惟有愧于斯泉,且有愧于开成道士云。先是,慈福赐韩以南园[18],韩求记于公。公记云:"天下知公之功而不知公之志,知上之倚公而不知公之自处。公之自处与上之倚公,本自不侔。"盖寓微词也。又云:"游老,谢事山阴泽中。公以手书来,曰:'子为我作《南园记》。'岂取其无谀言,无侈辞,足以导公之志欤!"公已赐丙第,人谓公探孝宗恢复之志,故作为歌诗,以恢复自期。至公之终,犹留诗以示其家云:"王师克复中原日,家祭毋忘告乃翁。"则公之心,方暴白于易箦之时矣[19]。又有郑棫者[20],尝第进士,自作《南园记》,并砻石以献[21]。韩以陆《记》为重,仆郑石瘗之地。后韩败,郑竟免。莆阳陈谠[22],文人也。输灵璧以寿韩[23],至刻金字于石,称之曰"我王"。又有某人以锡字分题,如锡福、锡爵之类为诗以献。韩败,有为陈瘗石于地者,会搜地窖,铿然有声,则陈石也,遂为言者所弹。陈《留题吴山三茅观梅亭》诗,有"竹密不知云欲雨,山高尽见水朝宗"之句,继是未有能和者。翰墨本于颜、蔡[24],世以不得其字为憾。独附韩一节为可恨。官职自有定命,特诸人自信不过耳。(乙集)

【注释】

① 字当从观(guàn):其字"观"当读去声。原注:平声。按,此当注去声。

② 至今谓观(guān):今读"观"为平声。原注:去声。按,此当注平声。

③ 新学:指王安石经义之学。

④ 半山:王安石晚年自号“半山”。熙宁九年(1076),王安石再罢相,退居江宁,结庐于城东去钟山之半,名为“半山园”。后终于此。

⑤ 浸异:逐渐离心背道。《宋史·陆佃传》:“安石以佃不附己,专附之经术,不复咨以政。”

⑥ 浙漕锁厅:两浙路转运使司锁厅试。转运使司,南宋称“漕司”,为一路之最高行政机关。锁厅试,官员或有爵禄者应举,隔离于官厅,经官司长吏考试艺业,合格者取解,再赴礼部试。

⑦ 秦熺:秦桧养子。参见第524页第6则注释③。此则言“有司竟首秦熺”,与史不符。熺举进士在绍兴十二年(1142),而陆游应试在绍兴二十三年。据《宋史·陆游传》:“荫补登仕郎,锁厅荐送第一。秦桧孙埙适居其次,桧怒,至罪主司。明年,试礼部,主事复置游前列,桧显黜之。”故“秦熺”应为“秦埙”之误。

⑧ 南宫一人:礼部试列为第一人。即省元。

⑨ 绍兴末始赐第:绍兴三十二年(1162),孝宗即位,陆游迁枢密院编修官,以善词章、谙典故,赐进士出身。

⑩ 曾文清:曾幾,字吉甫,自号茶山居士。其先赣州(今江西赣州市赣县)人,徙河南府。徽宗朝,以兄弼恤恩授将仕郎,试吏部置优等,赐上舍出身,授校书郎。高宗时,历广西转运判官及江西、浙西提刑,因主恢复,为秦桧排斥。后官至敷文阁待制,迁通奉大夫致仕。乾道二年(1166)卒,年八十二。谥曰文清。幾尝从胡安国游,为文纯正雅健,尤工诗,后人将其列入江西诗派。有《茶山集》十卷。

⑪ 紫岩张公:张浚。参见第614页第57则注释㉗。

⑫ 官剑南:乾道六年(1170),陆游通判夔州,次年,入川陕宣抚使王炎幕府,为干办公事。后范成大帅蜀,游为参议官。在蜀历九年,所作歌诗,后编入《剑南诗稿》。

⑬ 乙其处而韪之:在书稿上打钩称是。乙,打钩作标记于某处文字。韪,是,对。

⑭ 内禅:指孝宗禅位于光宗。参见上则注释②。

⑮ 若耶、云门:绍兴府城南有若耶山、若耶溪、云门山、云门寺。

⑯ 韩侂胄:字节夫,相州安阳(今属河南)人。韩琦曾孙。以定策立宁宗有功,又为帝后之叔,除枢密都承旨,进保宁军承宣使,自是浸见亲幸,益用事。加开府仪同三司,权在左右丞相之上。后加封平原郡王,为平章军国事,立班丞相上,并自置机速房,执政十三年。其间,罢斥宰相赵汝愚,指理学为伪学,兴庆元党禁。然亦擢用主张恢复之士,请封岳飞为鄂王,立韩世忠庙,削秦桧追封申王,改其谥“谬丑”等。输家财二十万以助军用,兴兵攻金。北伐失利,又遣使求和。开禧三年(1207),礼部侍郎兼资善堂翊善史弥远与杨皇后密谋,诛杀侂胄。嘉定元年(1208),函其首送至金廷乞和。

⑰ 青衣泉:在临安吴山宝莲峰下,有青衣洞,泉自洞出。据田汝成《西湖游览志》卷十二:“青衣洞,相传昔有人至洞口,见青衣童子姣好如玉,讯之不应,逐之不见,但闻洞中风雨之声股栗而出,遂名青衣洞。”“青衣泉,淅淅出石罅,清鉴毛发。崖壁镌有唐开成五年南岳道士邢令闻、钱唐

县令钱华、道士诸葛鉴八分书题名，傍镌佛像及大字《心经》。山顶巨石坠下，有石承之若饾饤。然前有石门，上横石梁，壁间皆细字水波文，不知何年洚水至此。宋庆元间，韩侂胄赐第宝莲山下，建阅古堂，砌玛瑙石为池，引泉注之，名阅古泉。"

⑱ 慈福：宫殿名。即孝宗内禅后为寿皇圣帝时所居重华宫。此处代指寿皇。绍熙五年(1194)六月，寿皇崩，遗诰改重华宫为慈福宫。庆元二年(1196)四月，宁宗又改为寿慈宫。

⑲ 易箦之时：称人病重将死之时。参见第239页第22则注释⑧。

⑳ 郑械：字中卿，号松窗，三山(今福建福州市)人。淳熙十一年(1184)进士。庆元中，曾随张贵谟使金。官至干办行在诸军粮料院。

㉑ 砻：磨。

㉒ 陈谠：字正仲，仙游(今属福建莆田市)人。隆兴元年(1163)进士。宁宗朝除殿中侍御史，迁兵部侍郎，尝与韩侂胄论用兵利害。北伐兵败，乞外，以敷文阁待制、提举江州，致仕。封清源郡侯。庆元党禁，尝攻伪学，为世所病。

㉓ 灵璧：石名。产于宿州零壁县(今安徽宿州市灵璧县)。色如漆，间有细白纹如玉，叩之声音清越。因其形奇特，常用以装点假山。

㉔ 颜、蔡：书家唐颜真卿、宋蔡襄。参见第305页第4则注释②、第189页第12则注释①。

9. 张于湖

高宗酷嗜翰墨。于湖张氏孝祥廷对之顷[①]，宿酲犹未解，濡毫答圣问，立就万言，未尝加点。上讶一卷纸高轴大，试取阅之。读其卷首，大加称奖，而又字画遒劲，卓然颜鲁[②]。上疑其为谪仙，亲擢首选。胪唱赋诗上尤隽永[③]。张正谢毕，遂谒秦桧。桧语之曰："上不惟喜状元策，又且喜状元诗与字，可谓三绝。"又叩以诗何所本，字何所法。张正色以对："本杜诗，法颜字。"桧笑曰："天下好事，君家都占断。"盖嫉之也。张廷对时，天下犹未尽许之。务能参问前儒，汲扬后学，词翰愈工。天性倜傥，轻财好施，勇于为义。为政平易，民咸思之。唯嗜酒好色，不修细行。高宗尝问以"人言卿赃滥[④]"，孝祥拱笏再拜以对曰："臣诚不敢欺君，臣滥诚有之，赃之一字，不敢奉诏。"上笑而置之。人以为诚非欺君者。真文忠公尝语余曰："于湖平生虽跌宕，至于大纲大节处，直是不放过。"张，乌江人，寓居芜湖。捐己田百亩，汇而为池，圜种芙蕖、杨柳，鹭鸥出没，烟雨变态。扁堂曰"归去来"。芜湖未有第进士者，阴阳者流谓必于湖水与县治接，而后英才出。张方欲凿而通之，则已殁矣。尝舟过洞庭，月照龙堆[⑤]，金沙荡射，公得意命酒，唱歌所自制词，呼群吏而酌之，曰:“亦人子也。”其坦率皆类此。尝慕东坡,每作为诗文,必问门人曰:“比东坡何如?”门人以“过东坡”称之。虽失太过,然亦天下奇男子也。惜其资禀太高,浸淫诗酒。既与南轩、考亭先生为辈行友[⑥],而不能与之相琢磨,以上续伊、洛之统,而今世好神怪者,以公为紫府仙[⑦],惜夫!(乙集)

【注释】

① 张孝祥:字安国,号于湖居士,乌江(今安徽马鞍山市和县东北)人。绍兴二十四年(1154)廷试第一。官荆南、湖北安抚使。乾道六年(1170)卒,年三十八。孝祥俊逸,文章过人,尤工翰墨。其词风格豪迈,颇有感怀时事之作。有《于湖居士文集》四十卷。

② 颜鲁:颜鲁公真卿。

③ 胪唱:又称“胪传”。即唱名。宋科举殿试后,皇帝传呼召见登第进士。原注:“按此句似有脱文。”

④ 赃滥:谓贪赃枉法、轻浮无节制。

⑤ 龙堆:即金沙洲。洞庭湖中洲名。

⑥ 南轩:张栻,字敬夫,一字钦夫,又字乐斋,号南轩,世称南轩先生,汉州绵竹(今属四川德阳市)人。迁于衡阳。张浚子。以荫补官。孝宗朝官吏部侍郎兼侍讲,至右文殿修撰。力主抗金,指斥时弊。与朱熹、吕祖谦齐名,时称“东南三贤”。为学力主“明理居敬”,推崇周敦颐“太极说”。淳熙七年(1180)卒,年四十八。嘉定间赐谥曰宣。著有《论语解》十卷、《孟子说》七卷、《南轩集》四十四卷。

⑦ 紫府:道教称仙人所居。

10. 柔福帝姬

柔福帝姬[①],先自金间道奔归[②],自言于上,上泣而具记其事,遂命高士㒟尚主[③]。一时宠渥,莫之前比。盖徽宗仅有一女存,上待之故不忍薄也。及韦太后归自北方[④],持高宗袂泣未已,遽曰:“哥被番人笑说,错买了颜子帝姬[⑤]。柔福死已久,生与吾共卧起,吾视其敛,且置骨。”上以太母之命,置姬于理[⑥]。狱具,诛之东市。或谓太后与柔福俱处北方,恐其讦己之故,文之以伪,上奉母命,则固不得与之辩也。然柔福自闻太后将还銮驭[⑦],即以病告。尝以尼师自随,或谓此尼曾事真帝姬,故备知畴昔帝姬俱上在宫中事。伪帝姬引见之顷,呼上小字,尼师之教也。京师颜家巷髹器物不坚实[⑧],故至今谓之“颜子生活[⑨]”。(乙集)

【注释】

① 柔福帝姬：徽宗之女。靖康之变，从二帝北迁，后死于五国城（今黑龙江哈尔滨市依兰县北）。逃归者为假冒。据李心传《建炎以来朝野杂记》甲集卷一："和国长公主，徽宗第二十女也，母曰懿肃王贵妃。政和三年夏，封柔福公主，寻改帝姬。靖康二年春，从驾北狩。绍兴十二年，太母归自北方，言帝姬以去年夏死于五国城，年二十九，以其骨归。十三年追封。"

② 间道奔归：从小路逃回。据李心传《建炎以来系年要录》卷二十九，朝廷初闻柔福帝姬逃归，在建炎三年（1129）十一月。曰："贼刘忠犯蕲州，蕲黄都巡检韩世清与战，破之，忠遂转入湖南。先是，东京乾明寺尼法静，尝伪称柔福帝姬，检校少保、保顺军节度使、同知大宗正事仲的闻而迎之，会仲的被旨移司至宿州，与忠遇，仲的死，法静为忠党所掠，世清得之。法静自言己上皇季女，小字环环，其母小王婕妤也。世清疑焉，即坐之堂上，与守臣朝请郎甄采等，朝服隔帘问其故。法静自言脱难之因，且及往时宫闱间事，世清信之，遂以闻于朝。采亦恐寇至不能守，即与世清率所部护帝姬自江西赴行在。"又《要录》卷三十六："（建炎四年十一月）时上犹在温台，先遣入内内侍省押班冯益、宗妇吴心儿，往越州验视。乃取入宫，封福国长公主。"

③ 高士㒟：《建炎以来系年要录》《宋史》等皆作"高世荣"。高世荣娶伪公主，在建炎四年十一月初六。《要录》卷三十九："（乙巳）是日，伪福国长公主适右监门卫将军、驸马都尉高世荣，以世荣为贵州刺史，赐公主银帛各三千匹两、钱五千缗。"

④ 韦太后归自北方：韦太后，高宗生母。靖康之变，被掳至金。绍兴十二年（1142）八月，归宋。参见第601页第49则注释⑮。

⑤ 颜子帝姬：假帝姬。颜子，见后文。

⑥ 置姬于理：将伪帝姬交刑狱机关处置。《建炎以来系年要录》卷一百四十六："（绍兴十二年九月甲寅）诏伪福国长公主李善静决重杖处死。初，皇太后既还宫，内人杨氏告其诈妄，诏殿中侍御史江邈、大理卿周三畏治之。内侍右武大夫、相州观察使李愕亦自北还，言柔福帝姬在五国城适徐还而死，还父武功大夫、荣州团练使中立诉于朝。于是，善静具伏。开封人，少居乾明寺，以试经为尼。初为金人所掠，有内人张喜儿者，言善静貌似柔福帝姬，即伪称之。后恐事觉，脱身走河阳，三鬻身于人。同知大宗正事仲的闻而迎之，至鄜阳复为刘忠所掠，然后入韩世清军中。自受封以来，所得俸赐凡为赃四十八万缗，法当绞，诏处死。宣政使、明州观察使、提举亳州明道宫冯益，宗妇吴心儿，坐验视失实，益除名送昭州、心儿千里外州并编管，驸马都尉、常德军承宣使高世荣所授官仍追夺。初，善静赐第漾沙坑坡下，骄蹇自恣，积杀婢妾甚众，皆埋第中。寻以益与皇太后连姻，心儿宗室妇，免编管。世荣父公绘，累迁武经大夫、达州刺史、閤门宣赞舍人。世荣后以父任为承信郎云。"

⑦ 銮驭：皇帝车驾。此处代指朝廷。

⑧ 髹器：漆器。涂漆器物。

⑨ 颜子生活：意谓假货。生活，用品，器物。

11. 田　鸡

杭人嗜田鸡如炙,即蛙也。旧以其能食害稼者,有禁。宪圣渡南[①],以其酷似人形,力赞高宗申严禁止之。今都人习此味不能止,售者至刳冬瓜以实之,置诸食蛙者之门,谓之“送冬瓜”。黄公度帅闽[②],以闽号为多进士,未必谙贯宿[③],戒庖兵市坐鱼三斤[④]。庖兵不晓所名,遍问诸生,莫能喻。时林执善为州学录[⑤],或语庖人以执善多记,庖人拜而问焉。执善语以可供田鸡三斤,庖人如教纳入。黄公度笑而进庖人曰:“谁教汝?”庖以执善告。黄公遂馆林于宾阁云。执善记博而瓌奇[⑥],为南宫第一。试《圣人备道全美论》[⑦],至今举子诵之。有《林省元文衡事鉴》行于世。骊塘危先生稹弟蟾塘和与之同年,视其手如龙爪而毛。盖林氏之家与庙相直[⑧],其母诞执善之夕尝与神遇,终为闽名儒云。惜乎强售人妇以为妾,其夫怨言执善,为有司杖之,抑郁以死,执善其后亦亟死云。吁,士之不可不自爱也久矣。(丙集)

【注释】

① 宪圣:高宗吴皇后。开封人。年十四入康王府。高宗即帝位,常以戎服侍左右。博学书史,又善翰墨,宠遇日至。封和义郡夫人,进封才人,为婉仪,寻进贵妃。绍兴十二年(1142),韦太后归銮,言邢皇后已于三年前崩于金五国城。高宗虚中宫以待者十六年,至此,乃诏立吴氏为皇后。孝宗时,号寿圣皇太后;光宗时,号寿圣太皇太后。孝宗崩,光宗以疾不能执丧礼,太后代行之,又垂帘宣诏立嘉王为皇帝。庆元三年(1197)十一月崩,年八十三。谥曰宪圣慈烈。

② 黄度:字文叔,新昌(今属浙江绍兴市)人。好学读书,文似曾巩。隆兴元年(1163)进士。历知嘉兴县、守监察御史。宁宗即位,官右正言。韩侂胄当政,刚愎自用,度具疏论其奸,被排斥出朝。开禧三年(1207),侂胄诛,起为太常少卿兼国史院编修、实录院检讨。朝论欲函侂胄首与金,度以为辱国而非之。后以集英殿修撰知福州,进龙图阁知建康府兼江淮制置使。除税罢科籴,活饥民百万口。入为礼部尚书兼侍读,请用儒生,惜民力。嘉定六年(1213)十月卒,年七十六。赠通奉大夫。

③ 贯宿:一向之习惯。贯,通“惯”。

④ 戒:命令。

⑤ 林执善:字成己,闽县(今福建福州市)人。开禧元年(1205)礼部试第一,进士及第。　州学录:州学教授之佐官,掌纠察学生及考试。

⑥ 瓌(guī)奇:又作“瑰奇”。美好特出。

⑦ 圣人备道全美：圣人兼备诸道而完美无缺。语出《荀子·正论篇》："天下者，至重也，非至强莫之能任；至大也，非至辨莫之能分；至众也，非至明莫之能和。此三至者，非圣人莫之能尽，故非圣人莫之能王，圣人备道全美者也。"林执善《圣人备道全美论》答卷，收魏天应《论学绳尺》卷一。

⑧ 相直：相对。

12. 张史和战异议

自金人渝盟[1]，兵革不得休息，民之疮痍日甚。会天子新立[2]，谓："我家有不共戴天之仇，朕不及身图之，将谁任其责？"乃奋志于恢复。由是天下之锐于功名者，皆扼腕言用兵矣。史公浩相时之宜[3]，审天下之势，以为未可。上疏曰："靖康之祸，孰不痛心疾首？悼二帝之蒙尘，六宫之远役，境土未还，园陵未肃。此诚枕戈待旦、思报大耻之时也。然陛下初嗣位，不先自治，安可图远？矧内乏谋臣，外无名将，士卒既少而练习不精，而遽动干戈以攻大敌，能保其必胜乎？苟战而捷，则一举而空胡庭，岂不快吾所欲；若其不捷，则重辱社稷，以资外侮，陛下能安于九重乎？上皇能安于天下之养乎？此臣所以食不甘味而寝不安席也。张浚老臣，岂其念不到此？而惑于幕下轻易之谋，眩于北人诳顺之语，未遑精思熟虑，决策万全，乃欲尝试为之，而徼幸其或成。臣窃以为未便。上皇亲睹祸乱，岂无报敌之志？当时以张、韩、刘、岳各领兵数十万[4]，皆西北勇士，燕、冀良马，然与之角胜负于五六十载之间，犹不能复尺寸地。今而欲以李显忠之轻率、邵宏渊之寡谋[5]，而取全胜，岂不难哉！惟陛下少稽锐志，以为后图，内修政事，外固疆圉，上收人才，下裕民力，乃选良将，练精卒，备器械，积资粮。十年之后，事力既备，苟有可乘之机，则一征无敌矣。"已而浚以枢密使都督江淮军马，请上幸建康，以成北伐之功。史公曰："古人不以贼遗君父。必乘舆临江而后成功，则都督安用？且上远征，而上皇独留，敌以一骑犯淮，则此城之人骚然奔遁，上皇何以安处乎？"浚又请以所部二十万人进取山东，史公问："留屯江淮几何人也？"曰："半之。"复与计其守舟、运粮之人，则各二万，曰："然则战卒才六万耳，彼岂为是惧耶？况淄、青、齐、郓等郡虽尽克复，亦未伤于彼。彼或以重兵犯两淮，荆襄为之牵制，则江上之危如累卵矣。都督于是在山东乎？在江上乎？"诘难于天子，凡五日。史公复劝浚曰："明公以大仇未复，决意用兵，此实忠义之心。然不观时审势而遽为之，是徒慕复仇之名耳。诚欲建立功业，宜假以数年,先为不可胜以待敌之可胜,乃上计也。明公四十年名望,如此一旦失利,明公当何如哉!"浚曰:"丞相之言是也。虽然,浚老矣。"史公曰:"晋灭吴,杜征南之力也[6]。而当时归功于羊太傅[7],以规模出于祜也。明公能先立规模,使后人借是有成,则亦明公之功也,何必身为之?"浚默然,乃见上曰:"史浩之意已不可夺,惟陛下英断。"于是不由三省、枢密院而命将出师矣。其年五月,师渡淮。史公曰:"国之大事在戎。予以宰相兼枢密使而不获与闻,将焉用相?"遂力请罢归。归未及□[8],师败于符离,卒十有三万,一夕而溃死者不可胜数,资粮甲兵,捐弃殆尽。天子哀痛,下诏罪己。左相以议论诡随待罪[9],而都督以师徒桡败自劾矣[10]。(丙集)

【注释】

① 渝盟:背叛盟约。

② 天子新立:指孝宗即位。绍兴三十二年(1162)六月,高宗禅位于孝宗。

③ 史浩:字直翁,明州鄞县(今浙江宁波市)人。绍兴十五年(1145)进士。历馀姚县尉、国子博士、秘书省校书郎兼二王府教授、宗正少卿。孝宗即位,以中书舍人迁翰林学士、知制诰。张浚宣抚江淮,将图恢复,浩与之异议,除参知政事。荐枢密院编修官陆游。隆兴元年(1163),拜尚书右仆射兼枢密使。首辨赵鼎、李光无罪,岳飞久冤,宜复其官爵,禄其子孙,帝悉从之。张浚锐意用兵,浩乞罢,出知绍兴,移知福州。淳熙元年(1174),除少保、观文殿大学士兼侍读。五年,复为右丞相。寻除太保致仕,封魏国公。光宗即位,进太师。绍熙五年(1194)薨,年八十九。封会稽郡王。宁宗登极,赐谥文惠。嘉定十四年(1221),追封越王,改谥忠定,配享孝宗庙庭。

④ 张、韩、刘、岳:指南宋初四大抗金将领张俊、韩世忠、刘光世(一说为刘锜)、岳飞。张俊,字伯英,成纪(今甘肃天水市)人;高宗即位,为御营前营统制,绍兴初为江淮招讨使,绍兴中附秦桧,陷害岳飞;又首请解除兵权,授枢密使,封清河郡王,拜太师;绍兴二十四年(1154)卒,年六十九;谥曰忠烈,追封循王。韩世忠,参见第449页第8则注释①。刘光世,参见第654页第9则注释②。刘锜,字信叔,德顺军(治今宁夏固原市隆德县东北)人;建炎四年(1130)为泾原经略使,从张浚战富平,力战有功;绍兴六年(1136),权提举宿卫亲军;十年,为东京副留守,率王彦旧部八字军以赴,至顺昌,闻金兵南下,遂守城御敌,大破完颜宗弼军,奉命退兵于淮西;次年,又与张俊、杨沂中破敌于柘皋;旋为秦桧、张俊所排挤,罢知荆南府,塞江陵黄潭缺口,以除水患;三十一年,金海陵王南下,为江淮浙西制置使守淮东,老病不能任事,退镇江;次年呕血而卒,年六十五;赠开府仪同三司,谥曰武穆。岳飞,字鹏举,相州汤阴(今属河南安阳市)人;北宋末投军,为秉义郎;高宗即位,上书阻南迁,革职,从宗泽守开封,为统制;宗死,从杜充南下;建炎三年(1129),与完颜宗弼战于广德、宜兴,金兵北撤,又袭其后,收复建康;所部军纪严明,屡立奇功,称"岳家军";绍兴四

年(1134),大破金傀儡伪齐军,收复襄阳、信阳等六郡;次年,从张浚讨杨么之乱,驻军鄂州;九年,上表反议和;次年,完颜宗弼进兵河南,率军反击,收复郑州、洛阳,在郾城大败金军,秦桧以十二道金牌令退兵,归临安,解除兵权,为枢密副使,寻以谋反罪下狱;十一年十二月二十九日,以"莫须有"罪与其子云、部将张宪同被毒杀于风波亭。孝宗时追谥武穆,宁宗时追封鄂王;有《岳武穆遗文》(又称《岳忠武王文集》)。

⑤ 李显忠、邵宏渊:李显忠初名世辅,南归后赐名显忠,绥德军青涧(今陕西榆林市清涧县)人。北宋末投军。绍兴间,金兵陷延安,显忠父子为金所擒,授官。后显忠投西夏,为延安招抚使,合夏兵攻金。绍兴九年(1139),率军投宋,除指挥使、承宣使,屡击退南下金军,授淮西制置使,擢太尉、宁国军节度使。孝宗即位,从张浚北伐。因与邵宏渊不和,兵败宿州符离,罢职责授果州团练副使、潭州安置。后朝廷知其故,复太尉。淳熙四年(1177)卒,年六十九。赠开府仪同三司,谥曰忠襄。邵宏渊,绍兴间历忠州防御使、殿前司左军统领、荆湖北路兵马钤辖、御前诸军都统制。隆兴北伐,与李显忠军分两路攻宿州,畏缩不进,至李显忠部孤军奋战,终有符离之败。张浚、李显忠皆贬,独宏渊仍前建康都统制。

⑥ 杜征南:杜预,字元凯,京兆杜陵(今陕西西安市东南)人。西晋镇南将军,都督荆州诸军事。以灭吴功封当阳县侯。多谋略,时称"杜武库"。又博学多通,参与制订《晋律》,撰《春秋左氏经传集解》等。太康五年(284)卒,年六十三。追赠征南大将军、开府仪同三司,谥曰成。

⑦ 羊太傅:羊祜,字叔子,泰山南城(今山东临沂市平邑县南)人。司马师妻弟。魏末为相国从事中郎,掌司马昭机密。晋武帝代魏,祜策划灭吴。泰始五年(269),以尚书左仆射都督荆州诸军事,出镇襄阳,屯田储粮,平日与吴将陆抗互通使节,各保分界。屡请出兵,未允。临终,举杜预自代。咸宁四年(278)卒,年五十八。赠侍中、太傅。一年后,吴灭,武帝流涕念其功。

⑧ 归未及□:□,缺字。别本有作"家"者。

⑨ 诡随:谓不顾是非而妄随人意。

⑩ 桡败:失败;挫败。

13. 二　　元

朱文公熹,字元晦。中年自悔,以为元为乾,四德之长[①],愧不足以称是,遂易曰仲晦。真文忠公名德秀,字景元。楼宣献公尝从容叩之以字义[②],真答以:"慕元德秀之为人[③],故曰景元。"楼公取《诗》注"景行行止"处示之[④],则景之义为明,谓"高山仰止"对"明行行止"也。真遽易为希元。盖"景元"乃"明元",无谓也[⑤]。二公州里则同,而文公又真公所闻而知之之师,且谥又同一字,而字义之误,又皆能自知其非而易之。然当时至今但称二公曰元晦、景元,而未尝称之曰仲晦、希元,盖其习称已久而不能以遽易也。文忠始于举子,命字之义非得于师友,故始字曰实夫。后乡曲有轻薄子曰:"只恐秀而不实。"故易曰景元。若文公则不然,其师友曰籍溪[⑥],曰延平[⑦],顾不能救其字之误也,而必俟公之自悔,其亦异乎王通矣[⑧]。通之弟曰绩[⑨],字无功。通曰:"神人无功[⑩],非尔所及也。"故终身名之。(丙集)

【注释】

① 四德:指《周易》"乾"卦元、亨、利、贞四德。《周易·乾》:"文言曰:元者,善之长也;亨者,嘉之会也;利者,义之和也;贞者,事之干也。君子体仁足以长人,嘉会足以合礼,利物足以和义,贞固足以干事。君子行此四德者,故曰:乾,元亨利贞。"

② 楼宣献公:楼钥,字大防,号攻媿主人。明州鄞县(今浙江宁波市)人。隆兴元年(1163)进士。历温州教授、宗正寺主簿。光宗嗣位,擢起居郎兼中书舍人。立言坦明,缴奏无所回避,光宗内禅诏书即为其所草。宁宗朝,因与韩侂胄政见不合,告老辞归。侂胄被诛,起钥为翰林学士,迁吏部尚书兼翰林侍讲。嘉定元年(1208),除端明殿学士、签书枢密院事,升同知,又进参知政事。五年,累疏求去。除资政殿大学士,提举万寿观。六年薨,年七十七。赠少师,谥宣献。有《攻媿集》一百一十二卷。

③ 元德秀:字紫芝,河南(今河南洛阳市)人。唐开元二十一年(733)登进士第。授邢州南和县尉,以惠政升龙武军录事参军,后为鲁山县令。三年秩满,南游陆浑而居之。天宝十二载(753)卒于陆浑山中,年五十九。少孤,事母以孝。举进士,自负母入京师。既擢第,母亡,庐墓侧,食不盐酪,藉无茵席。为政清廉,无名利之心。士大夫高其行,称曰元鲁山。门人私谥文行先生。

④ 景行(háng)行止:行于大道。《诗经·小雅·车舝》:"高山仰止,景行行止。"郑玄笺:"古人有高德者则慕仰之,有明行者则而行之。"朱熹集传:"仰,瞻望也;景行,大道也。高山则可仰,景行则可行。"今从朱说。意谓仰慕于高尚,践行于明道。以"高山"喻高尚德行,"景行"喻光明正道。

⑤ 无谓:此处指无须多说。表示明确之义。

⑥ 籍溪:胡宪,字原仲,自号籍溪先生,崇安(今福建南平市武夷山市)人。少从从父胡安国学,深悟二程之说。绍兴中,以乡贡入太学。时逢朝廷禁止二程学说,乃隐居不仕,力田卖药以养其亲。教授诸生,训以为己之学。与刘勉之、刘子翚、朱松相友善。松将殁,嘱其子熹禀学于三君子,熹自谓事籍溪先生为最久。后以行义闻于朝,特召,赐进士出身,授左迪功郎、建州教授。以母老辞。是时,秦桧当权,不以当世为念。桧死,召为秘书省正字。上疏言金必败盟,诏改秩与祠以归。绍兴三十二年(1162)卒,年七十七。

⑦ 延平:李侗,字愿中,南剑州剑浦(今福建南平市)人。年二十四,闻郡人罗从彦得河洛之

学，师事之，累授《春秋》《中庸》《论语》《孟子》之说。后退居山田，谢绝世故，终身不仕。授徒讲学，答问不倦。朱松与其为同门友，雅重之，遣其子熹从侗学，熹终得其传。孝宗隆兴元年(1163)卒，年七十一。

⑧ 王通：字仲淹，河东郡龙门(今山西运城市河津市)人。隋文帝时，尝上太平策，未见用，退居河、汾之间，开馆授徒。受业弟子有千馀人，时称“河汾门下”。唐初名臣如房玄龄、杜如晦、魏徵、李靖、薛收等皆从其学。大业十三年(617)卒，年三十四。门人私谥文中子。主要著作有《中说》十卷。

⑨ 王绩：字无功，号东皋子。大业中，举孝悌廉洁及第。除秘书正字、扬州六合丞。曾入窦建德幕数月。唐初官至太乐丞，辞归。有诗名。有《东皋子集》三卷。

⑩ 神人无功：修养达神化之境者，无意于求功。语出《庄子·逍遥游》：“至人无己，神人无功，圣人无名。”

14. 岳侯追封

“人主无私，予夺一归万世之公；天下有公，是非岂待百年而定？眷言名将，宿号荩臣[1]，虽勋业不究于生前，而誉望益彰于身后。缅怀英概，申畀愍章[2]，故追复少保、武胜军节度使、武昌郡开国公、食邑六千户、实封二千四百户、赠太师、谥武穆岳飞，蕴盖世之才，负冠军之勇，方略如霍嫖姚而志灭匈奴[3]，意气如祖豫州而誓清冀、朔[4]。屡执讯而获丑[5]，亦运筹而策勋。外摄威灵[6]，内殚谟画[7]。属时讲好，将归马华山之阳[8]；尔犹奋威，欲抚剑伊吾之北[9]。遂致樊蝇之集[10]，遽成市虎之疑[11]。虽怀子仪贯日之忠[12]，曾无其福；卒堕林甫偃月之计[13]，孰拯其冤？迨国论之初明，果邦诬之自辨[14]。中兴之主，思念不忘；重华之君[15]，追褒特厚。肆渺躬而在御[16]，想风烈以如存。是用颁我丝纶[17]，檖之王爵[18]，锡熊红之故壤[19]，超敬德之旧封[20]。盖将慰九原之心[21]，亦以作三军之气。於戏[22]！修车备器，适当闲暇之时；显忠遂良，罔间幽明之际[23]。尚惟泉壤，歆此宠光[24]，可特封鄂王，馀如故。”嘉泰四年六月二十日，中书舍人李大异行。盖韩氏兴师恢复[25]，故首封鄂王以为张本，制中故有“作三军之气”与“修车备器”之词。(戊集)

【注释】

① 荩臣：本谓王所进用之臣，后引申指忠诚之臣。《诗经·大雅·文王》：“王之荩臣，无念尔祖。”朱熹集传：“荩，进也，言其忠爱之笃，进进无已也。”

② 申畀慜章:允赐怜恤抚慰的诏书。

③ 霍嫖姚:霍去病,河东平阳(今山西临汾市西南)人。西汉名将。元朔六年(前123),汉武帝以霍去病为骠姚校尉,从卫青击匈奴于漠南,大胜而归。时年方十七,人称霍骠姚。后封冠军侯,至骠骑将军。又两败匈奴,得河西地。武帝为其造府第,曰:"匈奴不灭,无以家为。"元狩六年(前117)薨,年二十四。谥曰景桓。

④ 祖豫州:祖逖,字士雅,范阳遒县(今河北保定市涞水县)人。西晋末率亲党数百家南移,迁居京口。建兴元年(313),司马睿以祖逖为豫州刺史,渡江北伐,收复河南地,人称祖豫州。进封镇西将军。后受朝廷忌惮,忧愤成疾。大兴四年(321)卒于雍丘,年五十六。赠车骑将军。

⑤ 执讯而获丑:谓俘获敌众。执讯,审讯俘虏。获丑,俘获敌人。

⑥ 威灵:显赫声威。

⑦ 谟画:谋划。

⑧ 归马华山之阳:比喻息战不再用兵。语见《尚书·武成》:"(武王克商)乃偃武修文,归马于华山之阳,放牛于桃林之野,示天下弗服。"孔颖达疏:"此是战时牛马,故放之,示天下不复乘用。"

⑨ 伊吾:地名。汉指伊吾卢,隋置伊吾郡(治今新疆哈密市)。此处泛指边疆。

⑩ 樊蝇:樊篱上青蝇。喻谗佞。语出《诗经·小雅·青蝇》:"营营青蝇。止于樊。"

⑪ 市虎:市中老虎。市本无虎,因以喻流言蜚语。语出《韩非子·内储说上》:"庞恭与太子质于邯郸,谓魏王曰:'今一人言市有虎,王信之乎?'曰:'不信。''二人言市有虎,王信之乎?'曰:'不信。''三人言市有虎,王信之乎?'王曰:'寡人信之。'庞恭曰:'夫市之无虎也明矣,然而三人言而成虎。今邯郸之去魏也远于市,议臣者过于三人,愿王察之。'"

⑫ 子仪:郭子仪。唐大将。

⑬ 林甫:李林甫,小字哥奴,唐宗室。善音律,会机变。开元中,迁御史中丞、吏部侍郎,深结武惠妃及宦官,僭伺帝意,故奏对皆称旨。开元二十二年(734)五月,为礼部尚书、同中书门下三品,封晋国公。居相位十九年,专政自恣,杜绝言路,为人表面友善,暗加陷害,人称"口蜜腹剑"。《新唐书·奸臣传上·李林甫》:"林甫有堂如偃月,号月堂。每欲排构大臣,即居之,思所以中伤者。若喜而出,即其家碎矣。"天宝十一载(752年)卒。杨国忠代其任,诬为谋逆,诏夺官爵,废为庶人,诸子流于岭表。

⑭ 邦诬:谓诬罔君臣,歪曲事实。

⑮ 重华之君:指宋孝宗。参见第629页第7则注释②。

⑯ 肆渺躬而在御:谓皇帝在位尽职勤政。肆,极力,勤苦。渺躬,微躯,帝、后自称之词。此处指宁宗。

⑰ 丝纶:指帝王诏书。语出《礼记·缁衣》:"王言如丝,其出如纶。"孔颖达疏:"王言初出,微细如丝,及其出行于外,言更渐大,如似纶也。"

⑱ 禭(suì)之王爵:追赠死者以王爵冕服、印绶、车马等。指追赠王爵。禭,古代吊丧之礼,向死者赠送衣衾等物,停柩前为死者穿衣,停柩后将赠死者之衣置于柩东等,皆谓之“禭”。

⑲ 熊红:西周时楚国君熊渠次子。熊渠,芈(Mǐ)姓,熊氏,名渠。熊绎四世孙。周夷王时(前885—前878),乘周王室衰微之机,兴兵伐庸(今河南郑州市北)与扬越(今湖北、湖南间),势力扩展至长江中游。封长子康为句亶(今湖北荆州市)王,封次子红为鄂(今湖北鄂州市)王,封幼子执疵为越章(今湖北、安徽间)王。“锡熊红之故壤”,指赐予岳飞鄂王。

⑳ 敬德:尉迟恭,字敬德。唐太宗时封鄂国公。参见第10页第10则注释③。

㉑ 九原:九泉;黄泉。人死后葬所。

㉒ 於戏(wū hū):感叹词。犹呜呼。

㉓ 罔间幽明:不分阴阳生死。罔间,犹无间,不分。

㉔ 尚惟泉壤,歆此宠光:意谓期望在地下能享受恩宠光耀。泉壤,地下,坟墓。歆,祭祀时鬼神来享受祭品香气。 案:为岳飞平反,自孝宗始。绍兴三十二年(1162)七月,孝宗初即位,追复岳飞原官,以礼迁其遗骸葬于栖霞岭下西湖西北侧,赐显明寺充功德院。隆兴二年(1164)十月,废北山下智果寺,赐额褒忠衍福禅寺,充岳飞功德院。乾道五年(1169)十一月,立忠烈庙于鄂州。淳熙五年(1178)九月,赐谥曰武穆。宁宗嘉泰四年(1204)五月,追封岳飞为鄂王。理宗宝庆元年(1225)二月,赐谥曰忠武。元世祖至元(1264—1294)间,于褒忠衍福寺原址复其庙,塑鄂王像,其五子祔焉。明景泰(1450—1457)间,修饬祠墓,额忠烈庙,俗称“岳王庙”。正德八年(1513),于岳墓前铜铸秦桧、王氏、万俟卨(Mò qí xiè)三跪像。万历二十六年(1598),增张俊一像,改为铁铸。清顺治八年(1651)、康熙五十四年(1715)、雍正九年(1731)三次重修,其规制沿于今。

㉕ 韩氏兴师恢复:开禧元年(1205),韩侂胄拜平章军国事,出兵北伐。三年,以兵败罢。

15. 周　虎

虎,平江人[①]。今有武状元坊,则其家也。黄公由以进士第一人旌其坊为“状元”[②],故用“武”字以别之。虎倜傥有大将器,身兼文武,能赋诗,工大字。开禧间守和州[③],敌骑蔽野,居民官军无以为食,城欲下者屡矣。其母夫人自拔首饰奁具,巡城埤[④],遍犒军,使尽力一战。命虎同士卒甘苦,与之俱攻围以出战。士卒感其诚意,遂以血战,敌骑几歼。上守城功归于母,朝命封以“和国”,赐冠帔云[⑤]。虎之居吴也,言者以为韩党,坐安置□州[⑥]。虎既贫,不能将母以往。未几,谪所闻讣,号恸,誓不复仕。放还,杜门托躄疾[⑦],屡召不起。虽旧所部候之,亦坚不与接,但喏于庭而去。(戊集)

【注释】

① 平江:南宋平江府(治今江苏苏州市)。

② 黄由:字子由,号盘野居士,平江长洲(今江苏苏州市)人。淳熙八年(1181)进士第一。王鏊《姑苏志》卷五十一:"吴自有科目以来,由始冠多士,时人荣之。"历绍兴府通判、著作佐郎、嘉王府赞读。宁宗朝,除刑部尚书兼直学士院,官至正奉大夫。嘉定三年(1210)卒,赠少师。墓在邓尉山。

③ 和州:南宋属淮南西路,治历阳(今安徽马鞍山市和县)。

④ 城埤(pì):又作"城陴"。犹城堞。

⑤ 冠帔(guān pèi):古代妇女服饰。帔,披肩。

⑥ □州:别本作"信州"。信州,南宋属江南东路,治上饶(今属江西)。

⑦ 躄(bì)疾:双腿瘸跛。

16. 满潮都是贼

韩用事岁久,人不能平,又所引用,率多非类,天下大计,不复白之上。有市井小人以片纸摹印乌贼出没于潮[①],一钱一本以售。儿童且诵言云:"满潮都是贼,满潮都是贼。"京尹廉而杖之。又有卖浆者,敲其盏以唤人曰:"冷底吃一盏,冷底吃一盏。"冷谓韩[②],盏谓斩也。亦遭杖。不三月,而韩为郑发所刺[③],及籍其家,得所收真圣语[④],末一句云"遭他罗网祸非轻",又一句云"远窜遐荒始得平"。韩尝怪其言。韩外有陈自强[⑤],内有周筠[⑥],启韩有图之者[⑦],韩犹以"一死报国"为辞。周苦谏,韩遂与自强谋,用林行可为谏议大夫[⑧],刘藻为察官[⑨],一网尽谋韩之人。仅隔日,未发而钱、李、史三公亦有所闻[⑩],命夏震速下手。震归,遂命郑发刺韩。震复刊御批于杰阁以记之[⑪]。史恶之,旋以疽发于背而死于殿司[⑫]。(戊集)

【注释】

① 乌贼:俗称"墨鱼""墨斗鱼"。软体动物。体椭圆而扁平,色苍白,有黑斑,头部有一对大眼,口部边缘有十只腕足,腕足内侧生有吸盘,体内囊状物能分泌黑色液体,遇危险时喷出以逃生。

② 冷谓韩:指冷即寒,与"韩"谐音。

③ 韩为郑发所刺:开禧三年(1207)十一月二日,礼部侍郎兼资善堂翊善史弥远与杨皇后等谋诛韩侂胄,以密旨告参知政事钱象祖、李壁,钱欲奏审,李亟止之,即以御批付权主管殿前司公

事夏震,震遣其将郑发率三百卒防护。三日,韩侂胄上朝,郑发护从至六部桥,截车径往玉津园,以铁鞭击杀之。据《宋史·奸臣传四·韩侂胄》:"御笔云:'韩侂胄久任国柄,轻启兵端,使南北生灵枉罹凶害,可罢平章军国事,与在外宫观。陈自强阿附充位,不恤国事,可罢右丞相,日下出国门。'"后世史家多疑此御批出自杨皇后。

④ 真圣:指神仙。

⑤ 陈自强:字勉之,福州闽县(今福建福州市)人。淳熙五年(1178)进士。以韩侂胄荐得官,历秘书郎、右正言、谏议大夫、御史中丞。嘉泰三年(1203),拜右丞相。韩诛,累贬复州团练副使雷州安置,死于广州。

⑥ 周筠:韩侂胄厮役。冒以宁宗恭淑韩皇后姨父,补官为浙西兵马都监。后流岭南。

⑦ 启韩有图之者:禀告韩侂胄有人图谋害之。据《宋史·奸臣传四·韩侂胄》:"先一日,周筠谓侂胄事将不善,侂胄与自强谋,用林行可为谏议大夫,尽击谋侂胄者。"

⑧ 林行可:字可叔,侯官(今福建福州市)人。乾道八年(1172)进士出身。开禧三年(1207),以太常少卿兼国史院编修官。韩侂胄被诛前夕,擢右谏议大夫。

⑨ 刘藻为察官:刘藻,生平不详。察官,监察御史。

⑩ 钱、李、史:指钱象祖、李壁、史弥远。钱象祖,字伯同,台州(今浙江台州市临海市)人;以荫补官,至兵部尚书;嘉泰四年(1204)四月,自吏部尚书赐出身同知枢密院事;开禧元年(1205)四月,除参知政事兼同知枢密院事,二年三月以谏用兵罢;三年四月,复除参知政事,十一月兼枢密院事;诛韩侂胄,除右丞相兼枢密使;嘉定元年(1208)十月,除特进左丞相兼枢密使、太子宾客;寻罢,以观文殿大学士判福州;四年卒,赠少师,追封魏国公。李壁,字季章,眉州丹稜(今四川眉山市丹棱县)人;孝宗时登进士第,召为正字;开禧二年七月,自礼部尚书除参知政事,与谋诛韩,事后兼同知枢密院事,旋罢谪外;嘉定十五年(1222)卒,谥曰文懿。史弥远,字同叔,明州鄞县(今浙江宁波市鄞州区)人;孝宗朝宰相史浩之子;淳熙十四年(1187)进士及第;开禧三年,谋杀韩侂胄,后函其首送金请和;嘉定元年,除右丞相兼枢密使,与钱象祖并为相,钱罢,独相宁宗十六年;宁宗崩,矫诏拥立宗室子贵诚(后改名昀),即位为理宗,又独相九年;绍定六年(1233)病卒,追封卫王,谥曰忠献。

⑪ 杰阁:高阁。

⑫ 殿司:殿前司。禁军官司。南宋殿司禁军总额为七万馀人,置前军、右军、中军、左军、后军、护圣军、踏白军、选锋军、游奕军、策选锋军、神勇军、破敌军、明州水军等。

建炎以来朝野杂记

[宋] 李心传

《建炎以来朝野杂记》四十卷，宋李心传撰。心传字微之，亦字伯微，号秀岩野人，晚号雪滨病叟，隆州井研（今属四川乐山市）人。少随父舜臣居临安。舜臣为宗正寺主簿，心传颇得窥官藏之典籍，过庭则闻名卿士大夫之议论。庆元元年（1195），以乡荐，举进士下第，绝意不复应举，闭户著书。宝庆二年（1226），因魏了翁等二十三人交章奏荐，为史馆校勘。后赐同进士出身，专修《中兴四朝帝纪》。累官工部侍郎。淳祐元年（1241），退而寓居湖州霅川。四年卒，年七十八。心传以编年史学知名，与李焘并称「二李」。著述颇多，今存尚有《建炎以来系年要录》二百卷、《旧闻证误》五卷等。

《建炎以来朝野杂记》分甲、乙两集，甲集二十卷，成于嘉泰二年（1202），乙集二十卷，成于嘉定九年（1216）。是书专记宋室南渡以后高宗、孝宗、光宗、宁宗四朝史事，分门别类，于礼乐刑政、科举职官、兵戎边防、财赋食货及朝野放佚旧闻，大纲细目，无不该具，故后世称为南渡以来野史之最详备者，推许作者为史家巨擘。

选文标题为原书所有。

1. 高宗恭俭

高宗在维扬时[1]，每退朝，即御殿旁一小阁，垂帘独坐，前设一素木桌子，上置笔砚，盖阅四方章奏于此阁内，惟二小珰侍侧。凡巨珰若内夫人奏事[2]，上悉出阁外视之。御膳惟面、饭、煎肉、炊饼而已。镇江守钱伯言尝献宣和所留器用，其间有螺钿椅桌[3]。上恶其靡，亟命于通衢毁之。上晚年，大刘妃有宠，恃恩骄侈，盛夏以水晶饰足蹋[4]。上偶见之，即命取其一以为御枕。妃惶惧，撤去。自是六宫无复逾制者矣。（甲集卷一）

【注释】

① 高宗在维扬：靖康二年（1127）五月朔，高宗即位于南京应天府，改元建炎；十月幸扬州，至建炎三年（1129）二月渡江幸杭州，在扬一年有四月。

② 巨珰：有权势的宦官。

③ 螺钿：又作“螺填”。螺钿椅桌，参见第497页第1则注释④。

④ 足蹋：又作“足踏”。踏脚。安放于床榻之前，供人上下时踏脚之用。

2. 孝宗恭俭

淳熙中，上作翠寒堂于禁中，以日本国松木为之，不施丹雘[1]，其白如象齿。尝召赵丞相雄、王枢使淮奏事堂下[2]，古松数十，清风徐来。上曰：“松声甚清，远胜丝竹，子瞻以风月为无尽藏[3]，信哉！”上又指殿东桥曰：“此去禁园无数十步，朕遇花时亦未尝往，闲遣人折数枝来观尔。苑中台殿皆太上时所为，朕居常以竹沓覆设[4]，太上来则撤之。”太上至宫，徘徊周览，每兴依然之叹[5]，颇讶其不雅饰也。上恭俭勤政盖如此。（甲集卷一）

【注释】

① 丹雘（wò）：供涂饰的红颜料。

② 赵丞相雄、王枢使淮：赵雄，字温叔，资州（治今四川内江市资中县）人。隆兴元年（1163）类省试第一。乾道五年（1169），召见便殿，诏除正字，历右史、中书舍人。极言恢复，尝出

使金国。淳熙二年(1175),召为礼部侍郎,除端明殿学士、签书枢密院事。五年,参知政事,拜右丞相。八年,与枢密使王淮不合,遭谗罢相,出知江陵府。光宗受禅,授宁武军节度使、开府仪同三司,进卫国公。绍熙四年(1193)薨,年六十五。赠少师。嘉定二年(1209)追谥文定。王淮,参见第624页第3则注释⑬。淳熙八年(1181),自枢密使除右丞相,取代赵雄。

③ 无尽藏(cáng):谓佛德广大无边,作用于万物,无穷无尽。苏轼《前赤壁赋》:"惟江上之清风,与山间之明月,耳得之而为声,目遇之而成色,是造物者之无尽藏也。"此句下原注:"上雅敬苏文忠,居常止称子瞻,或称东坡。"

④ 竹沓:或为竹片所编垫席,覆盖于地面或建筑物,供防护之用。

⑤ 依然:形容思念、恋旧之情态。

3. 燕　　射

燕射[①],祖宗承平时数行之,渡江后不讲。乾道末,孝宗尝谕辅臣留意习射。淳熙元年九月,遂幸玉津园讲燕射之礼[②],赐皇太子、宰执、使相、侍从、正任御宴,酒三行,乐作,上临轩,有司进弓矢,上射中,太子进酒,率群臣再拜称贺。次太子及环卫官萧夺里懒射中[③]。上再射复中的。保信军节度使开府仪同三司郑藻、起居舍人王卿月亦射中。赐太子及藻、夺里懒、卿月袭衣金带[④]。上赋七言诗,丞相曾钦道以下属和[⑤]。上还宫。是日阴雨,道无纤埃,都人聳观,欢动林野。礼甫毕,雨始作。(甲集卷三)

【注释】

① 燕射:宴饮之射。古代射礼之一。《周礼·春官·乐师》:"燕射,帅射夫以弓矢舞。"孙诒让正义:"燕射者,王与诸侯、诸臣因燕而射。《梓人》注云:'燕谓劳使臣,若与群臣饮酒而射。'是也。"

② 玉津园:宋皇家园林。在东京外城南薰门外东南。后周显德年间置。初名南庄,显德五年(958)周世宗赐名"玉津园"。北宋诸帝常幸此。亦为正月十五收灯毕,都人士女争先出城探春之处。宋室南渡后,又建玉津园于都城临安,在城东南嘉会门外南四里。李心传《建炎以来朝野杂记》甲集卷二:"玉津园,绍兴十七年建。明年,虏使萧秉温来贺天申节,始燕射于是园。乾道、淳熙间,初复燕射,饮饯亲王,皆以为讲礼之所。"天申节,高宗于大观元年(1107)五月二十日夜生于宫中,南宋以其日为天申节。

③ 环卫官:宋以除授宗室及任满还阙帅守,或为武臣赠官。无职事。南宋孝宗时,由原四十

八阶增至八十阶。参见第 280 页第 8 则注释②。

④ 袭衣金带:成套衣服与金饰腰带。

⑤ 曾怀:字钦道,祖籍晋江(今福建泉州市),由东京迁居常熟(今属江苏苏州市)。嘉祐宰相、鲁国公公亮曾孙。宣和初,以父任调金坛簿。南渡后,授乌江令,寻改浙西帅司干官,提举两浙市舶。隆兴中为浙西提举、度支员外郎。乾道二年(1166),擢户部侍郎;八年,以户部尚书赐出身、参知政事;九年,除右丞相,封鲁国公。淳熙元年(1174)十一月罢相,除观文殿大学士、提举洞霄宫。病卒,年六十九。赠少保。

4. 隆兴台谏

隆兴初,汤庆公复除右仆射[1],王谏议(大宝)上章论列[2]。不从,奉祠去。自是台、谏多引退者。张忠简(阐)时为工部尚书[3],因奏事,面请增台、谏员。上曰:"士大夫多卖直[4],故难其选。"忠简曰:"直言,士之所尚,陛下开纳则有益于国家。"胡忠简(铨)时为左史[5],因造朝,以张公之语质之。上曰:"此语非也。朕以张阐所言,谓台、谏论事当辨曲直,非谓卖直也。"明日,张公请对,又论台、谏一空。上曰:"卿与胡铨,昨日议论一同,得非傅会[6]?朕止欲辨所论曲直,非恶直也。"忠简曰:"陛下当受垢纳污,若校曲直是非,便是拒谏。"上改容纳之。隆兴主圣臣直,盖如此。(甲集卷五)

【注释】

① 汤庆公:汤思退,字进之,处州(今浙江丽水市)人。绍兴十五年(1145),以右从政郎授建州政和县令,试博学宏词科,除秘书省正字。思退为人善于察言观色,附秦桧而立名致身。二十五年,由礼部侍郎除端明殿学士、签书枢密院事。二十六年,知枢密院事。明年,守右仆射同平章事。又二年,进左仆射。侍御史陈俊卿论劾之,遂罢奉祠。隆兴元年(1163),北伐兵败符离,复召为右仆射同平章事,寻授左仆射兼枢密使,进封庆国公。遂决意主和,割地撤备,与张浚不协,排挤而去之。二年,金军违约南侵,以岐国公罢相,责居永州。太学生张观等七十二人上书论其误国,请斩之。思退闻,忧悸以死。

② 王谏议:王大宝,字元龟,其先居温陵(今福建泉州市别称),徙潮州(今属广东)。建炎二年(1028)举进士第二,授南雄州教授,除枢密院计议。绍兴八年(1138),监登闻院。后历国子司业兼崇政殿说书、直敷文阁知温州、提点福建、广东刑狱。孝宗即位,除礼部侍郎、试右谏议大夫兼侍讲,屡上书言恢复,弹劾主和派。乾道元年(1165),试礼部尚书,致仕。六年卒,年七十七。

③ 张忠简：张阐，字大猷，永嘉（今浙江温州市）人。幼力学，博涉经史。宣和六年（1124）进士。历江西、湖南幕府，鄂、台二州教授。绍兴十年（1140），召试馆职，除秘书省正字，后迁秘书郎兼国史院检讨官。二十五年，提举两浙路市舶，入为御史台检法官，升吏部员外郎，改命祠部兼建王府赞读。三十一年，迁将作监，进宗正少卿。三十二年，孝宗即位，权工部侍郎兼侍讲，上十事皆剀切，与国子司业王十朋指陈时事，斥权幸，无所回隐。隆兴元年（1163），除工部尚书兼侍读。二年，辞官，居家逾月卒，年七十四。特赠端明殿学士，谥曰忠简。

④ 卖直：谓故意表示公正忠直以获取名声。

⑤ 胡忠简：胡铨，字邦衡，庐陵（今江西吉安市）人。建炎二年（1128），高宗策士淮海，置为第五。绍兴五年（1135），除枢密院编修官。八年，秦桧遣王伦使金乞和，铨抗疏言"义不与桧等共戴天"，请斩秦桧、王伦、孙近三人头，不然，"臣有赴东海而死尔，宁能处小朝廷求活邪"。秦桧以铨"狂妄凶悖，鼓动劫持"，谪监广州盐仓。十二年，诏除名，编管新州。十八年，移谪吉阳军。二十六年，桧死，铨量移衡州。孝宗即位，起知饶州。寻授秘书少监、起居郎（左史），兼侍讲、国史院编修官，累官工部侍郎。乾道七年（1171），以资政殿学士致仕。卒，谥曰忠简。著有《澹庵文集》六卷。

⑥ 得非傅会：莫不是强加比附。傅会，谓歪曲或虚构事实而强加比附。

5. 陈鲁公镇物

绍兴末，金海陵炀王临江①，中外慢惧②，朝士多遣家为避狄计。时陈鲁公为左相③，独镇之以静，人心少安。一日，边郡羽书来，上趣召辅臣，公独后至。中使屡趣之，陈行愈益缓。上尝夜出手札，欲散百官，浮海避虏。公对中使取御札焚之。当是时，都人将遁去，赖陈不为摇，都人乃止。北虏退，独公与黄通老家属在城中④。（甲集卷八）

【注释】

① 金海陵炀王：完颜亮，本名迪古乃，字元功。金太祖之孙，辽王完颜宗幹第二子。金熙宗时，至右丞相兼都元帅。皇统九年（1149）十二月，杀熙宗自立，改元天德。诛杀女真宗室贵族，起用契丹、渤海、汉人掌朝政。贞元元年（1153）迁都燕京，改名中都。正隆元年（1156）颁行正隆官制，补订法律。六年二月，征调各路兵马，大举南侵。九月，亲督大军渡淮，出庐州。十一月，在采石矶为宋虞允文所败。又率军东至瓜洲，军中生变，被部将完颜元宜等杀死。先是，东京留守葛王完颜褎，已称帝于辽阳，为金世宗（后改名雍）。闻亮死，降其为海陵郡王，复降为海陵庶人。谥炀。

② 㧐(sǒng)惧:恐惧。

③ 陈鲁公:陈康伯,字长卿,信州弋阳(今属江西上饶市)人。宣和三年(1121)进士。迁太学正。高宗时,历官太常博士、户部司勋郎中。与秦桧太学有旧,桧当国,泊然无求,不偷合。桧死,召为吏部侍郎,除吏部尚书,拜参知政事。绍兴二十九年(1159)九月,守尚书右仆射。三十一年三月,迁左仆射、同平章事。九月,金兵渡淮,形势危殆,康伯独沉静以待,荐虞允文参谋军事。允文寻败敌于采石。三十二年六月,高宗内禅,康伯密赞大议。孝宗即位,命兼枢密使,进封信国公。隆兴改元,以病祈去位,除太保、观文殿大学士、福国公判信州。二年十一月,北兵再犯,再拜尚书左仆射、同平章事兼枢密使,进封鲁国公。敌师退,寻以目疾免朝谒,卧家。乾道元年(1165)二月薨,年六十九。赠太师,谥曰文恭。庆元初,改谥文正。

④ 黄通老:黄中,字通老,邵武(今属福建南平市)人。少颖悟好学,入太学。绍兴五年(1135)举进士第二。秦桧用事,不附,遣通判建州、绍兴。桧死,起为秘书省校书郎,迁司封员外郎兼国子司业。三十一年,擢礼部侍郎。金兵渡淮,朝臣震怖,争遣家逃匿,独与左相陈康伯安之自如。累官兵部尚书兼侍读,以龙图阁学士致仕。淳熙八年(1181)卒,年八十五。赠少师,谥曰简肃。

6. 韩子师折虏使

淳熙中,虏人有举进士第一者(记其姓名不审),奉使来贺正旦[①],自负其辩,颇凌慢王人[②]。时以韩子师馆伴[③],一日,虏使自诵其廷试赋"云屯一百万骑,日射三十六熊"之句,以为警策。子师遽曰:"一百万骑仅能得三十六熊,何其尠也[④]。"虏使惘然。熊,射侯也[⑤]。韩不学,妄以为熊罴之熊,故虏使猝无以应,然自是辞色颇恭,时人亦多韩之敏捷。(甲集卷八)

【注释】

① 正旦:正月初一。宋金议和后,每逢新年,互派使臣祝贺,称贺正旦使。

② 王人:君王之臣民。宋以正统自居,故称。

③ 韩子师:韩彦古,字子师,延安(今属陕西)人。蕲王世忠少子。绍兴中,为右承事郎、直秘阁。孝宗朝,历知严州、临安、平江,官至户部尚书。绍熙三年(1192)卒。

④ 尠(xiǎn):通"鲜",很少。

⑤ 射侯:用箭射靶。侯,用兽皮或布所制箭靶。有虎侯、熊侯、豹侯等。《周礼·天官·司裘》:"王大射,则共虎侯、熊侯、豹侯,设其鹄。"贾公彦疏:"虎侯者,谓以虎皮饰其侧,九十步之侯,王自射之也。熊侯者,以熊皮饰其侧,七十步之侯,诸侯射之也。豹侯者,谓以豹皮饰其侧,五

十步之侯,孤卿大夫已下射之也。”

7. 陈子长筑绍熙堰

两淮土沃而多旷,土人且耕且种,不待耘耔而其收十倍[1]。浙民每于秋熟,以小舟载其家之淮上,为淮民获,田主仅收十五,它皆为浙人得之,以舟载所得而归。有张拐腿者,淮东土豪也,其家岁收谷七十万斛。金亮入寇[2],执得之,问以江南虚实,张不肯言,遂脔其两股无馀,终不以告,乃舍之。后既退师,张亦不死。淮民因谓之拐腿云。绍熙末,陈子长(损之)提举淮东常平[3],以淮田多沮洳[4],因筑堤数百里捍之,得良田数百万顷。事闻,锡名绍熙堰。子长除直秘阁、淮东转运判官。朝廷念淮民,至于捐其税。(甲集卷八)

【注释】

① 耘耔:谓除草培土。语出《诗经·小雅·甫田》:“今适南亩,或耘或耔。”后因以泛指从事田间劳动。

② 金亮:金主完颜亮。绍兴三十一年(1161)九月,亮率金兵渡淮,攻宋。

③ 陈子长:陈损之,字子长,隆州籍县(今四川成都市双流县籍田镇)人。乾道二年(1166)进士出身。绍熙三年(1192)为秘书丞;四年,为淮东提举常平茶盐司干办公事。五年,因筑绍熙堰,迁直秘阁、淮东转运判官。

④ 沮洳(jù rù):低湿之地;泥沼。

8. 八　字　军

八字军者,河北土人也。建炎初,王观察(彦)为河北制置使[1],聚兵太行山,皆涅其面曰[2]:“誓杀金贼,不负赵王。”故号八字军。二年冬十月癸亥,上命御营统制范琼往山东击虏[3],琼请彦与俱。已而,彦以疾留真州[4],琼遂并将其兵而去。三年秋七月丁亥,琼诛,复以其兵还彦,时彦为御营统制也。后十三日,张忠献以宣抚处置使发行在[5],上命彦将八字军随之。公至蜀,以彦守金州[6]。绍兴三年春,撒离喝入寇[7],彦兵大败,遂走达州[8]。四年,移知襄阳府[9]。六年五月己卯,召为行营前护副军都统制,以所部八字军万人赴行在。时解承宣(潜)典马军司事[10],与彦不叶,两军之士交斗于通衢，中外汹汹。七年正月，张忠献公独相，乃用胡丞公给事言，两罢之，而以刘信叔领马军司事[11]，并王、解两军属之。十年春二月辛亥，以信叔为东京副留守，将八字军以行。其年六月，大败兀术于顺昌[12]。十一年三月，复还姑孰[13]。七月，信叔罢为荆南帅[14]，其众复还临安，今侍卫马军皆其子孙也。（甲集卷十八）

【注释】

① 王观察：王彦，字子才，上党（今山西长治市）人。靖康之变，慨然弃家赴阙，河北招抚使张所擢为都统制，率裨将张翼、白安民、岳飞等十一将，部七千人，渡河与金人战。又结两河豪杰，面刺"赤心报国，誓杀金贼"八字，聚众十馀万，屡破金兵，名振河朔。南渡后，又与金兵、伪齐军战于川、陕、荆、襄等地。后遭议和派排挤，被解除兵权，以洪州观察使知邵州。绍兴九年（1139），病卒于官，年五十。

② 涅：在人身上刺涂黑色文字或图案。《宋史·王彦传》所载士兵面刺八字与此不同，见上注。

③ 范琼：山东人。靖康初，金帅完颜宗望（斡离不）入寇，琼率兵勤王，拜京城都巡检使。暗与金人勾通，俘二帝北迁，协张邦昌僭立，以此迁伪职。高宗即位，释其罪，以为御营平寇前将军。领军北伐，遇敌则退，拥强兵于江西，日以声色自奉。建炎三年（1129）七月，知枢密院事张浚、权枢密院检详文字刘子羽奉诏，谋而诛之，分其兵隶神武五军。

④ 真州：南宋属淮南东路。治扬子（今江苏扬州市仪征市）。

⑤ 张忠献：张浚，谥忠献。参见第614页第57则注释㉗。

⑥ 金州：南宋建炎时属利州路。治西城（今陕西安康市）。

⑦ 撒离噶：史书中多作"萨里军"。绍兴三年（1133）正月，金将萨里军率十万众自凤翔、长安南寇金州，金、房镇抚使王彦八字军仓促迎战，初小胜，后大败，南退至达州。

⑧ 达州：南宋属夔州路。治通川（今四川达州市）。

⑨ 襄阳府：南宋属京西南路。

⑩ 解承宣：解潜，不知何处人。靖康末，为陕西制置副使、河东制置使。建炎四年（1130），以兵溃降荆南镇抚使。绍兴三年（1133），升华州观察使、知荆南府。五年，以赵鼎荐为主管马军司公事，权殿前司带御器械。七年正月，浙西、淮东沿海制置副使王彦，遣将捕亡者于潜军中，军士交斗于市，言者论之，两人皆罢，合马军司馀部及八字军为六军十二将，命刘锜主之。十二月，潜权主管马步军司。九年正月，以不附和议求去，罢为建宁军承宣使、福建路马步军副都总管。十四年正月，坐党赵鼎，为秦桧所斥，责授濠州团练副使南安军安置。病卒。承宣使，节度观察留后改称，武阶仅次于节度使。

⑪ 刘信叔:刘锜。参见第 637 页第 12 则注释④。

⑫ 兀术(zhú):完颜宗弼。亦作"乌珠""斡啜"。金太祖第四子。曾参与灭辽。从完颜宗望、宗翰等攻宋。天会七年(1129),统兵渡江,迫宋高宗入海,次年为韩世忠阻击,退去。未几,攻陕西,与张浚大战于富平,得胜。此后连年进攻川、陕,为吴玠所退。除都元帅,进封越国王。天眷三年(1140),又攻河南,为刘锜、岳飞等军阻击,败于顺昌(今安徽阜阳市)。南宋乞和,签"绍兴和议"而还。

⑬ 姑孰:南宋江南东路太平州治(今安徽马鞍山市当涂县)。

⑭ 荆南:南宋荆湖南路,治潭州(今湖南长沙市)。

9. 兀术犯江浙

建炎末,兀术谋犯江、浙,上将幸会稽。三年秋七月,先奉孟太后及祖宗神主往豫章。闰八月,上自建康东往,留杜丞相(充)领行营之众十馀万守长江之险[①],又命刘武僖屯池州以为之援[②],而韩蕲王屯京口,张忠烈以其兵从上行[③]。冬十一月,兀术渡江,武僖退屯星子,太后奔虔州,卫兵皆溃,祖宗神御、后宫美人颇有失者。杜相遁而降,韩蕲王亦焚镇江而去。十二月,兀术自宣城径趋临安,上遽航海。是岁除夕,兀术遣偏将锐士至明州,为忠烈所败。四年春,虏兵再至,忠烈引兵遁,虏遂屠明州。及春水将发,兀术乃焚临安而去。韩忠武要之于黄天荡[④],相持四十有八日。夏四月,兀术自建康潜凿小河而去,忠武追之,虏自上江纵火焚其舟师,韩军大败。是役也,江、浙、荆湖皆为虏人所践,然兀术亦危,几不得免,自是不复过江焉。(甲集卷十九)

【注释】

① 杜丞相:杜充,字公美。参见第 334 页第 5 则注释⑪。

② 刘武僖:刘光世,字平叔,保安军(今陕西延安市志丹县)人。以荫补三班奉职,累升鄜延路兵马都监、蕲州防御使。平方腊有功,授耀州观察使、鄜延路兵马钤辖。又平河北叛军张迪,授奉国军承宣使、鄜延路马步军副总管。靖康初,率部戍边,败夏兵于杏子堡。金兵大举南侵,与韩世忠等共守江南,屡立战功,加检校太保、殿前都指挥使,迁太尉、御营副使,以江东宣抚使守太平及池州。绍兴间,与张俊、韩世忠权相敌,且持私隙,常不奉诏,遇敌多败。绍兴五年(1135),时相张浚以"沉酣酒色,不恤国事"劾之,引疾罢兵柄,拜少师,封荣国公。十年,金人围顺昌,又拜三京招抚处置使,以援刘锜,途中为秦桧召回,改封杨国公。以疾卒,年五十四。赠太师,谥武僖。后

追封鄜王。

③ 张忠烈:张俊,谥忠烈。参见第637页第12则注释④。

④ 韩忠武:韩世忠,谥忠武,封蕲王。参见第449页第8则注释①。黄天荡,在建康至京口间。建炎三年(1129)秋,完颜宗弼统兵南下,破建康,又连下临安、越州、明州,高宗逃海。张俊曾在明州重创金军,明州破,金军肆掠后北撤。四年正月,金军退至镇江黄天荡,为韩世忠所阻,金大败,困于此地达四十八日。后凿通老灌河故道,由秦淮河入江而遁。史称"黄天荡之战"。

10. 虞丞相采石之胜

辛巳十月[1],海陵既渡淮,建康都统制王节使(权)弃庐州去[2],引兵屯采石[3]。破敌军统领姚兴者,独以所部三千人战死于尉子桥[4]。权言于朝云:"已退,所以诱虏深入,将与邵宏渊、李显忠夹击之[5]。"朱汉章、杨元老犹以为然[6]。上闻虏兵已迫,命汉章都督江淮军马,汉章辞,乃命叶审言以元枢督视军马[7],虞并甫舍人参谋军事[8]。十一月甲戌[9],审言至建康,夜被旨,以李显忠代王权,乃诈以檄召权计事,命并甫驰至池州,趣显忠交权军事。时葛王已立于辽阳[10](葛王以十月朔立),海陵为内变所挠,驻军和州之鸡笼山[11],用阉人梁汉臣议,将自采石济。乙亥,临江筑坛,刑白、黑马祭天,期用翌日南渡。丙子,并甫将至采石,道闻之,即疾前督王权馀军决战,士皆愿死。于是统制张振、王琪、盛新、时俊等列于江岸,静以待之。而以海鳅船载精兵驻中流迎敌[12],布阵甫毕,金主自以小红旗麾舟绝江而来。先是,诸将尽伏山崦,虏未之觉也,一见大惊,欲退不可。虏舟皆旋为之,底板不平,舟中之人又众,械不能施,故尽为官军所杀。是夕,椎牛张酒以劳军,夜半,复严兵以待敌。丁丑,并甫命盛新引舟师直杨林河口,戒之曰:"若虏舟自河出,即齐力射之,必争与死,毋令一舟得出。如河口无虏船,则以克敌神臂弓射北岸[13]。"新即驻舟江心,齐力射虏。虏见舟无归路,遂于下流纵火自焚,官军亦于上流焚其舟,凡百八十。金主引去,夜往瓜洲[14]。是日,李显忠至采石。(梁汉臣者,梁师成养子也。)(甲集卷二十)

【注释】

① 辛巳:指绍兴三十一年(1161)。金海陵王率兵渡淮攻宋。

② 王节使:王权。时为清远军节度使、建康都统制,措置淮西,守庐州(治今安徽合肥市)。

③ 采石：采石矶（在今安徽马鞍山市西南）。

④ 尉子桥：在和州昭关西（今安徽马鞍山市含山县西北）。

⑤ 邵宏渊、李显忠：宋军将领。邵宏渊时为池州都统制，李显忠为宁国军节度使。金主亮犯合肥，王权败走和州，又弃军渡江，朝廷诏李显忠代之。

⑥ 朱汉章、杨元老：朱倬，字汉章，时以参知政事授右仆射、同平章事，孝宗即位罢。杨椿，字元老，时以兵部尚书兼权翰林院除参知政事。

⑦ 叶审言：叶义问，字审言，时知枢密院事。王权败，朝廷以义问督视江淮，义问素不习军事。孝宗即位后，罢。

⑧ 虞并甫：虞允文，字彬甫，一字并甫，隆州仁寿（今属四川眉山市）人。时为中书舍人。朝廷诏以叶义问督视江淮军马，以允文参谋军事。允文在采石矶，指挥宋军大败完颜亮，以功充江淮荆襄路宣抚副使、川陕宣谕使。孝宗即位后，除兵部尚书、同签枢密院事。乾道元年（1165），拜参知政事兼知枢密院事。五年，除右仆射、同平章事。八年，除左丞相特进兼枢密使，封华国公。寻授少师、封雍国公罢。淳熙元年（1174）卒。后四年赠太傅，谥曰忠肃。

⑨ 甲戌：初六。下文"乙亥""丙子"为初七、初八。

⑩ 葛王：完颜褎，本名乌禄。金太祖之孙。皇统（1141—1149）间，封葛王，为兵部尚书。贞元三年（1155），为东京留守，进封赵王。正隆六年（1161）九月，海陵王亲征淮西。十月，褎称帝于东都辽阳（今属辽宁），改元大定，后更名雍。在位二十九年，庙号世宗。

⑪ 鸡笼山：在昭关至和州城间（今安徽马鞍山市和县西北）。

⑫ 海鳅（qiū）：又作"海鰌"。小型战船。

⑬ 神臂弓：又称"神臂弩"。宋神宗时所造兵器。弓身长三尺三，弦长二尺五，射程远达二百四十馀步，为宋军弩手常规兵器之一。

⑭ 瓜洲：古津名。位于扬州京杭大运河与长江交汇处（今属江苏扬州市邗江区南），与镇江隔江斜对。南宋乾道中始筑城建镇。

11. 淳熙改元本用纯字

乾道癸巳岁冬至日[①]，上祀南郊，肆赦[②]，改明年元为纯熙。既宣制矣，后六日甲辰[③]，中书门下省言："若合淳化、雍熙言之[④]，当用淳熙字，庶几仰体主上取法祖宗之意[⑤]。"从之。是时，先人在虞雍公宣威幕府[⑥]，敕制初下，众未有言，先人语雍公曰："以《周颂》考之，'时纯熙矣，是用大介[⑦]'。此武王克商事也，岂今日所当用，宜密以奏。"雍公从之。奏未达闻，而朝廷已更之矣。（乙集卷七）

【注释】

① 乾道癸巳岁：乾道九年（1173）。

② 肆赦：犹赦免。

③ 甲辰：乾道九年十一月十五日。是月庚寅朔，戊戌孝宗郊诏改元，后六日即甲辰。

④ 淳化、雍熙：皆宋太宗年号（990—994、984—987）。

⑤ 仰体：谓体察上情。此处指体现、显现。

⑥ 先人：指本书作者父李舜臣。舜臣字子思，乾道二年（1166）举进士下第，为安仁县主簿。八年，虞允文罢左丞相，授少师、武安军节度使，充四川宣抚使，封雍国公，辟舜臣入幕府。后官至宗正寺主簿。好读书，尝诣学讲说，邑士称为"蜀先生"。　宣威：宣威将军。武散官名。北宋前期为武散官二十九阶之第八阶，从四品上。元丰时罢。此处乃"宣抚使"之别称。

⑦ 时纯熙矣，是用大介：意谓天下光明，安定大祥。纯熙，大光明。大介，大善，大祥。语见《诗经·周颂·酌》："於铄王师，遵养时晦。时纯熙矣，是用大介。"颂周武王伐商而定天下。

12. 张虞二丞相赐谥本末

阜陵初受禅，首任张魏公以经略中原，礼貌之隆，群公莫及。尝书《圣主得贤臣颂》以赐，又亲书其生辰而祀之禁中。每有所疑，必先诣钦夫[1]，示不敢面诘，其尊礼如此。及符离师溃，上眷顿衰，免相西归，薨于馀干，恤典无加，赐谥不讲。后四年，公之门人陈应求入相[2]，明年春二月，乃白赠公太师，赐谥。初议"忠正"，既而以不可为称[3]，乃谥"忠献"焉。其年虞雍公入相，始以恢复自任，上厚眷之，独相且二年。乃乞抚西师为入关之计，上亲作诗送之，恩礼尤盛。虞公抵汉中，未逾年而没。上以屡趣师期而不应，甚衔之，凡宣抚使饰终之典，一切不用。后四年，门人赵温叔入相[4]，数为上言："虞某有志恢复，不幸死不及事，尝为臣言：'吾老矣，功名当以相付，子其勉之！'"会上幸白石阅军[5]，温叔因奏："昨日大阅十万之军，一一少壮。"上曰："前此虞相行拣汰之法，今方见成效。只如采石一事，亦自奇绝。"明年夏四月，温叔因奏事从容言："允文薨日久，未有以易其名者，惟陛下哀矜之[6]。"上沈思良久，曰："丞相虽允文所荐，后来皆朕自擢用。"温叔曰："臣东蜀一布衣，未十年而待罪宰相，非陛下亲擢，安得至此。然不遇允文，臣何由见陛下。"上曰："卿可谓不背本矣。今欲何如，可具以进。"温叔退而拟入曰："虞允文采石之功，未经显赏，久在相位，实著勋劳，可特赠太师，谥忠肃。"上以笔抹去"久在相位，实著勋劳"八字。又改云："虞允文旧于采石有劳，未曾显录。"并易"太师"为"太傅"，行下。

上尝谓大臣："朝廷降指挥，如士人作文，须字字锻炼乃可。"故前后批降，多经笔削云。（乙集卷八）

【注释】

① 钦夫：张栻，字敬夫，一字钦夫。张浚之子。参见第633页第9则注释⑥。

② 陈应求：陈俊卿，字应求。参见第618页第60则注释⑦。

③ 不可为称：谓不相符称。宋代人臣之谥，文官有文正、文忠、文恭、文成等，武官有武忠、武勇、武穆、武刚等，文武通谥则有忠武、忠献、忠肃、忠敏等。此处追谥张浚，初议为"忠定"，以为与其功勋不相符称，故改"忠献"。《建炎以来朝野杂记》甲集卷九："大臣谥之极美者有二：本勋劳，则忠献为大；论德业，则文正为美。有国二百年，谥忠献者才三人，赵韩王、韩魏王、张魏公是也；谥文正者亦才三人，王沂公、范汝南公、司马温公是也。其品可知矣。"

④ 赵温叔：赵雄，字温叔。参见第647页第2则注释②。

⑤ 白石：教场名。南宋临安城东有候潮门外教场、白石教场。

⑥ 哀矜：哀怜；怜悯。

13. 赵温叔探赜敌情

乾道庚寅岁冬十月[①]，金国主遣金吾卫上将军、兵部尚书耶律子敬来贺会庆节[②]，起居舍人赵雄（字温叔）假翰林学士充馆伴使。丁卯引见[③]，戊辰上寿，庚午花宴，癸酉入辞，乙亥发行在，温叔与子敬并马自驿中同行。子敬望吴山曰[④]："好一带山。"温叔云："闻燕京万岁山极佳[⑤]，不减南京否？"（谓东京。）子敬云："与南京一般。"温叔云："万岁山乃天生基址，或但人力所致耶？"子敬云："皆人作也。"温叔云："闻燕京宫苑壮丽。"子敬云："极壮丽。"温叔云："周回有几里？"子敬云："只宫室自有二十馀里，见在岁时亦常修造[⑥]。"温叔云："盛哉！"子敬云："内翰异时来奉使，可以恣看。"温叔云："甚愿再相见。"又云："北边此时想极寒。"子敬云："寒甚，不可忍。"温叔云："此时正宜畋猎。"子敬云："北边此时正是畋猎时节。"温叔云："大金皇帝亦尝出猎否？"子敬云："一年须两三度出猎。"温叔云："一度出猎用得几日？"子敬云："往往亦须旬日，或二十日、一月不定。"温叔云："颇闻北边多名鹰、猎犬。"子敬云："此间有否？"温叔云："此有，然亦难得极好者。"子敬云："北边亦是难得好者，好者只是禁中有之。"温叔云："大金皇帝有几个皇子？"子敬云："煞多，有七个。"温叔云："闻说越王甚英武[⑦]。"子敬云："煞勇猛可畏。"温叔云："越王是长否?"子敬云:"是也。"子敬又云:"昨日押筵郑枢密是签书枢密院事否[8]?"温叔云:"是也。"子敬云:"此间枢密使至签书枢密院,是文官,是武官?"温叔云:"旧制文武通除。"子敬云:"本朝则专用武臣。"温叔云:"大金宰相今何姓?"子敬云:"两人皆姓赫舍哩[9]。"温叔云:"又有尚书令者行宰相事否?"子敬云:"在宰相之上。"温叔云:"大金今尚书令何姓?"子敬云:"姓李[10]。"温叔云:"闻是贵戚。"子敬云:"是外戚。"温叔云:"今年几何?"子敬云:"六十馀。"温叔云:"赫舍哩宰相年几何?"子敬云:"年甚少,一员五十馀,一员四十馀。"子敬又云:"内翰贵乡只在此间?"温叔云:"在川中。"子敬云:"煞远。"温叔云:"亦不过数千里。"子敬云:"从襄阳路来否?"温叔云:"是也。"子敬云:"川中闻说民间煞富。"温叔云:"有富者,有贫者。"温叔云:"尚书仙乡?"子敬云:"在北京,旧日大辽所谓中京者。"温叔云:"去燕京远近?"子敬云:"二千馀里,直向北边。"温叔云:"去黄龙府远近[11]?"子敬云:"甚近,才五、七百里。"温叔云:"见说大金皇帝每岁避暑,常巡幸云中,云中是何处?"子敬云:"是西京。"温叔云:"西京、北京宫苑亦皆壮丽否?"子敬云:"皆不减南京。见今诸处亦不住修。盖本朝法严,修盖灭裂,有司得重罪。"旧例,馆客者寒暄之外,劳问而已。至温叔始探赜虏中事宜以奏,上甚喜之。(乙集卷八)

【注释】

① 乾道庚寅岁:乾道六年(1170)。

② 会庆节:孝宗于建炎元年(1127)十月二十二日生于嘉兴府,南宋以其日为会庆节。

③ 丁卯:乾道六年十月二十一日。下文戊辰、庚午、癸酉、乙亥,分别为二十二日、二十四日、二十七日、二十九日。

④ 吴山:在临安皇城和宁门外西北、西湖东南角。

⑤ 燕京:贞元元年(1153),金主完颜亮迁都燕京(今北京市),以为中都。中都大内西北太液池之阳有万岁山,时称琼华岛。山上皆玲珑峰石,为游娱之离宫。据说乃金人破宋汴京后,将艮岳峰石花木及宫殿材石拆运至中都而建。另,金有上京会宁府(今黑龙江哈尔滨市阿城区)、东京辽阳府(今属辽宁)、北京大定府(今内蒙古赤峰市宁城县西)、西京云中(今山西大同市)、南京开封府(今属河南)。

⑥ 见(xiàn)在:现在;现时。

⑦ 越王:完颜永中。本名实鲁剌,又名万僧。金世宗长子。大定七年(1167),进封越王。后拜枢密使。章宗即位,累封镐王,判平阳府事。明昌五年(1194),以谋反罪赐死。

⑧ 押筵:亦作"押燕""押宴"。陪伴宾客,主持宴会。

⑨ 赫舍哩：《金史》中作“纥石烈”，疑为清人所改。纥石烈志宁，本名撒曷辇，上京胡塔安人。完颜宗弼之婿。海陵王时，官至枢密副使、开封尹。世宗时，以战功屡受封。大定九年（1169），拜右丞相，累封金源郡王。十二年病卒，谥武定。纥石烈良弼，本名娄室，回怕川（今吉林通化市辉南县东北辉发河）人。海陵王时，官至参知政事、尚书左丞。世宗即位，历南京留守兼开封府尹、河南都统、尚书右丞、左丞，进拜平章政事，封宗国公。大定六年（1166），拜右丞相、监修国史。八年，进左丞相、监修国史如故。十七年以疾辞相位，不许。十八年致仕归西京，卒，年六十。追封金源郡王，谥诚敏，后改谥武定。

⑩ 姓李：李石，字子坚，辽阳人。贞懿皇后之弟，世宗之舅。先世仕辽为宰相。太宗时为洛苑副使，熙宗时为汴京都行检使，官至景州刺史。海陵时除兴中少尹，知其忌宗室，秩满托疾还乡里。世宗留守东京，石助以夺位，拜户部尚书、参知政事，后贬御史大夫。大定七年（1167），拜司徒兼太子太傅、御史大夫如故。九年，进拜太尉、尚书令，累封广平郡王。十六年薨，谥襄简。

⑪ 黄龙府：本属渤海扶馀府。辽灭渤海，改置黄龙府，隶东京道。金为上京路会宁府隆州利涉县（今吉林长春市农安县）。

14. 李知幾豪迈

李石字知幾，资中人①，进士高第，蜀人号为方舟先生者也。绍兴末，为太学录②。右学生芝草③，学官方贺，知幾独以为兵兆，由是坐斥。乾道中，自沈黎召为都官郎中④，后复论去。赵温叔其乡人也，骤贵。知幾以晚辈视之，不与通书。久之，起守眉州，除成都路转运判官，到官十日罢。未几，温叔秉政，自是不复起矣。温叔免相，王季海代之⑤，知幾与季海有学官之旧，自书近诗数十以寄，笔势攲倾⑥，殆不可辨。季海甚怜之，方议除官，而知幾死矣。知幾为人豪迈，然亦褊急。为小漕日⑦，有石监库者入谒⑧，知幾视其刺，大怒。典谒吏以监库称之⑨，乃已。及罢去，成都有十还之谣。石监库还姓，其一也。在眉山日，郡博士欲戏之，因命题云：“予击石拊石，百兽率舞⑩。”知幾语之曰：“君乃欲痛棰石，令畜辈喜悦耶?”闻者以为善谑。（乙集卷十二）

【注释】

① 资中：县名。宋时又称盘石，为潼川府路资州治所（今属四川内江市）。

② 太学录：宋学官名。又称太学录事。佐太学正纠察学规、考校成绩。正九品。

③ 右学：宋官学武学之别称。隶国子监。凡未入朝班大小使臣、门荫子弟、草泽之士，经保荐

可参加弓马技艺、军事兵法等考试,即招为武学生。学制三年。艺业考试合格者,依出身授予三路巡检、监押、准备差使之类武职。

④ 沈黎:南宋成都府路黎州之地。黎州(治今四川雅安市汉源县西北),邻接吐蕃诸部,为南宋西部边地。　都官郎中:尚书省刑部都官司郎中之简称。都官司,刑部四司之一,宋前期无职掌,元丰改制后掌刑徒、配隶、吏籍等事。郎中,从六品。

⑤ 王季海:王淮,字季海。参见第624页第3则注释⑬。淳熙八年(1181)八月,赵雄罢右丞相,除观文殿大学士、四川安抚制置使兼知成都府,王淮代右丞相兼枢密使、封福国公。

⑥ 攲(qī)倾:倾斜,歪斜。

⑦ 小漕:转运司判官之别称。为转运司次长官,与正使、副使同签书本司公事。

⑧ 石监库:监当官。监临花石场库。参见第333页第5则注释⑧。下文言其名刺犯李石名讳。

⑨ 典谒吏:州府掌宾客请见事务的小官。

⑩ 予击石拊石两句:谓击打石磬,表演图腾歌舞。拊,小击。百兽,疑为远古社会祭祀时所扮各种动物图腾。《尚书·尧典》:"帝曰:'夔,命汝典乐,教胄子。直而温,宽而栗,刚而无虐,简而无傲。诗言志,歌永言,声依永,律和声,八音克谐,无相夺伦,神人以和。'夔曰:'於!予击石拊石,百兽率舞。'"

15. 陈鲁公谏避狄

陈长卿为相[1],静重有守,高宗甚敬之。金虏遣使来,出慢言,朝廷震怒。大阉张去为密进幸蜀之计[2]。翌日,长卿对,首言张浚可用。上不许,因谕以入蜀之计。长卿曰:"川蜀路艰,缓急难进。且士大夫、六军皆东南人,万一顾恋不进,岂不误事。"上悟而止。于是始议出军守江淮之策。及王权败归[3],阉、戚益惧,劝上幸会稽,因入闽。日欲晡,上命王存忠来议,长卿延入,解衣置酒。翌日,入奏曰:"陛下诚用其言,大事去矣。"一日,中使持御批来,甚遽,长卿视之,乃云:"如更一日,虏骑未退,且令放散百官,浮海避狄。"长卿取焚之。入奏曰:"诚如圣训,百官既散,主势孤矣。"上曰:"焚之,何也?"长卿曰:"既不可付外施行,又不敢辄留私家,故焚之耳。"上嘿然。会虏有内难,戕亮而归[4]。方是时,微长卿,国势几殆。(乙集逸文)

【注释】

① 陈长卿:陈康伯,字长卿。参见第651页第5则注释③。

② 张去为：内侍。初为韦太后宅提点官，累迁至安德军承宣使、带御器械，迁内侍省押班。渐有宠，与秦桧、王继先等俱用事，升延福宫使，至入内内侍省都知，恃恩干朝议。后为侍御史杜莘老所劾，令致仕。高宗内禅，诏落致仕，提举德寿宫。修宫有劳，特迁安庆军承宣使，亦贵重，然至死不复涉朝廷事。

③ 王权败归：参见第655页第10则。

④ 戕亮而归：绍兴三十一年（1161）冬，金主完颜亮采石之败后，率兵东进瓜洲，为其部将所杀，兵罢北归。参见第650页第5则注释①。

云麓漫钞

[宋] 赵彦卫

《云麓漫钞》十五卷，宋赵彦卫撰。彦卫字景安，魏王廷美七世孙。父公泉，南渡后居江阴（今属江苏无锡市），建炎中，为丞相吕颐浩所辟，督建当涂城，据守御敌，赠宣奉大夫。彦卫隆兴元年（1163）登进士第，为江阴、长洲、临安幕属。绍熙间，宰乌程，通判徽州。庆元中，倅天台，以朝散大夫干办行在诸司粮料院，寻坐事罢。嘉泰中起知随州，上书禁私史及语录，党于韩侂胄。开禧元年（1205），复以朝议大夫知徽州。其后声名不显，约卒于嘉定初年（1208）。

据作者《自序》，是书初名《拥炉闲纪》，本止十卷，先刻于汉东学宫，后官新安（徽州）郡守，并刻后五卷，始易今名。书中多记宋及前代故事，涉笔有据；而考核名物制度，亦颇为赅博。其友陈造《拥炉闲话序》曰：“援今引古，博不病荒，精不病馁，予固知其外吏而内儒，学而有用者也。暇日出杂著一编，凡笔古今事若干说，析误钩隐，辨是与否，有益学者。”然是书亦间杂休徽兆应之说，卷十三论星命吉凶神表，尤为荒诞不经，其他如纰漏失据之处，亦偶有所见，均为白璧之瑕。

选文标题为编者所拟。

1. 唐十八学士图

渊圣皇帝居东宫日[①],亲洒宸翰[②],画唐十八学士,并书姓名序赞,以赐宫僚张公叔夜[③]。靖康初,张以南道总管自邓领兵勤王京师,拜枢密,以不肯推戴异姓,取过军前,饮恨而薨。长子慈甫从行,慈甫阁中携画南来,诸叔屡取之,不与。有以势力来图者,慈甫令人以赝本遗之,今豫章刻是也。丞相李公伯纪为之颂序[④],以为阎立本画[⑤],褚亮赞[⑥],而御书十八人姓名。画既不精,而赞中字亦有故与改之者,李初不考也。后虏人请和,慈甫来取其室,有旨还之。先妣乃枢密公之侄,而枢密夫人亦先人诸姑。先人在枢密勤王幕中经理诸孤南来,慈甫之阁,留宸翰付先君以行。庆元二年,余为天台倅,以宸翰刻诸台倅公廨,并载其事。丞相京公得其本[⑦],答书云:"乡里所刻为赝本无疑矣。"(卷一)

【注释】

① 渊圣皇帝:指钦宗。参见第394页第7则注释⑥。

② 宸翰:帝王墨迹。

③ 张叔夜:字嵇仲,其先开封人,后家于信州永丰(今江西上饶市广丰县)。少喜言兵,以荫为兰州录事参军。历知襄城、陈留及舒、海、泰等州县。大观中,赐进士出身。又迁秘书少监,擢中书舍人、给事中,进礼部侍郎。未久,为蔡京所忌,再出知海州。以讨宋江有功,加直学士徙济南府。靖康改元,徙邓州,为南道都总管,领兵入卫京师,拜资政殿学士、签书枢密院。力战不敌,城陷,为金人所俘。以不肯附议金人推立张邦昌为帝,押赴军中随二帝北迁。途中绝食而卒,年六十三。讣闻赠开府仪同三司,谥忠文。

④ 李伯纪:李纲,字伯纪。参见第612页第57则注释⑤。

⑤ 阎立本:唐画师。参见第27页第18则注释③。尝作唐太宗像及《秦府十八学士》《凌烟阁功臣二十四人图》等。

⑥ 褚亮:字希明,杭州钱塘人。南朝陈时为尚书殿中侍郎。入隋,为东宫学士、太常博士。隋末,薛举僭号陇西,以亮为黄门侍郎。后入唐太宗秦王府,授秦王文学,参谋军事。又与杜如晦等十八人为文学馆学士。贞观中累官通直散骑常侍,进爵为侯。十六年(642),致仕归家。初,太宗既平寇乱,留意儒学,起文学馆以待四方文士,于是命杜如晦、房玄龄、于志宁、苏世长、薛收(收卒,补刘孝孙)、褚亮、姚思廉、陆德明、孔颖达、李玄道、李守素、虞世南、蔡允恭、颜相时、许敬宗、薛元敬、盖文达、苏勖并以本官兼文学馆学士。寻遣阎立本图其状貌、褚亮题赞,号《十八学士写

真图》，藏之书府。

⑦ 京公：京镗，字仲远，豫章（今江西南昌市）人。绍兴二十七年（1157）登进士第。召见，擢监察御史，累迁右司郎官。以伴金使称职，转中书门下省检正诸房公事。孝宗时使金有节，授权工部侍郎、四川安抚制置使兼知成都府。宁宗即位，累迁为左丞相，封冀国公。庆元六年（1200），以年老请免相，薨。赠太保，谥文忠，又改谥庄定。

2. 岳飞题屏

常州宜兴县张渚镇，临溪，有山水之胜，乃过广德大路[①]。镇有张氏名大年，临涧为圃，号桃溪，尝倅黄，藏书教子，一子登第，一恩科[②]。岳侯尝馆于其家，题其厅事之屏云："近中原版荡[③]，金贼长驱，如入无人之境，将帅无能，不及长城之壮。余发愤河朔，起自相台[④]，总发从军[⑤]，小大历二百馀战，虽未及远涉夷荒，讨荡巢穴，亦且快国仇之万一。今又提一垒孤军，振起宜兴，建康之城，一举而复，贼拥入江，仓皇宵遁，所恨不能匹马不回耳。今且休兵养卒，蓄锐待敌，如或朝廷见念，赐予器甲，使之完备，颁降功赏，使人蒙恩，即当深入虏庭，缚贼主，蹀血马前，尽屠夷种，迎二圣复还京师，取故地再上版籍，他时过此，勒功金石，岂不快哉！此心一发，天地知之，知我者知之。建炎四年六月望日，河朔岳飞书。"后陷入罪，其家洗去之，今尚有遗迹隐然。按《小历》右仆射杜充在建康[⑥]，方欲讨李成[⑦]，而虏掩至，遣统制官陈淬同统制岳飞等领兵二万与贼战，前军统制王瓔引军先遁，飞等败，建康失守，通判杨邦乂骂贼而死[⑧]，充下诸将溃去，多行摽掠，独飞屯宜兴，不扰居民。晋陵士大夫避寇者[⑨]，赖飞以全，时誉翕然称之，浙江制置使张俊荐飞为通泰镇抚使，飞献金人之俘，上呼问得实，付军中磔之，乃此时也。（卷一）

【注释】

① 广德：宋江南东路广德军（治今安徽宣城市广德县）。

② 恩科：宋时凡士子于乡试合格后，礼部试或廷试多次未录者，遇皇帝亲试时，可别立名册呈奏，特许附试，称为特奏名，一般皆能得中，故称"恩科"。

③ 版荡：又作"板荡"。《板》《荡》为《诗经·大雅》中讥刺周厉王无道而导致国家败坏、社会动乱之诗篇。后因以指政局混乱或社会动荡。

④ 相台：宋河北西路相州（治今河南安阳市）之别称。州有铜雀台，故称。

⑤ 总发：束发。指童年或少年。

⑥ 小历:始于唐末的一种民间历法。建炎三年(1129),杜充以右仆射兼江淮宣抚使守建康。

⑦ 李成:宋叛将。尝为舒蕲光黄镇抚使。金兵南下,成拥兵反,据江淮六七州,连兵数万。绍兴元年(1131),在蕲州为张俊军所败,率馀部降伪齐刘豫。四年,在襄阳又为岳飞所破。后附金,累官中山知府。

⑧ 杨邦乂:字晞稷,吉州吉水(今属江西吉安市)人。以舍选登进士第。历婺源县尉,蕲、庐、建康三郡教授,改秩知溧阳县,为建康府通判。建炎三年(1129),完颜宗弼犯江上,命右仆射、御营使杜充节制刘光世、韩世忠、王璎诸将以拒敌。充性酷而无谋,将士心不服,遣陈淬、岳飞与金人战于马家渡,王璎拥兵不救,败。淬被擒,王璎遁,充率麾下数千人降金。邦乂不屈膝,以血大书衣裾曰:"宁做赵氏鬼,不为他邦臣。"宗弼大怒,杀之,剖其心,年四十四。事闻,赠直秘阁,谥忠襄,官其四子。

⑨ 晋陵:郡名。唐时尝为晋陵郡,后改常州(今属江苏),宋沿之。南宋属两浙西路。

3. 生　　日

魏晋以前,不为生日。南北朝江南风俗,儿生一期[①],随男女以纸笔针缕置前,观其所取,号为试儿。每至此日,饮酒宴乐,后人因为生日。梁孝元帝于其诞辰[②],常设斋讲[③];唐太宗曰:"今日吾生日,世俗皆为乐,在朕翻成伤感,奈何以劬劳之日,更为宴乐乎?"明皇始置千秋节,自是列帝或置或不置,自五季始立为定制,臣下化之,多为歌词以颂赞之。厥后又有献遗[④],故不得不置酒以复之。宣政间,蔡太师;绍兴间,秦太师,盛矣。自秦薨,因人有言,遂降旨以禁之,著为令。以梁唐二帝犹如此,今人宁不思念我生之初,父则忧愁,母则痛楚,具庆偏侍[⑤],犹曰娱亲,永感之时,焉得不动心乎!颜鲁子侍郎尝以此锓板[⑥],劝人于是日斋讲。或习俗之久,亲戚馈惠有不得辞,会于它日可也。(卷二)

【注释】

① 一期(jī):一周年。

② 梁孝元帝:萧绎,字世诚,小字七符。梁武帝第七子。封湘东王,镇江陵(今湖北荆州市荆州区)。大宝二年(551),侯景之乱时,遣王僧辩、陈霸先灭景,即位称帝。承圣三年(554),西魏军破江陵,被杀,年四十七。著述辞章多行于世,又喜藏书,凡十四万卷,城破时自行焚之。

③ 斋讲:宣讲佛法之集会。颜之推《颜氏家训·风操》:"梁孝元年少之时,每八月六日载诞之辰,常设斋讲,自阮修容薨殁之后,此事亦绝。"

④ 献遗(wèi):奉赠财物。

⑤ 具庆偏侍:父母无故为具庆,双亲或有一存为偏侍。宋濂《望云图诗序》:"人之壮年有大父母、父母俱存而号重庆者矣;下此,则父母无故而号具庆者矣;又下此,则二亲或有一存而称偏侍者矣。"

⑥ 颜鲁子:颜度,字鲁子,平江府昆山(今属江苏苏州市)人。登进士第。历海门主簿、临海令,有循绩。孝宗时,召为监察御史、权工部侍郎。淳熙五年(1178),为江东转运副使,尝上书为岳飞定谥,上赐"武穆"。累迁知湖州,封长洲县男。卒,年七十五。以文章政事名于一时。

4. 行刺镇江知府

绍兴既讲和,务与民休息,禁网疏阔[①],富家巨室,竞造房廊,赁金日增。庚午、辛未年间[②],知江阴军赵隽之稍镌房金[③],民间乐之。相传云:"有旨蠲减[④]。"镇江卖药人高嵩,年十九,携小刀,假皂衫[⑤]、幞头,如京都亲事官状[⑥],袖黄纸一,给府门子云:"秦太师令赍知府迁转文字来[⑦]。"府中人欣然与之通传。时知府张楠才仲,就便坐见之,展刺拜谒如礼,云:"太师有旨挥[⑧],乞退左右。"张挥去之。嵩出袖中黄纸,徐步展于侧边桌上,笼手近前,遂出刀刺之,张皆避过,微划损面上;又刺其颈,张仰首,刀自其吻过,张啮住一指,嵩负痛,刀落,巾为风飘出外。虞候等入视[⑨],见两人相持,遂捕送狱,鞫成,具奏,伏诛。黄纸写云:"镇江府张楠违背圣旨,不放房钱。"自是后,房缗顿减矣。(卷四)

【注释】

① 禁网疏阔:禁令法律松弛不严。禁网,又作"禁罔",谓张布如网之法令。

② 庚午、辛未年间:指绍兴二十、二十一年(1150—1151)。

③ 镌(juān):降低,减免。

④ 蠲(juān)减:减免。

⑤ 皂衫:黑色短袖单衣。

⑥ 亲事官:唐、宋宫中或政府机构中执办具体事务之官。

⑦ 迁转文字:官员升迁、换防、调任文书。

⑧ 旨挥:帝王诏敕、命令。

⑨ 虞候:宋时官府所雇侍从。

5. 米芾评隋唐以来书家

予家有米元章《评书》，云："善书者历代有之。梁武帝评书[①]，从汉末至梁得三十四人；襄阳米芾评书，隋唐及今又得一十四人。僧智果书虽骨气清健[②]，大小相杂，如十五贵人谓偏性[③]，方循绳墨，忽越规矩。褚遂良书如熟战御马，举动从人意，而别有一种骄色。虞世南书如学术休粮道士[④]，神虽清而体势瘦困。欧阳询书如新瘥病人[⑤]，颜色憔悴，举动辛苦。柳公权书如深山得道之士，修养已成，神气清健，无一点尘俗。颜真卿书如项羽挂剑，樊哙排突[⑥]，硬弩欲张，铁柱嶒立[⑦]，昂然有不可犯之色。李邕书如乍富小民[⑧]，举动崛强，礼节生疏。徐浩书如蕴德之士[⑨]，容颜温厚，举措端正，体气纯白。沈传师书如龙游天表[⑩]，虎啸溪旁，神采自如，骨法清虚。周越书如轻薄少年舞剑[⑪]，空健而锋刃交加。钱易书如美丈夫[⑫]，肌体充悦而神气清秀。蔡襄书如少年女子，体态妖饶，行步缓慢，多饵铅华。苏舜钦书如五陵少年[⑬]，访云寻雨，骏马春衫，醉眠芳草，狂歌玩乐。张友直书如宫女插花[⑭]，嫱嫔对鉴，端正自照，别有一种情态。继其人者，襄阳米芾也。"（卷五）

【注释】

① 梁武帝评书：梁武帝萧衍，字叔达，小字练儿，南兰陵（治今江苏常州市西北）人。齐时为雍州刺史，镇襄阳。中兴二年（502），齐内乱，衍起兵夺帝位，立梁，改元天监。在位时重用士族，大兴佛教，曾三次舍身同泰寺。中大同二年（547），接纳东魏大将侯景归降。后二年，景渡江攻破都城建康，囚衍于台城，饥病而死，年八十六。谥曰武帝，庙号高祖。长于文学，精乐律，并善书法。其《评书》一卷，评自汉末至梁书家二十八人。今传世本为三十四人，或为后人篡改所致。亦有学者以为，《评书》非武帝作，乃袁昂受命所作《古今书评》。两者所评书家多有重复，无分时代先后，每人寥寥数语，体例一致。

② 智果：隋僧。会稽人，师从永禅师于永欣寺（今浙江绍兴市云门古寺）。擅书，书学王羲之。相传尝得王羲之《兰亭帖》真迹，参见第113页第9则注释②。《淳化阁帖》卷五刊有智果所书《梁武帝评书帖》。另著有《心成颂》一文，以示执笔作字之法。此文后经清人姚配中作注，遂大行于时。

③ 如十五贵人谓偏性：意谓贵胄少年心性急躁、褊狭。

④ 学术休粮：谓学练道术而停食谷物。

⑤ 瘥（chài）：病愈。

⑥ 排突:冲撞;冲击。

⑦ 嶹(dǎo)立:如山岛竦立。嶹,同"岛"。

⑧ 李邕:唐书法家。字泰和,扬州江都(今江苏扬州市)人。李善之子。少知名,以荐为左拾遗。天宝中为汲郡北海太守,人称李北海。工文善书,尤擅行楷写碑,取法二王而有所创造,世谓"右军如龙,北海如象"。

⑨ 徐浩:唐书法家。字季海,越州(治今浙江绍兴市)人。德宗时官至太子少师,封会稽郡公,人称徐会稽。工书,得父峤之传授,精于楷法,圆劲厚重,自成一家。

⑩ 沈传师:唐书法家。字子言,苏州人。宝历初官至尚书右丞、吏部侍郎。工书。米芾自称学大字以沈传师为主。

⑪ 周越:宋书法家。字子发,一字清臣,淄州邹平(今山东滨州市邹平县东北)人。真宗时知国子监书学,仁宗时累官至主客郎中。工书,草书尤胜。黄庭坚、米芾、蔡襄等皆从其学。黄学草书,米学碑版。

⑫ 钱易:字希白。撰有《南部新书》。参见第107页《南部新书》题解。

⑬ 苏舜钦:字子美,其先绵州盐泉(今四川绵阳市东南)人,后迁居开封。景祐进士。历大理评事、集贤殿校理,监进奏院。时其岳父杜衍为相,整饬政事,忌者欲倾陷舜钦而攻衍,因以细故除名,退居苏州沧浪亭。后复起为湖州长史,寻病卒。工诗文书法,与梅尧臣齐名,并称"苏梅"。五陵少年:西汉元帝以前,每筑一帝陵,即置一县,令县民供奉园陵,称陵县。其渭水北原,有高祖长陵、惠帝安陵、景帝阳陵、武帝茂陵、昭帝平陵五陵县,合称"五陵原"。因地近都城长安,且迭次迁来富家豪门,风俗奢纵,故称其子弟为"五陵少年"。后借以指纨绔子弟。

⑭ 张友直:字益之,阴城(今湖北襄阳市老河口市西北)人。张士逊之子。初补将作监主簿,调秘阁校理,赐进士出身。仁宗庆历间,历知襄州、刑部员外郎、集贤殿修撰,终越州知府。精小学,工书法,善写篆籀体及楷书。

6. 朱勔采办花石纲得以自恣

朱勔之父朱冲者[1],吴中常卖人,方言以微细物博易于乡市中自唱[2],曰常卖。一日至虎丘,主僧听其声,甚惊,出观之,但见憩于庑下,延之,设茶,语以它日必贵。自是,主僧颇周给之。其子勔,有干材,蔡太师憩平江[3],冲携以见蔡,因得出入门下,被使令。再入相,京属童贯以军功补官,遂取吴中水窠以进[4],并以工巧之物输上方,就平江为应奉局,百工技艺皆役之。间以金珠为器,分遗后宫,宫人皆德之,誉言日闻。遂取太湖巧石,大者寻丈,皆运至阙下,又令发运司津置[5],谓之花石纲。勔与其子汝贤得以自恣,每还吴中,辄称降御香[6],张锦帆,郡县官鼓吹以迎之。勔所衣锦袍,云徽宗尝以手抚之,绣御手于袍上。宣和乙巳秋[7],降香过泗州[8],官吏迎见,汝贤传旨挥到城中相见。及至亭通名,又云承宣歇息;久之再通曰:"睡着矣。"是冬,金人入寇,勔父子以小舟东下,不敢见人,人亦不往见。旬日间,京师权贵与内侍来者颇多,往往皂衣衫行于市。又数日,云:"上皇已在发运衙。"人初不信,但见坐船一,泊于河步[9],绯幕张于船前,问之,果然。又数日,军马方至,街上皂衣人益多,所闻贵幸皆在焉,童贯亦坐帐中,续又闻高俅于南山把隘[10]。徽宗幸发运衙城上亭观渔,又旬日,始移幸浙中。都人下者愈众,方知虏已逼城。南京遣兵来侍卫,虏退师,上皇还京师,往来皆亲至泗州塔下烧香,施僧伽钵盂袈裟,至亲著于僧伽之身。初普照寺太半为神霄宫,至是御笔画图,以半还之,寺僧皆欢喜鼓舞。上皇初至,已将寺之紧要屋退还,及回,所还益多。道流尽拆去窗户之属,及再还,并所拆悉取去,道流褫气矣[11]。靖康初,勔等始被行遣,籍入其家云。(卷七)

【注释】

① 朱勔:苏州人。父冲,家本贱微,谄事蔡京、童贯,父子皆得官。时徽宗垂意花石,勔搜求奇石异卉以献。政和年间,主持苏州应奉局,搜罗花石,运往东京,号"花石纲"。此役连年不绝,百姓备遭涂炭,凡官吏居民旧有睚眦之怨者,无不生事陷害。流毒东南二十年,为"六贼"之一。钦宗即位,削其官,籍其资财,放归田里,后又羁之衡州,徙韶州、循州,寻遣使斩之。

② 博易:交易;贸易。

③ 蔡太师憩平江:指大观三年(1109),蔡京为谏官所劾,罢相居杭州,途经苏州作短暂停留。苏州,政和间升平江府。

④ 水窠:太湖石。通体多孔而玲珑,可用以装治假山,点缀庭院。

⑤ 津置:谓装船编组从水路置运。

⑥ 降御香:降香谓每至朔望,官吏入庙焚香叩拜。降御香指皇帝进香。此处指朱勔假借皇帝名义出行。下文"张锦帆"义同此。锦帆,装饰华丽之船,亦借指御舟。隋炀帝有"锦帆天子"之称。唐罗隐《中元夜泊淮口》诗:"锦帆天子狂魂魄,应过扬州看月明。"

⑦ 宣和乙巳:指宣和七年(1125)。

⑧ 泗州:宋属淮南东路,州治盱眙(今属江苏淮安市)。

⑨ 河步:亦作"河埠"。河流中船舶停靠处或渡口。

⑩ 高俅:初为苏轼小史(书童),工笔札,后从枢密都承旨王铣。因善于蹴鞠,为端王赵佶(徽宗)留用。佶即位后,屡拜迁,二十年间遍历三衙,至殿前都指挥使、太尉、开府仪同三司,一门皆

贵。宣和七年(1125)冬,金兵南下,随徽宗南逃。靖康元年(1126)四月,金兵退,返京病卒。南山:在盱眙城西北、淮水之南(今名第一山或都梁山)。

⑪ 道流褫(chǐ)气:谓道士丧胆落魄。褫气,慑于声威而丧失胆气。

7. 彭祭酒善破难题

彭祭酒,学校驰声,善破经义,每有难题,人多请破之,无不曲当[1]。后在两省,同寮尝戏之,请破"月子弯弯照几州,几家欢乐几家愁"。彭停思久之,云:"运于上者无远近之殊,形于下者有悲欢之异。"人益叹伏。此两句乃吴中舟师之歌,每于更阑月夜,操舟荡桨,抑遏其词而歌之[2],声甚凄怨。唐人有诗云:"徙倚仙居凭翠楼,分明宫漏静兼秋。长安一夜家家月,几处笙歌几处愁。"盛行于时,具载《辇下岁时记》[3],云是章孝标制[4],与此意同。(卷九)

【注释】

① 曲当(dàng):委曲得当;完全恰当。

② 抑遏:抑制;遏止。此处指抑扬顿挫。

③ 辇下岁时记:《辇下岁时记》一卷,唐李绰撰。已佚。《宋史·艺文志》著录,归农家类。

④ 章孝标:睦州桐庐(今属浙江杭州市)人。元和十四年(819)进士及第,除秘书省正字。太和间(827—835)试大理评事。《全唐诗》卷五百六收其诗一卷,其《八月》诗云:"徙倚仙居绕翠楼,分明宫漏静兼秋。长安夜夜家家月,几处笙歌几处愁。"文字与此则所载略异。

8. 出使举对

陶穀使越[1],钱王因举酒令曰:"白玉石[2],碧波亭上迎仙客。"陶对曰:"口耳王[3],圣明天子要钱塘。"宣政间,林摅奉使契丹[4],国中新为碧室,云如中国之明堂[5]。伴使举令曰:"白玉石,天子建碧室。"林对曰:"口耳王,圣人坐明堂。"伴使云:"奉使不识字,只有口耳壬[6],却无口耳王。"林词窘,骂之,几辱命。彼之大臣云:"所争非国事,岂可以细故成隙?"遂备牒奏上,朝廷一时为之降黜。后以其骂虏,进用至中书侍郎。(卷十)

【注释】

① 陶榖使越:显德五年(958),后周夺南唐淮南之地,南唐称臣求和;周世宗又遣翰林学士承旨陶榖使吴越,以御衣金带、战马器币赐吴越王钱俶。

② 白玉石:折"碧"字为三字。

③ 口耳王:折"聖"字为三字。

④ 林摅:字彦振,福州人,徙苏。以荫入官,附蔡京迁屯田右司员外郎。因上言察勘诸道之策为徽宗所喜,赐进士第,擢中书舍人,为翰林学士。时朝廷数取西夏地,辽为之请命。遣摅使辽,蔡京授意激怒之以启衅。摅入境,言行果触辽主,断绝使馆饮食,三日乃遣还。议以怒邻生事,出知颍州。寻召为开封尹,治张怀素狱,助蔡京脱罪,加秩二等。大观二年(1108),进同知枢密院、尚书左丞、中书侍郎。后胪传贡士姓名,不识"甄盎"字,语抵同列,以其寡学、倨傲不恭罢之。

⑤ 明堂:帝王宣明政教之所。凡朝会、祭祀、庆赏、选士等大典,皆在此举行。

⑥ 口耳壬:"聖"字下本作"壬"而非"王",故不可折成"口耳王"。

9. 李易安诗文

李氏自号易安居士[1],赵明诚德夫之室,李文叔女,有才思,文章落纸,人争传之。小词多脍炙人口,已版行于世,他文少有见者。《上韩公枢密诗序》云[2]:"绍兴癸丑五月[3],枢密韩公、工部尚书胡公使虏[4],通两宫也[5]。有易安室者,父祖皆出韩公门下,今家世沦替,子姓寒微,不敢望公之车尘,又贫病,但神明未衰落,见此大号令,不能忘言,作古、律诗各一章,以寄区区之意,以待采诗者云。

"三年夏六月,天子视朝久。凝旒望南云[6],垂衣思北狩。如闻帝若曰:岳牧与群后[7]。贤宁无半千[8],运已遇阳九[9]。勿勒燕然铭[10],勿种金城柳[11]。岂无纯孝臣,识此霜露悲?何必羹舍肉,便可车载脂[12]。土地非所惜,玉帛如尘泥。谁当可将命,币厚辞益卑。四岳佥曰俞[13],臣下帝所知。中朝第一人,春官有昌黎[14]。身为百夫特,行足万人师。嘉祐与建中,为政有皋夔[15]。匈奴畏王商[16],吐蕃尊子仪。夷狄已破胆,将命公所宜。公拜手稽首,受命白玉墀[17]。曰臣敢辞难,此亦何等时!家人安足谋,妻子不必辞。愿奉天地灵,愿奉宗庙威。径持紫泥诏[18],直入黄龙城[19]。单于定稽颡,侍子当来迎。仁君方恃信,狂生休请缨。或取犬马血,与结天日盟。

"胡公清德人所难,谋同德协心志安。脱衣已被汉恩暖,离歌不道易水寒。皇天久阴后土湿,雨势未回风势急。车声辚辚马萧萧,壮士懦夫俱感泣。闾阎嫠妇亦何知[20],沥血投书干记室。夷虏从来性虎狼,不虞预备庸何伤。衷甲昔时闻楚幕[21],

乘城前日记平凉[22]。葵丘践土非荒城[23]，勿轻谈士弃儒生。露布词成马犹倚[24]，峤函关出鸡未鸣[25]。巧匠何曾弃樗栎[26]，刍荛之言或有益[27]。不乞隋珠与和璧[28]，只乞乡关新信息。灵光虽在应萧萧[29]，草中翁仲今何若[30]？遗氓岂尚种桑麻，残虏如闻保城郭。嫠家父祖生齐鲁，位下名高人比数。当时稷下纵谈时，犹记人挥汗成雨。子孙南渡今几年，漂流遂与流人伍。欲将血泪寄山河，去洒东山一抔土。"

又："想见皇华过二京[31]，壶浆夹道万人迎。连昌宫里桃应在[32]，华萼楼头鹊定惊[33]。但说帝心怜赤子，须知天意念苍生。圣君大信明如日，长乱何须在屡盟！"

又有《投内翰綦公（崈礼）启》[34]："清照启：素习义方[35]，粗明诗礼。近因疾病，欲至膏肓，牛蚁不分[36]，灰丁已具[37]。尝药虽存弱弟，膺门惟有老兵。既尔苍皇，因成造次，信彼如簧之说，惑兹似锦之言。弟既可欺，持官文书来辄信[38]。身几欲死，非玉镜架亦安知[39]？僶俛难言，优柔莫决；呻吟未定，强以同归。视听才分，实难共处。忍以桑榆之晚节，配兹驵侩之下才[40]？身既怀臭之可嫌，惟求脱去；彼素抱璧之将往，决欲杀之。遂肆侵凌，日加殴击。可念刘伶之肋，难胜石勒之拳[41]。局地扣天，敢效谈娘之善诉[42]；升堂入室，素非李赤之甘心[43]。外援难求，自陈何害？岂期末事，乃得上闻。取自宸衷[44]，付之廷尉。被桎梏而置对，同凶丑以陈词。岂惟贾生羞绛灌为伍[45]，何啻老子与韩非同传[46]？但祈脱死，莫望偿金。友凶横者十旬，盖非天降；居囹圄者九日，岂是人为？抵雀捐金[47]，利当安往？将头碎璧，失固可知。实自谬愚，分知狱市[48]。此盖伏遇内翰承旨，搢绅望族，冠盖清流。日下无双，人间第一。奉天克复，本缘陆贽之词[49]；淮蔡底平，实以会昌之诏[50]。哀怜无告，虽未解骖，感戴鸿恩，如真出己；故兹白首，得免丹书。清照敢不省过知惭，扪心识愧？责全责智，已难逃万世之讥；败德败名，何以见中朝之士？虽南山之竹，岂能穷多口之谈？惟智者之言，可以止无根之谤。高鹏尺鷃[51]，本异升沉；火鼠冰蚕[52]，难同嗜好。达人共悉，童子皆知。愿赐品题，与加湔洗。誓当布衣蔬食，温故知新。再见江山，依旧一瓶一钵；重归畎亩，更须三沐三薰。忝在葭莩[53]，敢兹尘渎[54]。"（卷十四）

【注释】

① 李氏：李清照，号易安居士，齐州章丘（今山东济南市章丘市西北）人。父格非为当时学者，夫赵明诚为金石考据家。早期生活优裕。金兵入据中原，流寓南方，明诚病死，境遇孤苦。工诗文，尤以词擅名。后人辑有《漱玉词》一卷。今人王仲闻有《李清照集校注》。

② 韩公:韩肖胄,字似夫,相州安阳(今属河南)人。曾祖琦、祖忠彦皆为相。肖胄以荫补承务郎,历开封府司录,赐同上舍出身,除卫尉少卿。寻假给事中使辽。宣和元年(1119),除直秘阁、知相州。建炎二年(1128),知江州,入为祠部郎,迁左司。绍兴二年(1132),迁吏部侍郎。三年,拜端明殿学士、同签书枢密院事,充通问使使金。后以资政殿学士、知绍兴府。寻奉祠,寓居于越几十年。卒,年七十六。谥元穆。

③ 绍兴癸丑:绍兴三年(1133)。

④ 胡公:胡松年,字茂老,海州怀仁(今江苏连云港市赣榆县西北)人。政和二年(1112)上舍释褐,补淮州教授。八年,改校书郎兼资善堂赞读,为殿试参详官,迁中书舍人。建炎间出知平江府。绍兴三年,试工部尚书、副韩肖胄充大金通问使,还拜吏部尚书。岳飞收复襄汉,令松年筹度守御事。秦桧秉政,士大夫多曲意阿附,松年独鄙之,不通一书。后闲居阳羡。十六年(1146)病卒,年六十。

⑤ 两宫:此处指徽宗、钦宗二帝。时二帝已被金人掳至五国城。

⑥ 凝旒(liú):冕旒静止不动。形容帝王态度肃穆专注。旒,帝王冠冕前后所垂玉串。

⑦ 岳牧与群后:泛指公卿大臣。岳牧,传说尧舜时有四岳十二牧,后泛指封疆大吏。群后,四方诸侯及九州牧伯,后泛指公卿。

⑧ 半千:唐学士员半千。据《旧唐书·文苑传中》,员半千本名馀庆,晋州临汾(今属山西)人。少与齐州人何彦先同师事学士王义方,义方嘉重之,曰:"五百年一贤,足下当之矣!"因改名半千。高宗时应岳牧举,擢为上第。累官太子右谕德兼崇文馆学士,封平原郡公。开元二年(714)卒。

⑨ 阳九:道家称天厄为阳九,地亏为百六。后亦指厄运或灾荒年景。

⑩ 燕然铭:亦称"燕山铭"。指东汉窦宪破北匈奴,登燕然山刻石记功,班固撰《封燕然山铭》。后泛指歌颂边功文章。燕然山,今蒙古国杭爱山。

⑪ 金城柳:《晋书·桓温传》:"温自江陵北伐,行经金城,见少为琅邪时所种柳皆已十围,慨然曰:'木犹如此,人何以堪!'攀枝执条,泫然流涕。"后遂用以为世事兴废之典。金城,东晋丹阳郡江乘县(今江苏南京市栖霞区)地名。

⑫ 何必两句:意谓不必挂念老母,受命即行。羹舍肉,《左传·隐公元年》:"颍考叔为颍谷封人,闻之,有献于公。公赐之食,食舍肉。公问之,对曰:'小人有母,皆尝小人之食矣,未尝君之羹,请以遗之。'"车载脂,以脂膏涂其车轴,使滑泽利行。两句暗指韩肖胄辞母使金之事,《宋史》本传:"将行,母又语之曰:'汝家世受国恩,当受命即行,勿以我老为念。'帝称为贤母,封荣国夫人。"

⑬ 四岳佥曰俞:意谓群臣皆已应允(割地纳币乞和之议)。四岳,掌四方之诸侯,泛指公卿大臣。佥,皆。俞,同意,应允。

⑭ 春官:本古官名,颛顼氏时五官之一,为木正。此处是礼部别称。唐光宅年间曾改礼部为

春官，后因以称之。韩愈卒赠礼部尚书，谥文，故有韩氏“第一人”之谓。下文则指韩琦，宋仁宗嘉祐间为宰相；韩忠彦，徽宗建中靖国时为宰相。

⑮ 皋夔：喻指贤臣。皋陶，舜时狱官。夔，舜时乐官。此处借指韩琦、韩忠彦。

⑯ 王商：字子威，涿郡蠡吾（今河北保定市博野县西北）人，徙杜陵（今陕西西安市东南）。父武，以汉宣帝舅封为乐昌侯，薨，商嗣为侯。元帝时至右将军、光禄大夫。成帝时徙为左将军。建始四年（前29），代匡衡为丞相。据《汉书》本传：“（商）为人多质，有威重，长八尺馀，身体鸿大，容貌甚过绝人。河平四年，单于来朝，引见白虎殿。丞相商坐未央廷中，单于前，拜谒商。商起，离席与言。单于仰视商貌，大畏之，迁延却退。天子闻而叹曰：‘此真汉相矣！’”其后，因与大司马、大将军王凤不和，是年四月遭劾罢相。免相三日，呕血薨。谥曰戾侯。

⑰ 白玉墀：宫殿前玉石台阶。亦借指朝堂。

⑱ 紫泥诏：用紫泥所封诏书。即皇帝诏书。

⑲ 黄龙城：辽黄龙府。参见第660页第13则注释⑪。此处借指金腹心要地。

⑳ 闾阎嫠妇：民间寡妇。闾阎，里巷内外之门，代指民间。嫠妇，寡妇。李清照自称。

㉑ 衷甲：裹甲于衣中。《左传·襄公二十七年》：“辛巳，将盟于宋西门之外，楚人衷甲。”杜预注：“甲在衣中，欲因会击晋。”

㉒ 记平凉：记住唐与吐蕃平凉会盟时的惨痛教训。贞元二年（786），吐蕃越境入寇泾、陇、邠、宁等州，进至凤翔。唐将李晟率军拒敌，挫敌于摧沙堡（今宁夏固原市西北）。酋尚结赞遣使求和，阴遣兵攻取盐、夏二州。唐德宗力主和盟，罢李晟兵权。三年，命浑瑊为会盟使、崔汉衡为副使、郑叔矩为判官、宋奉朝为都监，与尚结赞设坛会盟于平凉（今属甘肃）。据《资治通鉴》卷二百三十二：“尚结赞与瑊约，各以甲士三千人列于坛之东西，常服者四百人从至坛下。辛未，将盟，尚结赞又请各遣游骑数十更相觇索，瑊皆许之。吐蕃伏精骑数万于坛西，游骑贯穿唐军，出入无禁。唐骑入虏军，悉为所擒，瑊等皆不知。入幕，易礼服，虏伐鼓三声，大噪而至，杀宋奉朝等于幕中。瑊自幕后出，偶得它马乘之，伏鬣入其衔，驰十馀里，衔方及马口，故矢过其背而不伤。唐将卒皆东走，虏纵兵追击，或杀或擒之，死者数百人，擒者千馀人。崔汉衡为虏骑所擒，浑瑊至其营，则将卒皆遁去，营空矣。”

㉓ 葵丘践土：皆古代会盟之地。葵丘（今河南商丘市民权县东北），春秋时宋地，据《左传·僖公九年》，齐桓公盟诸侯于此。践土（今河南新乡市原阳县西南），春秋时郑地，据《左传·僖公二十八年》，城濮之战后，晋文公朝觐周王、会盟诸侯于此。

㉔ 露布句：用东晋袁宏事。宏字彦伯，小字虎，时称袁虎。《世说新语·文学》：“桓宣武北征，袁虎时从，被责免官。会须露布文，唤袁倚马前令作。手不辍笔，俄得七纸，殊可观。东亭在侧，极叹其才。袁虎云：‘当令齿舌间得利。’”

㉕ 崤函句：用战国孟尝君事。孟尝君，田氏，名文，战国时齐贵族。袭封为薛公，号孟尝君。“战国四公子”之一。齐湣王任以为相，门下有食客三千人。秦昭王时，入为秦相，不久逃归。

《史记·孟尝君列传》:“孟尝君得出,即驰去,更封传,变名姓以出关。夜半至函谷关。秦昭王后悔出孟尝君,求之,已去,即使人驰传逐之。孟尝君至关,关法:鸡鸣而出客,孟尝君恐追至,客之居下坐者有能为鸡鸣,而鸡齐鸣,遂发传出。出如食顷,秦追果至关,已后孟尝君出,乃还。”崤函,崤山函谷关(今河南三门峡市灵宝市北)。

㉖ 樗栎(chū lì):臭椿与柞树。皆为劣质树木。后因以喻才能低下者。

㉗ 蒭荛(chú ráo)之言:浅陋之言。多用作自谦之辞。蒭荛,割草采薪之人。

㉘ 隋珠与和璧:即隋侯之珠、和氏之璧。泛指珍宝。《淮南子·览冥训》:“譬如隋侯之珠、和氏之璧,得之者富,失之者贫。”高诱注:“隋侯,汉东之国,姬姓诸侯也。隋侯见大蛇伤断,以药傅之。后蛇于江中衔大珠以报之,因曰隋侯之珠,盖明月珠也。楚人卞和得美玉璞于荆山之下,以献武王。王以示玉人,玉人以为石,刖其左足。文王即位,复献之,以为石,刖其右足,抱璞不释而泣血。及成王即位,又献之。成王曰:‘先君轻刖而重剖石。’遂剖视之,果得美玉,以为璧,盖纯白夜光。”

㉙ 灵光:汉宫殿名。景帝子鲁恭王建于鲁(今山东济宁市曲阜市)。

㉚ 翁仲:传说中秦时巨人。后指宫门铜像或墓道石像。

㉛ 皇华(huā):《诗经·小雅》中篇名。《序》曰:“《皇皇者华》,君遣使臣也。”后因以为赞颂奉命出使者或使者之典。　二京:指宋南京、东京。为宋使至金常经之地。

㉜ 连昌宫:唐宫殿名。高宗显庆三年(658)建于寿安(今河南洛阳市宜阳县)。元稹《连昌宫词》:“连昌宫中满宫竹,岁久无人森似束。又有墙头千叶桃,风动落花红蔌蔌。”

㉝ 华萼楼:唐玄宗开元二年(714)于兴庆宫西建楼,题“花萼相辉之楼”。二十年又有扩建。参见第113页第8则注释②。元稹《连昌宫词》:“往来年少说长安,玄武楼成花萼楼。”

㉞ 綦公宓礼:《宋史》中作“崇礼”。字叔厚,密州高密(今属山东潍坊市)人,后徙北海(今山东潍坊市)。少入太学,登重和元年(1118)上舍第。历官太学博士、宣教郎、工部员外郎、中书舍人。高宗时,官至翰林学士兼侍读兼史馆修撰。后退居台州,卒,年六十。赠左朝议大夫。

㉟ 义方:行事所应遵循之规矩与道理。

㊱ 牛蚁:指病虚而恍惚。《世说新语·纰漏》:“殷仲堪父病虚悸,闻床下蚁动,谓之牛斗。”

㊲ 灰丁:又作“灰钉”。石灰与铁钉。用作敛尸封棺。此句犹言身之将死。

㊳ 官文书:犹告身。授官文凭。此句指李清照病重期间,张汝舟持官文书骗婚事。建炎三年(1129),赵明诚病卒于建康,清照南下追随帝踪,辗转于浙东各地。后往依其弟李迒,居临安。绍兴二年(1132)五月,李迒为张汝舟所骗,使清照再嫁。九月,清照讼汝舟而离之。李心传《建炎以来系年要录》卷五十八:“(绍兴二年九月戊子朔)右承奉郎、监诸军审计司张汝舟属吏,以汝舟妻李氏讼其妄增举数入官也。其后有司当汝舟私罪,徒,诏除名,柳州编管(十月己酉行遣)。李氏,格非女,能为歌词,号易安居士。”

㊴ 玉镜架:又作“玉镜台”。玉制镜台。晋温峤北征刘聪,获玉镜台一枚。从姑有女,嘱代觅

婿，温有自婚意，因下玉镜台为定。事见《世说新语·假谲》。后引申作婚娶聘礼的代称。

㊵ 驵侩(zǎng kuài)：牲畜交易经纪人。

㊶ 可念两句：意谓受人虐待。刘伶，字伯伦，沛郡(治今安徽濉溪县西北)人。西晋"竹林七贤"之一。《世说新语·文学》："刘伶著《酒德颂》，意气所寄。"刘孝标注引《竹林七贤论》："伶处天地间，悠悠荡荡，无所用心。尝与俗士相牾，其人攘袂而起，欲必筑之。伶和其色曰：'鸡肋岂足以当尊拳！'其人不觉废然而返。"石勒，字世龙，羯族，上党武乡(今山西晋中市榆社县北)人。创后赵。《晋书·石勒载记下》："初，勒与李阳邻居，岁常争麻池，迭相殴击。至是，谓父老曰：'李阳，壮士也，何以不来？沤麻是布衣之恨，孤方崇信于天下，宁雠匹夫乎！'乃使召阳。既至，勒与酣谑，引阳臂笑曰：'孤往日厌卿老拳，卿亦饱孤毒手。'"

㊷ 谈娘：又作"踏摇娘"。韦绚《刘宾客嘉话录》："隋末，有河间人皻鼻酗酒，自号郎中，每醉必殴击其妻。妻美而善歌，每为悲怨之声，辄摇顿其身。好事者乃为假面以写其状，呼为'踏摇娘'，今谓之'谈娘'。"

㊸ 李赤：柳宗元《李赤传》："李赤，江湖浪人也。尝曰：'吾善为歌诗，诗类李白。'故自号曰李赤。游宣州，州人馆之。其友与俱游者有姻焉。间累日，乃从之馆。赤方与妇人言，其友戏之。赤曰：'是媒我也，吾将娶乎是。'友大骇，曰：'足下妻固无恙，太夫人在堂，安得有是？岂狂易病惑耶？'取绛雪饵之，赤不肯。有间，妇人至，又与赤言。即取巾经其脰，赤两手助之，舌尽出。其友号而救之，妇人解其巾走去。赤怒曰：'汝无道，吾将从吾妻，汝何为者？'赤乃就牖间为书，辗而圆封之。又为书，博封之。讫，如厕久，其友从之，见赤轩厕抱瓮，诡笑而侧视，势且下，入乃倒曳得之。又大怒曰：'吾已升堂面吾妻。吾妻之容，世固无有。堂宇之饰，宏大富丽，椒兰之气，油然而起。顾视汝之世犹溷厕也，而吾妻之居，与帝居钧天、清都无以异，若何苦余至此哉？'然后其友知赤之所遭，乃厕鬼也。"

㊹ 宸衷：帝王心意。李清照再婚后不堪虐待，讼张汝舟"妄增举数入官"，为朝廷治罪。然按宋《刑统》：妻讼夫，虽属实，仍须徒刑二年。故此处言"取自宸衷，付之廷尉"。后因綦崈礼搭救，方减刑释之，即下文"居囹圄者九日"。

㊺ 贾生羞绛灌为伍：贾生，贾谊。绛灌，周勃与灌婴。《史记·屈原贾生列传》："于是天子议以为贾生任公卿之位，绛、灌、东阳侯、冯敬之属尽害之。"

㊻ 老子与韩非同传：《史记》卷六十三将老子、庄子、申不害、韩非同传，后人以为老子道家，韩非法家，不应列于一传。

㊼ 抵雀捐金：以金掷雀。谓得不偿失。《庄子·让王》："今且有人于此，以随侯之珠，弹千仞之雀，世必笑之。是何也？则其所用者重，而所要者轻也。"

㊽ 狱市：指狱讼以及市集交易。此处偏指狱讼。

㊾ 奉天两句：唐建中四年(783)十月，泾原兵叛，德宗避于奉天(今陕西咸阳市乾县)。翰林学士陆贽常居中参裁机务，时号"内相"。明年平乱返京。此处以陆贽比綦崈礼。

㊿ 淮蔡两句:唐元和十二年(817)八月,以宰相裴度为淮西宣慰处置使、彰义军节度使,平淮、蔡吴元济之叛。诏韩愈撰《平淮西碑》,其辞多叙裴度之功。而先入蔡州擒吴元济者,为大将李愬,愬不服,其妻出入禁中诉碑辞不实,诏令磨韩文,以翰林学士段文昌重撰文勒石。故下句中"会昌之诏"当为"文昌之碑"之误。会昌,唐武宗年号,与元和相去二十馀年。

(51) 高鹏尺鷃:高鹏,大鹏。尺鷃,又作"斥鷃",小雀。两者皆《庄子·逍遥游》中形象。在此以喻志向、器宇之不同者。

(52) 火鼠冰蚕:传说中两种动物。《太平御览》卷八百二十引晋张勃《吴录》:"日南比景县有火鼠,取毛为布,烧之而精,名火浣布。"晋王嘉《拾遗记·员峤山》:"有冰蚕长七寸,黑色,有角有鳞,以霜雪覆之,然后作茧,长一尺,其色五彩,织为文锦,入水不濡,以之投火,经宿不燎。"在此以喻品格、脾性不相容者。

(53) 葭莩:芦苇中薄膜。比喻亲戚关系疏远淡薄。此句谓与綦崈礼还沾有远亲关系。参知政事谢克家为赵明诚表兄弟,其子谢伋为綦崈礼婿。

(54) 尘渎:又作"尘黩"。犹玷污。尘,自谦之词。

10. 寓物尽情

介甫尝言,夏日昼睡,方枕为佳,问其何理,曰:"睡久气蒸枕热,则转一方冷处。"是则真知睡者耶。余谓夜弹琴,惟石晖为佳[1],盖金蚌瑟瑟之类[2],皆有光色,灯烛照之则炫耀,非老翁夜视所宜。白石照之无光,惟目昏者为便。介甫之睡真懒者,余知琴晖直以老而目暗尔,是皆可叹尔。余家石晖琴,得之二十年,昨因患两手中指拘挛,医者言惟数运动以导其气之滞者,谓惟弹琴为可,亦寻理得十馀年已忘诸曲。物理损益相因,不能穷至于此,此老庄之徒多寓物以尽人情,信有以也哉!(卷十四)

【注释】

① 石晖:晖,又作"徽"。石镶琴徽。琴徽,琴弦音位标志,即古琴面板左方一排圆星点,用贝、石或金属镶制而成。欧阳修《三琴记》:"吾家三琴,其一传为张越琴,其一传为楼则琴,其一传为雷氏琴。其制作皆精而有法,然皆不知是否。要在其声如何,不问其古今何人作也。琴面皆有横文如蛇腹,世之识琴者以此为古琴,盖其漆过百年始有断文,用以为验尔。其一金晖,其一石晖,其一玉晖。金晖者,张越琴也;石晖者,楼则琴也;玉晖者,雷氏琴也。金晖其声畅而远,石晖其声清实而缓,玉晖其声和而有馀。今人有其一已足为宝,而余兼有之,然惟石晖者老人之所宜

也。世人多用金玉蚌琴晖，此数物者，夜置之烛下炫耀有光，老人目昏，视晖难准，惟石无光，置之烛下，黑白分明。故为老者之所宜也。余自少不喜郑卫，独爱琴音，尤爱《小流水》曲。平生患难，南北奔驰，琴曲率皆废忘，独《流水》一曲，梦寝不忘。今老矣，犹时时能作之，其他不过数小调弄，足以自娱。琴曲不必多学，要于自适；琴亦不必多藏，然业已有之，亦不必以患多而弃也。"

② 金蚌瑟瑟：琴徽所用材料。用金、贝、石等镶制。瑟瑟，碧色宝石。

桯史

[宋] 岳珂

《桯史》十五卷，宋岳珂撰。珂字肃之，号亦斋，又号倦翁，祖籍相州汤阴（今属河南安阳市）。鄂王岳飞之孙，敷文阁待制岳霖次子。生于孝宗淳熙十年（1183）。宁宗时，以奉议郎权发遣嘉兴军府兼管内劝农使，有惠政。自此家居嘉兴，置别业于金陀坊。后累官至权户部尚书、八路制置茶盐使。珂长于经学，工词章。另著有《刊正九经三传沿革例》《金陀粹编》《宝真斋法书赞》《愧郯录》等。

《桯史》载两宋朝野遗闻杂事，或得之父友口传，或为亲身经历，多可考信，足资补阙。其中，不少记述为后世史家所采。珂著书，常有愤激之词，盖南渡后朝廷和战不定，岳家命途多舛，以为其祖辩诬申雪故也。是书亦然。《四库全书总目提要》曰：「大旨主于寓褒刺，明是非，借物论以明时事，非他书所载徒资嘲戏者比。」桯，据《四库提要辨证》卷十八嘉锡按：「沈家本《日南随笔》卷一云：『当是用晏子凿楹纳书事。』《考工记》注：读桯为楹。以桯为楹，乃假借字。」

选文标题为原书所有。

1. 徐铉入聘

国初三徐[1],名著江左,皆以博洽闻中朝,而骑省铉[2],又其白眉者也[3]。会修述职之贡[4],骑省寔来[5],及境,例差官押伴。朝臣皆以辞令不及为惮,宰相亦囏其选[6],请于艺祖。玉音曰:"姑退朝,朕自择之。"有顷,左珰传宣殿前司,具殿侍中不识字者十人,以名入。宸笔点其中一人,曰:"此人可。"在廷皆惊,中书不敢请,趣使行,殿侍者慌不知所繇,薄弗获已[7],竟往渡江。始燕,骑省词锋如云,旁观骇愕。其人不能答,徒唯唯;骑省叵测,强聒而与之言。居数日,既无与之酬复者,亦倦且默矣。余按当时陶、窦诸名儒[8],端委在朝[9],若使角辩骋词,庸讵不若铉[10]?艺祖正以大国之体,不当如此耳,其亦不战屈人,兵之上策欤!其后,王师征包茅于煜[11],骑省复将命请缓师,其言累数千言,上谕之曰:"不须多言,江南亦何罪?但天下一家,卧榻之侧,岂容他人鼾睡耶!"大哉圣言,其视骑省之辩,正犹萤爝之拟羲舒也[12]。骑省名甚著,三徐者,近世或概为昆弟。余嘉定辛未在故府[13],楼宣献(钥)尝出手编《辨鸾冈三墓》[14],余谢不前考。后读周文忠必大《游山录》[15],有卫尉卿延休、骑省铉、内史锴,盖父子甚明。而余已去国,不复得请益云。(卷一)

【注释】

① 三徐:指徐延休、徐铉、徐锴父子。父延休,字德文,会稽(今浙江绍兴市)人。唐乾符中举进士。五代十国时,仕吴至光禄卿、江都少尹,卒。二子铉、锴,遂家于江都(今江苏扬州市)。铉字鼎臣,初仕南唐,为翰林学士、吏部尚书;后归宋,官至散骑常侍。锴字楚金,仕南唐为集贤殿学士、内史舍人;开宝七年(974)卒,赠礼部侍郎。逾年,南唐灭。铉、锴皆精于文字,号称"大小二徐"。本则言"国初三徐",不确。宋立,唯大小二徐存焉。

② 骑省:唐时中书、门下两省皆有散骑常侍,故称之为骑省。

③ 白眉:喻兄弟或侪辈中杰出者。《三国志·蜀志·马良传》:"马良,字季常,襄阳宜城人也。兄弟五人,并有才名,乡里为之谚曰:'马氏五常,白眉最良。'良眉中有白毛,故以称之。"

④ 修述职之贡:向天子陈述职守时献纳贡品。修贡,献纳贡品。述职,诸侯向天子陈述职守。宋立,南唐称臣以自保,改用宋年号,故须向宋廷述职修贡。

⑤ 寔:通"是"。此,这。《公羊传·桓公六年》:"寔来者何,犹曰是人来也。"

⑥ 囏:同"艰"。艰难。

⑦ 薄弗获已:意谓迫不得已、无可奈何。

⑧ 陶、窦：指陶穀、窦仪。陶穀，字秀实，参见第132页第6则注释③。窦仪，字可象，蓟州渔阳人。十五能属文。后晋天福中举进士。仕后汉、后周，官至翰林学士、兵部侍郎。入宋，为工部尚书、判大理寺，再入为翰林学士。二人皆宋初宿儒，有厚声，卒赠右仆射。

⑨ 端委在朝：谓在朝任职。端委，古代礼服。参见第624页第3则注释④。

⑩ 庸讵：岂；何以；怎么。

⑪ 包茅：古代祭祀时用以滤酒的菁茅。因以裹束菁茅置匣中，故称。《左传·僖公四年》："尔贡包茅不入，王祭不供，无以缩酒。"杜预注："包，裹束也；茅，菁茅也；束茅而灌之酒，为缩酒。"此处代指称臣纳贡者。开宝七年(974)九月，宋遣兵征伐南唐，八年十一月末，攻入金陵，李煜降。

⑫ 萤爝之拟羲舒：谓微弱之光同日月相比。萤，萤火。爝，烛光。羲舒，传说中日神羲与月神望舒之并称。

⑬ 故府：此指嘉兴府(今属浙江)。岳珂时为嘉兴军府幕职。

⑭ 楼宣献钥：楼钥，字大防，号攻媿主人，谥宣献。参见第639页第13则注释②。

⑮ 周文忠必大：周必大，字子充，谥文忠。参见第502页第8则注释⑨。

2. 犇麤字说

王荆公在熙宁中，作《字说》，行之天下。东坡在馆，一日因见而及之，曰："丞相赜微窅穷[①]，制作某不敢知，独恐每每牵附，学者承风，有不胜其凿者。姑以犇、麤二字言之[②]，牛之体壮于鹿，鹿之行速于牛，今积三为字而其义皆反之，何也？"荆公无以答，迄不为变。党伐之论，于是浸闿[③]，黄冈之贬，盖不特坐诗祸也。(卷二)

【注释】

① 赜(zé)微窅(yǎo)穷：谓探求深奥。

② 犇(bēn)、麤(cū)："奔""粗"之异体字。

③ 浸闿(kǎi)：逐渐开启。

3. 隆兴按鞠

隆兴初，孝宗锐志复古，戒燕安之鸩[①]，躬御鞍马，以习劳事，仿陶侃运甓之意[②]。时召诸将击鞠殿中，虽风雨亦张油帟[③]，布沙除地。群臣以宗庙之重，不宜乘危，交章进谏，弗听。一日，上亲按鞠，折旋稍久，马不胜勚[4]，逸入庑间，檐甚低，触于楣。侠陛惊嘑失色[5]，亟奔凑，马已驰而过。上手拥楣，垂立，扶而下，神彩不动，顾指马所往，使逐之。殿下皆称万岁，盖与艺祖抵城挽鬃事[6]，若合符节，英武天纵，固宜有神助也。（卷二）

【注释】

① 燕安之鸩：又作"燕安鸩毒"。谓沉溺于安逸享乐犹如饮毒酒自杀。

② 陶侃运甓（pì）：谓刻苦自励。典出《晋书·陶侃传》："侃在州无事，辄朝运百甓于斋外，暮运于斋内。人问其故，答曰：'吾方致力中原，过尔优逸，恐不堪事。'其励志勤力，皆此类也。"陶侃，字士行，本鄱阳（郡治今江西上饶市鄱阳县石门街镇）人，晋灭吴，徙家庐江之寻阳（今湖北黄冈市黄梅县蔡山镇西北）。少孤贫，初为县吏，渐至郡守。西晋永嘉五年（311），为武昌太守，率军讨杜弢。建兴元年（313），为荆州刺史。三年，平杜弢，为王敦所忌，转广州刺史，朝夕运甓以习劳。敦败，仍还荆州。东晋太宁三年（325），加征西大将军。咸和七年（332）卒，年七十六。追赠大司马，谥曰桓。甓，砖。

③ 油帟（yì）：泛指帐幕。帟，平幕，以缯为之，张盖上方以遮蔽风雨、灰尘。

④ 勚（yì）：劳苦。

⑤ 侠（jiā）陛：在殿阶两侧侍奉。亦指在殿阶两侧侍奉者。

⑥ 艺祖抵城挽鬃：指宋太祖赵匡胤少年时学骑射事。见《宋史·太祖纪》："学骑射，辄出人上。尝试恶马，不施衔勒，马逸上城斜道，额触门楣坠地，人以为首必碎，太祖徐起，更追马腾上，一无所伤。"

4. 东坡属对

承平时，国家与辽欢盟，文禁甚宽，辂客者往来[1]，率以谈谑诗文相娱乐。元祐间，东坡实膺是选[2]。辽使素闻其名，思以奇困之。其国旧有一对曰"三光日月星"，凡以数言者，必犯其上一字，于是遍国中无能属者。首以请于坡，坡唯唯谓其介曰[3]："我能而君不能，亦非所以全大国之礼。'四诗风雅颂'，天生对也，盍先以此复之。"介如言，方共叹愕。坡徐曰："某亦有一对，曰'四德元亨利[4]'。"使睢盱[5]，欲起辨，坡曰："而谓我忘其一耶？谨閟而舌[6]，两朝兄弟邦，卿为外臣，此固仁祖之庙讳也。"使出不意，大骇服。既又有所谈，辄为坡逆敚[7]，使自愧弗及，迄白沟[8]，往反醡舌[9]，不敢复言他。（卷二）

【注释】

① 辂(lù)客:使者。辂,大车,多指帝王所乘车。

② 实膺:充当;充任。

③ 介:传宾主之言者。古时主有傧相迎宾,宾有随从通传称介。此指使者随从。

④ 四德元亨利:《周易·乾》卦词:"乾,元亨利贞。"儒家以此为四德。《文言》曰:"元者善之长也,亨者嘉之会也,利者义之和也,贞者事之干也。君子体仁足以长人,嘉会足以合礼,利物足以和义,贞固足以干事。君子行此四德者,故曰:乾,元亨利贞。"此处苏轼隐去"贞",避宋仁宗赵祯讳。

⑤ 睢盱(huī xū):睁眼仰视貌。

⑥ 谨閟(bì):谨慎秘藏。

⑦ 逆敚(duó):谓逆转而取得主动。敚,同"夺"。

⑧ 白沟:白沟驿。位于宋河北东路雄州(治今河北保定市雄县)北部,临宋、辽界河白沟河。

⑨ 齰(zé)舌:咬啮舌头。表示不说话或不敢说话。

5. 机心不自觉

秦桧在相位,颐指所欲为,上下奔走,无敢议者。曹泳尹天府[①],民间以乏见镪告[②],货壅莫售,日嚣而争[③],因白之桧。桧笑曰:"易耳!"即席命召文思院官[④],未至,趣者络绎,奔而来,亟谕之曰:"适得旨,欲变钱法,烦公依旧夹锡样铸一缗[⑤],将以进入,尽废见镪不用。"约以翌午毕事。院官不敢违,唯而退,夜呼工鞴液,将以及期。富家闻之大窘,尽辇宿藏[⑥],争取金粟[⑦],物贾大昂,泉溢于市[⑧]。既而样上省,寂无所闻矣。都堂左揆阁前有榴[⑨],每著实,桧嘿数焉。忽亡其二,不之问。一日,将排马[⑩],忽顾谓左右取斧伐树。有亲吏在旁,仓卒对曰:"实甚佳,去之可惜。"桧反顾曰:"汝盗吾榴。"吏叩头服。盖其机阱根于心[⑪],虽嵬琐弗自觉[⑫],此所谓莫见乎隐者,亦可叹也!(卷三)

【注释】

① 曹泳:宋初大将曹彬五世孙,秦桧之子熺妇兄。绍兴中,附秦桧而为监行在藏西库、两浙路转运判官、知临安府、权户部侍郎等职。　天府:原为周官名,掌祖庙之守藏。后因称朝廷藏物之府库为天府。曹泳尝监行在藏西库。左藏二库,东库储钱币、帛絁,西库储金银丝纩。

② 见镪(xiàn qiǎng):现金;现钱。镪,串钱。

③ 嚚(yín):奸诈。

④ 文思院:监当局名。北宋隶少府监,南宋隶工部。掌制作金银、犀革、象牙、玉器等工艺之物,及舆辇、册宝、法物、器服等,供宫廷生活所需。分文思院上界、下界,共领四十二作。

⑤ 夹锡:夹锡钱,宋徽宗时蔡京奏请所铸铜锡合金货币。因铜成色低,百姓常拒用。

⑥ 辇:运载。

⑦ 金粟:金子与粮谷。

⑧ 泉溢于市:形容现钱如泉水涌现于集市。

⑨ 都堂左揆:指尚书左仆射兼门下侍郎,为左相。

⑩ 排马:备马。出行前安排准备车马。

⑪ 机阱:设有机关的捕兽陷阱。比喻坑害人的圈套。

⑫ 嵬琐:奸邪险诈。

6. 天子门生

磐石赵(逵)[1],以绍兴辛未魁集英之唱[2]。后三年,以故事召归为校书郎。时秦桧老矣,怙权杀天下善类以立威,搢绅胁息[3]。赵至,一见光范[4],桧适喜,欲收拾之。问知其家尚留蜀,曰:"何不俱来?"赵对以贫未能致,桧顾吏嗫嚅语,有顷,奉黄金百星以出,曰:"以是助舟楫费。"赵出不意,力辞之。吏从以出。同舍郎或劝以毋怫桧意者[5],赵正色曰:"士有一介不取,予独何人哉!君谓冰山足恃乎!"劝者缩颈反走。吏不得已归,犹不敢以其言白。桧已不乐,居久之,语浸闻,桧大怒曰:"我杀赵逵,如猕狐兔耳,何物小子,乃敢尔耶。"风知临安府曹泳[6],罗致其隶辈,而先张本于上曰:"近三馆士不检,颇多与宫邸通,臣将廉之,其酝祸不浅矣。"会得疾,十月而有绛巾之招[7]。高宗更化[8],微闻其事。十一月,亟诏兼官朱邸[9],继复召对,擢著作佐郎,谓之曰:"卿乃朕自擢,秦桧日荐士,曾无一言及卿,以此知卿不附权贵,真天子门生也。"又曰:"两王方学诗,冀有以切磋之。"上意盖欲以此破前谤。赵之未召,实为东川佥幕[10]。总领符(行中)有子预荐[11],意其为类试官[12],密以文属之,赵不启缄,掷几下。既而符氏子不预榜,总因以他事捃摭之甚峻[13],然卒不能洿[14]。赵之介特有守,盖已见于初筮云。(卷三)

【注释】

① 磐石:一作"盘石"。南宋潼川府路资州治所(今四川内江市资中县)。

② 魁集英之唱：指殿试夺魁。殿试后，皇帝御集英殿唱名，赐状元及以下登第进士。

③ 胁息：敛收气息。

④ 光范：光彩仪容。

⑤ 同舍郎：同居一舍之郎官。亦泛指僚友。

⑥ 风(fèng)知：示意；示知。

⑦ 绛巾之招：死亡之婉辞。道教掌生命之神曰司命，著朱衣绛巾。绍兴二十五年(1155)十月，秦桧病疾，自太师、左仆射进封建康郡王致仕，卒，年六十六。

⑧ 更化：改制；变革。

⑨ 朱邸：汉诸侯王邸宅，以朱红漆门，故称。此指王侯府第。

⑩ 佥幕：又作"签幕"。宋节度、观察使府幕职官，如签判官、节度掌书记、观察支使等。

⑪ 总领：南宋凡掌领大元帅府、都督府、宣抚司、御前驻扎都统司军马钱粮官，皆通称"总领"。

⑫ 类试：即类省试。南宋科举制名。相当于省试。陆游《老学庵笔记》卷六："自建炎军兴，蜀士以险远，许就制置司类试，与省试同。间有愿赴行在省试者，亦听之。"《宋史·选举志二》："(绍兴)九年，以陕西举人久蹈北境，理宜优异，非四川比，令礼部别号取放。川陕分类试额自此始。"

⑬ 捃摭(jùn zhí)：搜罗材料以打击别人。此句谓总领因他事罗织罪名攻击赵逵。

⑭ 涴：玷污；污辱。

7. 郑广文武诗

海寇郑广，陆梁莆、福间[①]，飘驶兵犀[②]，云合亡命，无不一当百，官军莫能制。自号滚海蛟，有诏勿捕，命以官，使主福之延祥兵，以徼南溟[③]。延祥隶帅阃[④]，广旦望趋府[⑤]。群僚以其故所为，遍宾次，无与立谭者。广郁郁弗言。一日，晨入未衙，群僚偶语风檐，或及诗句，广矍然起于坐曰："郑广粗人，欲有拙诗白之诸官，可乎？"众属耳[⑥]，乃长吟曰："郑广有诗上众官，文武看来总一般。众官做官却做贼，郑广做贼却做官。"满坐惭噱[⑦]。章以初好诵此诗，每曰："今天下士大夫愧郑广者多矣，吾侪可不知自警乎！"(卷四)

【注释】

① 陆梁：跳跃乱走貌。喻横行无阻。绍兴五年(1135)，郑广、郑庆等率众入海，袭扰莆田、福

州等沿海地区。六年，受招安，补保义郎，主延祥寨（今福建福州市东北海滨）兵。

② 骎（fān）驶兵犀：形容快马强兵。骎驶，快马奔驰。兵犀，兵器锐利。

③ 徼（jiào）：巡查守备。

④ 帅阃（kǔn）：又称“藩阃”“帅守”。宋安抚使别称。总一路兵政，许便宜行事。南宋十六路，各以守臣兼安抚使。

⑤ 旦望：朔望。农历每月初一、十五。

⑥ 属（zhǔ）耳：注意倾听。

⑦ 惭噱（xué）：羞惭地大笑。

8. 一言悟主

石湖立朝多奇节[①]，其为西掖时[②]，上用知阁门事[③]。枢密都承旨张说为佥书[④]，满朝哗然起争，上皆弗听。范既当制，朝士或过问当视草与否，笑不应，独微声曰：“是不可以空言较。”问者不惬，又哗然谓范党近习取显位，范亦不顾。既而廷臣不得其言，有去者，范词犹未下。忽请对，上意其弗缴[⑤]，知其非以说事，接纳甚温。范对久将退，乃出词头纳榻前，玉色遽厉。范徐奏曰：“臣有引谕[⑥]，愿得以闻。今朝廷尊严，虽不可以下拟州郡，然分之有别，则略同也。阁门官日日引班，乃今郡典谒吏耳。执政大臣，倅贰比也[⑦]。陛下作福之柄[⑧]，固无容议，但圣意以谓有一州郡，一旦骤拔客将吏为通判职曹官[⑨]，顾谓何耶！官属纵俯首，吏民观听，又谓何耶！”上霁威沉吟曰：“朕将思之。”明日，说罢。后月馀，范匄去[⑩]，上曰：“卿言引班事甚当，朕方听言纳谏，乃欲去耶！”既而范竟不安于位，以集撰帅静江[⑪]。明年春，说遂申命[⑫]，实乾道八年也。悟主以一言之顷[⑬]，理明辞正，虽不能终格，犹足为公议立赤帜云。（卷四）

【注释】

① 石湖：范成大，字致能，号石湖居士，吴县（今江苏苏州市）人。绍兴二十四年（1154）擢进士第。隆兴元年（1163），累迁著作佐郎，除吏部郎官。知处州，有政声，迁礼部员外郎兼崇政殿说书。乾道中，尝假资政殿大学士使金，慷慨有节，归除中书舍人。后历知静江府兼广南西道安抚使、四川制置使、参知政事等。晚年以资政殿学士退居故乡石湖。绍熙三年（1192），加大学士；四年薨，年六十八。工诗词，有《石湖集》《揽辔录》《桂海虞衡志》等行于世。

② 西掖：中书省别称。

③ 知阁门事：职事官名、武阶名。南宋建炎元年(1127)，东、西上阁门司合并为一，长官总名“知阁门事”。原东上阁门掌朝会宴集、臣僚蕃客朝见、辞谢范仪及分班次、引班；承旨宣答，例赐礼物；纠弹失仪；行幸前导；外国信使授书、庆贺拜表；宣麻引案等吉礼之事。原西上阁门掌忌辰慰礼进名、行香、临奠、问疾等凶礼之事。武臣由右武大夫、正六品以上充任。

④ 佥书：此即签书枢密院事。枢密院副贰，协理枢密院事。张说自枢密院都承旨(从五品)骤升至签书枢密院事(从二品)，故引起满朝哗然。

⑤ 弗缴：不纠缠。

⑥ 引谕：又作“引喻”。称引比喻。

⑦ 倅贰：佐副官。

⑧ 作福之柄：掌握行善获福之权力。

⑨ 客将吏：寄居本地的外籍将卒。　通判职曹官：泛指府郡倅贰官。通判某州军州事为知州副贰；幕职官为主帅僚属；诸曹官亦为州郡僚佐之属，分掌州郡户籍、赋税、仓库出纳、议法断刑等事。

⑩ 匄(gài)：同“丐”。乞求。

⑪ 集撰：即集英殿修撰。贴职名。南宋时，多用于恩宠六部权侍郎外补地方官。

⑫ 申命：任命。

⑬ 一言之顷：一句话的工夫。顷，短时间。

9. 见　一　堂

孝宗朝尚书郎鹿(何)年四十馀[①]，一日，上章乞致其事。上惊谕宰相，使问其繇，何对曰：“臣无他，顾德不称位，欲稍矫世之不知分者耳。”遂以其语奏，上曰：“姑遂其欲。”时何秩未员郎[②]，诏特官一子，凡在朝者，皆诗而祖之[③]。何归，筑堂扁曰“见一”，盖取“人人尽道休官去，林下何尝见一人”之句而反之也[④]。何去国时，齿发壮，不少衰，居二年，以微疾卒。或较其积阀[⑤]，谓虽居位，犹未该延赏，天道固有知云。所官之子曰昌运，余在故府时，昌运为左帑[⑥]，尝因至北关送客，吴胜之为余道其事，今知连州。(卷五)

【注释】

① 尚书郎：即尚书左、右司郎官，有郎中、员外郎。

② 秩未员郎：官位品级未达员外郎资序。员外郎为寄禄旧阶，元丰后改为朝请郎、朝散郎、朝

奉郎三阶,为文臣京朝官三十阶之第二十、二十一、二十二阶。朝请郎对应前行员外郎(吏、兵),朝散郎对应中行员外郎(户、刑),朝奉郎对应后行员外郎(礼、工),皆正七品。文中鹿何差遣为尚书省二十四司郎官,寄禄品秩则未达"三朝郎"。

③ 诗而祖之:作诗饯行。祖,出行时祭祀路神。引申为饯行。

④ 人人两句:据魏庆之《诗人玉屑》卷二十引《集古录》:"'相逢尽道休官去,林下何曾见一人!'世俗相传,以为俚谚。庆历中,许元为发运使,因修江岸,得斯石于池阳江水中,始知为灵彻诗也。"灵彻,又作"灵澈",唐僧人。字澄源,姓汤氏,会稽人。少从严维学诗,后至吴兴,与释皎然游。刘禹锡尝为其诗集作序。《全唐诗》录其诗一卷,此诗题作《东林寺酬韦丹刺史》,曰:"年老心闲无外事,麻衣草座亦容身。相逢尽道休官好,林下何曾见一人。"

⑤ 积阀:累积功劳与资历。

⑥ 左帑:左藏库别称。监当局名。为宋中央最大财库,受纳四方财赋收入,供朝廷及地方经费开支。分左藏东库、左藏西库,东库储钱币、帛絁,西库储金银丝纩。南宋设提辖左藏东、西库总其事。

10. 义 騟 传

吾乡有义騟事甚奇①,余尝为作传曰:"义騟者,九江戍校王成之铠骑也②。成家世隶尺籍③,开禧间④,虏大入淮甸,成以卒从戎四方山,屡战有功,稍迁将候骑⑤。方淮民习安,仓卒间,虏至而逃,畜孳满野。成徇地至花靥⑥,见病騟焉,疥而瘠,骨如堵墙,行逐水草,步且僵,乌鸢啄其上,流血赭髀⑦,莫适为主,絷而得之。会罢兵归,饲以丰秣,几半年,肤革仅完,毛彨复生⑧。日置之槽枥,慦慦然与群马不相顾⑨,时一出系庑下,顾景嘶鸣,若自庆其有所遇,成亦未始异之。牙治在城陬⑩,每旦与同列之隶帐下者,率夜漏未尽二刻,骑而往。屏息庭槐下,执梃候晨,雁鹜行立,俟颐指尽⑪,午退以为常。马或蹶苶不任⑫,相通融为假借。一日,有告马病,从成请騟往。始命鞍,踶鸣人立⑬,左右攘拒不可制⑭,易十数健卒,莫能孰何。乃以归之成,成曰:'安有是!'呼常驭羸卒持鞚来⑮,则帖耳训服如平时,振迅通衢,磬控缓亟无少忤者⑯。自是惟成乘则受之,他人则复弗受。虽日浴于河,群马皆裼而骑⑰,相望后先。騟之驭者,终莫敢窃睨其膺鬣,稍前即噬啮之,军中咸指为骜悍⑱,摈弗啮。嘉定庚午,峒寇李元砺⑲,盗弄潢池⑳,兵庚符下㉑,统府调兵三千人以往㉒,成与行。崎岖山泽,夷若方轨,至吉之月馀,寇来犯龙泉栅,成出搏斗四五合,危败之矣,或以钩出其腋及鞬而队死焉㉓。官军亟鸣钲,騟屹立不去,踯躅徘徊,悲鸣尸侧。贼将顾曰:‘良马也。’取之。元砺有弟,悍很恃执,每出掠,率强取十二三。适见之,色动曰:‘我欲之。’将不敢逆,遂试之,蹴踘进退[21],折旋良惬,即不胜喜,贮以上厩,煮豆粟,濯泉翦毛[25],用金玉为铠,华韂沃续[26],极其鲜明,群渠皆酾酒来贺[27]。辎重卒有为贼掠取者,知之,曰:‘騟他日未当若是,彼畜也而亦畏贼耶!’窃怪之。于是日游其騟于峒㟪间,上下峻坂,无不如意,恨得之晚。思一快意驰骋,而地多阻且不可得。后旬浃[28],复犯永新栅,官军闻有寇至,披鹿角出迎击。鼓声始殷,果乘騟以来,騟识我军旗帜,亟驰。贼觉有异,大呼勒挽不止,则怒以铁槊击之,胯尽伤。騟不复顾,冒阵以入,军士识之者曰:‘此王校之騟也,是异服者必其酋。’相与逐之,执以下,讯而得其实,则缚以徇于军,曰:‘得元砺之弟矣。’噪而进,贼军大骇,军士勇跃争奋,遂败之。急羽露书以出奇获丑闻[29],槛送江右道,朝廷方患其跳梁[30],日徯吉语[31],闻而嘉之,第赏有差。众耻其功之出于马也,没騟之事,騟之义遂不闻于时。居二日,騟归病伤,不秣而死。稗官氏曰:‘孔子曰:骥不称其力,称其德也[32]。’今视騟之事,信然!夫不苟受以为正,报施以为仁,巽以用其权[33],而决以致其功,又卒不失其义以死,非德其孰能称之也。彼仰秣而恋豆,历跨下而不知耻,因人而成事者,虽有奔尘绝景之技,才不胜德,媲之驽骀[34],何足算乎!余意君子之将有取也,而居是乡,详其事,故私剟取著于篇[35]。”(卷五)

【注释】

① 騟(yú):紫色马。

② 铠骑:此指披带铠甲的战马。

③ 尺籍:军籍。

④ 开禧:南宋宁宗年号(1205—1207)。开禧二年五月,宁宗下诏伐金,攻唐州、宿州、寿州,皆败绩。九月,金兵攻夺和尚原;十月,金兵自清河口渡淮,攻破江淮诸州县。十二月,金人自淮南退师,留一军据濠州。三年二月,金师退。

⑤ 将候骑(jì):执行侦察任务的骑兵头目。

⑥ 徇地至花靥(yè):夺回失地至花靥镇(今安徽六安市寿县西北)。花靥镇,临宋、金边境。

⑦ 赭(zhě)髀(bì):形容皮开肉绽,露出血红大腿骨。

⑧ 毛耏(ér):动物体毛。

⑨ 憖憖:又作“整整”。端正严肃貌。憖,同“整”。

⑩ 牙治:官署所在地。

⑪ 颐指:犹示意指挥。

⑫ 蹴苶(cù nié):困窘疲乏貌。蹴,同“蹙”。苶,同“茶”。

⑬ 踶(dì)鸣人立:又踢又叫,像人一样直立起来。

⑭ 骧拒:马奔跑抗拒。

⑮ 鞚(kòng):马笼头。

⑯ 磬控缓亟:指驭马。磬,纵马疾驰。控,止马。

⑰ 禓(yáng):古谓路祭为禓。

⑱ 驽悍:凶悍顽劣。

⑲ 峒寇李元砺:嘉定二年(1209)十一月,郴州黑风峒李元砺作乱,瑶、汉饥民数万从之,连破吉州、郴州诸县。三年四月,犯南雄州,官军大败;六月,又败官军于江西,贼势愈炽。至六年,朝廷先后调集十三州兵力与之战,方平息。

⑳ 盗弄潢池:又作“潢池弄兵”“潢池盗弄”。谓叛乱、造反。《汉书·循吏传·龚遂》:“海濒遐远,不沾圣化,其民困于饥寒而吏不恤,故使陛下赤子盗弄陛下之兵于潢池中耳。”潢池,池塘。

㉑ 庚符:兵符;虎符。调兵遣将凭证。

㉒ 统府:即都总管司,别称统帅府。南宋除十都统司屯兵外,诸路州禁军、厢军等皆归都总管司统领。

㉓ 鞬:马上弓矢盛具。 队:同“坠”。

㉔ 蹴踘(cù jū):又作“蹴鞠”。古代踢球运动,用以练武、娱乐、健身。此处指马腾挪跳跃。

㉕ 濯泉翦䭰(zhí):洗濯以泉,翦除束缚。谓精心照料。

㉖ 华鞯沃续:华丽的马鞍、润泽的辔铃。

㉗ 渠:首领。 酾(shī)酒:斟酒。

㉘ 旬浃:满十天。亦指较短的时日。

㉙ 急羽露书:犹羽檄。古代军事文书,插鸟羽以示紧急,须迅速传递。

㉚ 跳梁:又作“跳踉”。强横;跋扈。

㉛ 日徯吉语:每天等待吉利消息。徯,等待,期望。

㉜ 骥不两句:意谓良马并非以气力称美,而是以品德称美。语见《论语·宪问》。

㉝ 巽:卑顺;谦让。

㉞ 驽骀(tái):劣马。

㉟ 剟(duō)取:摘取;选取。剟,刊削。

11. 大 小 寒

韩平原在庆元初[1],其弟仰胄为知閤门事,颇与密议,时人谓之大小韩。求捷径者争趋之。一日内燕，优人有为衣冠到选者，自叙履历材艺，应得美官，而留滞铨曹[2]，自春徂冬，未有所拟，方徘徊浩叹。又为日者弊帽持扇过其旁[3]，遂邀使谈庚甲[4]，问以得禄之期，日者厉声曰："君命甚高，但于五星局中[5]，财帛宫若有所碍[6]。目下若欲亨达，先见小寒，更望成事，必见大寒可也。"优盖以寒为韩，侍燕者皆缩颈匿笑。余忆庆元己未岁，如中都[7]，道徽之祁门，夜憩客邸，见壁间一诗，漫味语意，乃天族之试南宫者所作[8]，其辞曰："蹇卫冲风怯晓寒[9]，也随举子到长安。路人莫作亲王看，姓赵如今不似韩。"旁有何人细书八字，墨迹尚新，但云"霍氏之祸[10]，萌于骖乘[11]"而已。余谓优语所及，亦一骖乘也。蒙其指目者[12]，反懵然若不少悟，何耶？（卷五）

【注释】

① 韩平原：韩侂胄，封平原郡王。参见第631页第8则注释⑯。

② 铨曹：选拔官吏机构。元丰后，文选有审官东院、流内铨，武选有审官西院、三班院，悉归吏部，故称吏部铨曹四选。此句谓留滞铨曹待选，即未得官。

③ 日者：古时以占候卜筮为业者。

④ 庚甲：星命术中将人出生年、月、日、时以干支配成八字，据以推算命运，谓之庚甲或年庚。

⑤ 五星局：又作"五行局"。星命术中以人生辰所值水、木、金、火、土五星之位，推算命禄运数。

⑥ 财帛宫：星命术排盘中按五星、干支组成命宫、官禄宫、财帛宫等十二宫位，以定命运吉凶福祸。

⑦ 中都：此指京都临安。庆元戊午年（1198），岳珂由江州赴洪州漕试，及第。庆元己未年（1199），即赴临安省试，途经徽州祁门。

⑧ 天族：皇族。

⑨ 蹇卫：跛驴。

⑩ 霍氏之祸：指西汉大将军霍光专权事。参见第600页第49则注释③。

⑪ 骖乘（cān chéng）：陪乘或陪乘者。此指皇帝近臣。

⑫ 指目：手指而目视之。谓众所指责。

12. 朝士留刺

秦桧为相，久擅威福。士大夫一言合意，立取显美，至以选阶一二年为执政[1]，人怀速化之望，故仕于朝者，多不肯求外迁，重内轻外之弊，颇见于时。有王仲荀者，以滑稽游公卿间。一日，坐于秦府宾次，朝士云集，待见稍久。仲荀在隅席[2]，辄前白曰："今日公相未出堂，众官久俟，某有一小话愿资醒困。"众知其善谑，争竦听之[3]。乃抗声曰："昔有一朝士，出谒未归，有客投刺于门，阍者告之以某官不在，留门状，俟归呈禀。客忽勃然发怒，叱阍曰：'汝何敢尔！凡人之死者，乃称不在，我与某官厚，故来相见，某官独无讳忌乎！而敢以此言目之耶！我必俟其来，面白以治汝罪。'阍拱谢曰：'小人诚不晓讳忌，愿官人宽之。但今朝士留谒者，例告以如此，若以为不可，当复作何语以谢客。'客曰：'汝官既出谒未回，第云某官出去可也。'阍愀然蹙頞曰[4]：'我官人宁死，却是讳出去二字。'"满坐皆大笑。仲荀出入秦门，预亵客[5]，老归建康以死。谈辞多风，可隽味，秦虽煽语祸，独优容之，盖亦一吻流也[6]。（卷七）

【注释】

① 选阶：宋文臣铨选迁转官阶。元丰后，京朝官四年、六年一磨勘，迁转一阶。朝官自通直郎至开府仪同三司凡二十五阶，京官自承务郎至宣教郎凡五阶。

② 隅席：偏处角落之席。

③ 争竦：竞相伸长脖子、踮起脚跟。形容注意力集中。

④ 蹙頞（è）：皱鼻。愁苦貌。頞，鼻梁。

⑤ 亵客：亲近宠幸之客。亵，同"亵"。

⑥ 吻流：利口之辈。

13. 袁孚论事

孝宗初政，袁（孚）为右正言。一日，亟请对，论北内有私酤[1]，言颇切直，光尧闻之震怒[2]。上严于养志，御批放罢，中使持玺封至堂。时陈文正当国[3]，史文惠为参预[4]，未知其倪，启封相顾罔测。文惠曰："上新即位而首逐一谏官，未得其名，此决不可，请俟审奏。"翌日，遂朝，方扣榻以请，玉音峻厉，遽曰："谓已行下矣，尚何留？"文惠奏曰："陈康伯固欲速行，而臣不欲也。臣有千虑之一，愿留身以陈。"班退，文惠问孚何罪也，上谕以疏意曰："是非所宜言，不逐何待。"曰："陛下亦知德寿宫中无士人乎？"曰："何谓也？"曰："北内给事，无非阉人，是恶知大体？若非几个村措大在言路，时以正论折其萌芽，此曹冯依自恣[5]，何所不至?”上竦而悟，天颜少和。文惠进曰:“不特此事，争臣无故赐罢，天下咸以为疑，而欲知其故。若以此为罪，则两宫之间且生，四方闻之，必谓陛下方以天下养，而使北内至于有此，非供亿不足而何[6]？必不得已而去，当因其自请而听之可耳。”上释然霁威曰:“善。”将退，复前曰:“后之日，复当五日之朝[7]，愿陛下试以意白去孚，傥可以上皇意留之，尤盛德事。”上许诺，既归自北宫，亟召文惠而谕之曰:“太上怒袁孚甚，朕所以亟欲去之。昨日方燕，太上赐酒一壶，亲书‘德寿私酒’四字于上，使朕跼蹐无所[8]。”文惠曰:“此陛下之孝也，虽然，终不可暴其事。”居数日，孚请祠，得守永嘉郡。既而文惠又奏，谏官以直言去，非邦家之美，请以职名华其行。遂除直秘阁，外朝竟不及知。自是纤人知谮之不行[9]，亦无复投隟者[10]。一言回天，体正谊得，两宫慈孝，终始无间，此举实足以权舆之云[11]。(卷八)

【注释】

① 私酤:私酒。

② 光尧:宋高宗禅位后，上尊号为光尧寿圣太上皇帝。

③ 陈文正:陈康伯，谥文正。参见第651页第5则注释③。

④ 史文惠:史浩，谥文惠。参见第637页第12则注释③。

⑤ 此曹冯依自恣:谓此辈依附权势而放纵自己。

⑥ 供亿:按需供给。

⑦ 五日之朝:高宗内禅，居北内德寿宫，孝宗即位，诏以五日一朝德寿宫。未几，改每月四朝。

⑧ 跼蹐(jú jí):局促不安。

⑨ 纤人:犹小人，与君子相对。 谮(zèn):诬陷;中伤。

⑩ 投隟:乘隙;伺机。隟，同“隙”。

⑪ 权舆:起始;萌芽，新生。

14. 牸牧相卫

先茔吕田原之北二里许[1]，山嶒焉，不合如砺[2]，土名曰焦库。有周氏坟，其间篁木蔽翳，泉甘草茂，牧者趋之。嘉定癸酉四月甲午正昼，有詹氏子十九岁，牧一牸坟侧[3]。方偃于背，邻之二儿甫齓[4]，戏于旁。有虎出于薄[5]，直前搏牸。二儿痴，不识为虎，掷瓦砾，嗾而逐之。虎顾牸，不肯去，二儿倚徙观[6]，稍前，乃缘登木。牧子念其家贫,惟恃此以耕,不胜愤,径归取斧,将以杀虎。其父在田,不之知;母视其来也,遽问而告其故,顾东作方殷[7],家无男子,乃集里妇数人,噪而从。既至,二儿观酣,嬉笑自若,牸以角拒,虎爪啮无完革矣。牧子视牸且困,挥斧大呼,欲以致虎,虎果舍牸来。时木影漏日,刃环舞,翕霍有光[8],虎益自缩,作势奋迅,欲以攫取。牸少憩力苏,乃前斗,虎舍牧子,与之相持。牧子气定更进,虎又舍牸。牸与牧迭抗虎,如此者弥半日顷,群妇莫之孰何。既而山下民闻者,持梃欢呼,来渐多,虎遂弃而去,牸牧竟全。余时倚垩冢下[9],仆辈亲见之,来告;遣视,民方环睨,虎犹未逸也。畜而义,不忘卫所牧,牧子亦克念其家,奋不顾死,皆可尚。二儿不知畏,不被搏噬,东坡沙上抵首之说[10],谅可信云。(卷八)

【注释】

① 吕田原:地名。在江州(今江西九江市)。宋室南渡后,江州为岳氏宗族世代聚居地。岳飞母姚氏、妻李氏即葬于庐山西北株岭。绍兴十一年(1141)末,岳飞遇害,其家属皆流徙岭南。三十二年,孝宗即位,岳氏后人方被赦免,获得录用。绍熙三年(1192)十月,岳霖卒于广州知府任上,岳珂十岁,扶丧北归,葬于江州吕田原(一说葬于宜兴唐门)。嘉定六年(1213),岳珂母陈氏病故,亦合葬于此。本则所记,乃珂服母丧时。下文"嘉定癸酉",即嘉定六年。

② 不合如砺:不该有砺石之平。意谓山谷间竟有一块平地。砺,磨刀石。

③ 牸(zì):母牛。

④ 甫齓(chèn):刚刚换牙。齓,同"龀"。小儿乳齿脱落,长出恒牙。

⑤ 薄:草木丛生处。

⑥ 倚徙:留连徘徊。

⑦ 东作方殷:正当春耕繁忙时。东作,春耕。

⑧ 翕霍:急速貌。

⑨ 垩冢:犹"垩室""垩庐"。古时居丧者所住之屋,四壁以白泥粉刷。

⑩ 东坡句:据《东坡全集》卷九十三《书孟德传后》:"子由书孟德事见寄,余既闻而异之,以为虎畏不惧己者,其理似可信。然世未有见虎而不惧者,则斯言之有无,终无所试之。然曩余闻忠、万、云安多虎。有妇人昼日置二小儿沙上而浣衣于水者,虎自山上驰来,妇人仓皇沈水避之,二小儿戏沙上自若。虎熟视久之,至以首抵触,庶几其一惧,而儿痴,竟不知怪,虎亦卒去。意虎之食人,先被之以威,而不惧之人,威无所从施欤?"

15. 鳖 渡 桥

虞雍公(允文)以西掖赞督议[1],既却逆亮于采石,还至金陵,谒叶枢密(义问）于玉帐[②]，留钥[③]，张忠定（焘）及幕属冯校书（方）、洪检详（迈）在焉[④]，相与劳问江上战拒之详。天风欲雪，因留卯饮[⑤]，酒方行，流星警报沓至，盖亮已惩前衄[⑥]，将改图瓜洲。坐上皆恐，谓其必致怨于我也。时刘武忠（锜）屯京口，病且亟，度未必可倚，议遣幕府合谋支敌。众以雍公新立功，咸属目，叶四顾久之，酌卮醪以前曰[⑦]："冯洪二君虽参帷幄，实未履行阵，舍人威名方新，士卒想望，勉为国家，卒此勋业，义问与有赖焉。"雍公受卮起立曰："某去则不妨，然记得一小话，敢为都督诵之。昔有人得一鳖，欲烹而食之，不忍当杀生之名，乃炽火使釜水百沸，横筱为桥[⑧]，与鳖约曰：'能渡此则活汝。'鳖知主人以计取之，勉力爬沙，仅能一渡。主人曰：'汝能渡桥甚善，更为渡一遭，我欲观之。'仆之此行，无乃类是乎！"席上皆笑。已而雍公竟如镇江，亮不克渡而弑，自此简上知[⑨]，驯致魁柄[⑩]。鳖渡，本谚语，以为蟹，其义则同。（卷九）

【注释】

① 以西掖赞督议：以中书舍人督视军马府参谋军事。西掖，中书省别称。督议，督视府高级僚属，谋议军事，节制军马。虞允文击完颜亮于采石，参见第655页第10则。

② 玉帐：主帅所居帐幕，取如玉之坚意。时叶义问以知枢密院事督视江淮军马。

③ 留钥：留守；镇守。

④ 张忠定焘：张焘，字子公，饶州德兴（今属江西上饶市）人。宣和八年进士第三人。靖康时，入李纲幕。高宗朝，历官起居舍人、中书舍人、兵部侍郎，至吏部尚书。主张恢复，与秦桧不协，曾北渡河南朝奉永安八陵。孝宗受禅，除同知枢密院。隆兴元年（1163），迁参知政事，以老病不拜，除资政殿大学士，致仕。后二年卒，年七十五。谥忠定。

⑤ 卯饮：早晨饮酒。

⑥ 惩前衄（nǜ）：鉴戒前败。指采石之战，完颜亮为虞允文所败。

⑦ 卮醪（zhī láo）：杯酒。卮，古代盛酒器。

⑧ 筱（xiǎo）：细竹。

⑨ 简：此处指以书简奏报。

⑩ 驯致：逐渐达到。此句谓虞允文累官至执政。

16. 三忠堂记

庐陵号多士，儒先名臣，今古辈出，里人图所以尊显风厉以垂无穷者。嘉泰四年八月，始为堂，县庠以祀三忠。时周益公在里居[1]，春秋七十有九矣，是岁多不怿，稍谢碑版之请，不肯为。一日，韦布款其门者百数[2]，阍辞焉，弗可，乃强为通。益公方卧，奋然起曰："是当作。"即为属稿，文不加点而成，邑人愜望。四方闻其复秉笔，求者沓至，益公实病矣。其冬十月朔，遂薨，盖绝笔焉。后四年，余得录本于李次夔（大章），其文曰："文章，天下之公器[3]，万世不可得而私也；节义，天下之大闲[4]，万世不可得而逾也。吉为江西上郡，自皇朝逮今，二百馀年，兼是二者，得三公焉。曰欧阳公（修），以六经粹然之文，崇雅黜浮，儒术复明，遂以忠言直道，辅佐三朝，士大夫翕然尊之[5]，天子从而谥曰文忠，莫不以为然。南渡抢攘[6]，右相杜充，拥众臣虏，金陵守陈邦光就降，惟通判杨邦乂戟手骂贼[7]，视死如归，国势凛凛，士大夫复翕然尊之，天子从而褒赠之，赐谥曰忠襄，则又莫不以为然。时宰议礼，众论汹汹，惟一编修官胡（铨）毅然上书[8]，乞斩相参、虏使，三纲五常赖以不坠，士大夫复翕然尊之，厥后天子从而褒赠，赐以忠简之谥，则又莫不以为然。是之谓三忠。虽然此邦非无宰相，如刘（沆）冲之在朝[9]，尝力荐文忠，留置翰苑，又引富文忠公（弼）共政，今姓名著在勋臣之令，而谥则未闻，子瑾孙倜，俱为待制，迄不能请[10]，矧被遇之从臣乎？夫然后知节以一惠[11]，天子犹不敢专，亦必士大夫翕然尊之，乃可得耳。庐陵宰赵汝厦即县庠立三忠祠，岁时率诸生祀焉。巍巍堂堂，衮服有章[12]，揭日月而行，学者固仰其炜煌。若夫百世之下，闻清风而兴起，得无慕休烈扬显光者耶[13]！汝厦用意远矣。"其后楼宣献铭益公墓，称其精确简严，士谓纪实。益公谥文忠。余谓它日有尚贤者在位，阶配其间[14]，尚可谓四忠也。（卷十一）

【注释】

① 周益公：周必大，封益国公。参见第502页第8则注释⑨。

② 韦布：韦带布衣。古指未仕者或平民寒素服装，借指寒素之士。

③ 公器：共用之器。多用于比喻。

④ 大闲：基本行为准则。

⑤ 翕然：一致称颂貌。

⑥ 抢攘：纷乱貌。

⑦ 杨邦乂戟手骂贼：参见第667页第2则及注释⑧。戟手，伸出食指与中指指人，以其似戟，故云。常用以形容愤怒或勇武之状。

⑧ 胡铨毅然上书：参见第650页第4则注释⑤。

⑨ 刘沆冲之在朝：指皇祐三年（1051）至嘉祐元年（1056），刘沆在朝为参知政事、右相。参见第210页第25则注释①。

⑩ 迨不能请：指刘沆子孙终不敢请谥。《宋史》本传："卒，赠左仆射兼侍中。知制诰张瑰草词诋沆，其家不敢请谥。"

⑪ 节以一惠：意谓谥以尊名，人生虽有众善，及其死，则但取其一以为谥。语出《礼记·表记》："子曰：'先王谥以尊名，节以壹惠，耻名之浮于行也。'"

⑫ 衮服有章：指绘有卷龙的礼服。常借指帝王或王公显贵。

⑬ 休烈：盛美事功。　显光：灿烂光辉。

⑭ 跻（jī）配：犹跻祔。列入配享祖庙之位。跻，登上；升上。

17. 秦桧死报

秦桧擅权久，大诛杀以胁善类。末年，因赵忠简之子（汾）以起狱[①]，谋尽覆张忠献、胡文定诸族[②]，棘寺奏牍上矣。桧时已病，坐格天阁下，吏以牍进，欲落笔，手颤而污，亟命易之，至再，竟不能字。其妻王在屏后摇手曰："勿劳太师。"桧犹自力，竟仆于几，遂伏枕数日而卒。狱事大解，诸公仅得全。初，汾就逮，自分必死，然竟不知加以何罪，嘱其家曰："此行无全理。脱幸有恩言，当于馈食中置肉笑靥一[③]，以为信，毋忘！"既入狱，月馀无所问，亶日施惨酷[④]，求死不可得。一日正昼，置之暗屋，仰絣之[⑤]，使视椽榱[⑥]，偶见屋上一窍如钱，微有日影，须臾稍转射壁上，有一反字。汾解意，亟承异谋，遂得小梃[⑦]，惟数晷以待尽[⑧]。忽外致食于橐，满其中皆笑靥，汾泣曰："吾约以一，而今乃多如是，殆给我。"既而狱吏皆来贺，即日脱械出，则桧声钟给赙矣[⑨]。忠献是时居永，亦微闻当路意，汾既系，昕夕不自安[⑩]，且念为大夫人忧，不敢明言。忽外间报中都有人至，亟出视，一男子喘卧檐下，殆不能言。方吉凶叵测，众环睨缩颈，忠献素坚定，于是亦色动。有顷，掖之坐，稍灌以汤饵而苏，犹未出语，亶数指腰间，索之，得片纸。盖故吏闻桧讣，走介星驰[⑪]，至近郊，益奔程欲速，是以颠蹶[⑫]。顷刻之间，堂序欢声如雷[⑬]。王卢溪在夜郎[⑭]，郡守承风旨，待以囚隶，至不免旬呈[⑮]。适邮筒至，张燕公堂以召之[⑯]，卢溪怪前此未之有，不敢赴。邀者系踵[⑰]，不得已，趋诣，罢燕之明日，始闻其事，守盖先得之矣。故卢溪既得自便之命，题诗壁间曰："辰州更在武陵西，每望长安信息希。二十年兴搢绅祸，一终朝失相公威。外人初说哥奴病[⑱]，远道俄闻逐客归。当日弄权谁敢指，如今忆得姓依稀。”盖志喜也。同时谢任伯之子景思伋[19],家在天台,为郡守刘景所捕,既至而改礼,王仲言《挥麈录》详纪之,与夜郎守略同。是知桧稔恶得毙[20],为善类之福不赀[21],要非幸灾也。(卷十二)

【注释】

① 赵忠简:赵鼎,字元镇,解州闻喜(今属山西运城市)人。早孤,母樊氏教之。崇宁五年(1106)进士。累官河南洛阳令。高宗即位,除权户部员外郎。建炎中,拜御史中丞、签书枢密院事,旋出知建康、洪州。绍兴四年(1134),除参知政事、知枢密院事、右仆射同平章事。五年,守左仆射同平章事兼知枢密院事、都督诸路兵马,与张浚同为相。八年,因与秦桧论议不合,罢知绍兴府。后徙知泉州,谪居兴化军,移漳州、潮州安置,再移吉阳军(治今海南三亚市崖城镇)。吉阳三年,知秦桧必欲杀己,自书铭旌曰:“身骑箕尾归天上,气作山河壮本朝。”不食而卒,时绍兴十七年(1147)。孝宗即位,谥忠简,赠太傅,追封丰国公,配享高宗庙庭。子汾,官至承事郎,绍兴二十五年卒于家。

② 张忠献、胡文定:张浚、胡安国。浚,谥忠献。参见第614页第57则注释㉗。安国,字康侯,建宁崇安(今福建南平市武夷山市)人。入太学,从学于程颐之友朱长文、靳裁之。绍圣四年(1097)进士及第。历太学博士、给事中、中书舍人兼侍讲。高宗时,屡辞官不就。强学力行,长于春秋,撰《春秋传》三十卷,每以《春秋》史事寄寓南渡后时势感怀,议论政治。绍兴八年(1138),进宝文阁直学士,卒,年六十五。谥文定。入《宋史·儒林传》。

③ 笑靥:又作“笑靥儿”。宋果食名。以油面蜜糖制成,有神像及其他各种形状。

④ 亶(dàn):同“但”。

⑤ 絣(bēng):束缚;捆绑。

⑥ 椽榱(chuán cuī):屋椽。架屋承瓦之木,圆为椽,方为榱。

⑦ 小梃:小杖。古代刑具之一。有大杖、法杖、小杖三等之差。小杖,围寸一分,小头极杪。此指较轻责打。

⑧ 数晷:计算晷盘刻度。晷,古代测日影定时仪器。此处喻计算时日。

⑨ 声钟给赙(jǐ fù):鸣钟致赙。本谓办理丧事,亦作死亡婉辞。赙,赠送财物助人治丧。

⑩ 昕夕:早晚。昕,日将升起。

⑪ 走介:供奔走仆役、小使。此指派遣仆役。

⑫ 颠蹶:亦作“颠蹷”。忙乱急迫。

⑬ 堂序:正厅。序,堂东西两壁之墙。

⑭ 王卢溪:王廷珪,一作庭珪,字民瞻,庐陵(今江西吉安市)人。政和八年(1118)进士,调茶陵丞。后与上官不合,弃官隐居辰州卢溪。绍兴十二年(1142),胡铨上疏乞斩秦桧,遣窜新州,一

时士大夫莫敢与立,独廷珪以诗送之。桧怒,坐讪谤流夜郎。孝宗朝,召为国子监主簿,又除直敷文阁。卒,年九十三。

⑮ 旬呈:应卯。犹今之签到。

⑯ 张燕:设宴。

⑰ 系踵:接踵。形容人多,接连不断。

⑱ 哥奴:李林甫,小字哥奴。入《新唐书·奸臣传上》。参见第641页第14则注释⑬。此比秦桧。

⑲ 谢任伯:谢克家,字任伯,上蔡(今属河南驻马店市)人。绍圣四年(1097)进士。建炎末,官至参知政事。绍兴二年(1132),上书弹劾秦桧;四年,卒。子伋,字景思,绍兴间官太常寺少卿。二年,秦桧被劾罢相,高宗御笔制词藏于谢家。八年,桧复相,铲除异己,伋辞官隐居台州黄岩,种药为业。二十五年,桧搜夺制词毁之,命台州守刘景捕伋,押至府而桧死,刘景礼遇之。后复官知处州,卒于任上。

⑳ 稔(rěn)恶:丑恶;罪恶深重。

㉑ 不赀(zī):不可计数;不可比量。

18. 冰清古琴

嘉定庚午[①],余在中都燕李奉宁坐上,客有叶知幾者,官天府,与焉。叶以博古知音自名。前旬日,有士人携一古琴,至李氏,鬻之。其名曰“冰清”,断纹鳞皴[②],制作奇崛,识与不识,皆谓数百年物。腹有铭,称晋陵子题,铭曰:“卓哉斯器,乐惟至正。音清韵高,月苦风劲。瓅馀神爽[③],泛绝机静。雪夜敲冰,霜天击磬。阴阳潜感,否臧前镜[④]。人其审之,岂独知政。”又书:“大历三年三月三日上底,蜀郡雷氏斫。”凤沼内书[⑤]:“正元十一年七月八日再修[⑥],士雄记。”李以质于叶,叶一见色动,掀髯叹咤,以为至宝。客又有忆诵《渑水燕谈》中有是名者[⑦],取而阅之,铭文岁月皆吻合,良是。叶益自信不诬,起附耳谓主人曰:“某行天下,未之前觌,虽厚直不可失也[⑧]。”李敬受教,一偿百万钱。鬻者撑拒不肯,曰:“吾祖父世宝此,将贡之上方,大珰某人固许我矣[⑨],直未及半,渠可售?”李顾信叶语,绝欲得之;门下客为平章,莫能定。余觉叶意,知其为赝,旁坐不平,漫起周视,读沼中字,皆历历可数。因得其所疑,乃以袖覆琴而问叶曰:“琴之皴恶[⑩],余姑谓弗知,敢问正元何代也?”叶笑未应,坐人曰:“是固唐德宗,何以问为?”余曰:“诚然,琴何以为唐物?”众哗起致请,乃指沼字示之,曰:“元字上一字,在本朝为昭陵讳,沼中书正从卜从贝是矣[⑪],

而贝字阙其旁点[12],为字不成,盖今文书令也。唐何自知之？正元前天圣二百年[13],雷氏乃预知避讳,必无此理,是盖为赝者。徒取《燕谈》,以实其说,不知阙文之熟于用而忘益之,且沼深不可措笔,修琴时必剖而两,因题其上。字固可识,又何疑焉。"众犹争取视,见它字皆焕明,实无旁点,乃大骇。李更衣自内出,或以白之,抵掌笑。叶惭曰:"是犹佳琴,特非唐物而已。"李不欲逆,勉强薄酬,顿损直十之九得焉。鬻琴者虽怒而无以辞也,它日遇诸涂,頩而过之[14]。今都人多售赝物,人或赞媺,随辄取赢焉[15]。或徒取龙断者之称誉以为近厚[16],此与攫昼何异[17],盖真蔽风也[18]。(卷十三)

【注释】

① 嘉定庚午:指宋宁宗嘉定三年(1210)。

② 鳞皴(jùn):亦作"鳞皴"。如鳞片般皲皮或裂痕。

③ 璅馀:琴的馀音。璅,同"琐"。细碎玉声。

④ 否臧前镜:品评以往之失。否臧,即"臧否"。前镜,犹"前车之鉴"。

⑤ 风沼:琴底洼处。

⑥ 正元:即唐德宗年号"贞元(785—805)"。此处避宋仁宗赵祯名讳,改"贞"为"正"。

⑦ 客又句:见王闢之《渑水燕谈录》卷八:"钱塘沈振蓄一琴,名冰清,腹有晋陵子铭云:'卓哉斯器,乐惟至正。音清韵古,月澄风劲。三馀神爽,泛绝机静。雪夜敲冰,霜天击磬。阴阳潜感,否臧前镜。人其审之,岂独知政。'书'大历三年三月三日上底,蜀郡雷氏斫'。风沼内书'贞元十一年七月八日再修,士雄记'。声极清赏。"

⑧ 厚直:高价。

⑨ 大珰:大宦官。

⑩ 媺恶:好坏;善恶。媺,同"美"。

⑪ 书正从卜从贝:指书写"贞"字,上"卜"下"贝"。

⑫ 阙其旁点:指避讳缺笔,书"贞"字,故意缺"贝"最后一点,以避宋仁宗名讳。

⑬ 天圣:宋仁宗年号(1023—1031)。贞元早天圣二百多年。

⑭ 頩(pǐng):愤怒变色貌。

⑮ 取赢:获取赢利。

⑯ 龙断:垄断。原指站在集市高地操纵贸易,后泛指把持与独占。

⑰ 攫昼:白日抢劫。

⑱ 蔽风:败坏之风气。蔽,通"敝"。

游宦纪闻

［宋］张世南

《游宦纪闻》十卷，宋张世南撰。世南字光叔，鄱阳（今属江西上饶市）人。生平不详，约生活于宁宗至理宗时期。少随侍其父官蜀，卷五有云：“世南游蜀道，遍历四路数十郡，周旋凡二十馀年。”又自称尝官闽之永福（今福建福州市永泰县），不知为何官。与刘过、高翥、赵蕃、韩淲等诗词名家相交游。

《游宦纪闻》卷帙不富，据其游历而得，故多杂取旧闻轶事，而艺文、风物、历法、术数、医药、器玩等亦有涉及。《四库全书总目提要》以是书“无一语涉时政”，然“亦足以资博识”，称为“宋末说部之佳本”。

选文标题为编者所拟。

1. 文与可画焦夫子像

蜀之岷山，有焦夫子。国初时，人亡其名。以博学教导后进，故世以夫子称。貌陋且怪，长目广鼻，虬髯垂瘿[1]。性率不自饰，虽冠带，往往爬搔扪虱。然为歌诗，有惊人句。今蜀人止能诵其一联云："两轮日月磨兴废；一合乾坤夹是非。"熙宁中，文与可因至天彭[2]，馆于徐公园。杯酒谈笑中，肆笔成夫子像于亭之壁，曲尽寒酸态度。元丰壬戌[3]，郡守聂子固，惧其岁久隐晦漫灭，遂徙其壁于郡圃凝翠亭，今不复存矣。有石刻在，世南尝得其本。今人但见与可枯木竹石，未尝见其为人物。坡公谓"与可诗文不能尽，溢而为书，变而为画，皆诗之馀"[4]。诚哉是言也。（卷二）

【注释】

① 虬髯垂瘿（yǐng）：拳曲连鬓胡须与下垂囊状颈瘤。

② 文与可：文同，字与可，自号笑笑先生，人称石室先生，梓州永泰（今四川绵阳市盐亭县东）人。苏轼表兄。皇祐元年（1049）进士，迁太常博士、集贤校理。历知邛、洋等州，元丰初出知湖州，未到任而卒，年六十一。人称文湖州。善诗文书画，尤擅墨竹。　天彭：宋彭州治所（今四川成都市彭州市）。

③ 元丰壬戌：元丰五年（1082）。

④ 坡公谓：见《东坡全集》卷九十四《文与可画墨竹屏风赞》："与可之文，其德之糟粕；与可之诗，其文之毫末。诗不能尽，溢而为书，变而为画，皆诗之馀。其诗与文好者益寡，有好其德如好其画者乎？悲夫！"

2. 苏　翁

苏翁者，初不知其何许人。绍兴兵火末，来豫章东湖南岸，结庐独居。待邻右有恩礼，无良贱老稚，皆不失其欢心。故人爱且敬之，称曰苏翁，犹祖翁、妇翁云[1]。身长七尺，美须髯，寡言笑。布褐草履，终岁不易。未尝疾病。筋力数倍于人，食啖与人亦倍。巨锸长柄，略与身等。披荆棘，转瓦砾，辟废地为圃。或区或架[2]，或篱且塍[3]。应四时蔬菜，不使一阙。艺植耘芟，皆有法度，灌注培壅，时刻不差。虽隆暑极寒，土石焦灼，草木冻死，圃中根荄芽甲[4]，滋郁畅茂。以故蔬不绝圃，味视它圃蔬为最胜。市鬻者，利倍而售速。每先期输，直不二价，而人无异辞。昼尔治圃，宵尔织屦。屦坚韧，革舄可穿[5]，屦不可败。织未脱手，人争贸之以馈远，号曰苏公屦。薪米不至匮乏，且有馀羡[6]。喜周急，人有贷假，随力所及应之，负偿一不经意。闭门高卧，或危坐终日，人莫测识。先是，高宗南渡，急贤如饥渴。时张公浚为相，驰书函金币，且移书属豫章漕及帅曰："余乡人苏云卿，管、乐流亚[7]，遁迹湖海有年矣。近闻灌园东湖，其高风伟节，非折简所能屈。幸亲造其庐，为我必致之。"漕、帅密谕物色，彼人曰："此有灌园苏翁者，无云卿也。"漕、帅即相与变服为游客，入其圃，翁运锄不顾。二客前揖与语，翁良久问客何从来？乃延入室。土锉竹几，辉光溢然。地无纤尘，案上留《西汉书》一册。二客神融意消，恍若自失。默计曰："此为苏云卿也，必矣。"既而汲泉煮茗，意稍款接。客遂扣曰："翁仙里何地？"徐曰："广汉[8]。"客曰："张德远，广汉人，翁当识之。"曰："识之。"客遂泛问张公世系材品，翁历历陈叙，且曰："不知张今何官？"盖其初不料张公使其访己，而欲致之也。二客遂笑谓翁曰："某等备乏漕、帅[9]，实非游者。张公今秉相权，令某等造庐，以礼致公，共济大业。"出书函金币于其案上。翁色遽变，喉中隐隐有声，似怨张公暴己者。至是，始知翁广汉人，即云卿是已。然终不知云卿其字邪？抑名邪？继旌旗填委[10]，坚请翁同载以归。再三谢，不可，许诘朝上谒[11]。越夕，遣吏迎伺，则扃户阒然。从他径排闼入，惟书币留案上，俨然如昨日。室空，而人不可得见矣。形迹辽绝，莫知所终。此隆兴士宋自適字正父，所记苏翁本末如此。宋后得翁遗址，面揖湖山，平地数十亩。仍筑小庵，以寄仰高之思。章泉先生为名之曰"灌园庵"[12]。（卷三）

【注释】

① 祖翁、妇翁：祖父、妻父。

② 或区或架：谓构屋搭架。区，住宅。

③ 或篱且塍（chéng）：谓围篱筑埂。塍，田间土埂。

④ 根荄（gāi）芽甲：草木根芽。荄，草根。芽甲，草木初生未放之嫩叶。此泛指圃中植物。

⑤ 革舄（xì）：皮鞋。

⑥ 馀羡：盈馀。

⑦ 管、乐流亚：同管仲、乐毅一类人物。管、乐分别为春秋时齐国名相、战国时燕国名将。

⑧ 广汉：宋汉州治所（今属四川德阳市）。苏云卿与张浚同州，浚乃汉州绵竹人。

⑨ 备乏：谦辞。意谓因缺才而充任。

⑩ 旌旗填委:谓随从人马纷集。旌旗,喻士卒。

⑪ 诘朝(jié zhāo):平明;清晨。

⑫ 章泉先生:赵蕃,字昌父,号章泉,南渡后家于信州玉山。以荫补官,为太和主簿。曾师事刘清之、朱熹。有诗名,与同州韩淲号涧泉并称"上饶二泉",亦与杨万里有唱和。

3. 黄龟年不负初约

永福邑东有岳宫[1],乃吴太博经创。大门内,建三清殿[2]。上梁日,邑中诸寓公咸在。吴以书梁俪语[3],首逊给事黄公龟年。公即领略,立解手帕,濡墨作字云:"风马云车,俪百顺钩陈之卫[4];金枝玉叶,拱万龄宸极之尊[5]。"词语铿润,笔法高古。太博初见公略不经思,复疑帛书非法[6],既而双美,吴始大喜心服。归语家人子侄辈曰:"吾邦山川之秀,有如此公者,操行过人数等,不独词翰可敬。"其未第时,最贫素,自处澹如[7]。应乡贡。引保日,有考官某县尉居帘内,见公丰姿秀发,惊喜曰:"有如此奇男子,安得出我门下。"既而预荐,尉喜甚,约妻以女。及中第日,尉已捐馆。其妻挈累扶衬[8],相遇于中途,黄哭之恸。命逆旅主人达情,请遂初约。夫人曰:"往事尚忍言之哉!无禄,县尉清贫,死无馀资。吾携百指[9],扶护而归,衣衾斥卖殆尽。方以不达乡井为虑,那可复议脔先辈事[10]?况黄甲少年[11],当结好鼎族[12]。吾且行矣,善为我辞。"黄垂涕曰:"呜呼!吾许人以诺,死而负之,吾行将何归?夫人不念死者言,乃作世俗夷虏语。苟遂吾志,秋毫自赍[13],不敢闻命也。"遂定婚于邂逅间,分携恸哭而别。某氏从公归,能执妇道,琴瑟在御,没齿无间言[14]。公登从橐[15],夫人尚无恙。若公者,可谓有德有言者也。噫!今之年少,弄笔墨取科第者,项背相望。闻公之风,盍亦知所以自省哉!(卷四)

【注释】

① 岳宫:道观。供奉山神及道教神。

② 三清殿:供奉三清尊神宝殿。三清尊神,指玉清元始天尊、上清灵宝天尊、太清道德天尊。

③ 俪语:骈偶辞句。

④ 俪百顺钩陈之卫:意谓并行于百顺星神之卫。俪,并行。钩陈,星官名。

⑤ 拱万龄宸极之尊:意谓拱卫于万寿北极之尊。拱,环卫。宸极,北极星。《晋书·天文志上》:"北极五星,钩陈六星,皆在紫宫中。"《宋史·天文志二》:"北极五星在紫微宫中,北辰最尊者也。"紫宫或紫微宫,即紫微垣,星官名,三垣(紫微垣、太微垣、天市垣)之一,神话中天帝居室。

后常以紫宫喻皇宫,北极喻帝王,钩陈喻后宫。

⑥ 帛书非法:谓以帛帕书写不合法度。

⑦ 澹如:恬淡貌。

⑧ 挈累扶衬:携带家室护送灵柩。衬,应作“榇”。“榇”“榇”音形相近而误。

⑨ 百指:犹言十口人。

⑩ 议脔:谓商议择婿之事。古时称科举榜下所择之婿为“脔婿”。

⑪ 黄甲:科举甲科进士及第者名单。因以黄纸书写,故名。

⑫ 鼎族:豪门贵族。

⑬ 秋毫自赍(jī):谓一切事务自己承担。秋毫,微细事物。

⑭ 没齿无间言:终身无非议。间言,非议,异议。

⑮ 从橐:谓负橐簪笔,以备顾问。指文学侍从之臣。

4. 秦桧取士

秦会之当轴时,几务之微琐者[①],皆欲预闻,此相权之常态[②]。然士夫投献[③],必躬自披阅,间有去取。吾郡德兴士人,姚敦临字公仪,能篆书,秦喜之,令作二十家篆孝经,上表以进,时绍兴十一年二月十九日也。许授以文资[④],未降旨间,会之招饮,姚喜,忘其敬,不觉振股[⑤],以此恶之。寻得旨,令充枢密院效士[⑥],辨验篆文而已。又有蜀士,投启干阙。其间一联云:“乾坤二百州,未有托身之所;水陆八千里,来归造命之司[⑦]。”秦尤称道之,遂得升擢。(卷六)

【注释】

① 几务:机要事务。

② 相权:相互平衡。指事务轻重大小皆欲过问。

③ 投献:进献礼物或进呈诗文。此处指后者。

④ 文资:或为观文殿学士、资政殿学士之连称。

⑤ 振股:抖动大腿。

⑥ 效士:文职差使名。陈献边事可采之进士、南宋时北方来归文士等,特设“效士”阙予以安置,并许赴类试所就试,及格者推恩。安置在枢密院者,称枢密院效士。每月支钱十贯,米一石,由检详官置名册,以供差使。

⑦ 造命之司:掌握命运之所。借指朝廷执政机构。

5. 李肩吾解字

包逊字敏道[1],象山先生之上足也[2]。宝庆丁亥[3],为世南言,顷在临安,谒魏舍人了翁[4],蒙予进,因出《云萍录》令书。包有六子皆从心,其间名协者,舍人指曰:"此非从心,乃是从十。"有馆客李丈,留心字学,数十年矣,待为叩之。少选[5],李至,遂及此,云:"其义有二:从十乃众人之和,是谓'协和万邦'之协[6];从心乃此心之和,是谓'三后协心'之协[7]。"世南尝以语士大夫,间有云:"恐出臆断。"后阅《集韵》,果如前所云。是知作字偏旁,不可毫发之差。李丈名肩吾,眉人,学问甚富,世南尝识之云。(卷七)

【注释】

① 包逊:字敏道,建昌(今江西抚州市南城县)人。陆九渊弟子,后从朱熹学。万斯同《儒林宗派》卷十将其归入"朱子门人"。

② 象山先生:陆九渊,字子静,自号存斋,金溪(今属江西抚州市)人。曾结茅讲学于象山(在今江西鹰潭市贵溪市西南),学者称象山先生。乾道进士。历靖安、崇安县主簿,国子正,官至奉议郎知荆门军。创心学,与其兄九韶、九龄并称"三陆子之学"。著作编为《象山先生全集》。上足:犹高足。弟子美称。

③ 宝庆丁亥:宋理宗宝庆三年(1227)。

④ 魏了翁:字华父,邛州蒲江(今属四川成都市)人。庆元五年(1199)进士。历签书剑南西川节度判官厅公事、国子正、起居舍人、同修国史兼侍读、知福州、福建安抚使,官至资政殿大学士。嘉熙元年(1237)卒,谥文靖,累赠秦国公。曾筑室白鹤山下(在今四川成都市邛崃市西郊),开门授徒,故号鹤山。推崇朱熹义理之学,又近陆九渊心学。著有《鹤山集》《九经要义》《经史杂钞》《师友雅言》等,词有《鹤山长短句》。

⑤ 少选:一会儿;不多久。

⑥ 协和万邦:使万邦和睦融洽。《尚书·尧典》:"百姓昭明,协和万邦。"

⑦ 三后协心:三位君主或诸侯同心、齐心。上古天子、诸侯皆称后。《尚书·毕命》:"惟周公克慎厥始,惟君陈克和厥中,惟公(毕公)克成厥终。三后协心,同底于道。"此处三后,指周公、君陈、毕公。

6. 德兴邑廨石刻二诗

德兴邑廨[1],有石刻二诗云:"仕宦之身,天涯海畔,行商之身,南州北县,不如田舍，长相见面。门无官府，身即强健。麻麦遍地，猪羊满圈。不知金贵，唯闻粟贱。夏新绢衣，秋新米饭。安稳眠睡，直千直万。”“我田我地，我桑我梓，只知百里，不知千里。我饥有粮，我渴有水，百里之官，得人生死。孤儿寡妇，一张白纸，入著县门，冤者有理。上官不嗔，民即欢欣，上官不富，民免辛苦。生我父母，养我明府[②]。苗稼萋萋，曷东曷西[③]，父母之乡，天子马蹄[④]。”沙随先生跋云[⑤]：“右二诗，不知何人作。上饶公端殿汪先生[⑥]，过豫章之进贤[⑦]，手书于旅舍。后三十年，门人程迥授邑于兹。既受代，始于郡中得之，而真迹不复存矣。友人高季安，会丞是邑。季安，先生姻戚也，因托刻于石。先生下世七年矣。噫！迥跋。”此诗始刻于进贤，再刻于德兴。丙子巨浸[⑧]，出于泥滓中，石断字漫。邑宰潘传重刻之。世南爱其言近而意切，惧其碑之复沦，故纪于此。（卷八）

【注释】

① 德兴邑廨：德兴县衙。德兴，南宋江南东路信州辖县（今江西上饶市德兴市）。

② 明府：唐以后专称县令。

③ 曷东曷西：犹或东或西；忽东忽西。

④ 天子马蹄：天子驰骋之地。即“溥天之下，莫非王土”（《诗经·小雅·北山》）之义。

⑤ 沙随先生：程迥，字可久，应天府宁陵（今河南商丘市宁陵县东南）人，家于沙随（今宁陵县东北）。靖康之乱，徙绍兴之馀姚（今属浙江宁波市）。隆兴元年（1163）进士。历泰兴尉、德兴丞，知进贤、上饶诸县，政宽令简，颇有异绩。卒，官朝奉郎。曾受经学于王葆、闻人滋、喻樗，学者称沙随先生。著有《古易考》《古易章句》《春秋传显微例目》《论语传》《孟子章句》等。朱熹书告迥子绚曰：“敬惟先德博闻至行，追配古人，释经订史，开悟后学，当世之务，又所通该，非独章句之儒而已。”

⑥ 端殿汪先生：即端明殿学士汪应辰。初名洋，字圣锡，信州玉山（今属江西上饶市）人。绍兴五年（1135）进士第一人，年甫十八。授镇东军签判，召为秘书省正字。时秦桧主和议，应辰上疏忤桧意，出通判建州。桧死，始还朝，累官吏部尚书。刚方正直，敢言不避，中贵多侧目。以端明殿学士出知平江府，连贬秩，遂致仕不起。淳熙三年（1176）二月，卒于家。少从吕居仁、胡安国游，精于义理，好贤乐善，学者称玉山先生。

⑦ 豫章之进贤：南宋江南西路隆兴府属县（今属江西南昌市）。

⑧ 丙子巨浸：指嘉定九年浙西大洪水。

7. 柴中行不改所守

南溪柴先生中行[①]，字与之，吾乡前辈也。以国学上舍[②]，登绍熙庚戌甲科[③]，事宁考为秘书监[④]。初仕临川推官，戊午秋大比[⑤]，漕司前期取脚色[⑥]，必欲书"委不是伪学"五字。公得文移[⑦]，即具申云："自幼习《易》，读程伊川之书，以收科第。于新制，未委是与不是伪学？如以为伪，不愿考校。"漕难其报。后有谗之者，内台欲加论列。何公澹在谏省曰[⑧]："其人所守不变，可罪之乎？"（卷九）

【注释】

① 南溪：在南宋江南东路饶州安仁县北（今江西上饶市万年县苏桥乡）。

② 国学上舍：国子监太学上舍生。宋国子监太学生，由外舍生升内舍生，再升上舍生，各治一经，以一百员为额。上舍生亦分三等：经上舍试，行与艺成绩皆优者，为上等上舍生，即命官；一优一平为中等上舍生，免省试，预殿试；一优一否为下等上舍生，免解试，预省试。

③ 绍熙庚戌：绍熙元年（1190）。

④ 宁考：指宁宗。

⑤ 戊午秋大比：指庆元四年（1198）吏部铨试。然此处所记与史不合，应为庆元三年（丁巳）。据《宋史·宁宗纪》："（庆元三年九月）是月诏监司帅守荐举改官，勿用伪学之人。"又《两朝纲目备要》卷五："（庆元三年九月）丁卯，言者又论伪学之祸，望申饬大臣监元祐调停之说，杜其根源。时有诏监司帅臣荐举改官，并于奏牍前声说非伪学之人，且结朝典之罪。秋当大比，漕司前期取家状，必欲书'委不是伪学'五字于后。时有柴中行者，为抚州推官，独申漕司云：'自幼习《易》，读程氏《易传》，未委是与不是伪学。如此为伪，不愿考校。'士论壮之。"铨试，为宋文臣注官考试，由吏部主持。北宋一年两次，即春铨试、秋铨试，南宋每年只举行一次。凡守选人，如荫补人二十五岁之前、选人、科举殿试第五甲进士（同进士出身）与诸科及第者、特奏名第一第二等者、殿负官合降守选人者，皆得赴铨试。无出身者须试四场，进士出身试一场。成绩分"稍优""中等""下等"三等，稍优与堂除差遣，中等不依名次注官，下等与注官。

⑥ 脚（jué）色：犹履历。宋入仕，必具乡贯、户头、三代名衔、家口、年齿、出身履历，若注授转官，则又加举主有无过犯，谓之"脚色"。因庆元时韩侂胄擅权，斥道学为伪学，实行党禁，故须加注是否伪学。

⑦ 文移：文书；公文。

⑧ 何澹：字自然。参见第624页第3则注释⑦。

8. 东坡闻秦少游凶问帖

世南仕闽中，于忠定李丞相家[①]，见坡公一帖云："某顿首，秋暑不审起居佳否？某与儿子，八月二十九日离廉[②]，九月六日到郁林，七日遂行。初约留书欧阳晦夫处[3]，忽闻秦少游凶问[4]，留书不可不言，欲言又恐不的，故不忍下笔。今行至白州[5]，见容守之犹子陆斋郎云：少游过容留多日，饮酒赋诗如平常。容守遣般家二卒[6]，送归衡州[7]，至藤，伤暑困卧，至八月十二日，启手足于江亭上。徐守甚照管其丧，仍遣人报范承务[8]，（范先去，已至梧州。）范自梧州赴其丧。此二卒申知陆守者止于如此，其他莫知其详也。然其死则的矣！哀哉痛乎！何复可言？当今文人第一流，岂可复得。此人在，必大用于世，不用，必有所论著，以晓后人。前此所著，已足不朽，然未尽也。哀哉！哀哉！其子甚奇俊，有父风。惟此一事，差慰吾辈意。某不过旬日到藤，可以知其详，续奉报。次尚热，惟万万自重。无聊中奉启，不谨。某再拜元老长官足下。九月六日。”元老不审为谁，当考。观此，足见坡公笃爱交友，留意人才，为可敬叹。所谓奇俊之子，名湛，字处度者也。（卷十）

【注释】

① 忠定李丞相：李纲，建炎初为相，未几罢。淳熙末追谥忠定。参见第612页第57则注释⑤。

② 廉：州名。宋隶广南西路，治合浦（今属广西北海市）。元符三年（1100）五月，苏轼遇赦，自昌化军贬所携家北归；六月，过琼州，渡海；八月，抵廉州。经郁林州（治今广西玉林市）、容州（治今广西玉林市容县）、藤州（治今广西梧州市藤县），至梧州（今属广西）与其子迈、迨相会合。

③ 欧阳晦夫：欧阳闢，字晦夫，桂州（治今广西桂林市）人。尝从梅圣俞学诗，与苏轼友善。轼南迁，晦夫时为廉州石康县（今广西北海市合浦县石康镇）令。

④ 凶问：死讯；噩耗。秦观之死，参见第477页第17则注释⑤。

⑤ 白州：唐州名。治博白（今属广西玉林市）。宋废，其地分置郁林州和容州。

⑥ 般家：亦作“盘家”。管理家务。

⑦ 衡州：宋隶荆湖南路，治衡阳（今属湖南）。元符三年，秦观遇赦，放还衡州安置。

⑧ 范承务：承务郎范温，成都华阳（今四川成都市）人。范祖禹之子，秦观婿。

鹤林玉露

［宋］罗大经

《鹤林玉露》甲、乙、丙三编各六卷凡十八卷，宋罗大经撰。大经字景纶，庐陵（今江西吉安市）人。宝庆二年（1226）登进士第。历容州司法参军、抚州军事推官。淳祐十二年（1252），因受抚州知州牵累，罢官还山。此后闲居于家，读书著述以终。

此书取名及作意，据甲编《自序》：「余闲居无营，日与客清谈鹤林之下。或欣然会心，或慨然兴怀，辄令童子笔之。久而成编，因曰《鹤林玉露》。盖「清谈玉露蕃」，杜少陵之句云尔。」故是书记事述言，主于议论，略于考证。如评先秦迄宋诗文，篇幅及半；议宋金和战，多关经国大业；引朱张之学，学术治道亦有所发明。明车任远《鹤林玉露补叙》曰：「若罗氏之编，博而匪滥，醇而寡疵，有所论刺而不伤于掊击，有所援叙而不流于浮夸。」诚哉是言。另有记名物制度、文坛杂事，亦可补史之未备。

选文标题为原书所有。

1. 因谗赐金

张魏公贬零陵[①],有书数箧自随,谗者谓其中皆与蜀士往来谋据西蜀之书。高宗命遣人尽录以来。临轩发视,乃皆书册,虽有尺牍,率皆忧国爱君之语。此外唯葛裘布衾,类多垢敝[②]。上恻然曰:"张浚一贫如此哉!"乃遣使驰赐金三百两。秦桧令宣言于外,谓赐浚死。门生从者闻之,垂泣告公。公曰:"浚罪固当死,若果如所传,朝服拜命,就戮以谢国家可也,何以泣为?"问使者为谁,曰:"殿帅杨存中之子也[③]。"公曰:"吾生矣。存中吾故部曲,朝廷诚欲诛浚,必不遣其子来。"已而使者拜于马前,乃获赐金之命。公之在秦也[④],开幕延贤,铸铜为印,形迹似稍专,故有以来谗者之口。然反因此得以自明,又赖赐金以自活,天果不佑忠贤乎?(甲编卷一)

【注释】

① 张魏公贬零陵:张浚自绍兴七年(1137)罢相去国,屡上疏论秦桧议和。二十年,徙永州。零陵,宋永州治所(今湖南永州市零陵区)。参见第614页第57则注释㉗。

② 类多垢敝:大多又脏又破。类,率,皆,大抵。

③ 杨存中:本名沂中,字正甫,绍兴间赐名存中,代州崞县(今山西忻州市原平市崞阳镇)人。靖康之难,与张俊、田师中等从梁杨祖以万兵入援,后隶张俊部曲。高宗南渡,从张俊守吴门,讨贼御敌,以功迁御前右军统领、御前中军统制。绍兴十一年(1141),击金兀术于柘皋,败之,然旋又为金人所败,溃乱南奔,仍以柘皋之功加检校少保、开府仪同三司,领殿前司都指挥使。后封恭国公,拜少师。乾道二年(1166)卒,年六十五。追封和王,谥曰武恭。

④ 公之在秦:指建炎三年(1129),张浚为川陕宣抚处置使,置幕府于秦川。

2. 范石湖使北

淳熙中,范至能使北[①],孝宗令口奏金主,谓河南乃宋朝陵寝所在,愿反侵地。至能奏曰:"兹事至重,合与宰相商量,臣乞以圣意谕之,议定乃行。"上首肯,既而宰相力以为未可,而圣意坚不回。至能遂自为一书,述圣语。至虏庭,纳之袖中。既跪进国书,伏地不起。时金主乃葛王也[②],性宽慈,传宣问使人何故不起。至能徐出袖中书，奏曰："臣来时，大宋皇帝别有圣旨，难载国书，令臣口奏。臣今谨以书述，乞赐圣览。"书既上，殿上观者皆失色。至能犹伏地。再传宣曰："书词已见，使人可就馆。"至能再拜而退。虏中群臣咸不平，议羁留使人，而虏主不可。至能将回，又奏曰："口奏之事，乞于国书中明报，仍先宣示，庶使臣不堕欺罔之罪。"虏主许之。报书云："口奏之说，殊骇观听，事须审处，邦乃孚休[3]。"既还，上甚嘉其不辱命。由是超擢，以至大用。至能在燕京会同馆，守吏微言有羁留之议，乃赋诗曰："万里孤臣致命秋，此身何止一沤浮[4]。提携汉节同生死[5]，休问羝羊解乳不[6]。"(甲编卷一)

【注释】

① 范至能使北：乾道六年(1170)，范成大假资政殿大学士充金祈请国信使。至能，又作"致能"，范成大字。参见第689页第8则注释①。

② 葛王：完颜褒。参见第656页第10则注释⑩。

③ 邦乃孚休：犹言宋乃诚信美善之邦。金主以宋求返河南陵寝之地而嘉之，然口惠而实不至。

④ 沤(ōu)浮：水中浮泡。

⑤ 汉节：汉天子所授符节。亦代指持节使者。

⑥ 羝羊：公羊。《汉书·苏武传》："乃徙武北海上无人处，使牧羝，羝乳乃得归。"羝乳，公羊产乳，喻不可能发生之事。

3. 诚斋谒紫岩

杨诚斋为零陵丞[1]，以弟子礼谒张魏公。时公以迁谪故，杜门谢客。南轩为之介绍[2]，数月乃得见。因跪请教，公曰："元符贵人，腰金纡紫者何限[3]，惟邹至完、陈莹中姓名与日月争光[4]。"诚斋得此语，终身厉清直之操。晚年退休，怅然曰："吾平生志在批鳞请剑[5]，以忠鲠南迁，幸遇时平主圣。老矣，不获遂所愿矣！"立朝时，论议挺挺[6]。如乞用张浚配享，言朱熹不当与唐仲友同罢[7]，论储君监国，皆天下大事。孝宗尝曰："杨万里直不中律。"光宗亦曰："杨万里也有性气。"故其自赞云："禹曰也有性气，舜云直不中律。自有二圣玉音，不用千秋史笔。"(甲编卷一)

【注释】

① 杨诚斋:杨万里,字廷秀,吉州吉水(今属江西吉安市)人。绍兴二十四年(1154)进士及第。初为赣州司户,调永州零陵丞,得张浚勉以正心诚意之学,名读书之室为"诚斋"。隆兴元年(1163),张浚复为相,荐之朝,除知隆兴府奉新县。后召为国子博士、侍讲,累迁枢密院检详官。高宗崩,因力争张浚当配享庙祀事,斥洪迈"指鹿为马",孝宗不悦,出知筠州。光宗即位,召为秘书监。又出为江东转运副使,忤宰相意,改知赣州,不赴,乞祠。宁宗嗣位,召赴行在,辞,进宝文阁待制致仕。开禧二年(1206),升宝谟阁学士,卒,年八十三。赠光禄大夫,赐谥文节。一生作诗两万馀首,自成一家,时称"诚斋体"。诗与尤袤、范成大、陆游齐名,合称"中兴四大家"。亦注意理学,著《易传》,学者称诚斋先生。有《诚斋集》。

② 南轩:张栻,号南轩。张浚之子。参见第633页第9则注释⑥。

③ 腰金纡紫:喻身居高位。金,金印或金鱼袋。纡,萦绕。紫,紫绶。

④ 邹至完、陈莹中:元符、建中靖国间谏官邹浩与陈瓘。邹浩,字至完,一作"志完",常州晋陵(今江苏常州市)人。第进士,调扬州、颍昌府教授。元祐时,擢右正言,论止以王安石《三经义》发题试举人。元符中,屡上书忤宰相章惇,削官,羁管新州。徽宗立,起复右正言,迁左司谏,累官兵、吏二部侍郎。蔡京用事,责衡州别驾,寻窜昭州。卒,年五十二。高宗即位,诏曰:"浩在元符间,任谏争,危言谠论,朝野推仰。"赠宝文阁直学士,赐谥忠。陈瓘,字莹中,参见第356页第9则注释②。

⑤ 批鳞请剑:汉成帝时,槐里令朱云以"今朝廷大臣上不能匡主,下亡以益民,皆尸位素餐",上书请赐尚方斩马剑诛佞臣安昌侯张禹(成帝师),以厉其馀。成帝大怒,曰:"小臣居下讪上,廷辱师傅,罪死不赦。"事见《汉书·朱云传》。后以"批鳞请剑"谓敢于直言犯上请斩巨奸。

⑥ 挺挺:正直貌。

⑦ 言朱熹句:朱熹与唐仲友同罢事,参见第626页第5则。

4. 前辈劝学

胡澹庵见杨龟山[1],龟山举两肘示之曰:"吾此肘不离案三十年,然后于道有进。"张无垢谪横浦[2],寓城西宝界寺。其寝室有短窗,每日昧爽[3],辄执书立窗下,就明而读,如是者十四年。洎北归,窗下石上,双趺之迹隐然[4],至今犹存。前辈为学,勤苦如此。然龟山盖少年事,无垢乃晚年,尤难也。(甲编卷一)

【注释】

① 胡澹庵:胡铨,字邦衡,号澹庵。参见第650页第4则注释⑤。　杨龟山:杨时,程门弟子。

参见第622页第2则注释①。

② 张无垢：张九成，字子韶。杨时弟子。参见第626页第4则注释①。横浦，旧关名。在南宋南安军治大庾县(今江西赣州市大余县)西南大庾岭上。《舆地广记》卷二十五："皇朝置南安军，有大庾岭，五岭之最东者，亦曰东峤。有横浦关，汉讨南越，杨仆为楼船将军，出豫章下横浦是也。"此处代指南安军或大庾县。绍兴八年(1138)，赵鼎罢相，张九成亦为秦桧所逐，谪守邵州，几年后又徙居南安军。在南安十四年，读书治学，自号横浦居士，亦称无垢居士。

③ 昧爽：拂晓；黎明。

④ 双趺(fū)：双脚。

5. 进青鱼

宋文帝时，司徒义康颛总朝权[1]，四方馈遗，皆以上品荐义康，而以次品供御。上尝冬月啖柑，叹其形味并劣，义康曰："今年柑殊有佳者。"遣人还东府取柑，大供御者三寸。上寖不能平，义康旋以罪废。唐代宗谓李泌曰[2]："路嗣恭献琉璃盘九寸[3]，乃以径尺者遗元载[4]，须其至议之。"赖泌一言[5]，嗣恭免罪，而元载竟诛。吕许公不肯多进淮白鱼[6]，盖惩此也。秦桧之夫人，常入禁中。显仁太后言近日子鱼大者绝少[7]。夫人对曰："妾家有之，当以百尾进。"归告桧，桧咎其失言，与其馆客谋，进青鱼百尾。显仁拊掌笑曰："我道这婆子村，果然！"盖青鱼似子鱼而非，特差大耳[8]。观此，贼桧之奸可见。(甲编卷二)

【注释】

① 义康：小字车子，南朝宋武帝刘裕第四子，封彭城王。文帝刘义隆即位，为骠骑将军、开府仪同三司。元嘉六年(429)，以侍中、司徒、录尚书事入朝，与王弘共辅政。弘多疾，每事推让，自是内外众务，皆义康断之。十六年，进位大将军，领司徒，与文帝嫌隙遂深。十七年，文帝诛杀义康亲信僚属，出义康镇守豫章。二十二年，有告太子詹事范晔等谋反，事逮义康，废义康及其子女为庶人，徙付安成郡。二十四年，豫章兵乱，欲拥立义康，文帝再徙义康于广州。二十八年，北魏大军南下，天下纷扰，文帝虑异志者奉戴义康，乃遣中书舍人严龙赍药赐死，时年四十三。

② 李泌：字长源。唐代宗时为翰林学士。参见第119页第16则注释③。

③ 路嗣恭：字懿范，京兆三原(今陕西咸阳市三原县东北)人。初名剑客，历仕郡县，有能名，考绩为天下最，唐玄宗以为可嗣汉鲁恭，因赐名。后充关内副元帅郭子仪副使，知朔方节度营田押诸蕃部落等使。大历六年(771)，为江南西道都团练观察使，杖杀鱼朝恩亲信贾明观，识者称

之。八年，岭南将哥舒晃反，五岭骚扰。明年，嗣恭兼岭南节度观察使，募勇士八千讨平之。拜检校兵部尚书，知省事。然平广州，没晃之徒家财尽入私室，代宗心甚衔之。德宗即位，叙其前功，除兵部尚书、东都留守。卒，年七十一。赠左仆射。

④ 元载：曾任唐肃宗、代宗两朝宰相。参见第360页第15则注释①。

⑤ 赖泌一言：据《资治通鉴》卷二百二十五："（大历十三年冬十二月）上召江西判官李泌入见，语以元载事，曰：'与卿别八年，乃能诛此贼。赖太子发其阴谋，不然，几不见卿。'对曰：'臣昔日固尝言之。陛下知群臣有不善，则去之；含容太过，故至于此。'上曰：'事亦应十全，不可轻发。'上因言：'朕面属卿于路嗣恭，而嗣恭取载意，奏卿为虔州别驾。嗣恭初平岭南，献琉璃盘径九寸，朕以为至宝。及破载家，得嗣恭所遗载琉璃盘径尺。俟其至，当与卿议之。'泌曰：'嗣恭为人小心，善事人，畏权势，精勤吏事，而不知大体。昔为县令有能名，陛下未暇知之，而为载所用，故为之尽力。陛下诚知而用之，彼亦为陛下尽力矣。虔州别驾，臣自欲之，非其罪也。且嗣恭新立大功，陛下岂得以一琉璃盘罪之邪！'上意乃解，以嗣恭为兵部尚书。"

⑥ 吕许公句：吕夷简不进淮白鱼事，参见第401页第14则。

⑦ 显仁太后：宋高宗生母。参见第601页第49则注释⑮。　子鱼：学名"鲻"。体延长，稍侧扁，长可达半米。银灰色，具暗色纵纹，头部平扁。广布于东南沿海。两浙及粤人讹为子鱼。

⑧ 特差（chà）大耳：但差别大啊。特，但，只是。差，差别。

6. 畏　说

先君竹谷老人[1]，早登庆元诸老之门，晚年以其所自得者，著《畏说》一篇。其词曰："大凡人心不可不知所畏，畏心之存亡，善恶之所由分，君子小人之所由判也。是以古之君子，内则畏父母，畏尊长，《诗》云'岂敢爱之，畏我父母[2]'，又曰'岂敢爱之，畏我诸兄'是也。外则畏师友，古语云'凛乎若严师之在侧[3]'，逸《诗》曰'岂不欲往，畏我友朋[4]'是也。仰则畏天，俯则畏人，《诗》曰'胡不相畏，不畏于天[5]'，又曰'岂敢爱之，畏人之多言'是也。夫惟心有所畏，故非礼不敢为，非义不敢动。一念有愧，则心为之震悼；一事有差，则颜为之忸怩。战兢自持，日寡其过，而不自知其入于君子之域矣。苟惟内不畏父母尊长之严，外不畏朋侪师友之议，仰不畏天，俯不畏人，猖狂妄行，恣其所欲，吾惧其不日而为小人之归也。由是而之，习以成性，居官则不畏三尺[6]，任职则不畏简书，攫金则不畏市人。吁！士而至此，不可以为士矣，仲尼所谓小人之无忌惮者矣。夫人之所以必畏乎彼者，非为彼计也，盖将以防吾心之纵，而自律乎吾身也。是故以天子之尊，且有所畏，《诗》曰'我其夙夜，畏天之威[7]'，《书》曰'成王畏相[8]'，孰谓士大夫而可不知所畏乎！以圣贤之聪明，且有所畏，《鲁论》曰[9]：'君子有三畏：畏天命，畏大人，畏圣人之言。'孰谓学者而可不知所畏乎！然则畏之时义大矣哉！余每以此自警，且以效切磋于朋友云。"先君此说出，一时流辈潜心理学者，咸以为不可易。余同年欧阳景颜跋云："造道必有门[10]，伊洛先觉[11]，以持敬为造道之门，至矣，尽矣。盖敬，德之聚也。此心才敬，万理森列。此身才敬，四体端固。繇勉强至成熟，此心此身，敛然法度中，可以为人矣。然世之作伪假真者，往往窃持敬之名，盖不肖之实，内虽荏，而色若厉焉，行无防检，而步趋若安徐焉。识者病之，至有效前辈打破敬字以为讪侮者[12]，又有以高视阔步，幅巾大袖[13]，而乞加惩绝者[14]。一世杰立之士，欲哀救之而志不能遂。近世叶水心作《敬亭后记》[15]，至不以张思叔之言为然[16]，谓敬为学者之终事。仆深疑焉。近因校文至澧阳，谒竹谷罗先生，以所著《畏说》见教，仆醒然若有所悟。呜呼！畏即敬也，使人知畏父母，畏尊长，畏天命，畏师友，畏公论，一如先生所言，欲不敬，得乎？每事有所持循而畏，则其敬也，莫非体察在己实事，见面盎背[17]，临渊履冰。以伪自盖者，能之乎？高视阔步，幅巾大袖，假声音笑貌以为敬，求之于父母兄长师友之间，多可憾焉，人其以敬许之乎！盖先生以实而求敬，故其敬不可伪。世人以虚而求敬，故其敬或可假。是说也，羽翼吾道，其功岂浅浅哉[18]！至此，则敬不可伪为，而攻持敬者，当自息矣。"（甲编卷三）

【注释】

① 竹谷老人：据王瑞来《罗大经生平事迹补考》，罗大经之父名茂良，号竹谷老人。曾师事杨万里，与周必大、杨长孺、曾三异（无疑）等交游。有声于乡里。

② 岂敢爱之句：见《诗经·郑风·将仲子》："将仲子兮，无逾我里，无折我树杞。岂敢爱之，畏我父母。仲可怀也，父母之言，亦可畏也。将仲子兮，无逾我墙，无折我树桑。岂敢爱之，畏我诸兄。仲可怀也，诸兄之言，亦可畏也。将仲子兮，无逾我园，无折我树檀。岂敢爱之，畏人之多言。仲可怀也，人之多言，亦可畏也。"此诗写初恋女子既爱情人又恐遭家人责怪和邻里非议之矛盾心理。

③ 凛乎：犹"凛然"。严肃，令人敬畏貌。此句出处未详。苏洵《嘉祐集》卷十一《上韩枢密书》："三军之士，竦然如赤子之脱慈母之怀，而立乎严师之侧。"

④ 岂不欲往句：见《左传·庄公二十二年》："诗云：翘翘车乘，招我以弓。岂不欲往，畏我友朋。"杜预注："翘翘，远貌。古者聘士以弓。言虽贪显命，惧为朋友所讥责。"此诗未载传本《诗经》三百五篇之中，前人称为"逸诗"。

⑤ 胡不相畏句:见《诗经·小雅·雨无正》:"凡百君子,各敬尔身。胡不相畏,不畏于天?"郑玄笺:"凡百君子,谓众在位者。各敬慎女之身,正君臣之礼,何为上下不相畏乎?上下不相畏,是不畏于天。"

⑥ 三尺:法律。《史记·酷吏列传》:"客有让(杜)周曰:'君为天子决平,不循三尺法,专以人主意指为狱,狱者固如是乎?'"裴骃集解引《汉书音义》:"以三尺竹简书法律也。"

⑦ 我其夙夜句:见《诗经·周颂·我将》:"我其夙夜,畏天之威,于时保之。"郑玄笺:"早夜敬天,于是得安,文王之道。"

⑧ 成王畏相:见《尚书·酒诰》:"自成汤咸至于帝乙,成王畏相。"孔安国传:"从汤至帝乙中间之王,犹保成其王道,畏敬辅相之臣,不敢为非。"

⑨ 鲁论:即《鲁论语》。《论语》的汉代传本之一。相传为鲁人所传,是今本《论语》来源之一。下引"君子三畏",亦见今本《论语·季氏》。

⑩ 造道:谓提高品德修养。

⑪ 伊洛:指伊洛之学。二程理学。

⑫ 打破敬字:指元祐间洛党、蜀党之争。洛党以二程、朱光庭、贾易为首,蜀党以二苏、吕陶为首,互为攻讦。苏轼尝讥程颐主"敬"之说,拘而不近人情。据《二程外书》卷十一:"朱公掞(光庭)为御史,端笏正立,严毅不可犯,班列肃然。苏子瞻语人曰:'何时打破这敬字?'"

⑬ 幅巾大袖:幞头宽袖。宋文士以头戴方正巾帽、身穿宽博衣衫为高雅。此处以讥苏轼。轼生平恃才傲物,常戴高筒短檐之巾帽,士人多效之,谓为"东坡帽"。

⑭ 乞加惩绝:谓乞求惩罚自己。此亦讥苏轼。陈邦瞻《宋史纪事本末》卷十:"(程)颐在经筵,多用古礼,苏轼谓其不近人情,深嫉之,每加玩侮。方司马光之卒也,百官方有庆礼,事毕欲往吊,颐不可,曰:'子于是日哭则不歌。'或曰:'不言歌则不哭。'轼曰:'此枉死市叔孙通制此礼也。'二人遂成嫌隙。轼尝发策试馆职,有曰:'今朝廷欲师仁宗之忠厚,惧百官有司不举其职而或至于偷;欲法神宗之励精,恐监司守令不识其意而流入于刻。'于是,颐门人右司谏贾易、左正言朱光庭等劾轼策问谤讪,轼因乞补郡。"

⑮ 叶水心:叶適,字正则,学者称水心先生。参见第625页第3则注释⑰。《敬亭后记》,见《水心集》卷十。

⑯ 张思叔:张绎,字思叔,河南寿安(今河南洛阳市宜阳县)人。家甚微,年长乃发愤力学,遂以文名。从程颐受业,未及仕而卒。初,鲍氏筑屋于东京雁池,张思叔命为"敬亭",并作记,曰:"敬则实,实则虚,虚则无事矣。"水心先生又作《敬亭后记》,以为不然,曰:"学必始于复礼,故治其非礼者而后能复,礼复而后能敬,所敬者寡而悦者众矣,则谓之无事焉,可也。未能复礼而遽责以敬,内则不悦于己,外则不悦于人,诚行之则近愚,明行之则近伪,愚与伪杂则礼散而事益繁,安得谓无?此教之失,非孔氏本旨也。"

⑰ 见面盎背:谓德性生于心而发于外。《孟子·尽心上》:"君子所性,仁义礼智根于心。其

生色也，睟然见于面，盎于背，施于四体。”赵岐注：“盎，视其背而可知，其背盎盎然盛。”盎，洋溢。

⑱ 浅浅：细小；微小。

7. 秀州刺客

苗刘之乱[①]，张魏公在秀州，议举勤王之师。一夕独坐，从者皆寝，忽一人持刀立烛后。公知为刺客，徐问曰：“岂非苗傅、刘正彦遣汝来杀我乎？”曰：“然。”公曰：“若是，则取吾首以去可也。”曰：“我亦知书，宁肯为贼用？况公忠义如此，岂忍加害！恐公防闲不严[②]，有继至者，故来相告尔。”公问：“欲金帛乎？”笑曰：“杀公何患无财！”“然则留事我乎？”曰：“我有老母在河北，未可留也。”问其姓名，俯而不答，摄衣跃而登屋，屋瓦无声。时方月明，去如飞。明日，公命取死囚斩之，曰：“夜来获奸细。”公后尝于河北物色之，不可得。此又贤于钼麑矣[③]。孰谓世间无奇男子乎？殆是唐剑客之流也。（甲编卷三）

【注释】

① 苗刘之乱：建炎三年（1129）正月，金兵迫扬州，高宗仓皇渡江至杭州，朝野激愤。二月，罢主和左、右相黄潜善、汪伯彦，改守中书侍郎朱胜非为相，御营都统制王渊同签枢密院事。高宗在扬州，王渊即与亲信宦官康履勾结用事，诸将多疾之。三月，扈从统制苗傅、威州刺史刘正彦发动兵变，杀王渊及康履等百馀人，逼高宗逊位于三岁皇子旉，请隆祐太后垂帘听政，改元明受。江东制置使吕颐浩、尚书礼部侍郎张浚，约集韩世忠、张俊、刘光世等将领起兵平乱，苗、刘出走，高宗复位，以吕颐浩为相，张浚知枢密院事。五月，刘、苗先后为韩世忠所擒，押赴建康行在。七月，同磔于市。

② 防闲：防备与禁阻。防，堤也，用于制水。闲，圈栏也，用于制兽。

③ 钼麑（Chú ní）：亦作“钼霓”“钼麛（mí）”。春秋时晋国力士，大夫屠岸贾门客。受晋灵公所遣，刺杀大臣赵盾，不忍而触槐死。事见《左传·宣公二年》：“宣子骤谏，公患之，使钼麑贼之。晨往，寝门辟矣，盛服将朝，尚早，坐而假寐。麑退，叹而言曰：‘不忘恭敬，民之主也。贼民之主，不忠；弃君之命，不信。有一于此，不如死也。’触槐而死。”

8. 前辈志节

胡忠简公为举子时[①]，值建炎之乱，团结丁壮，以保乡井。隆祐太后幸章贡[②]，虏兵追至,庐陵太守杨渊弃城走。公所居曰芗城,距城四十里,乃自领民兵入城固守。市井恶少乘间欲攘乱,斩数人乃定。张榜责杨渊弃城之罪,募人收捕。渊惧,自归隆祐,隆祐赦之,降敕书谕胡铨。事定,新太守来,疑公有他志,不敢入城。公笑曰:"吾保乡井耳,岂有他哉!"即散遣民兵,徒步归芗城。杨忠襄公少处郡庠[3],足不涉茶坊酒肆。同舍欲坏其守,拉之出饮,托言朋友家,实娼馆也。公初不疑,酒数行,娼艳妆而出。公愕然,疾趋而归,解其衣冠焚之,流涕自责。人徒见忠简以一编修官乞斩秦桧,甘心流窜,忠襄以金陵一倅唾骂兀术,视死如归,岂知其自为布衣时,所立已卓然矣。(甲编卷三)

【注释】

① 胡忠简:胡铨,谥忠简。参见第650页第4则注释⑤。

② 隆祐太后:即元祐皇后孟氏。后因"元"犯其祖名讳,改隆祐太后。参见第394页第7则注释③。建炎三年(1129)秋,金兀术犯江浙,高宗避走会稽,隆祐太后往豫章,遭金人追击,随行皆溃散。 章贡:赣县,南宋赣州治所(今属江西赣州市)。

③ 杨忠襄:杨邦乂,谥忠襄。参见第667页第2则注释⑧。 郡庠:府学。

9. 诚斋退休

杨诚斋自秘书监将漕江东,年未七十,退休南溪之上。老屋一区,仅庇风雨。长须赤脚,才三四人。徐灵晖赠公诗云[1]:"清得门如水,贫唯带有金。"盖纪实也。聪明强健,享清闲之福十有六年。宁皇初元,与朱文公同召[2]。文公出,公独不出。文公与公书云:"更能不以乐天知命之乐,而忘与人同忧之忧,毋过于优游,毋决于遁思[3],则区区者,犹有望于斯世也。"然公高蹈之志,已不可回矣。尝自赞云:"江风索我吟,山月唤我饮,醉倒落花前,天地为衾枕。"又云:"青白不形眼底[4],雌黄不出口中。只有一罪不赦,唐突明月清风。"(甲编卷四)

【注释】

① 徐灵晖:徐照,字道晖,一字灵晖,永嘉(今浙江温州市)人。工诗,"永嘉四灵"之一。永嘉四灵为赵师秀、徐照、徐玑、翁卷。师秀号灵秀(一说字灵芝),照号灵晖,玑号灵渊,卷字灵舒,故有此称。四人皆布衣,诗宗姚合、贾岛"晚唐体",风格清丽。

② 与朱文公同召:绍熙五年(1194)七月,宁宗即位,以赵汝愚为相,召四方知名之士,朱熹、

杨万里均在列。熹独虑韩侂胄用事，既屡为上言，又数以手书启赵汝愚，不听。及汝愚被逐，熹亦被诬，落职罢祠。

③ 遁思：迁移；离去。引申为退隐。

④ 青白不形眼底：谓不以青白眼视人。青白眼，表示对人尊重与轻视两种态度。语出《世说新语·简傲》："嵇康与吕安善，每一相思，千里命驾。安后来，值康不在，喜出户延之，不入。"刘孝标注引《晋百官名》曰："嵇喜字公穆，历扬州刺史，康兄也。阮籍遭丧，往吊之。籍能为青白眼，见凡俗之士，以白眼对之。及喜往，籍不哭，见其白眼，喜不怿而退。康闻之，乃赍酒挟琴而造之，遂相与善。"

10. 读　　书

北魏主珪问博士李先曰[①]："天下何物最益人神智？"先曰："莫若书。"王荆公诗曰："物变有万殊，心思才一曲。读书谓已多，抚事知不足。"言非读书不足以应事也。然新法之害，岂不读书之过哉！其过正在于读书也。夫书不可不读，尤贵于善读。方荆公与诸君子争新法也，作色于政事堂曰："安石不能读书，贤辈乃能读书耶！"夫着一能读书之心，横于胸中，则锢滞有我[②]，其心已与古人天渊悬隔矣，何自而得其活法妙用哉！吕东莱解《尚书》云[③]："《书》者，尧、舜、禹、汤、文、武、周公之精神心术尽寓其中，观《书》者不求其心之所在，夫何益！然欲求古人之心，必先求吾心，乃可见古人之心。"此论最好，真读书之法也。当时赵清献公之折荆公曰[④]："皋、夔、稷、契[⑤]，有何书可读？"此亦忿激求胜之辞，未足以服荆公。夫自文籍既生以来，便有书。皋、夔之前，《三坟》亦书也[⑥]；伏羲所画之卦，亦书也；太公所称黄帝、颛帝之《丹书》[⑦]，亦书也；孟子所称《放勋曰》[⑧]，亦书也；岂得谓无书哉？特皋、夔、稷、契之所以读书者，当必与荆公不同耳。当时答荆公之辞，只当曰："公若锢于有我之私，不能虚心观理，稽众从人[⑨]，是乃不能读书也。"呜呼！荆公往矣，后之君子，穷而讲道明理，达而抚世酬物，谨无着一能读书之心，横在胸中也哉！（甲编卷五）

【注释】

① 北魏主珪：拓跋珪，字涉珪，鲜卑族拓跋部，北魏开国皇帝。其先世立代国，为苻坚所灭。淝水之战后，乘机复国，初称代，未久改称魏，改元登国。皇始二年(397)，灭后燕，次年建都平城(今山西大同市东北)。在位扩张疆土，使鲜卑族分地定居，从事耕种。晚年政事苛暴。天赐六年

(409),为其次子拓跋绍所杀,年三十九。后谥曰道武皇帝,庙号太祖。　李先:字容仁,中山庐奴(今河北保定市定州市)人。少好学,善占相之术。师事清河张御,御奇之。尝仕苻坚、慕容永。皇始初归北魏,为丞相卫王府左长史,迁博士、定州大中正。明元帝时,拜安东将军、寿春侯,后出为武邑太守,有治名。太武帝即位,征为内都大官。神䴥二年(429)卒,年九十五。赠定州刺史、中山公,谥曰文懿。

② 锢滞:固执拘泥。

③ 吕东莱:吕祖谦,学者称东莱先生。参见第627页第5则注释⑬。

④ 赵清献:赵抃,谥清献。参见第173页第39则注释②。

⑤ 皋、夔、稷、契(xiè):传说中舜时贤臣皋陶(刑官)、夔(乐官)、后稷(农官)、契(司徒)之并称。

⑥ 三坟:传说中三皇之书。《尚书序》:"伏羲、神农、黄帝之书,谓之三坟,言大道也。"

⑦ 丹书:传说中黄帝、颛顼之书。太公望献于周武王,武王铸于铭器以自戒。《大戴礼记》卷六《武王践祚》:"武王践祚三日,召士大夫问焉,曰:'恶有藏之约、行之行,万世可以为子孙恒乎?'诸大夫对曰:'未得闻也。'然后召师尚父而问焉,曰:'昔帝、颛顼之道存乎?意亦忽不可得见与?'师尚父曰:'在《丹书》。王欲闻之则齐矣。'王齐三日,端冕奉书而入,负屏而立。"齐,同"斋"。

⑧ 放勋:传说中圣王尧之名为放勋。

⑨ 稽众从人:使众人合从。稽,相合,相同。

11. 李　方　叔

元祐中,东坡知贡举,李方叔就试[①]。将锁院,坡缄封一简,令叔党持与方叔[②],值方叔出,其仆受简置几上。有顷,章子厚二子曰持曰援者来,取简窃观,乃"扬雄优于刘向论"一篇。二章惊喜,携之以去。方叔归,求简不得,知为二章所窃,怅惋不敢言。已而果出此题,二章皆模仿坡作,方叔几于阁笔。及折号[③],坡意魁必方叔也,乃章援。第十名文意与魁相似,乃章持。坡失色。二十名间,一卷颇奇,坡谓同列曰:"此必李方叔。"视之,乃葛敏修。时山谷亦预校文,曰:"可贺内翰得人,此乃仆宰太和时,一学子相从者也。"而方叔竟下第。坡出院,闻其故,大叹恨,作诗送其归,所谓"平生漫说古战场,过眼空迷日五色"者是也[④]。其母叹曰:"苏学士知贡举,而汝不成名,复何望哉!"抑郁而卒。余谓坡拳拳于方叔如此,真盛德事。然卒不能增益其命之所无,反使二章得窃之以发身,而子厚小人,将以坡为有私有党,而

无以大服其心，岂不重可惜哉！（甲编卷五）

【注释】

① 李方叔：李廌，字方叔。苏轼门人。李廌应试事，参见第533页第23则。

② 叔党：苏过，字叔党，自号斜川居士，时称小坡。苏轼第三子。

③ 折号：折，应为"拆"。拆号，宋科举考试判卷后拆开试卷糊名弥封号码。

④ 平生两句：诗题作《余与李廌方叔相知久矣领贡举事而李不得第愧甚作诗送之》，见《新修补苏文忠公诗合注》卷三十。诗曰："与君相从非一日，笔势翩翩疑可识。平生谩说古战场，过眼终迷日五色。我惭不出君大笑，行止皆天子何责。青袍白纻五千人，知子无怨亦无德。买羊酤酒谢玉川，为我醉倒春风前。归家但草凌云赋，我相夫子非癯仙。"

12. 作文迟速

李太白一斗百篇，援笔立成。杜子美改罢长吟，一字不苟。二公盖亦互相讥嘲，太白赠子美云："借问因何太瘦生，只为从前作诗苦[①]。"苦之一辞，讥其困雕镌也。子美寄太白云："何时一樽酒，重与细论文[②]。"细之一字，讥其欠缜密也。昌黎志孟东野云[③]："刿目鉥心，刃迎缕解，钩章棘句，掏擢胃肾[④]。"言其得之艰难。赠崔立之云[⑤]："朝为百赋犹郁怒，暮作千诗转遒紧[⑥]。摇毫掷简自不供，顷刻青红浮海蜃[⑦]。"言其得之容易。余谓文章要在理意深长，辞语明粹，足以传世觉后，岂但夸多斗速于一时哉！山谷云："闭门觅句陈无己[⑧]，对客挥毫秦少游。"世传无己每有诗兴，拥被卧床，呻吟累日，乃能成章。少游则杯觞流行，篇咏错出，略不经意。然少游特流连光景之词，而无己意高词古，直欲追踪《骚》《雅》，正自不可同年语也。（甲编卷六）

【注释】

① 借问两句：诗题作《戏赠杜甫》，见《李太白全集》卷三十。诗曰："饭颗山头逢杜甫，头戴笠子日卓午。借问别来太瘦生，总为从前作诗苦。"

② 何时两句：诗题作《春日忆李白》，见《杜诗详注》卷一。诗曰："白也诗无敌，飘然思不群。清新庾开府，俊逸鲍参军。渭北春天树，江东日暮云。何时一樽酒，重与细论文？"

③ 昌黎志孟东野：元和九年（814）八月，孟郊卒。闰月，韩愈作《贞曜先生墓志铭》文，见《东雅堂昌黎集注》卷二十九。

④ 刿目四句:形容写作呕心沥血、苦思冥想之状。刿(guì),伤。銤(shù),长针。刃迎缕解,顺利解决,形容通达流畅。"刿目銤心,刃迎缕解",意谓须经一番呕心沥血方可言词通畅。钩章棘句,形容遣词造句十分艰难。掏擢,掏出。"钩章棘句,掏擢胃肾",意谓遣词造句仿佛要掏空五脏六腑。

⑤ 崔立之:崔斯立,字立之,行二十六,博陵(今河北保定市定州市)人。元和初为大理评事,以言事黜官,为蓝田丞。韩愈时为国子博士。立之有诗望愈推引,愈作《赠崔立之评事》以答,见《东雅堂昌黎集注》卷四。

⑥ 遒紧:指声调音节急迫短促。

⑦ 海蜃:海市蜃楼。此句谓作文之速,顷刻间就完篇结句,色彩斑斓有如海市蜃楼。

⑧ 陈无己:陈师道,字履常,一字无己,号后山居士。作诗苦吟。参见第365页《后山谈丛》简介。此诗题作《病起荆江亭即事十首》其八,见《山谷诗集注》卷十四。诗曰:"闭门觅句陈无己,对客挥毫秦少游。正字不知温饱未,西风吹泪古藤州。"

13. 猴　马

唐明皇时,教坊舞马百匹,天宝之乱,流落人间。魏博田承嗣得之[1],初不识也,尝燕宾僚,酒行乐作,马忽起舞,承嗣以为妖,杀之。昭宗养一猴,衣以俳优服,谓之"侯部头"。朱温既篡[2],引至坐侧,猴忽号掷,自裂其衣,温叱令杀之。呜呼!明皇之马,有愧于昭宗之猴矣。(甲编卷六)

【注释】

① 田承嗣:平州卢龙(今属河北秦皇岛市)人。行伍出身。原为安禄山部将,累功至武卫将军。安史之叛,为前锋,两次攻陷洛阳。唐军反攻,降唐,为魏、博等州都防御使,旋改魏博节度使。自此不听朝廷诏令,割据一方,与卢龙、成德并称"河朔三镇"。大历十年(775),出兵占相、洺、卫三州,公开与朝廷对抗。十一年,李灵曜据汴叛,承嗣又出兵援之,势力大盛。十四年病死。

② 朱温既篡:指天祐四年(907),朱晃(又名温、全忠)篡唐立梁。史称后梁。

14. 非　孟

李泰伯著《常语》非孟子[1],后举茂材,论题出"经正则庶民兴"[2],不知出处,曰:"吾无书不读,此必《孟子》中语也。"掷笔而出。晁说之亦著论非孟子[3],建炎中，宰相进拟除官，高宗曰："《孟子》发挥王道，说之何人，乃敢非之！"勒令致仕。郑叔友著《崇正论》[4]，亦非孟子曰："轲，忍人也[5]，辨士也，仪、秦之流也[6]。战国纵横捭阖之士，皆发冢之人[7]，而轲能以诗礼者也。"余谓孟子以仪、秦之齿舌，明周、孔之肺肠，的切痛快，苏醒万世，此何可非！泰伯所以非之者，谓其不当劝齐、梁之君以王耳。昔武王伐纣，举世不以为非，而伯夷、叔齐独非之。东莱吕先生曰："武王忧当世之无君者也，伯夷忧万世之无君者也。"余亦谓孟子忧当世之无君者也，泰伯忧万世之无君者也。此其特见卓论，真可与夷、齐同科[8]，至于说之、叔友拾其遗说而附和之，则过矣。（乙编卷一）

【注释】

① 李泰伯：李觏，字太伯。北宋学者。参见第610页第56则注释⑤。

② 经正句：意谓常道正，则庶民兴起于善。语出《孟子·尽心下》："经正则庶民兴；庶民兴，斯无邪慝矣。"邪慝，乡愿之属。

③ 晁说之：字以道，号景迂生。北宋末名士。参见第501页第7则注释⑧。

④ 郑叔友：郑厚，字景韦，一字叔友，兴化（今福建莆田市）人。绍兴五年（1135）进士。授左从事郎，泉州节度推官。秦桧弄权被罢职，桧死复起为昭信军节度推官。学问该博，与从弟郑樵讲学，从者甚众。

⑤ 忍人：谓硬心肠之人。

⑥ 仪、秦之流：指战国时以张仪、苏秦为代表从事政治外交活动的谋士，称为"纵横家"。

⑦ 发冢之人：发掘坟墓者。语出《庄子·外物》："儒以《诗》《礼》发冢。"指儒生盗坟时引用《诗》《礼》。讥刺儒者以经典为招牌，追逐名利，做肮脏之事。

⑧ 同科：犹同等。

15. 妒 妇 喻

张无垢在越上作幕官[1]，不请供给钱；在馆中进书，不肯转官，人皆以为好名之过。无垢曰："既请月俸，又受供给，偶然进书，又便受赏，于我心实有不安，此亦本分事，何名之好！贪者往往不曾寻思，此心病也。心有病，人安得知？我知之，当自医。别人既不自知病，反恶人医病，犹妇人妒者，非特妒其夫，又且妒人之夫，其惑甚矣。"无垢此喻甚切。世降俗薄，贪浊成风，反相与嗤笑廉者。谀佞成风，反相与嗤笑直者。软熟成风[2]，反相与嗤笑刚者。竞进成风，反相与嗤笑恬退者。侈靡成风,反相与嗤笑俭约者。傲诞成风,反相与嗤笑谦默者。贾子云:"莫邪为钝兮,铅刀为铦[3]。"东坡云:"变丹青于玉莹兮,乃反谓子为非智[4]。"风俗至于如此,岂不可哀!(乙编卷一)

【注释】

① 越上:南宋两浙东路绍兴府会稽(今浙江绍兴市)。绍兴二年(1132),张九成廷试及第,授镇东军签判。镇东军节度使驻会稽。

② 软熟:谓性情柔和圆熟。

③ 莫邪两句:意谓视莫邪宝剑为粗钝,软质铅刀为锋利。即颠倒黑白,不辨是非。莫邪(yé),传说春秋吴王阖庐使干将铸剑,铁汁不下,其妻莫邪自投炉中,铁汁乃出,铸成雄雌二剑,雄名干将,雌名莫邪。后因用作宝剑名。铦(xiān),锋利。语出贾谊《吊屈原赋》,见《汉书·贾谊传》。

④ 变丹青两句:意谓将丹砂、青雘等矿料变成晶莹美玉,人们竟反说你不明智。丹青,丹沙和青雘(wò),矿物颜料。语出苏轼《屈原庙赋》,见《东坡全集》卷三十三。此处"乃"前脱一"彼"字。

16. 住 山 僧

有僧住山,或谋攘之[1]。僧乃挂草鞋一双于方丈前,题诗云:"方丈前头挂草鞋,流行坎止任安排[2]。老僧脚底从来阔,未必枯髅就此埋。"余谓士大夫去就亦当如此。杨诚斋立朝时,计料自京还家之裹费[3],贮以一箧,钥而置之卧所。戒家人不许市一物,恐累归担,日日若促装者[4]。余又闻昔有京尹,忘其名,不携家,唯弊箧一担,每晨起,则撤帐卷席[5],食毕,则洗钵收箸,以拄杖撑弊箧于厅事之前,常若逆旅人将行者。故击搏豪强,拒绝宦寺[6],悉无所畏。余曩在太学,尝馆于一贵人之门。一日,命市薪六百券,有卒微哂,谓其徒曰:"朝士今日不知明日事,乃买柴六百贯耶!"余因窃叹:士大夫之见,有不如此卒者多矣。(乙编卷一)

【注释】

① 攘:排斥;驱逐。

② 流行坎止:乘流而行,遇坎而止。比喻依环境顺逆确定进退行止。

③ 裹费:盘缠;路费。

④ 促装:谓急忙整理行装。

⑤ 撒帐:疑为"撒帐"之误。撒帐,乃宋民俗,新婚男女对拜礼毕,并坐于床沿,妇女撒掷金钱彩果,谓之撒帐。用于此处与文意不合。

⑥ 宦寺:宦官。宦官古称寺人,故云宦寺。

17. 韩平原客

韩平原尝为南海尉[1],延一士人作馆客,甚贤而文。既别,音问杳不通。平原当国,常思其人。一日,忽来上谒,盖已改名登第数年矣。一见欢甚,馆遇极厚。尝夜阑酒罢,平原屏左右,促膝问曰:"某谬当国秉,外间议论若何?"其人太息曰:"平章家族危如累卵矣,尚复何言?"平原愕然问故。对曰:"是不难知也,椒殿之立[2],非出于平章,则椒殿怨矣。皇子之立[3],非出于平章,则皇子怨矣。贤人君子,自朱熹、彭龟年、赵汝愚而下[4],斥逐贬死,不可胜数,则士大夫怨矣。边衅既开,三军暴骨,孤儿寡妇之哭声相闻,则三军怨矣。并边之民死于杀掠,内地之民死于科需[5],则四海万姓皆怨矣。丛是众怨,平章何以当之?"平原默然久之曰:"何以教我?"其人辞谢再三。固问,乃曰:"仅有一策,主上非心黄屋[6],若急建青宫[7],开陈三圣家法[8],为揖逊之举,则皇子之怨可变而为恩,而椒殿退居德寿,虽怨无能为矣。于是辅佐新君,涣然与海内更始,曩时诸贤,死者赠恤,生者召擢。遣使聘虏,释怨请和,以安边境。优犒诸军,厚恤死士,除苛解嫚[9],尽去军兴无名之赋,使百姓有更生之意。然后选择名儒,逊以相位,乞身告老,为绿野之游,则易危为安,转祸为福,或者其庶几乎!"平原犹豫不能决,欲留其人,处以掌故。其人力辞,竟去。未几祸作[10]。(乙编卷二)

【注释】

① 韩平原:韩侂胄,封平原郡公,为平章军国事。参见第631页第8则注释⑯。 南海:县名。南宋广南东路广州治所(今广东广州市)。

② 椒殿:后妃所居宫殿。此指宁宗恭圣仁烈杨皇后。恭淑韩皇后为侂胄侄女,庆元六年(1200)崩。杨氏时为贵妃,与曹美人皆有宠。侂胄劝帝立曹氏为后,而帝竟立杨氏,杨氏因此深衔侂胄。开禧三年(1207)十一月三日,杨皇后与史弥远合谋,终诛杀侂胄。

③ 皇子之立:宁宗子皆早夭,无嗣。庆元四年(1198),从宰执京镗之请,取太祖十一世孙赵与愿养于宫中,时年六岁,赐名曮,除福州观察使。嘉泰二年(1202),拜威武军节度使,封卫国公。

开禧元年(1205),诏为皇子,进封荣王。三年,诛韩侂胄旬日后,立为皇太子,更名倩。后居东宫,更名询。嘉定十三年(1220)薨,年二十九。谥景献。后世称“景献太子”。

④ 彭龟年:字子寿,临江军清江(今江西宜春市樟树市临江镇)人。乾道五年(1169)进士,授袁州宜春尉。历太学博士、国子监丞、秘书郎兼嘉王府直讲、吏部侍郎兼侍读。龟年操行鲠直,与朱熹、张栻等从游,数论韩侂胄。庆元二年(1196)落职。嘉泰元年(1201)复原官,起知赣州,以疾辞。开禧二年(1206),以待制宝谟阁致仕,卒。赐谥忠肃,加赠龙图阁学士。 赵汝愚:字子直,汉恭宪王元佐七世孙,居饶之馀干县(今属江西上饶市)。乾道二年(1166)进士第一,授秘书省正字,迁著作郎。历知信州、台州、江西转运判官、成都府等。光宗即位,进敷文阁学士、知福州。绍熙二年(1191),召为吏部尚书,四年,除知枢密院事。五年,孝宗崩,光宗称病不执丧礼。汝愚奏请宪圣慈烈太后垂帘,乞立嘉王即皇帝位,是为宁宗。又奏请召回留正,共执朝政。时外戚韩侂胄以定策功日见亲幸,居中用事,待制朱熹、吏部侍郎彭龟年上疏弹劾,汝愚未以为意。后侂胄反诬汝愚以同姓居相位,必不利于社稷,罢右相,以观文殿学士出知福州,再贬永州。庆元二年(1196)正月,行至衡州,病作暴卒。开禧三年(1207),侂胄诛后,党禁浸解,尽复原官,赐谥忠定,赠太师,追封沂国公。理宗时,诏配享宁宗庙庭,追封福王,又进封周王。

⑤ 科需:又作“科须”。政府于常规正赋外,因临时之需而科征财物。

⑥ 非心黄屋:谓无意于帝位。语出南朝宋范晔《乐游应诏诗》:“山梁协孔性,黄屋非尧心。”宁宗初不肯即位,曰:“恐负不孝名。”赵汝愚力劝,请宪圣太后垂帘,率同列再拜,乃登极。

⑦ 青宫:太子居东宫。东方属木,色为青,故称太子所居为青宫。

⑧ 三圣家法:指高宗、孝宗、光宗三帝皇位内禅。

⑨ 除苛解嫟(nì):去除苛政,遣散亲近。嫟,同“昵”,狎昵,亲近。

⑩ 未几祸作:指开禧三年十一月韩侂胄被诛。

18. 天佑忠贤

刘元城贬梅州[①],章惇辈必欲杀之。郡有土豪,凶人也。以赀得官,往来京师,见章惇,自言能杀元城。惇大喜,即除本路转运判官。其人驱车速还。及境,郡守遣人告元城。元城略处置后事,与客笑谈饮酒以待之。至夜半,忽闻钟声,问之,则其人已呕血死矣。秦桧晚年,尝一夕秉烛独入小阁,治文书至夜半。盖欲尽杀张德远、胡邦衡诸君子凡十一人[②]。区处既定,只俟明早奏行之。四更忽得疾,数日而卒。桧父尝为静江府古县令,守帅胡舜陟欲为桧父立祠于县[③],以为逢迎计。县令高登[④],刚正士也,坚不奉命。舜陟大怒,文致其罪,送狱锻炼[⑤],备极惨毒,登几不能堪。未数日,舜陟忽殂,登乃获免。近时大理评事胡梦昱[⑥],以直言贬象郡,过桂

林,帅钱宏祖欲害之。未及有所施行,亦暴亡。呜呼！谓天不佑忠贤,可乎?(乙编卷二)

【注释】

① 刘元城:刘安世,字器之,号元城,魏(治今河北邯郸市魏县东北)人。熙宁六年(1073)登进士第,不就选,从学于司马光。元祐初,光入相,荐为秘书省正字,擢右正言,迁起居舍人兼左司谏,进左谏议大夫。论事刚直,弹劾无所顾忌,时称"殿上虎"。后章惇用事,颇忌恶之,黜于外。绍圣元年(1094),章惇、蔡卞诬造元祐旧人不已,起同文馆狱治其罪,牵连多人,世安再贬梅州。徽宗立,起知郓州、真定府。又为曾布、蔡京所斥,七谪至峡州编管。后稍复承议郎。宣和七年(1125)卒,年七十八。孝宗时赐谥忠定。

② 盖欲句:指绍兴二十五年(1155)十月,秦桧借赵令衿之狱,欲杀张浚、胡铨、李光等,狱成而桧病不能书,未几卒。《宋史·奸臣传三·秦桧》:"赵令衿观桧《家庙记》,口诵'君子之泽,五世而斩',为汪召锡所告。御史徐嘉又论赵鼎子汾与令衿饮别厚贶,必有奸谋,诏送大理,拘令衿南外宗正司。桧于一德格天阁书赵鼎、李光、胡铨姓名,必欲杀之而后已。鼎已死而憾之不置,遂欲孥戮汾。桧忌张浚尤甚,故令衿之狱,张宗元之罢,皆波及浚。浚在永州,桧又使其死党张柄知潭州,与郡丞汪召锡共伺察之。至是,使汾自诬与浚及李光、胡寅谋大逆,凡一时贤士五十三人皆与焉。狱成,而桧病不能书。"

③ 胡舜陟:字汝明,徽州绩溪(今属安徽宣城市)人。大观三年(1109)进士。历州县官,迁监察御史。高宗即位,论宰相李纲之罪,帝不听,以集英殿修撰出知庐州。修城备战具,安定地方,擢徽猷阁待制、充淮西制置使。后知建康、临安等府,充沿江都制置使、京畿数路宣抚使、淮西安抚使等。绍兴五年(1135),改知静江府。诏措置市战马,为御史中丞奏凶暴倾险,罢之。后复广西经略。十三年,转运副使吕源告舜陟"受金盗马,非讪朝政",秦桧奏遣大理寺官推劾,居两旬,辞不服,死静江狱中。妻江氏诉于朝,乃昭雪,赠少师。此则记胡舜陟为秦桧父立祠事,《宋史》不载。而《历代名臣奏议》卷二百八十四有朱熹上章,为高登伸冤,记述颇详。

④ 高登:字彦先,号东溪,漳浦(今属福建漳州市)人。宣和间为太学生。靖康之祸,与陈东伏阙上书请诛蔡京、童贯等六贼。绍兴二年(1132),廷对过于切直,仅授富川簿,调静江府古县令。府帅胡舜陟为秦桧父立祠,登坚不奉命,入狱几死,适舜陟败得免,谪容州,卒。绍熙元年(1190),朱熹知漳州,复奏乞褒录,赠承务郎。

⑤ 锻炼:拷打折磨。

⑥ 胡梦昱:字季昭,号竹林愚隐,吉水(今属江西吉安市)人。嘉定十年进士,历南安、都昌主簿。中大法科,授峡州司法参军,除大理评事。宝庆元年(1225)正月,宰相史弥远遣亲信传旨,逼济王自缢。梦昱上疏以论,遭削籍羁管象州。二年,移钦州,未行而卒。咸淳三年(1267),追谥刚

简。其子知柔撰《象台首末》五卷以述之。

19. 文章邪正

东山先生杨伯子尝为余言[①]："某昔为宗正丞，真西山以直院兼玉牒宫[②]，尝至某位中，见案上有近时人诗文一编，西山一见掷之曰：'宗丞何用看此？'某悚然问故，西山曰：'此人大非端士，笔头虽写得数句诗，所谓本心不正，脉理皆邪，读之将恐染神乱志，非徒无益。'某佩服其言，再三谢之。因言近世如夏英公、丁晋公、王岐公、吕惠卿、林子中、蔡持正辈[③]，亦非无文章，然而君子不道者，皆以是也。"（乙编卷四）

【注释】

① 杨伯子：杨长孺，字伯子，号东山，吉州吉水（今属江西吉安市）人。杨万里子。绍熙元年（1190）以荫补永州零陵主簿。嘉定间知湖州，寻改赣州，迁广东经略安抚使兼知广州，改福建安抚使兼知福州。在任爱民，有廉声。端平中以集英殿修撰致仕，三年（1236）卒，年八十。谥文惠。

② 真西山：真德秀，号西山。参见第628页第5则注释⑮。　直院：直舍人院。元丰改制后，为权中书舍人，职掌与知制诰同，但资格低之。玉牒宫：北宋称"玉牒所"或"玉牒局"，隶宗正寺；南宋与宗正寺同一官府。掌修皇帝玉牒。由宰辅提举，置修玉牒官。

③ 夏英公等：即夏竦、丁谓、王珪、吕惠卿、林希、蔡确等人。北宋时，皆官至首要，工文词，然为人却奸诈险伪。

20. 蕲黄二守

嘉定辛巳三月[①]，金人围黄州，诏冯榯援蕲黄[②]。榯迁延不进，黄州守何大节，字中立，召僚佐告之曰："城危矣，而救不至，诸君多有亲老，且非守土之臣，可以死，可以无死。"乃各予以差出之檄，使为去计。自取郡印佩之，誓以死守。一夕，舆兵忽奔告曰[③]："城陷矣！"拥之登车，才出门，虏兵已纷集，大节竟自沉于江。未一月，又陷蕲州。守李诚之，字茂钦，手杀其妻子奴婢，然后自杀，官属多死之。朝廷褒赠诚之，且为立庙。而《宁宗帝纪》书"大节弃城遁"。二人皆出太学。刘潜夫诗云[④]："淮壖便合营双庙[⑤]，太学今方出二儒。"又云："世俗今犹疑许远[⑥]，君王元未识真

卿[7]。”盖为中立解嘲。然等死耳[8]，茂钦果决，是以全节。中立迟懦，是以败名。忠臣义士，可以鉴矣。（乙编卷五）

【注释】

① 嘉定辛巳：嘉定十四年（1221）。是年二月，金兵渡淮围光州（治今河南信阳市潢川县），克五关（自西向东为大城关、白沙关、木陵关、黄土关、虎头关，在今湖北黄冈市麻城市北大别山麓），治舟于团风欲渡江，不济，遂围黄州（治今湖北黄冈市），三月初城陷。

② 诏冯榯援蕲黄：时诏淮西沿江制置司防守江面权殿前司职事冯榯，将兵救黄州、蕲州（治今湖北黄冈市蕲春县东北），榯不果行。

③ 舆兵：驾车役卒。

④ 刘潜夫：刘克庄，初名灼，字潜夫，自号后村居士，莆田（今属福建）人。以荫入仕，淳祐六年（1246）赐同进士出身，官至权工部尚书兼侍讲。咸淳四年（1268），以龙图阁学士致仕。卒，年八十三。谥文定。有诗名。初学晚唐，后崇陆游，为江湖派重要诗人。著有《后村先生大全集》。

⑤ 淮堧（ruán）：淮地。堧，城郭旁或河边空地。南宋蕲黄二州均隶淮南西路，故称。

⑥ 许远：字令威，杭州盐官（今浙江嘉兴市海宁市西南）人。唐开元末年进士。安史之乱时，为睢阳太守。至德二载（757），遭安禄山部将尹子奇围攻，与真源令张巡协力守城，贼数月不能下。兵粮俱尽后城陷，被执送洛阳，安庆绪退兵时被杀。因死于张巡之后，为朝论所议，以为畏死服贼。元和间，韩愈撰《张中丞传后叙》申辩之，表彰张、许功烈事迹。后诏赠官，图像于凌烟阁。

⑦ 真卿：颜真卿。参见第305页第4则注释②。在朝任殿中侍御史时，受权臣杨国忠排斥，出为平原太守。后起兵抵抗安禄山，以功升擢。

⑧ 等死：意谓同样是死。

21. 俭　　约

李若谷为长社令[1]，日悬百钱于壁，用尽即止。东坡谪齐安[2]，日用不过百五十。每月朔，取钱四千五百，断为三十块，挂屋梁上，平旦用画叉挑取一块[3]，即藏去。又以竹筒贮用不尽者，以待宾客。云：“此贾耘老法也[4]。”又与李公择书云[5]：“口腹之欲，何穷之有！每加节俭，亦是惜福延寿之道。”张无垢云：“余平生贫困，处之亦自有法。每日用度不过数十钱，亦自足，至今不易也。”有客自耒阳来[6]，言郑亨仲日以数十钱悬壁间[7]，椒桂葱姜皆约以一二钱。曰：“吾平生贫苦，晚年登第，稍觉快意，便成奇祸。今学张子韶法，要见旧时齑盐风味甚长久也。”仇泰然守四明[8],与一幕官极相得。一日问及:“公家日用多少?”对以“十口之家,日用一千”。泰然曰:“何用许多钱?”曰:“早具少肉,晚菜羹。”泰然惊曰:“某为太守,居常不敢食肉,只是吃菜,公为小官,乃敢食肉,定非廉士。”自尔见疏。余尝谓节俭之益非止一端。大凡贪淫之过,未有不生于奢侈者,俭则不贪不淫,是可以养德也。人之受用,自有剂量,省啬淡泊,有久长之理,是可以养寿也。醉醲饱鲜,昏人神志,若疏食菜羹,则肠胃清虚,无滓无秽,是可以养神也。奢则妄取苟求,志气卑辱,一从俭约,则于人无求,于己无愧,是可以养气也。故老氏以为一宝[9]。(乙编卷五)

【注释】

① 李若谷:字子渊。参见第402页第15则注释①。

② 齐安:黄州古称。

③ 画叉:用以悬挂或取下高处立幅书画的长柄叉子。

④ 贾耘老:贾收,字耘老,乌程(今浙江湖州市)人。隐居苕城南横塘上,其屋有水阁,曰浮晖。喜饮酒,以诗著名。李公择、苏轼与之游,酬唱极多。家素贫,东坡每念之,尝作古木怪石,书其后以赠,谓可致米与酒。

⑤ 李公择:李常,字公择。参见第558页第17则注释④。

⑥ 耒阳:县名。南宋隶荆湖南路衡州(今属湖南衡阳市)。张九成(子韶)曾谪守邵州(治今湖南邵阳市)。

⑦ 郑亨仲:郑刚中,字亨仲,婺州金华(今属浙江)人。绍兴二年(1132)进士。由秦桧荐于朝,累官为监察御史,迁殿中侍御史。桧主和议,刚中不敢言,请辞,不许。后以礼部侍郎出为川陕宣谕使、四川宣抚副使。治蜀有方,为桧所忌,累谪至封州。二十四年卒,年六十七。后追复原官,谥忠愍。

⑧ 仇泰然:仇悆,字泰然,益都(今山东潍坊市青州市)人。大观三年(1109)进士,授邠州司法。历仕州县,有民望。南渡后,累官沿海制置使、淮西宣抚使知庐州,尝退金兵于寿春,以功加徽猷阁待制。改浙东宣抚使知明州,以挫豪强、奖善良为理。秦桧视以为异己,落职,分司西京、全州居住。后复待制,再知明州,改知平江府。以言罢,积官至左朝议大夫,爵益都县伯,卒。赠左通议大夫。

⑨ 老氏以为一宝:老子以俭为一宝。《老子》六十七章:“我有三宝,持而宝之:一曰慈,二曰俭,三曰不敢为天下先。”

22. 韩璜廉按

绍兴中,王𫓧帅番禺[1],有狼籍声[2]。朝廷除司谏韩璜为广东提刑,令往廉按[3]。

宪治在韶阳[④],韩才建台,即行部诣番禺。王忧甚,寝食几废。有妾故钱塘娼也,问主公何忧,王告之故。妾曰:"不足忧也,璜即韩九,字叔夏,旧游妾家,最好欢。须其来,强邀之饮,妾当有以败其守。"已而韩至,王郊迎,不见,入城乃见,岸然不交一谈。次日报谒,王宿治具于别馆,茶罢,邀游郡圃,不许,固请,乃可。至别馆,水陆毕陈[⑤],伎乐大作,韩踧踖不安[⑥]。王麾去伎乐,阴命诸娼淡妆,诈作姬侍,迎入后堂剧饮。酒半,妾于帘内歌韩昔日所赠之词,韩闻之心动,狂不自制,曰:"汝乃在此耶!"即欲见之,妾隔帘故邀其满引,至再至三,终不肯出,韩心益急。妾曰:"司谏曩在妾家,最善舞,今日能为妾舞一曲,即当出也。"韩醉甚,不知所以,即索舞衫,涂抹粉墨,踉蹡而起。忽跌于地,王亟命索轿,诸娼扶掖而登,归船昏然酣寝。五更酒醒,觉衣衫拘绊,索烛览镜,羞愧无以自容。即解舟还台,不敢复有所问。此声流播,旋遭弹劾,王迄善罢。夫子曰:"枨也欲,焉得刚[⑦]?"韩璜之谓矣。(乙编卷六)

【注释】

① 王铁帅番禺:王铁,秦桧舅父之子,南昌(今属江西)人。仕历因桧而显。绍兴十八年(1148),以敷文阁直学士、尚书户部侍郎除广东经略使。明年卒。番禺,南宋广州治所(今广东广州市)。

② 狼藉:此处指行为不检,名声坏。

③ 廉按:考核查办。

④ 宪治在韶阳:指南宋广南东路提点刑狱司所在地韶州曲江(今广东韶关市)。

⑤ 水陆:水中与陆地所产食物。

⑥ 踧踖(cù jí):恭敬而不安貌。

⑦ 枨也两句:意谓人有欲望便不能刚强。语出《论语·公冶长》:"子曰:'吾未见刚者。'或对曰:'申枨。'子曰:'枨也欲,焉得刚。'"申枨,孔子弟子。指申枨尚嗜欲,焉能谓为刚强。

23. 自 警 诗

胡澹庵十年贬海外[①],北归之日,饮于湘潭胡氏园,题诗云:"君恩许归此一醉,傍有梨颊生微涡。"谓侍妓黎倩也。厥后朱文公见之,题绝句云:"十年浮海一身轻,归对黎涡却有情。世上无如人欲险,几人到此误平生。"《文公全集》载此诗,但题曰"自警"云。余观《东坡志林》载张元忠之说曰[②]:苏子卿啮雪啖毡,蹈背出血,可谓了死生之际矣。然不免与胡妇生子,而况洞房绮绣之下乎?乃知此事未易消除。文公之论澹庵，亦犹张元忠之论苏子卿也。近时刘叔友论刘、项曰：项王有吞岳渎意气[3]，咸阳三月火，骸骨乱如麻，哭声惨怛天日，而眉容不敛，是必铁作心肝者。然当垓下诀别之际，宝区血庙[4]，了不经意，惟眷眷一妇人，悲歌怅饮，情不自禁。高帝非天人欤？能决意于太公、吕后[5]，而不能决意于戚夫人[6]。杯羹可分，则笑嫚自若。羽翼已成，则欷歔不止。乃知尤物移人，虽大智大勇不能免。由是言之，"世上无如人欲险"，信哉！（乙编卷六）

【注释】

① 胡澹庵：胡铨，号澹庵。参见第650页第4则注释⑤。

② 张元忠：疑为"张公规"之误。苏轼谪居黄州后期，尝与太守杨采、通判张公规游安国寺，作《养生难在去欲》一文，见《东坡志林》卷一。参见第259页第5则。

③ 岳渎：五岳四渎之并称。五岳指东岳泰山、南岳衡山、西岳华山、北岳恒山、中岳嵩山。四渎指长江、黄河、淮河、济水。

④ 宝区血庙：犹言身躯脐脏。

⑤ 决意于太公、吕后：指刘邦绝情于父与妻。楚汉相争，项王擒获刘太公与吕后，常置军中。告汉王欲烹太公，汉王曰："吾翁即若翁，必欲烹而翁，则幸分我一杯羹。"见《史记·项羽本纪》。

⑥ 戚夫人：汉高祖刘邦宠妃。定陶（今属山东菏泽市）人。善歌舞。有子名如意，封赵王。高祖晚年欲以如意代太子盈，太子请商山四皓辅佐，乃罢。高祖崩，吕后毒死如意，断戚夫人手足，挖眼灼耳，喂以哑药，令居厕中，谓为"人彘"，数日后乃死。见《史记·吕后本纪》。

24. 曲　端

曲端在陕西[1]，甚有威望。张魏公宣抚，首擢用之。金人万户娄室与撒离曷等寇邠州[2]，端击败之。至白店原，又大败之。撒离曷乘高望师，惧而号哭，金人因目之为"啼哭郎君"。后以端恃功骄恣，废不用。又惧其得士心，竟杀之。自端之死，众心稍离。金再入，战于富平。我师诈张端旗以惧敌。娄室知端已死，拊掌笑曰："何绐我也。"于是尽锐力攻，我师败绩，自是陕西非我有矣。淳熙间，议高庙配享[3]，洪景卢举此为魏公罪，迄不得侑食[4]。昔孔明斩马谡[5]，已为失计。魏公袭其事，几于自坏万里长城。至于诈张端旗，尤为拙谋，徒足以召敌人之笑，沮我师之气耳。端亦知书，尝作诗云："破碎山河不足论，几时重到渭南村[6]。"昔人诗："欲挂衣冠神武门，先寻水竹渭南村[7]"，此事也。（丙编卷一）

【注释】

① 曲端:字正甫,镇戎(今宁夏固原市)人。建炎时为泾原路经略安抚使。张浚宣抚川陕,擢为威武大将军,屡败金兵于邠州、白店原等地。后为张浚所杀。《宋史》本传:"端有将略,使展尽其才,要未可量。然刚愎恃才凌物,此其所以取祸云。"参见第614页第57则注释㉛。

② 娄室与撒离曷:即纥石烈良弼与萨里罕。建炎末,进攻陕西金兵统帅与副统帅。参见第660页第13则注释⑨、第653页第8则注释⑦。

③ 议高庙配享:讨论已故功臣附祭于高宗庙庭。《宋史纪事本末》卷二十二:"(淳熙十五年三月)用翰林学士洪迈议,以吕颐浩、赵鼎、韩世忠、张俊配享高宗庙庭。秘书少监杨万里以张浚有社稷功,请用浚配享,不听。"

④ 侑食:附祭;配享。

⑤ 孔明斩马谡:建兴六年(228),诸葛亮率蜀军攻祁山,遣马谡为前锋,督诸军与魏将张郃战于街亭(今甘肃平凉市庄浪县东南),谡违亮节度,大败。亮杀谡以谢众,一说为下狱死。

⑥ 渭南村:此处泛指宋秦凤路诸州县(今陕西东南部地区)。建炎后为金占领。

⑦ 欲挂两句:宋姚嗣宗《题关右寺壁》诗。赵令畤《侯鲭录》卷三:"东坡于关中驿舍见一诗,录之,不知谁氏子作。后闻乃姚嗣宗诗,云:'欲挂衣冠神武门,先寻水竹渭南村。却将旧斩楼兰剑,买得黄牛教子孙。'"神武门,南朝建康皇宫西首神虎门,唐初改"虎"为"武"。相传南朝梁陶弘景曾在此挂衣冠而上书辞禄。后亦泛指朝廷。姚嗣宗,华州(治今陕西渭南市华县)人。康定元年(1040),以布衣召试学士院,为环州军事判官。庆历中,范仲淹、韩琦荐为著作郎、陕西四路部署司勾当公事。后历知浔、龚诸州。兼通经术,文笔奇峭有古风。

25. 不谈风月

范旂叟为广西宪[①],会僚属小酌,曰:"今日之集,非特不谈风月,亦且不论文章,只说政疵民病。"众皆唯唯。余从容曰:"若谈夫子、孟轲之文章,以浇光风霁月之胸次[②],则民吾同胞,物吾同与也[③]。痒痾疾痛,举切吾身,施之有政,当有本末先后,而民病庶乎有瘳矣。"旂叟甚喜,不以为忤。旂叟号西堂先生,开明练达,遇事如破竹。性刚介,有不可,必达其意而后止。在广西岁馀,丐祠归养亲。发奏牍之日,即出台治,寓僧舍,不请俸给钱。将漕湖南,总所专人来索钱[④],在庭咆哮无礼,命杖而黥之。既毕,上章自劾,乞归田里,总所讫不敢害。朝廷为颁召命,然竟卒于湖南。其将卒也,请僚属入卧内,命吏取案牍来,处榻判结数事。既毕,又曰:"某县有母诉其子者,此关系风教,不可不施行。"命取来,又判讫。略言及身后事,与僚属揖别,须臾已逝矣。其精爽不乱如此。有《对越集》百卷行于世,皆其历任判断之语也。近年门生故吏合辞请于朝,特谥清敏。余初任为容南法掾,才数月,偶留帅幕。旂叟忽袖中出职状一纸畀余[5],余辞以未书一考[6],不当受。旂叟曰:"固也,子亦漫收之[7],若书一考,而某未以罪去,则可以放散[8]。不然,亦聊见某具一只眼耳。"又曰:"非特不必以诗文相惠,明日亦不必到客位。"因言近日来谀风可羞,长官招僚属一杯。其初招也,则有所谓谢请。其既毕也,又有所谓谢会。一杯之酒,两至客位,行之者不以为耻,此何等风俗耶!小官不足责,推其原,皆由长官无见识,妄自尊大,遂成此风。此虽小事,然摧坏小官气节,关系却大。"(丙编卷二)

【注释】

① 范旂叟:范应铃,字旂叟,丰城(今属江西宜春市)人。开禧元年(1205)进士,调永新尉。知崇仁县,有政声。调提辖文思院,干办诸军审计。又通判抚州、蕲州,知吉州。后以轻发贼杀主帅叛卒被劾,闲居六年,起为广西提点刑狱。累迁金部郎官、湖南转运判官兼安抚司。平峒寇之乱,擢大理少卿。为官开明磊落,守正不阿。卒,谥清敏。

② 光风霁月:指雨过天晴时明丽景象。亦用以喻人高洁、宽广之胸襟。

③ 民吾同胞,物吾同与:意谓世人皆为我同胞,万物俱属我同辈。语出张载《西铭》,见《张子全集》卷一。"物吾同与"原作"物吾与也"。

④ 总所:总领所简称。南宋总领财赋、军马钱粮官均置司于重镇,其治即为总领所。

⑤ 职状:奏举幕职官升阶文书。元丰改制,幕职官隶选人阶,为从事郎以上至承直郎,皆从八品。　畀(bì):给;给予。

⑥ 考:考绩磨勘。选人七阶通常须历三任六考、五人举荐,经磨勘、待次便殿引见,方得改官。

⑦ 漫:聊;姑且。

⑧ 放散:根据上下文意,或为"放选"。指解除候选选限,许与参选注官。

26. 老卒回易

张循王之兄保[1],尝怨循王不相援引,循王曰:"今以钱十万缗、卒五千付兄,要使钱与人流转不息,兄能之乎?"保默然久之,曰:"不能。"循王曰:"宜弟之不敢轻相援引也[2]。"王尝春日游后圃,见一老卒卧日中,王蹴之曰:"何慵眠如是!"卒起声喏,对曰:"无事可做,只得慵眠。"王曰:"汝会做甚事?"对曰:"诸事薄晓,如回易之类[3],亦粗能之。"王曰:"汝能回易,吾以万缗付汝,何如?"对曰:"不足为也。"王曰:

"付汝五万。"对曰:"亦不足为也。"王曰:"汝需几何?"对曰:"不能百万,亦五十万乃可耳。"王壮之,予五十万,恣其所为。其人乃造巨舰,极其华丽。市美女能歌舞音乐者百馀人,广收绫锦奇玩、珍羞佳果及黄白之器;募紫衣吏轩昂闲雅若书司、客将者十数辈[④],卒徒百人。乐饮逾月,忽飘然浮海去,逾岁而归。珠犀香药之外,且得骏马,获利几十倍。时诸将皆缺马,惟循王得此马,军容独壮。大喜,问其何以致此,曰:"到海外诸国,称大宋回易使,谒戎王,馈以绫锦奇玩。为具招其贵近,珍羞毕陈,女乐迭奏。其君臣大悦,以名马易美女,且为治舟载马,以珠犀香药易绫锦等物,馈遗甚厚,是以获利如此。"王咨嗟褒赏,赐予优渥。问能再往乎,对曰:"此戏幻也[⑤],再往则败矣,愿仍为退卒老园中。"呜呼!观循王之兄与浮海之卒,其智愚相去奚翅三十里哉[⑥]!彼卒者,颓然甘寝苔阶花影之下,而其胸中之智,圆转恢奇乃如此。则等而上之,若伊吕管葛者[⑦],世亦岂尽无也哉!特莫能识其人,无繇试其蕴耳。以一弊衣老卒,循王慨然捐五十万缗畀之,不问其出入,此其意度之恢弘,固亦足以使之从容展布以尽其能矣。勾践以四封之内外付种蠡[⑧],汉高皇捐黄金四十万斤于陈平[⑨],由此其推也,盖不知其人而轻任之,与知其人而不能专任,皆不足以有功。观其一往之后,辞不复再,又几于知进退存亡者,异哉!(丙编卷二)

【注释】

① 张循王:张俊,追封循王。参见第637页第12则注释④。

② 宜:无怪。表示事情本当如此。

③ 回易:交易。

④ 紫衣吏:着公服官吏。　书司、客将:此处泛指文、武随从。

⑤ 戏幻:幻术。此处指虚假,假冒。

⑥ 奚翅:亦作"奚啻"。何止;岂但。

⑦ 伊吕管葛:指商伊尹、西周吕尚、春秋齐管仲、三国蜀诸葛亮。四人皆有辅佐大功。后因并称泛指辅弼重臣。

⑧ 勾践:亦作"句践"。春秋末越国君。越王允常之子。姒姓,又称菼执。公元前497—前465年在位。曾败于吴王夫差,屈服求和,入吴为人质三年。放归返国后,卧薪尝胆,重用文种、范蠡等,逐渐恢复国力,转弱为强,终灭吴称霸。　种蠡:越大夫文种、范蠡并称。《国语·越语下》:"王曰:'蠡为我守于国。'对曰:'四封之内,百姓之事,蠡不如种也。四封之外,敌国之制,立断之事,种亦不如蠡也。'"

⑨ 汉高皇句:楚汉战争中,楚军围荥阳,汉王刘邦用陈平计,出黄金四万斤,陈平用以纵反间

于楚军。项王果不信其将钟离昧及亚父范增等。见《史记·陈丞相世家》。

27. 观 山 水

赵季仁谓余曰[①]:“某平生有三愿:一愿识尽世间好人,二愿读尽世间好书,三愿看尽世间好山水。”余曰:“尽则安能,但身到处莫放过耳。”季仁因言朱文公每经行处,闻有佳山水,虽迂途数十里,必往游焉。携樽酒,一古银杯,大几容半升,时引一杯。登览竟日,未尝厌倦。又尝欲以木作《华夷图》,刻山水凹凸之势,合木八片为之,以雌雄笋相入[②],可以折,度一人之力,足以负之,每出则以自随。后竟未能成。余因言夫子亦嗜山水,如“知者乐水,仁者乐山[③]”,固自可见。如“子在川上[④]”,与夫“登东山而小鲁,登泰山而小天下[⑤]”,尤可见。大抵登山临水,足以触发道机,开豁心志,为益不少。季仁曰:“观山水亦如读书,随其见趣之高下。”(丙编卷三)

【注释】

① 赵季仁:赵师恕,字季仁,长乐(今属福建福州市)人。宗室子。嘉定中知馀杭。端平元年(1234)知袁州;三年,改知静江府。嘉熙元年(1237)为湖南帅,累迁直徽猷阁、知南外宗正司事。

② 雌雄笋:古代竹、木、石制器物或构件连接相嵌之榫卯。

③ 知(zhì)者乐(yào)水,仁者乐山:意谓智慧者喜好水,仁厚者喜好山。语出《论语·雍也》。朱熹《论语集注》:“知者达于事理而周流无滞,有似于水,故乐水;仁者安于义理而厚重不迁,有似于山,故乐山。”

④ 子在川上:见《论语·子罕》:“子在川上,曰:‘逝者如斯夫,不舍昼夜。’”朱熹《论语集注》:“天地之化,往者过,来者续,无一息之停,乃道体之本然也。然其可指而易见者,莫如川流。”

⑤ 登东山两句:见《孟子·尽心上》:“孔子登东山而小鲁,登太山而小天下。”朱熹《孟子集注》:“此言圣人之道大也。东山,盖鲁城东之高山。而太山则又高矣。此言所处益高,则其视下益小;所见既大,则其小者不足观也。”

28. 山 静 日 长

唐子西诗云[①]:“山静似太古,日长如小年。”余家深山之中,每春夏之交,苍藓盈阶,落花满径,门无剥啄[②],松影参差,禽声上下。午睡初足,旋汲山泉,拾松枝,煮苦茗啜之。随意读《周易》《国风》《左氏传》《离骚》《太史公书》及陶杜诗、韩苏文数篇。从容步山径，抚松竹，与麛犊共偃息于长林丰草间。坐弄流泉，漱齿濯足。既归竹窗下，则山妻稚子，作笋蕨，供麦饭，欣然一饱。弄笔窗间，随大小作数十字，展所藏法帖、墨迹、画卷纵观之。兴到则吟小诗，或草《玉露》一两段[3]。再烹苦茗一杯，出步溪边，邂逅园翁溪友，问桑麻，说秔稻[4]，量晴校雨，探节数时，相与剧谈一饷。归而倚杖柴门之下，则夕阳在山，紫绿万状，变幻顷刻，恍可人目。牛背笛声，两两来归，而月印前溪矣。味子西此句，可谓妙绝。然此句妙矣，识其妙者盖少。彼牵黄臂苍，驰猎于声利之场者，但见衮衮马头尘，匆匆驹隙影耳[5]，乌知此句之妙哉！人能真知此妙，则东坡所谓“无事此静坐，一日是两日，若活七十年，便是百四十[6]”，所得不已多乎！（丙编卷四）

【注释】

① 唐子西：唐庚，字子西，眉州丹棱（今属四川眉州市）人。绍圣进士。历宗子博士。张商英为相，荐为提举京畿常平。后商英罢，庚亦坐贬，安置惠州。会赦，复官承议郎。归蜀，病卒于道，年五十一。庚为文精密，通于世务。工诗，近于苦吟。有《眉山集》二十二卷。本则所引诗，题作《醉眠》，见《眉山集·眉山诗集》卷四：“山静似太古，日长如小年。馀花犹可醉，好鸟不妨眠。世味门常掩，时光簟已便。梦中频得句，拈笔又忘筌。”

② 剥啄：又作“剥琢”。象声词。敲门或下棋声。

③ 玉露：指本书《鹤林玉露》。淳祐十二年（1252），罗大经罢官还山，数月后完成本书丙编。

④ 秔（jīng）稻：即粳稻。一种矮茎、窄叶、米粒粗短、黏性较强的水稻。

⑤ 但见两句：形容光阴年华在往来奔波中如白驹过隙般流逝。

⑥ 无事四句：苏轼此诗题作《司命宫杨道士息轩》，诸刻本皆不载。清查慎行《苏诗补注》卷四十八采录，曰：“无事此静坐，一日似两日。若活七十年，便是百四十。黄金几时成，白发日夜出。开眼三千秋，速如驹过隙。是故东坡老，贵汝一念息。时来登此轩，目送过海席。家山归未能，题诗寄屋壁。”慎按：息轩在儋州城南朝天宫中。

29. 陆氏义门

陆象山家于抚州金溪[1]，累世义居[2]。一人最长者为家长，一家之事听命焉。逐年选差子弟分任家事。或主田畴，或主租税，或主出纳，或主厨爨，或主宾客。公堂之田，仅足给一岁之食。家人计口打饭，自办蔬肉，不合食。私房婢仆，各自供给,许以米附炊。每清晓,附炊之米交至掌厨爨者,置历交收[3]。饭熟,按历给散。宾至,则掌宾者先见之,然后白家长出见。款以五酌,但随堂饭食,夜则卮酒杯羹,虽久留不厌。每晨兴,家长率众子弟致恭于祖祢祠堂,聚揖于厅,妇女道万福于堂[4]。暮,安置亦如之。子弟有过,家长会众子弟,责而训之。不改,则挞之。终不改,度不可容,则告于官,屏之远方。晨揖,击鼓三叠,子弟一人唱云:"听听听听听听听,劳我以生天理定。若还惰懒必饥寒,莫到饥寒方怨命。虚空自有神明听。"又唱云:"听听听听听听听,衣食生身天付定。酒肉贪多折人寿,经营太甚违天命。定定定定定定定。"又唱云:"听听听听听听听,好将孝弟酬身命。更将勤俭答天心,莫把妄思损真性,定定定定定定定,早猛省。"食后会茶,击磬三声,子弟一人唱云:"凡闻声,须有省,照自心,察前境,若方驰骛速回光,悟得昨非由一顷,昔人五观一时领[5]。"乃梭山之词也[6]。近年朝廷始旌表其门闾。其词曰:"张公忍字[7],睦九世于唐朝;陈氏义居[8],专一门于江左。若稽前美,允谓鲜能。抚州青田陆氏,代有名儒,德在谥典[9]。聚其族逾三千指,合而爨将二百年。异时流别籍之私,存学者齐家之道。询于州里,既云十世可知;登之简书,奚止一乡称善。视昔为盛,于今为难。部使转以上闻,仪曹请为褒别。事关风教,须议指挥[10]。"(丙编卷五)

【注释】

① 陆象山:陆九渊。参见第711页第5则注释②。家居抚州金溪青田(在今江西抚州市金溪县东北陆坊乡)。

② 义居:指孝义之家世代同居。

③ 置历:设置记录簿。

④ 万福:古代妇女相见行礼,多口称"万福",后因以指妇女行礼。行礼时,两手松松抱拳,重叠于胸前右下侧上下移动,并略呈鞠躬姿势。

⑤ 五观:佛教用语。又作"食时五观"。指佛门饮食前所应作之五种观法。源于唐《四分律删繁补阙行事钞》。宋黄庭坚作《士大夫食时五观》一文,推及士人修身养性,曰:"古者君子有饮食之教,在《乡党》《曲礼》,而士大夫临尊俎则忘之矣。故约释氏法,作士君子食时五观,云:一、计功多少,量彼来处。此食垦殖、收获、舂硙、淘汰、炊煮乃成,用功甚多。何况屠割生灵为己滋味,一人之食,十人作劳。家居则食父祖心力所营,虽是己财,亦承馀庆;仕宦则食民之膏血,大不可言。二、忖己德行,全缺应供。始于事亲,中于事君,终于立身。全此三者,则应受此供;缺则当知愧耻,不敢尽味。三、防心离过,贪嗔痴为宗。治心养性,先防三过:美食则贪,恶食则嗔,终日食而不知食之所从来则痴。君子食无求饱,离此过也。四、正事良药,为疗形苦。五谷五蔬以

养人，鱼肉以养老。形苦者饥渴为主病，四百四病为客病，故须食为医药，以自扶持。是故，知足者举箸常如服药。五、为成道业，故受此食。君子无终食之间违仁，先结款状，然后受食。'彼君子兮，不素餐兮'，此之谓也。山谷老人曰：《礼》所教饮食之序，教之末也；食而作观，教之本也。大概今之士大夫，诵先王之法言则一人也，起居饮食则一人也，故设教不得不如是。君子有九思，终身之思也；食时作五观，终食之思也。人一日如是行之，念念在仁智，则夫二人者合而为一矣。"（《山谷外集》卷九）

⑥ 梭山：陆九韶，号梭山居士。九韶（梭山）、九龄（复斋）、九渊（象山）三兄弟自创学派，并称"三陆子之学"。

⑦ 张公忍字：张公艺，郓州寿张（今山东聊城市阳谷县南）人。九代同居。其家自北齐至唐，数获旌表。据《旧唐书·孝友传》："麟德中，高宗有事泰山，路过郓州，亲幸其宅，问其义由。其人请纸笔，但书百馀'忍'字。高宗为之流涕，赐以缣帛。"

⑧ 陈氏义居：唐文宗时，南朝陈皇室后裔迁至江州庐山西南（今江西九江市德安县车桥镇），聚族而居。至宋仁宗时，累世十九代，聚族三千九百馀口。朝廷屡加旌表，称"江州义门陈氏"。后由仁宗诏令按十二行派分析。

⑨ 德在谥典：朝廷根据死者生前德行赐赠谥号。陆氏八世祖希声，相唐昭宗，谥文。九龄，乾道五年（1169）进士，官至全州教授，谥文达。九渊，乾道八年进士，累官知荆门军，谥文安。

⑩ 指挥：唐宋诏敕总称。

30. 多景楼诗

前贤咏题，如太白《凤凰台》[①]，崔颢《黄鹤楼》[②]，固已佳矣。未若近时刘改之《题京口多景楼》[③]，尤为奇伟，真古今绝唱也。其词云："壮观东南二百州，景于多处却多愁。江流千古英雄泪，山掩诸公富贵羞。北府只今唯有酒[④]，中原在望莫登楼。西风战舰成何事，只送年年使客舟。"盖言多景可喜，而乃多愁何也？自古南未有能并北者，是以英雄泪洒长江，抱此遗恨。然推其所由，实当国者偷取富贵，宴安江沱之所致，是可羞也。晋人言，北府酒可饮，兵可用。今上下习安，玩仇忘寇，北府仅有酒可饮耳，而干戈朽，鈇钺钝[⑤]，士卒脆弱，未闻有可用之兵也，则中原腥膻，决无可洗涤之日，忍复登楼以望之乎！末言西风战舰，不为进取之图，而送使客之往来，反为奉币事仇之计，则益可悲矣。改之又尝作《塞下曲》十馀篇，尤悲壮感慨。尝携以谒陆放翁，放翁击节。赠诗云："君居古荆州，醉胆天宇小。尚不拜庞公[⑥]，况肯依刘表[⑦]。""胸中九渊蛟龙蟠，笔底六月冰雪寒。有时大叫脱乌帻，不怕

酒杯如海宽。放翁八十病欲死,相逢尚能刮眼看。李广不生楚汉间[8],封侯万户宜其难。”(丙编卷五)

【注释】

① 太白《凤凰台》:指李白《登金陵凤凰台》诗。见《李太白全集》卷二十一。王琦注引《珊瑚钩诗话》:“金陵凤凰台,在城之东南,四顾江山,下窥井邑,古今题咏,惟谪仙为绝唱。”

② 崔颢《黄鹤楼》:崔颢,汴州(今河南开封市)人。开元十年(722)进士,累官司勋员外郎。天宝十三载(754)卒。辛文房《唐才子传》卷一:“(崔颢)后游武昌,登黄鹤楼,感慨赋诗。及李白来,曰:‘眼前有景道不得,崔颢题诗在上头。’无作而去,为哲匠敛手。”

③ 刘改之:刘过,字改之,号龙洲道人,吉州太和(今江西吉安市泰和县)人。终身不仕,流落江湖,尝从辛弃疾等游。晚年寓居昆山。开禧二年(1206)卒,年五十三。有《龙洲集》《龙洲词》。

④ 北府:东晋时京口之别称。《资治通鉴》卷一百二《晋纪海西公下》:“(太和四年)春三月,大司马温请与徐兖二州刺史郗愔、江州刺史桓冲、豫州刺史袁真等伐燕。初,愔在北府,温常云:‘京口酒可饮,兵可用。’”胡三省注:“晋都建康,以京口为北府,历阳为西府,姑孰为南州。”“京口兵可用,盖山川风气然也,岂必至谢玄用之,而后敌人知畏哉!”

⑤ 铁钺:斫刀与大斧。铁,通“斧”。

⑥ 庞公:庞德,字令明,三国南安豲道(今甘肃定西市陇西县东南)人。初随马腾、马超,后归曹操,为立义将军。建安二十四年(219),屯樊城,助曹仁攻蜀将关羽,遇汉水泛滥,力战不屈,被俘杀。

⑦ 刘表:字景升,东汉末山阳高平(今山东济宁市邹城市西南)人。汉远支皇族。初平元年(190)为荆州刺史。后割据,为荆州牧。建安十三年(208)病卒。子琮降于曹操。

⑧ 李广:西汉名将。陇西成纪(今甘肃平凉市静宁县西南)人。文帝时,抗击匈奴,为郎、武骑常侍。景帝、武帝时,累官右北平太守,匈奴数年不敢侵扰,称之为“飞将军”。元狩四年(前119),随大将军卫青攻匈奴,以失道后期,自杀。“李广不生楚汉间”两句,据周密《齐东野语》卷八:“隆兴间,魏胜战死淮阴,孝宗追惜之。一日,谕近臣曰:‘人才须用而后见,使魏胜不因边衅,何以见其才?如李广在文帝时,是以不用,使生高帝时,必将大有功矣。’其后放翁赠刘改之曰:‘李广不生楚汉间,封侯万户宜其难。’盖用阜陵语也。改之大喜,以为善名我。”

31. 胡忠简上书

胡忠简乞斩秦桧之书,既具稿矣,迟疑未上。以示所亲厚,其人畏懦,力止之曰:“公有老母,讵可为此?”以其稿寸裂之。忠简愈疑。有书吏杨其姓者,请间曰:

“编修此书[①],外间已籍籍传诵[②],庙堂计亦知之矣。今书上亦得罪,不上亦得罪。书上而得罪,其去光华[③]。不上而得罪,其去暧昧,且其祸恐甚于不上也。”忠简大悟,亟缮写投进,乘夜潜诣逆旅,托其所亲厚以老亲妻子。其后□词[④],犹以誊稿四传为其罪。且曰:“倘有心于为国,自合输忠[⑤];惟诡道以取名,故兹惑众。”乃知天下事,不可不密,不可不断。此吏真忠简之忠臣,其识见如此,士大夫不如者多矣。(丙编卷五)

【注释】

① 编修:指枢密院编修。掌枢密院历年条例修正,以供检用。正八品。绍兴八年(1138),胡铨以此任上书论和议,乞斩秦桧等。

② 籍籍:众口喧腾貌。

③ 其去光华:意谓或许可致荣耀。光华,光荣,荣耀。

④ 其后□词:今本点校者王瑞来案:“‘词’上原脱一字。考上下文义,疑为‘贬’字。”然彼时官员升擢、罢免,常由中书舍人草拟,以皇帝名义宣布,称“制词”,四六体。

⑤ 输忠:献纳忠心。

32. 文章性理

凡作文章,须要胸中有万卷书为之根柢,自然雄浑有筋骨,精明有气魄,深醇有意味,可以追古作者。若作诗,只就诗中探撷;作四六,只就四六中斗凑[①];作古文,只就《史》《汉》、韩、柳中取其奇字硬语,模拟而为之;如此岂能如《霓裳》一曲[②],高掩前古哉!王荆公谓今之作文者,如拾奇花之英,掬而玩之,虽芳馨可爱,而根柢蔑如矣[③]。虽然,岂独文哉!近时讲性理者,亦几于舍六经而观语录。甚者将程、朱语录而编之若策括策套[④],此其于吾身心不知果何益乎!魏鹤山答友人书云[⑤]:“须从诸经字字看过,思所以自得,不可只从前贤言语上作工夫。”又云:“要作穷理格物工夫,须将三代以前模规在胸次,若只在汉晋诸儒脚迹下盘旋,终不济事。”又云:“向来多看先儒解说,近思之,不如一一自圣经看来。盖不到地头亲自涉历一番,终是见得不真。又非一一精体实践,则徒为谈辨文采之资耳。来书乃谓只须祖述朱文公诸书,文公诸书,读之久矣,政缘不欲于卖花担上看桃李[⑥],须树头枝底方见活精神也。”鹤山此论,学者不可不佩服。余尝辑《心学经传》十卷,序发之辞有曰:

"学者不求之周、程、张、朱固不可[7],徒求之周、程、张、朱,而不本之六经,是舍祢而宗兄也[8]。不求之六经固不可,徒求之六经,而不反之吾心,是买椟而弃珠也[9]。"(丙编卷六)

【注释】

① 斗凑:凑合;拼合。

②《霓裳》一曲:即《霓裳羽衣曲》或《霓裳羽衣舞》。唐宫廷乐舞,著名法曲。传为开元中西凉节度使杨敬述所献,初名《婆罗门曲》,后经玄宗润色并制歌词,改此名。一说玄宗登三乡泽,望女儿山,作此曲前半,后吸收杨所献《婆罗门曲》续成全曲。其乐、舞、服饰皆着力描绘虚无缥缈仙境及仙女形象。白居易《霓裳羽衣歌》诗,对此曲结构与舞姿有细致描写。安史乱后,此曲散佚。南唐李后主得残谱,昭惠后周娥皇与曹乐师按谱寻声,补缀成曲。南宋姜夔得商调《霓裳曲》十八遍于乐工故书中,以《霓裳中序》一遍填词,谱存《白石道人歌曲》集中。

③ 蔑如:微细;不足称。

④ 策括策套:宋士人为应付科举策试,将经史及时务主要内容缩编为简括材料,谓之策括。断章取义,连缀经史片言只语而成应策材料,谓之策套。

⑤ 魏鹤山:魏了翁,号鹤山。参见第711页第5则注释④。

⑥ 政缘:正因为。政,通"正"。正好;恰好。

⑦ 周、程、张、朱:指宋代理学家周敦颐、二程(颢、颐)、张载、朱熹。

⑧ 舍祢(nǐ)而宗兄:舍弃父庙而尊崇兄长。祢,父死,神主入庙。意谓舍本求末。

⑨ 买椟而弃珠:即"买椟还珠"。《韩非子·外储说左上》:"楚人有卖其珠于郑者,为木兰之柜,薰以桂椒,缀以珠玉,饰以玫瑰,辑以羽翠,郑人买其椟而还其珠。"比喻取舍不当。

33. 缕　葱　丝

有士夫于京师买一妾,自言是蔡太师府包子厨中人[1]。一日,令其作包子,辞以不能。诘之曰:"既是包子厨中人,何为不能作包子?"对曰:"妾乃包子厨中缕葱丝者也[2]。"曾无疑乃周益公门下士[3],有委之作志铭者,无疑援此事以辞曰:"某于益公之门,乃包子厨中缕葱丝者也,焉能作包子哉!"(丙编卷六)

【注释】

① 蔡太师:蔡京,官至太师。参见第345页第18则注释⑧。

② 缕:切成细丝;抽成细丝。

③ 曾无疑:曾三异,字无疑,号云巢先生,临江军新淦(今江西吉安市新干县)人。秘书郎三聘之弟。少有诗名,尤好经学。淳熙间为乡贡进士。庆元中,从旧相周必大为门客。端平元年(1234),除秘阁校勘;二年,为太社令。后奉祠归,卒。著有《宋新旧官制通考》十卷、《宋新旧官制通释》二卷等。

34. 尤杨雅谑

尤梁溪延之[①],博洽工文,与杨诚斋为金石交。淳熙中,诚斋为秘书监,延之为太常卿,又同为青宫寮采[②],无日不相从。二公皆善谑,延之尝曰:"有一经句,请秘监对。曰:'杨氏为我[③]。'"诚斋应曰:"尤物移人。"众皆叹其敏确。诚斋戏呼延之为"蝤蛑[④]",延之戏呼诚斋为"羊"。一日,食羊白肠。延之曰:"秘监锦心绣肠,亦为人所食乎?"诚斋笑吟曰:"有肠可食何须恨,犹胜无肠可食人。"盖蝤蛑无肠也。一坐大笑。厥后闲居,书问往来,延之则曰:"羔儿无恙?"诚斋则曰:"彭越安佳[⑤]?"诚斋寄诗曰:"文戈却日玉无价,宝气蟠胸金欲流[⑥]。"亦以蝤蛑戏之也。延之先卒,诚斋祭文云:"齐歌楚些[⑦],万象为挫。瑰伟诡谲,我倡公和。放浪谐谑,尚友方朔[⑧]。巧发捷出,公嘲我酢。"(丙编卷六)

【注释】

① 尤梁溪延之:尤袤,字延之,自号遂初居士,常州无锡(今属江苏)人。少入太学,以词赋冠南宫。绍兴十八年(1148)擢进士第。初为泰兴令,召除秘书丞,迁著作佐郎兼太子侍读,改江东提举常平。孝宗朝,累迁太常少卿,定宋太祖至钦宗庙制,权礼部侍郎兼修国史。光宗即位,除礼部尚书兼侍读。绍熙五年(1194)卒,年六十八。谥文简。工诗,诗学江西派,与杨万里、范成大、陆游齐名,称"中兴四大家"。著作已佚,清人辑有《梁溪遗稿》。

② 青宫寮采:东宫官属。寮采,同官。杨万里、尤袤二人皆曾任太子侍读,故称。

③ 杨氏为我:战国时魏国杨朱,倡"为我"之学。《孟子·尽心上》:"杨子取为我,拔一毛而利天下,不为也。"

④ 蝤蛑(yóu móu):即梭子蟹。俗称蟹为"无肠公子"。

⑤ 彭越:又作"彭月"。彭蜞。蟹之一种,体小肉少。

⑥ 文戈两句:疑为形容螃蟹体内肉、膏之词。

⑦ 齐歌楚些(suò):齐声歌唱招魂歌。楚些,《楚辞·招魂》沿用楚民间流行招魂词形式而

作，句尾皆有“些”字。后以“楚些”指招魂歌。

⑧ 尚友方朔：与东方朔为友。东方朔，字曼倩，西汉平原厌次（今山东德州市陵县东北，一说山东滨州市惠民县东）人。武帝时，为太中大夫。性诙谐滑稽。曾以辞赋谏帝戒奢侈，又陈农战强国之策，终不为所用。太始四年（前93）卒，年六十二。

35. 李杜

李太白当王室多难、海宇横溃之日，作为歌诗，不过豪侠使气，狂醉于花月之间耳。社稷苍生，曾不系其心胸，其视杜少陵之忧国忧民，岂可同年语哉！唐人每以李、杜并称，韩退之识见高迈，亦惟曰：“李杜文章在，光焰万丈长[①]。”无所优劣也。至本朝诸公，始至推尊少陵。东坡云：“古今诗人多矣，而惟以杜子美为首，岂非以其饥寒流落，而一饭未尝忘君也与[②]？”又曰：“《北征》诗识君臣大体[③]，忠义之气，与秋色争高，可贵也。”朱文公云：“李白见永王璘反[④]，便从臾之，诗人没头脑至于如此。”“杜子美以稷、契自许，未知做得与否，然子美却高，其救房琯亦正[⑤]。”（丙编卷六）

【注释】

① 李杜两句：见韩愈《调张籍》诗，《东雅堂昌黎集注》卷五。

② 一饭：犹言片刻。“一饭未尝忘君”之说，见苏轼《王定国诗集叙》，《东坡全集》卷三十四。

③《北征》诗：至德二载（757），杜甫自凤翔往鄜州，作《北征》诗以记在路及到家之事。评此诗“识君臣大体”等语，苏轼集中未见载，而见于宋人笔记《冷斋夜话》卷二《老杜刘禹锡白居易诗言妃子死》一则。《冷斋夜话》十卷，僧惠洪撰。惠洪，一名德洪，字觉范，筠州（治今江西宜春市高安市）人。大观中游丞相张商英之门，商英败，坐累谪朱崖。

④ 永王璘：李璘，唐玄宗之子，封永王。安史之乱时，领山南、江西、岭南、黔中四道节度使，荆州大都督，镇江陵。至德元载（756）七月，肃宗即位于灵武。九月，永王依谋士言，募死士、积财货而图东进。十二月，过庐山，李白入幕。二载二月，进据丹阳，永王兵败，被俘杀。李白坐流夜郎，中途遇赦。此处所引朱熹语，分别见于《朱子语类》卷一百三十六、一百四十。

⑤ 其救房琯：至德二载（757）五月，宰相房琯兵败，罢为太子少师。左拾遗杜甫上疏言房“有大臣度，真宰相器”，遭贬黜，自行在前往鄜州。参见第37页第8则注释④。

齐东野语

[宋] 周 密

《齐东野语》二十卷，宋周密撰。密字公谨，号草窗，晚年又自号四水潜夫、弁阳老人等。原籍济南，后为吴兴（今浙江湖州）人。生于宋理宗绍定五年（1232），大约卒于元成宗大德二年（1298）。宋季曾任临安府幕属、义乌令等职，宋亡不仕。有词名，并能诗文书画。有词集《蘋洲渔笛谱》《草窗词》。诗集《草窗韵语》。笔记除《齐东野语》外，还有《武林旧事》《癸辛杂识》《云烟过眼录》《浩然斋雅谈》等。又编选南宋词人佳作为《绝妙好词》。

《齐东野语》所记南宋旧事为多，系辑录于作者先人手泽、日录和杂书，也有取材于作者当时所闻见。书中考证典核，叙述详审，故《四库全书总目提要》称其『足以补史传之阙』。

选文标题为原书所有。

1. 表答用先世语

文正范公《岳阳楼记》有云:"先天下之忧而忧,后天下之乐而乐。"其后东坡行忠宣公辞免批答[①],径用此语云:"吾闻之乃烈考曰[②]:'君子先天下之忧而忧,后天下之乐而乐。'虽圣人复起,不易斯言。卿将书之绅,铭之盘盂,以为一言而可以终身行之者欤!则今兹爰立之命[③],乃所以委重投艰而已,又何辞乎?"其后忠宣上遗表[④],亦用之云:"盖尝先天下之忧,期不负圣人之学。此先臣所以教子,而微臣所以事君。"此又述批答之意,亦前所未见也。(卷一)

【注释】

① 忠宣公:范纯仁,字尧夫,范仲淹次子,谥忠宣。元祐三年(1088)四月,范纯仁自同知枢密院加大中大夫、右仆射兼门下侍郎,上表辞免,恩命不许,由苏轼草拟批答(见《东坡全集》卷一百十三)。凡执政官以上奏请及百僚合奏,皇帝批复文书称"批答",多由专职大臣或翰林学士代行。

② 烈考:显赫亡父。

③ 爰立:拜相。《尚书·说命》:"爰立作相,王置诸其左右。"

④ 遗表:大臣临终前所书章表,卒后上奏。徽宗即位,范纯仁病重,呼诸子口授遗表。建中靖国(1101)改元第二日,熟睡而卒,年七十五。赠开府仪同三司,谥忠宣。

2. 梓人抡材

梓人抡材[①],往往截长为短,斫大为小,略无顾惜之意,心每恶之。因观《建隆遗事》,载太祖时,以寝殿梁损,须大木换易。三司奏闻,恐他木不堪,乞以模枋一条截用。(模枋者,以人立木之两傍,但可手模,不可得见,其大可知。)上批曰:"截你爷头,截你娘头,别寻进来。"于是止。嘉祐中,修三司,敕内一项云:"敢以大截小,长截短,并以违制论。"即此敕也。大哉王言,岂区区靳一木哉?是亦用人之术耳!元丰中,赵伯山为将作监[②]。太后出金帛,建上清储祥宫[③],内侍陈衍主其役,请辍将作镇库模枋,截充殿梁,伯山执不与,且援引建隆诏旨,惟大庆、文德殿换梁方许用,乃已。《邵氏闻见录》乃以为晋邸内臣奏请[④],且文其辞云:"破大为小,何若斩汝之头乎?"失其实矣。(卷一)

【注释】

① 梓人抡材：木匠选择材木。

② 赵伯山：赵子崧，字伯山，太祖六世孙。崇宁五年(1106)进士，宣和间官至宗正少卿，除徽猷阁直学士、知淮宁府。汴京失守，起兵勤王。高宗即位，除延康殿学士、知镇江府。建炎中谪居南雄州，绍兴二年(1132)卒。

③ 上清储祥宫：元丰三年(1080)，神宗命在东京外城东南朝阳门内原上清宫遗址建上清储祥宫，至元祐六年(1091)建成。哲宗命苏轼撰碑，见《东坡全集》卷五十九。

④《邵氏闻见录》句：见《邵氏闻见录》卷一，云："太祖朝，晋邸内臣奏请木场大木一章造器用。帝怒，批其奏曰：'破大为小，何若斩汝之头也！'其木至今在，半枯朽，不敢动。"

3. 放翁钟情前室

陆务观初娶唐氏[①]，闳之女也，于其母夫人为姑侄。伉俪相得，而弗获于其姑。既出，而未忍绝之，则为别馆，时时往焉。姑知而掩之，虽先知挈去，然事不得隐，竟绝之，亦人伦之变也。唐后改适同郡宗子士程[②]。尝以春日出游，相遇于禹迹寺南之沈氏园[③]。唐以语赵，遣致酒肴，翁怅然久之，为赋《钗头凤》一词，题园壁间云："红酥手[④]，黄縢酒[⑤]，满城春色宫墙柳。东风恶，欢情薄，一怀愁绪，几年离索。错！错！错！　春如旧，人空瘦，泪痕红浥鲛绡透[⑥]。桃花落，闲池阁，山盟虽在，锦书难托。莫！莫！莫！"实绍兴乙亥岁也[⑦]。翁居鉴湖之三山，晚岁每入城，必登寺眺望，不能胜情。尝赋二绝云："梦断香销四十年，沈园柳老不飞绵。此身行作稽山土，犹吊遗踪一怅然。"又云："城上斜阳画角哀[⑧]，沈园无复旧池台。伤心桥下春波绿，曾是惊鸿照影来[⑨]。"盖庆元己未岁也[⑩]。未久，唐氏死。至绍熙壬子岁[⑪]，复有诗。序云："禹迹寺南，有沈氏小园。四十年前，尝题小词一阕壁间。偶复一到，而园已三易主，读之怅然。"诗云："枫叶初丹槲叶黄，河阳愁鬓怯新霜。林亭感旧空回首，泉路凭谁说断肠。坏壁醉题尘漠漠，断云幽梦事茫茫。年来妄念消除尽，回向蒲龛一炷香[⑫]。"又至开禧乙丑岁暮[⑬]，夜梦游沈氏园，又两绝句云："路近城南已怕行，沈家园里更伤情。香穿客袖梅花在，绿蘸寺桥春水生。""城南小陌又逢春，只见梅花不见人。玉骨久成泉下土，墨痕犹锁壁间尘。"沈园后属许氏，又为汪之道宅云。(卷一)

【注释】

① 唐氏:近代以来,学者以为唐氏名琬,乃陆游表妹。见丁传靖《宋人轶事汇编》卷十七引《香东漫笔》云:"放翁出妻姓唐名琬,和放翁《钗头凤》词,见《御选历代诗馀》及《林下词选》。"今宋词选注者如胡云翼等,注解《钗头凤》词,皆从此说。然南宋记载此事诸书,如刘克庄《后村诗话》卷六、陈鹄《西塘集耆旧续闻》卷十等,皆未言陆游初娶者姓名,惟《齐东野语》记作"唐氏",谓为陆游母舅唐闳之女。而陆游在《跋唐修撰手简》一文中(见《渭南文集》卷二十六),自言其曾外大父为唐介,即游母为唐介孙女。据《宋史·唐介传》,介字子方,江陵人,熙宁初官至参知政事。参见第389页第3则注释⑥。介有二子:长淑问,字士宪,元祐初官至左司谏;次义问,字士宣(《跋唐修撰手简》中言"字君益",与史未合),绍圣时官至集贤殿修撰、知颍昌府。介之孙亦有二:长恕,靖康初官至监察御史;次意,召对,因贫不能行,竟饿死江陵山中(《老学庵笔记》卷七:"舅氏唐居正意,文学气节为一时师表。建炎初,避兵武当山中,病殁。"与史相合)。故陆游舅氏乃唐恕、唐意,为有案可征。另,陆游有称"从舅"唐仲俊者。《老学庵笔记》卷四:"从舅唐仲俊,年八十五六,极康宁。"又《剑南诗稿》卷五十三,有《绍兴癸亥余以进士来临安年十九明年上元从舅光州通守唐公仲俊招观灯后六十年嘉泰壬戌被命起造朝明年癸亥复见灯夕游人之盛感怀有作》诗。此唐仲俊是否为唐闳,则未可知。据张淏《会稽续志》卷七:"会稽唐氏居新河坊,盖宣和中鸿胪少卿翊所营也。少卿长子闳,由郑州通判代还。"是以会稽唐翊、唐闳,与江陵唐介、唐意并无关涉。然又据袁桷《清容居士集》卷四十九《书江陵唐氏族谱后》:"唐故馀杭大族,其居江陵,繇公(唐介)父殿直君始。"可见,江陵唐氏为唐介父由馀杭迁往,而馀杭去会稽不远,或许会稽唐氏为馀杭同族远支,陆游称之为舅者,亦于情理可通。故周密所书,或有所本。然而,近人从"唐氏"演至"唐琬",则不知何从来也。

② 宗子:皇族子弟。唐氏后改适宗室子弟赵士程一说,亦首出于周密此书。《后村诗话》惟言"改适某官",《耆旧续闻》则谓"后适南班士名某"。南班,宋仁宗于南郊大祀时赐皇族子弟官爵,谓之南班官。

③ 禹迹寺:据《会稽志》卷七,寺在绍兴府东南四里许。东晋义熙十二年(416),骠骑将军郭伟舍宅置寺,名觉嗣。唐会昌五年(845)废。大中五年(851),僧契真复开此寺并置禅院,诏赐"大中禹迹寺"。其南有沈氏园,南宋时池台极盛。

④ 红酥:亦作"红苏"。形容红润柔腻。

⑤ 黄縢酒:即黄封酒。宋代官酿之酒,以黄罗帕或黄纸封坛,故名。

⑥ 红浥:指泪水沾染脸上胭脂而成红色。 鲛绡:传说中鲛人所织绢绡。借指丝帕。

⑦ 绍兴乙亥岁:指绍兴二十五年(1155)。陆游时年三十一。

⑧ 画角:古管乐器。传自西羌。形如竹筒,本细末大,以竹木或皮革等制成,表面着彩绘,故称。发声哀厉高亢,军中用以警昏晓,振士气,肃军容。帝王出巡,亦用以报警戒严。

⑨ 惊鸿:形容女子体态轻盈柔美。借指美女。

⑩ 庆元己未岁：指庆元五年（1199）。陆游时年七十五。

⑪ 绍熙壬子岁：指绍熙三年（1192）。此处时序或有前后倒错。

⑫ 蒲龛：佛堂；寺庙。

⑬ 开禧乙丑岁：指开禧元年（1205）。陆游时年八十一。

4. 潘庭坚王实之

庚子辛丑岁[①]，先君子佐闽漕幕时，方壶山大琮为漕[②]，臞轩王迈实之与方为年家[③]，气谊相好。用此，实之留富沙之日多[④]，而壶山资给亦良厚，然亦仅资一时饮博之费耳。籍中有吴宜者，王所狎也。一日，三司燕集，大合乐于公厅。吴方舞遍，实之被酒，直造舞筵，携之径去，旁若无人，一座为之愕然。壶山起谢曰："此吾狂友王实之也。"时以为奇事。实之，莆人。登甲科，甚有文名，落魄不羁。为正字日，因轮对，及故相擅权。理宗宣谕曰："姑置卫王之事[⑤]。"迈即抗声曰："陛下一则曰卫王，二则曰卫王，何容保之至耶？"上怒不答，径转御屏，曰："此狂生也。"迈后归乡里，自称"敕赐狂生"。尝有诗云："未知死所先期死，自笑狂生老更狂。"又赋《沁园春》曰："狂如此，更狂狂不已。"押赴琼崖。同时富沙人紫岩潘枋庭坚[⑥]，亦以豪侠闻，与实之不相下。庭坚初名公筠，后以诏岁乞灵南台神[⑦]，梦有持方牛首与之，遂易名为枋。殿试第三人，跌宕不羁，傲侮一世。为福建帅司机宜文字日[⑧]，醉骑黄犊，歌《离骚》于市，人以为仙。尝约同社友剧饮于南雪亭梅花下，衣皆白。既而尽去宽衣，脱帽呼啸。酒酣客散，则衣间各浓墨大书一诗于上矣。众皆不能堪。居无何，同社复置酒瀑泉亭。行令曰："有能以瀑泉灌顶，而吟不绝口者，众拜之。"庭坚被酒豪甚，竟脱巾髽髻[⑨]，裸立流泉之冲，且高唱《濯缨》之章[⑩]。众因谬为惊叹，罗拜以为不可及，且举诗禅问答以困之，潘气略不慑，应对如流，然寒气已深入经络间矣。归即卧病而殂。既不得年，又以戏笑作孽，不自贵重，闻者惜之。庭坚才高气劲，读书五行俱下，终身不忘。作文未尝视草，尤长于古乐府。年六七岁时，尝和人诗云："竹才生便直，梅到死犹香。"识者已知其不永。其论巴陵之疏[⑪]，至今人能诵之，以此终身坎壈焉[⑫]。刘潜夫志其墓云："公论如元气兮，入人之肝脾。有一时之荣辱兮，有千载之是非。昔在有周兮，观孟津之师[⑬]。于扣马之谏兮[⑭]，曰扶而去之。彼八百国之同兮，不能止一士之异。呜呼！此所谓世教兮[⑮]，所谓民彝[⑯]。"正谓此也。余少侍先君子，皆尝识之，转眼今五十年矣。（卷四）

【注释】

① 庚子辛丑岁:指嘉熙四年(1240)与淳祐元年(1241)。

② 方大琮:字德润,号壶山,莆田(今属福建)人。开禧元年(1205),以词赋为省试第三人,授南剑州学教授。累官右正言,疏论天下大势,复言理乱安危之要,迁起居舍人兼实录院检讨官。端平三年(1236),上疏论济王之冤,为御史所劾,与王迈、刘克庄同罢,出为福建转运使。后改集贤殿修撰知广州,为广东经略安抚使,加宝章阁直学士。淳祐七年(1247)卒,年六十五。赠宝谟阁学士,谥忠惠。

③ 王迈:字实之,一作贯之,自号臞轩居士,兴化军仙游(今属福建莆田市)人。嘉定十年(1217)进士,为潭州观察推官。历南外睦宗院教授、漳州通判、知邵武军。为人刚直敢言,尤练世务。淳祐八年(1248)卒,年六十五。赠司农少卿。　年家:科举同年两家互称。

④ 富沙:南宋福建路建宁府治建安(今福建南平市建瓯市)别称。福建转运提举置司于此。

⑤ 卫王:指故相史弥远。弥远绍定六年(1233)卒,追封卫王。参见第644页第16则注释⑩。端平三年(1236),王迈为秘书省正字,上疏言选相事,理宗改容,斥其为"狂生",改通判漳州。

⑥ 潘牥:字庭坚,号紫岩,富沙人。初名公筠,避理宗讳改。端平二年(1235)策进士,对语最直。寻会殿中侍御史劾方大琮、刘克庄、王迈等,以牥策语不顺并论,调镇南军节度推官、衢州推官。历浙西提举常平司,迁太学正,旬日出通判潭州。淳祐六年(1246)卒于官,年四十三。刘克庄为撰墓志铭。

⑦ 南台神:南台山神。南台山,又名钓台山,在福州城南闽江中。

⑧ 帅司机宜文字:即南宋安抚使司主管机宜文字。安抚使司幕僚官,掌本司文书草拟、收发等公事。

⑨ 髽髻(zhuā jì):古代男女梳于头顶两旁或脑后的发髻。此处用作动词,束发。

⑩《濯缨》之章:即"沧浪之水清兮,可以濯吾缨;沧浪之水浊兮,可以濯吾足。"见于《楚辞·渔父》与《孟子·离娄上》。濯缨,洗濯冠缨。后用以喻超脱世俗,操守高洁。

⑪ 巴陵之疏:指上疏申济王之冤。宁宗无嗣,立宗子竑为皇子。嘉定十七年(1224)八月,宁宗崩,宰相史弥远矫诏另立宗子昀,即位为理宗,封竑为济王,赐湖州就第。宝庆元年(1225)正月,湖州盗潘甫、潘壬、潘丙率太湖亡命数十人,谋立济王竑,济王不从,强以黄袍加之。后济王觉其诈,遣使告于朝,与郡将率州兵剿平之。然史弥远则借机逼王自缢死,寻诏贬为巴陵郡公。其后,朝中有魏了翁、真德秀、洪咨夔、方大琮、刘克庄、王迈、潘牥、胡梦昱等相继疏其冤,皆窜逐。

⑫ 坎壈(lǎn):困顿;不顺利。

⑬ 观孟津之师:周武王继位后,以太公望为师,周公旦为辅,召公、毕公皆在王左右,谋对商用兵。于是,盟会诸侯于孟津,演练兵阵,传说有八百家诸侯参与,史称"孟津观兵"。

⑭ 扣马之谏:据《史记·伯夷列传》:"西伯卒,武王载木主,号为文王,东伐纣。伯夷、叔齐叩马而谏曰:'父死不葬,爰及干戈,可谓孝乎?以臣弑君,可谓仁乎?'左右欲兵之。太公曰:'此义

人也。'扶而去之。"

⑮ 世教：指当世正统思想与礼教。

⑯ 民彝：犹人伦。指人与人之间相处所应遵循之道德准则。

5. 方　翥

莆田方翥试南宫[①]，第三场欲出纳卷，有物碍其足，视之，则一卷子，止有前二篇，其文亦通畅，不解何以不终卷而弃于地也。翥笔端俊甚，以其绪馀足成之，并携出中门，投之幕中，一时不暇记其姓名，翥既中第，亦不复省问。他年，翥为馆职，偶及试闱异事，因及之。偶有客在坐，同年也，默不一语。翼日[②]，具冠裳造方，自叙本末。言："试日，疾不能支。吾扶拽而出，所谓试卷者，莫记所在，已绝望矣。一旦榜出，乃在选中。恍然疑姓名之偶同，幸未尝与人言。亟入京物色之，良是，借真卷观之，俨然有续成者，竟莫测所以。今日乃知出君之笔，君，吾恩人也。"方笑谢而已。按冯京知举[③]，张芸叟赋公生明[④]，重叠用韵，已而为第四名，窃怪主司卤莽。及元祐中，使虏过北门[⑤]，冯为留守，始修门生敬酒边[⑥]，冯因言："昔忝知举，秘监赋重叠用韵，以论策佳，辄为改之，擢置高第，颇记忆否?"芸叟方饮，不觉酒杯覆怀，再三愧谢。与此略同。(卷五)

【注释】

① 方翥：字次云，莆田(今属福建)人。幼孤，读书过目多所通解，下笔有轶语。绍兴八年(1138)进士及第，调闽清尉，到官未一载归。闭户十八年，尽读其从兄万卷楼所储书。三十二年召对，除秘书省正字，凡九月，以风闻论事罢。淳熙间尝知长乐县。卒于家。初，翥与林光朝俱在钱塘，光朝喜李白、石曼卿之为人，翥曰："此数人来孔门，恐一日着脚不得。"光朝愧悟，以翥为先闻道兄事焉。朱熹过莆谒翥，亦甚礼敬之。

② 翼日：次日。翼，通"翌"。

③ 冯京：字当世。参见第303页第2则注释①。

④ 张芸叟：张舜民，字芸叟。参见第505页第12则注释②。　公生明：谓公正便能明察事理。语出《荀子·不苟篇》："公生明，偏生暗。"此处"赋公生明"，指以"公生明"为赋题。宋前期省试分三场，即试策、试论、试诗赋，以三场全部成绩为录取凭据。

⑤ 北门：指北宋大名府(治今河北大名县)。哲宗即位，以冯京为保宁军节度使知大名府。

⑥ 修门生敬酒边：谓在门生敬酒活动中。修，实行(某项活动)。边，中，范围内。

6. 王敦之诈

王敦初尚武帝女武阳公主[1]。如厕，见漆箱盛干枣，本以塞鼻。王谓厕上亦下果食，遂至尽食。既还，婢擎金藻盆盛水，琉璃碗盛澡豆[2]，因倒著水中而饮之，谓是干饮，群婢莫不掩口而笑之。他日，又至石季伦厕[3]。十馀婢侍列，皆丽服藻饰。置甲煎粉、沉香汁之属[4]，无不毕备，又与新衣著令出。他客多羞不能如厕，敦独脱故衣著新衣，神色傲然。群婢相谓曰："此客必能作贼。"一王敦耳，何前蠢而后倨邪？干枣、澡豆，亦何至误食而不悟。至季伦之厕，则倨傲狠愎之状始不可得而掩矣。则知敦前之误，直诈耳。王荆公误食鱼饵[5]，亦近似之。人之不近人情者，鲜不为大奸大慝，吾于敦，重有感焉。（卷七）

【注释】

① 王敦：字处仲，西晋末镇东大将军。参见第421页第31则注释⑦。

② 澡豆：古代洗沐用品。以猪胰磨成粉状，合豆粉、香料等，经自然干燥而制成块状物。有去污与营养皮肤之效。

③ 石季伦：石崇，字季伦，小字齐奴，西晋渤海南皮（今河北沧州市南皮县北）人。初为修武令，累迁至侍中。永熙元年（290），出为荆州刺史，以劫掠客商致巨富。与贵戚王恺、羊琇等争为奢靡，又谄事贾谧，为"二十四友"之一。永康元年（300），八王之乱时，因与齐王冏善，为赵王伦所杀。

④ 甲煎粉、沉香汁：香料名。亦可入药。

⑤ 王荆公误食鱼饵：事见《邵氏闻见录》卷二，曰："仁宗皇帝朝，王安石为知制诰。一日，赏花钓鱼宴，内侍各以金楪盛钓饵药置几上，安石食之尽。明日，帝谓宰辅曰：'王安石诈人也。使误食钓饵，一粒则止矣；食之尽，不情也。'帝不乐之。"

7. 毕将军马

毕再遇[1]，兖州将家也。开禧用兵，诸将多败事，独再遇累有功。金虏认其旗帜即避之。屡迁至镇江都统制、扬州承宣使、骁卫上将军。后以老病致仕，始居于霅[2]。有战马，号黑大虫，骏駔异常[3]，独主翁能御之。再遇既死，其家以铁絙羁之圉中。适遇岳祠迎神，闻金鼓声，意谓赴敌，于是长嘶奋迅，断絙而出。其家虑伤人,命健卒十馀,挽之而归。因好言戒之云:“将军已死,汝莫生事累我家。”马耸耳以听,汪然出涕,喑哑长鸣数声而毙。呜呼!人之受恩而忘其主者,曾异类之不若,能不愧乎?(卷七)

【注释】

① 毕再遇:字德卿,兖州人。父进,建炎间从岳飞护卫八陵,转战江淮间,官至武义大夫。再遇以恩补官,隶侍行马司。开禧二年(1206),随军北伐,以功累迁左骁卫上将军。其姿貌雄杰,勇力过人,知兵略,善驾驭将卒,威声远播。嘉定十年(1217),以武信军节度使致仕,卒,年七十。赠太尉,累赠太师,谥忠毅。

② 霅:湖州之别称。

③ 骏驵(zǎng):高大强壮。

8. 王宣子讨贼

王佐宣子帅长沙日[①],茶贼陈丰啸聚数千人[②],出没旁郡,朝廷命宣子讨之。时冯太尉湛谪居在焉[③],宣子乃权宜用之。谍知贼巢所在,乘日晡放饭少休时[④],遣亡命卒三十人,持短兵以前,湛自率百人继其后,径入山寨。丰方抱孙独坐,其徒皆无在者。卒睹官军,错愕不知所为,亟鸣金啸集,已无及矣,于是成擒,馀党亦多就捕。宣子乃以湛功闻于朝,于是湛以劳复元官,宣子增秩。辛幼安以词贺之,有云:“三万卷,龙头客[⑤],浑未得文章力。把诗书马上,笑驱锋镝。金印明年如斗大,貂蝉元自兜鍪出[⑥]。”宣子得之,疑为讽己,意颇衔之。殊不知陈后山亦尝用此语送苏尚书知定州云[⑦]:“枉读平生三万卷,貂蝉当复坐兜鍪。”幼安正用此。然宣子尹京之时[⑧],尝有书与执政云:“佐本书生,历官处自有本末,未尝得罪于清议[⑨]。今乃蒙置诸士大夫所不可为之地,而与数君子接踵而进,除目一传[⑩],天下士人视佐为何等类?终身之累,孰大于此!”是亦宣子之本心耳。(卷七)

【注释】

① 王佐:字宣子,山阴(今浙江绍兴市)人。绍兴十八年(1148)举进士第一人,授签书平江军节度判官,未赴任,改秘书省校书郎。时秦桧专权,其子熺为提举秘书,众皆趋附,唯佐未尝妄交一语。隆兴初,以张浚荐,除中书门下省检正。金兵南侵,宰相汤思退都督江淮军马,佐尝参预军谋。历知建康府、潭州,以讨贼功拜显谟阁待制,累官户部尚书兼京尹。绍熙二年(1191)卒,年六

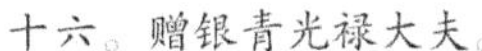

十六。赠银青光禄大夫。

② 茶贼陈丰：《宋史》中作“陈峒”。郴州宜章（今属湖南郴州市）人。淳熙六年（1179）正月，陈峒聚众起事，破连州、道州及桂阳军诸县。三月，诏湖南安抚使、知潭州王佐讨捕之。佐起用流臣冯湛统军，月馀即破峒，斩之。事见《会稽志》卷十五。

③ 冯湛：生平未详。淳熙初为水军都统，尝造多桨战船，底平樯浮，虽尺水可运。

④ 日晡放饭：日交申时而食。晡，申时。

⑤ 龙头客：科举中状元者。

⑥ 貂蝉元自鍪鍪出：用南朝齐将军周盘龙典。《南齐书·周盘龙传》：“盘龙表年老才弱，不可镇边，求解职，见许，还，为散骑常侍、光禄大夫。世祖戏之曰：‘卿著貂蝉，何如兜鍪？’盘龙曰：‘此貂蝉从兜鍪中出耳。’”意谓我做近侍乃从战场拼杀得来。貂蝉，古代侍中、常侍等近臣冠冕，以貂尾、附蝉为饰，故称“貂蝉冠”。宋代又称“貂蝉笼巾”。鍪鍪，亦作“兜鍪”“兜牟”，古代战士头盔。

⑦ 陈后山：陈师道。参见《后山谈丛》题解及第 488 页第 31 则注释④。元祐八年（1093）九月，苏轼谪定州，师道作《寄送定州苏尚书》诗劝公省事高退。诗曰：“初闻简策侍前旒，又见衣冠送作州。北府时清惟可饮，西山气爽更宜秋。功名不朽聊通袖，海道无违具一舟。枉读平生三万卷，貂蝉当复自兜牟。”见《后山诗注补笺》卷四。

⑧ 尹京：南宋指知临安军府事。简称京尹。

⑨ 清议：指士人时政之议。

⑩ 除目：除授官吏文书。

9. 士子诉试

王希吕仲衡知绍兴郡[①]，举进士。有为二试卷，异其名，皆中选。黜者不厌[②]，哗然诉之。王呼其首问曰：“尔生几何年，凡几试矣？”众谓怜其潦倒，则皆以老于场屋对。王曰：“曾中选否？”曰：“正为累试皆不利也。”王忽作色曰：“尔曹累试不一得，彼一试而两得，尚敢诉耶！”叱而出之。（卷八）

【注释】

① 王希吕：字仲行，一字仲衡，宿州（今属安徽）人。建炎初，自北归南，寓居嘉兴府。乾道五年（1169）登进士第，授秘书省正字，除右正言。时张说以攀援戚属擢用，再除签书枢密院事，希吕与侍御史李衡交章劾之。孝宗疑其合党邀名，大加斥责。翰林院直学士周必大拒为草诏，给事中莫济封还录黄。四人同遭贬责，时人谓为“四贤”。淳熙间，历知庐州兼安抚使、江西转运副使，召

为中书舍人、给事中，累迁吏部尚书兼侍读。后出知绍兴、平江府，由知太平州放罢。卒于家。

② 黜者不厌：谓落第者不服。

10. 父执之礼

前辈事父执之礼甚严。汉马伏波有疾[①]，梁松来候之[②]，独拜床下，援不答。松去，诸子问曰："梁伯孙，帝婿贵重，公卿莫不惮之，大人独不为礼？"援曰："我乃松之父友也，虽贵，何得失其序乎！"王丹召为太子少傅[③]，大司徒侯霸欲与交友[④]，遣子昱候于道，迎拜车下，丹下答之。昱曰："家君欲与君结友，何为见拜？"丹曰："君房有是言，丹未之许也。"然则答拜乃疏之耳。至国朝东都时，此礼犹在。韩魏公留钥北京日[⑤]，李稷以国子博士为漕[⑥]，颇慢公，公不与较，待之甚礼。俄，潞公代魏公为留守[⑦]，未至，扬言云："李稷之父绚，我门下士也。闻稷敢慢魏公，必以父死失教至此。吾视稷，犹子也，果不悛，将庭训之。"公至北京，李稷谒见，坐客次。久之，着道服出[⑧]，语之曰："而父，吾客也，只八拜。"稷不获已，如数拜之。此事或传李稷为许将。熙宁初，吕晦叔诸子谒欧阳公于颍上[⑨]，疑当拜与否。既见叙，拜，文忠不复辞，受之如受子侄之礼。二子既出，深叹前辈不可及。崇宁间，陆佃农师在政府日[⑩]，有大卿岑象先岩起于农师为父执[⑪]。一日来访，延之堂奥，具冠裳拜之。既而岑作手简来谢云："前日登门展庆[⑫]，蒙公敦笃事契，俾纳贵礼。于公有㧑谦之光[⑬]，使老者增僭易之过[⑭]。然大将军有揖客[⑮]，古人以为美谈，今文昌纲辖有受拜客[⑯]，顾不美于前人乎。"前辈遇通家子弟[⑰]，初见请纳拜者，既受之，则设席望其家，遥拜其父祖，乃始就坐。盖当时风俗尚厚，虽执政之于庶官亦讲此礼，不以为异也。自南渡以后，则世道日薄矣。然余幼时，犹见亲旧通家初见日，必先拜其家影堂[⑱]，后请谒，此礼今亦不复见也。（卷九）

【注释】

① 马伏波：马援，东汉伏波将军。参见第398页第10则注释⑩。

② 梁松：字伯孙，汉安定乌氏（今甘肃平凉市西北）人。父统，官至九江太守，封延陵乡侯，清廉刚直，有政声。统死，松袭其侯。少为郎，尚光武帝女舞阳长公主，迁虎贲中郎将。松博通经书，明习故事，修明堂、辟雍、郊祀、封禅礼仪，宠幸莫比。光武崩，受遗诏辅政，迁太仆。永平二年（59），以私书请托荐官罢。四年，坐飞书诽谤下狱死。

③ 王丹：字仲回，汉京兆下邽（今陕西渭南市临渭区北）人。哀帝、平帝时仕州郡，新莽时连征不至，家累千金，隐居养志。资性方洁，疾恶强豪。光武帝时，召为太子少傅，迁太子太傅。卒于家。

④ 侯霸：字君房，汉河南密（今河南郑州市新密市东南）人。元帝时，佐石显等领中书，号大常侍。成帝时任太子舍人。家富，不事产业，笃志好学，师事房元，治《穀梁春秋》。王莽初，荐为随宰，迁执法刺奸、淮平大尹，政理有能名。建武四年（28），光武征为尚书令。霸明习故事，奏行前世善政法度，迁大司徒，封关内侯。十三年，薨。追封为则乡哀侯。

⑤ 留钥北京：镇守大名府。熙宁二年（1069），韩琦自相州移知大名府兼北京留守。

⑥ 李稷：字长卿，邛州（今四川成都市邛崃市）人。以父荫入官。熙宁初，权河北西路转运判官，寻徙东路。熙宁七年（1074），提举成都路茶场，擢盐铁判官。元丰四年（1081），权陕西转运使，以军粮不继，贬判官。五年，西夏兵攻永乐城，稷与徐禧等皆死之。永乐城之战，参见第396页第8则注释⑧。

⑦ 潞公：文彦博，封潞国公。参见第157页第18则注释②。熙宁六年（1073），文彦博为王安石所恶，力引去，拜司空、河东节度使判河阳，徙大名府。

⑧ 道服：家居所着道袍。

⑨ 吕晦叔诸子：吕公著子希哲、希纯。希哲字原明，学者称荥阳先生。少从焦千之、孙复、石介、胡瑗学，复从张载、二程游，闻见益广。以荫入官。王安石劝其勿事科举，乃绝意仕进。元祐中，尝为崇政殿说书，擢右司谏，御史论其进不由科第，出知州郡。徽宗时又遭崇宁党祸，夺职羁寓淮、泗十馀年，卒。希纯字子进，登进士第，为太常博士。元祐中，历宗正、太常、秘书丞，擢起居舍人、权太常少卿。哲宗亲政，拜中书舍人、同修国史。章惇既相，出为宝文阁待制知亳州，累徙至舒州团练副使、道州安置。徽宗初复官，又为曾布所忌，入崇宁党籍，卒。

⑩ 陆佃：字农师。参见第306页第5则注释①。建中靖国元年（1101）十一月，陆佃自守尚书右丞除尚书左丞；崇宁元年（1102）六月，罢为中大夫、知亳州。

⑪ 岑象先：为"岑象求"之误。象求字岩起，梓州（今四川绵阳市三台县）人。与苏轼等友善，官至宝文阁待制。入元祐党籍。

⑫ 展庆：致贺。

⑬ 㧑谦：施行谦德。泛指谦逊。

⑭ 僭易：犹言冒昧、轻慢。用为谦词。

⑮ 大将军有揖客：语出《史记·汲郑列传》："大将军青既益尊，姊为皇后，然黯与亢礼。人或说黯曰：'自天子欲群臣下大将军，大将军尊重益贵，君不可以不拜。'黯曰：'夫以大将军有揖客，反不重邪？'大将军闻，愈贤黯。"意谓大将军有客行长揖不拜之礼，就反倒使他不受敬重了吗？揖客，长揖不拜之客。

⑯ 文昌纲辖：尚书省执政官。此指尚书左丞陆佃。

⑰ 通家：犹世交。

⑱ 影堂：供奉祖先遗像的家庙。

11. 洪景卢自矜

洪景卢居翰苑日[①]，尝入直，值制诏沓至，自早至脯，凡视二十馀草。事竟，小步庭间，见老叟负暄花阴。谁何之？云："京师人也，累世为院吏，今八十馀，幼时及识元祐间诸学士，今予孙复为吏[②]，故养老于此。"因言："闻今日文书甚多，学士必大劳神也。"洪喜其言，曰："今日草二十馀制，皆已毕事矣。"老者复颂云："学士才思敏捷，真不多见。"洪矜之云："苏学士想亦不过如此速耳。"老者复首肯咨嗟曰："苏学士敏捷亦不过如此，但不曾检阅书册耳[③]。"洪为赧然，自知失言。尝对客自言如此，且云："人不可自矜，是时使有地缝，亦当入矣。"(卷十)

【注释】

① 洪景卢：洪迈，字景卢。参见《容斋随笔》题解。淳熙十三年(1186)，迈以翰林学士兼修国史。

② 予孙：别本作"子孙"。

③ 不曾检阅书册：谓下笔成章，不曾翻检查阅书册。

12. 滕　茂　实

滕茂实字秀颖，吴人(国史作杭州人)。初名裸，登政和第，徽宗改赐今名。靖康初，以太学正兼明堂司令[①]，与路允迪、宋彦通奉使金国，割三镇[②]。太原寻奉密诏，据城不下，金人怒之，囚于云中。渊圣北迁，茂实冠裳迎谒，拜伏号泣，请侍旧主俱行。不从，且诱之曰："国破主迁，所以留公者，盖将大用。"遂留之雁门。先是，自分必死，遂嘱友人董诜以奉使黄幡裹尸而葬，且大书九篆字云："宋使者东阳滕茂实墓。"复作诗，自叙云："茂实奉使无状，不复返父母之邦，所当从其主以全臣节。或怒而与之死，幸以所杖幡裹其尸，及以所篆九字刊之石，埋之台山寺下，不必封树。盖昔年病中，尝梦游清凉境界，觉而病愈，恐亦前缘。今预作哀辞，几于不达，方之渊明则不可，若苏属国牧羊海上[③]，而五言之作，始敢援此例云。"诗曰："齑盐老书生[①]，缪列王都官，索米了无补，从事敢辞难。殊怜复盟好，仗节来榆关，城守久不下，川途望漫漫。俭辈果不惜[⑤]，一往何当还。牧羊困苏武，假道拘张骞[⑥]。流离念窘束，坐阅四序迁，同来悉已归，我独留塞垣。形影自相吊，国破家亦残，呼天竟不闻，痛甚伤肺肝。相逢老兄弟，悼叹安得欢，波澜卷大厦，一木难求安。就不违我心，渠不汗我颜。昔燕破齐土，群臣望风奔，王蠋独守节[⑦]，燕人有甘言。经首自绝脰[⑧]，感慨今昔闻，未尝食齐禄，徒以老为民。况我禄数世，一死何足论，远或没江海，近或死朝昏。敛我不须衣，裹尸以黄幡，题作宋臣墓，篆字当深刊。我室年尚幼，儿女皆童顽，四海无置锥[⑨]，飘流倍悲酸。谁当给衣食，使不厄饥寒。岁时一酹我，犹足慰我魂，我魂亦悠悠，异乡寄沉冤。他时风雨夜，草木号空山。”后竟以忧愤成疾殂。北人哀其忠，为之起墓雁门山，岁时致祭焉。所记张浮休之弟确[⑩]，尝为乌延帅幕，独不庭谒。童贯及徽宗本以五月五日生，以俗忌移之十月十日，皆可以补史阙。后董诜自拔归南，上所为诗，赠直龙图阁。国史虽有本传，甚略，且无其诗并叙，与此亦少异。余访之北方记录，得其实焉。（卷十一）

【注释】

① 太学正：国子监学官。佐博士施行教典、学规，考校成绩。　明堂司令：掌明堂大典。参见第673页第8则注释⑤。

② 割三镇：靖康元年（1126）正月，金兵围京师，钦宗遣使议和，金帅斡离不索金五百万两、银五千万两、绢缎各一万端、牛马各一万匹，尊金主为伯父，归燕、云之人，割太原、中山、河间地归金，以亲王、宰相为质。二月，诏签书枢密院事路允迪、告和使借右文殿修撰宋彦通、参议官借工部侍郎滕茂实馆伴金使。三月，诏罢割三镇，遣种师道、姚古、种师中往援三镇。金人怒，围攻太原。九月，城陷。

③ 苏属国：西汉苏武。参见第259页第5则注释②。

④ 虀盐：腌菜和盐。借指清贫。虀，同“齑”，细切后用盐酱等浸渍的蔬果。

⑤ 俭辈果不惜：指唐李靖不顾唐俭正出使突厥而击之，以为俭不足惜。参见第554页第12则注释⑦。

⑥ 张骞：西汉汉中成固（今陕西汉中市城固县东）人。建元元年（前140）为郎。二年，武帝欲联合大月氏共击匈奴，骞应募为使者，出陇西，经匈奴，被俘。扣留十年馀，后脱逃，西行至大宛、康居、大月氏、大夏等地。归途中，再为匈奴所拘。元朔三年（前126），匈奴内乱，骞乘机逃归，拜太中大夫。元狩四年（前119），又奉命出使乌孙。元鼎二年（前115）归，拜为大行。卒。

⑦ 王蠋：战国时齐画邑（今山东淄博市临淄区西）人。齐湣王十七年（前284），燕将乐毅破

临淄，湣王奔莒。燕人闻蠋有贤声，欲招纳之，蠋谢其封赏，自缢而死。齐人感奋，相聚赴莒，推立襄王以谋复国。事见《史记·田单列传》："燕之初入齐，闻画邑人王蠋贤，令军中曰：'环画邑三十里，无入。'以王蠋之故。已而使人谓蠋曰：'齐人多高子之义，吾以子为将，封子万家。'蠋固谢。燕人曰：'子不听，吾引三军而屠画邑。'王蠋曰：'忠臣不事二君，贞女不更二夫。齐王不听吾谏，故退而耕于野。国既破亡，吾不能存；今又劫之以兵为君将，是助桀为暴也。与其生而无义，固不如烹。'遂经其颈于树枝，自奋绝脰而死。齐亡大夫闻之，曰：'王蠋，布衣也，义不北面于燕，况在位食禄者乎！'乃相聚如莒，求诸子立为襄王。"

⑧ 经首自绝脰：悬吊其首而断颈。谓自缢。

⑨ 置锥：即"置锥之地"。安放锥子之地。喻极狭小之地。亦喻赖以安身立命之地。

⑩ 所记句：此句至"皆可以补史阙"，与本则内容无关。今本点校者以为，或自他处误入。

13. 曹　　泳

绍兴乙亥十月二十二日秦桧亡。翼日，曹泳勒停，安置新州。先是，二十一日车驾幸桧第视疾，时已不能言，怀中出一札，乞以熺代辅政，上视之无语。既出，呼干办府问何人为此[①]，则答以曹泳，遂有是命。泳初窜名军中[②]，并缘功赏列得班行。尝监黄岩酒税，秩满到部，注某阙钞上省[③]。桧押敕[④]，顾见泳姓名，问何处人？省吏对："此吏部拟注，不知也。"命于侍右书铺物色召见之[⑤]，熟视曰："公，桧恩家也。"泳怳然不知所答。则又曰："忘之邪？"泳曰："昏忘，实不省于何处遭遇太师。"桧入室，有顷，取小册示泳使观之。首尾不记他事，但有字一行曰："某年月日，某人钱五千，曹泳秀才绢二匹。"盖微时，索游富人家得五千，求益不可，泳时为馆客，探囊中得二缣曰："此吾束脩之馀也[⑥]，今举以遗子。"既别，不相闻。虽知桧贵震天下，不谓其即秦秀才也。泳曰："不意太师乃能记忆微贱如此。"桧曰："公真长者。"命其子孙出拜之。俾以上书易文资，骤用之至户部侍郎，知临安府，与谢伋尝有隙[⑦]，台州之狱，泳有力焉。桧暮年颇有异志，泳实预其密谋。熺本桧妻党王氏子，蠢呆[⑧]。尝燕亲宾，优者进妓，熺于座中大笑绝倒，桧殊不怿。桧素畏内，妾尝孕，逐之，生子为仙游林氏子，曰一飞，以桧故，仕至侍郎兼给事中。其兄一鸣，弟一鹗，皆位朝列。泳尝劝桧还一飞以补熺处，未果而桧死云。此事闻之谢伋之孙直。《中兴遗史》所载则曹筠也[⑨]，与此颇有异同，故详载之。（卷十一）

【注释】

① 干办府:即干办司。南宋干办御前忠佐军头引见司、干办皇城司公事等禁军官司,以及诸路都督府、经略安抚制置使司、宣抚使司等,均设干办官,以备差遣。

② 窜名:谓以不正当手段列名其中。曹泳附秦桧而以武易文。参见第686页第5则注释①。

③ 注某阙钞上省:指注授差遣之阙抄报尚书都省。宋元丰改制后,注授差遣之阙有二:一曰选阙,即吏部分四选注拟文武官(尚书左选掌承务郎以上,尚书右选掌武翼郎以上,侍郎左选掌迪功郎以上,侍郎右选掌承信郎、校尉以上),到部参选人分别投入出身以来应用文书(家状、脚色、荐状、印纸、历子、告敕、宣札等),经点检后排列注授名次。二曰注阙,指不依吏部四选法注授差遣,诸如特旨差、奏差、辟差、定差等,经报尚书都省批状、敕令所申吏部注官。

④ 押敕:监督宣布诏令。

⑤ 侍右:指吏部侍郎右选,掌承信郎、校尉以上武官选阙。 书铺:此指文书档案。

⑥ 束脩:入学敬师礼物。

⑦ 谢伋:字景思。父克家,建炎末为参知政事。父子皆受秦桧迫害。参见第702页第17则注释⑲。

⑧ 蠢呆:蠢昧痴顽。

⑨ 中兴遗史:据陈振孙《直斋书录解题》卷四:"《中兴遗史》六十卷,从义郎赵甡之撰。庆元中上进其书。大抵以记军中事为详,而朝政则甚略,意必当时游士往来边陲、出入幕府者之所为。及观其记张浚攻濠州一段,自称姓名曰'开封张鉴'。然则此书鉴为之,而甡之窃以为己有也。或曰:鉴即甡之妇翁。未知信否。"已佚。

14. 岳武穆逸事

杜充之驻建康也[1],岳飞军立硬寨于宜兴[2],命亲将守之。飞兵出不利,夫人密谕亲将选精锐、具糇粮,潜为策应之备。未几,飞兵还,即入教场呼问之曰:"汝欲何为?"曰:"闻太尉军小不利,故择敢战之士以备策应,此男女孝顺耳。"飞曰:"吾命汝坚守根本,天不能移,地不能动。汝今不待吾令,擅自动摇,是无师律也。"立命责短状,将大惧,祈哀吐实,谓此非某所自为,盖夫人亦曾有命耳。飞愈怒,竟斩之。又绍兴和议初成,金以河南归我。判宗正事士㒟[3],衔命道荆、襄、宛、洛,祗谒巩襄原[4]。道过南邓,岳飞止之曰:"金虏无信,君宜少驻。"㒟以上命有程,辞去。不数舍[5],烟尘四起,军声嚣然,于是失色南奔。忽遇大军,望之,岳帜也,遂驰就之。飞笑曰:"固谓君勿行,正恐此耳。然已遣董御带、牛观察在前与之交锋矣[6]。兵胜败无常，君王人，且近属，吾当以自己兵卫送君。”行数里，两将捷书至，盖僾未行前一日出师也。其后飞得罪下狱，僾极辩其无辜，且以百口保之。非惟感恩，盖亲见其用兵神速故耳。朝臣并论僾身为宗室，不应交结将帅，因指为飞党，遂罢宗司与祠云。又张魏公之出督也⑦，陛辞之日，与高宗约曰：“臣当先驱清道，望陛下六龙夙驾⑧，约至汴京，作上元帅⑨。”飞闻之曰：“相公得非睡语乎？”于是魏公憾之终身。（卷十三）

【注释】

① 杜充之驻建康：建炎三年（1129），杜充为江淮宣抚使驻守建康。参见第 334 页第 5 则注释⑪。

② 硬寨：坚固营垒。

③ 士僾：赵士僾，字立之，郇康孝王赵仲御第四子。初由右班殿直迁忠州防御史、郑州观察使，累官宁远军承宣使，转权同知大宗正事。时康王建大元帅府，士僾请于孟太后，奉王承大统，王遂即位。苗傅、刘正彦作乱，士僾易服入杭，以蜡书遗张浚促其勤王。事平，以定策功加开府仪同三司、判大宗正事。金人归河南，奉命谒先帝陵寝，还，封齐安郡王。后忤秦桧。及岳飞被诬，士僾力辩曰：“中原未靖，祸及忠义，是忘二圣不欲复中原也。臣以百口保飞无他。”桧大怒，与万俟卨联手击之。谪居于建，凡十二年而薨，年七十。赠太傅，追封循王。

④ 祗（zhī）谒：前往拜谒。　巩襄原：别本无“襄”字。巩原，即河南府巩县（治今河南郑州市巩义市东），北宋七帝及太祖父陵寝所在地。

⑤ 舍：行军三十里为一舍。

⑥ 董御带、牛观察：即岳飞部将董先、牛皋。先字觉民，洛阳人。皋，字伯远，汝州鲁山（今属河南平顶山市）人。二人建炎中皆为抗金将领，后事伪齐，绍兴初归宋。绍兴三年（1133），命董先所部、牛皋所部归岳飞统辖。先为岳家军先锋大将，皋为副帅，屡建战功。御带，军职名，后改带御器械，在京为皇帝扈从近卫，外任为军中差遣所带职名。观察，即观察使，牛皋归岳家军前曾任安州观察使。

⑦ 张魏公之出督：指建炎三年（1129），张浚除知枢密院事，为川陕宣抚处置使。

⑧ 六龙夙驾：意谓天子车驾早日光临。六龙，天子车驾为六马，马八尺称龙，故用以称天子车驾。

⑨ 上元帅：高宗登极前，为天下兵马大元帅，建大元帅府。此处张浚意即收复中原，迎回二帝，高宗仍为上元帅。为犯忌之语。

15. 嚼　　虱

余负日茅檐,分渔樵半席。时见山翁野媪,扪身得虱则致之口中,若将甘心焉[①],意甚恶之。然揆之于古,亦有说焉。应侯谓秦王曰[②]:"得宛[③],临流阳夏[④],断河内[⑤],临东阳邯郸[⑥],犹口中虱。"王莽校尉韩威曰[⑦]:"以新室之威,而吞胡虏,无异口中蚤虱。"陈思王著论亦曰[⑧]:"得虱者,莫不劘之齿牙[⑨],为害身也。"三人者,皆当时贵人,其言乃尔,则野老嚼虱,盖亦自有典故,可发一笑。(卷十七)

【注释】

① 若将甘心:似乎觉得快意。

② 应侯:范雎,字叔,战国时魏人。入秦,游说秦王驱逐秦相魏冉。参见第 355 页第 8 则注释③。秦昭王四十一年(前 266),为秦相,封于应(今河南平顶山市鲁山县东),称应侯。主张远交近攻。长平之战,秦将白起大破赵军,雎忌起功高,迫其自杀。荐郑安平为将,王稽为河东守。后安平围邯郸兵败降赵。五十二年,稽又私与诸侯通,案发被诛。雎忧惧交加,称病归相印,寻卒。

③ 宛(yuān):战国楚邑(治今河南南阳市)。

④ 阳夏:战国楚邑(治今河南周口市太康县)。其南为楚都郢陈(今河南周口市淮阳县)。

⑤ 河内:春秋、战国时以黄河以北为河内,以南为河外。有韩、魏、赵诸国。

⑥ 东阳邯郸:东阳(今河北太行山以东地区),战国卫地,后属赵。邯郸,赵都(今属河北)。

⑦ 校尉韩威:据《汉书·王莽传中》,天凤元年(14)七月,匈奴单于求和亲,值边郡大饥,人相食。新朝有议罢兵,校尉韩威进曰:"以新室之威,而吞胡虏,无异口中蚤虱。臣愿得勇敢之士五千人,不赍斗粮,饥食虏肉,渴饮其血,可以横行。"莽壮其言,以威为将军。

⑧ 陈思王:曹植,字子建,沛国谯县(今安徽亳州市)人。曹操子,封陈王。以富才学,早年为操宠爱,一度欲立为太子。及曹丕为帝,备受猜忌。明帝太和六年(232),抑郁而卒。谥思,世称"陈思王"。

⑨ 劘(mó):磨砺。曹植《令禽恶鸟论》中作"糜"。见《曹子建集》卷十。

16. 姓 名 相 戏

前辈有以姓名为戏者,如陈亚有心、蔡襄无口之类甚多[①]。刘攽尝戏王觌云[②]:"公何故见卖?"王答曰:"卖公直甚分文。"近杨平舟栋以枢掾出守莆田[③],刘克庄潜夫[④],弟希仁,俱以史官里居。郡集,寓公王曜轩迈戏之云[⑤]:“大编修,小编修,同赴编修之会。”后村云:“欲属对不难,不可见怒。”王愿闻之,乃云:“前通判,后通判,但闻通判之名。”盖王凡五得倅而不上云。王又尝调后村云:“十兄[⑥],二十年前何其壮[⑦],二十年后何其不壮。”刘应之曰:“二画[⑧],二十年前何其遇[⑨],二十年后何其不遇。”此善谑也。(卷十七)

【注释】

① 陈亚:字亚之,扬州人。咸平五年(1002)进士。尝为杭之於潜令,守越、润、湖诸州,累官太常少卿。喜藏书,据王闢之《渑水燕谈录》卷九:“陈亚少卿,蓄书数千卷,名画数十轴,平生之所宝者。晚年退居,有‘华亭双鹤唳’怪石一株,尤奇峭,与异花数十本,列植于所居,为诗以戒子孙:‘满室图书杂典坟,华亭仙客岱云根。他年若不和花卖,便是吾家好子孙。’亚死未几,皆散落民间矣。”又好为药名诗,参见第272页第2则。“陈亚有心、蔡襄无口”,据曾慥《类说》卷十六:“蔡君谟戏陈亚曰:‘陈亚有心终是恶。’陈曰:‘蔡襄无口便成衰。’”盖“亚”下加“心”,为“恶”字;“襄”去“口”,形近“衰”字。

② 刘敞、王觌:参见第207页第21则注释①、第594页第45则注释⑬。

③ 杨平舟栋:杨栋,字元极,号平舟,眉州青城(今四川眉山市青神县)人。绍定二年(1229)进士。辟荆南制置司,改西川,入为太学正。历秘书省正字、校书郎、枢密院编修官,加直秘阁、权知福州兼本路安抚使,累官参知政事、资政殿大学士。卒,赠少保。

④ 刘克庄:字潜夫,自号后村居士。参见第736页第20则注释④。

⑤ 王曜轩迈:王迈,字贯之,一字实之,号曜轩(本书卷四作“臞轩”。按:臞,清瘦义。身体清瘦而精神矍铄,儒士常用以自称。故以“臞轩”为是)。参见第759页第4则注释③。

⑥ 十兄:刘克庄之“克”,可折为上“十”下“兄”。

⑦ 二十年前何其壮:刘克庄之“莊”,可折为上“二十”下“壮”。

⑧ 二画:别本作“三画”。或为“王”字三横画。俗语有“草头黄,三画王”。

⑨ 二十年前何其遇:王迈之“邁”,可折为上“二十”下“遇”。

17. 朱唐交奏本末

朱晦庵按唐仲友事[①],或云吕伯恭尝与仲友同书会[②],有隙,朱主吕故抑唐,是不然也。盖唐平时恃才轻晦庵,而陈同父颇为朱所进[③],与唐每不相下。同父游台,尝狎籍妓,嘱唐为脱籍,许之。偶郡集,唐语妓云:“汝果欲从陈官人邪?”妓谢,唐云:“汝须能忍饥受冻乃可。”妓闻,大恚。自是陈至妓家,无复前之奉承矣。陈知为唐所卖,亟往见朱。朱问:“近日小唐云何?”答曰:“唐谓公尚不识字,如何作监司?”朱衔之,遂以部内有冤狱,乞再巡按。既至台,适唐出迎少稽[4],朱益以陈言为信,立索郡印,付以次官,乃摭唐罪具奏,而唐亦作奏驰上。时唐乡相王淮当轴[5],既进呈,上问王,王奏:“此秀才争闲气耳。”遂两平其事,详见周平园、王季海日记[6]。而朱门诸贤所著《年谱》《道统录》,乃以季海右唐而并斥之,非公论也。其说闻之陈伯玉式卿,盖亲得之婺之诸吕云。(卷十七)

【注释】

① 朱晦庵按唐仲友事:朱熹举劾唐仲友事,参见第626页第5则。

② 吕伯恭:吕祖谦,字伯恭。参见第627页第5则注释⑬。　书会:乡塾。

③ 陈同父:陈亮,字同父。参见第624页第3则注释②。

④ 少稽:稍稍延误。

⑤ 王淮:字季海。与唐仲友同乡且为姻,时为相。参见第624页第3则注释⑬。

⑥ 周平园:周必大,自号平园老叟。参见第502页第8则注释⑨。

18. 昼　寝

“饱食缓行初睡觉,一瓯新茗侍儿煎。脱巾斜倚绳床坐,风送水声来枕边。”丁崖州诗也[1]。“细书妨老读,长簟惬昏眠[2]。取簟且一息,抛书还少年。”半山翁诗也。“相对蒲团睡味长,主人与客两相忘。须臾客去主人觉,一半西窗无夕阳。”放翁诗也。“读书已觉眉棱重,就枕方欣骨节和。睡起不知天早晚,西窗残日已无多。”吴僧有规诗也。“老读文书兴易阑,须知养病不如闲。竹床瓦枕虚堂上,卧看江南雨后山。”吕荥阳诗也[3]。“纸屏瓦枕竹方床,手倦抛书午梦长。睡起莞然成独笑,数声渔笛在沧浪。”蔡持正诗也[4]。余习懒成癖,每遇暑昼,必须偃息。客有嘲孝先者[5],必哦此以自解。然每苦枕热,展转数四。后见前辈言,荆公嗜睡,夏月常用方枕。或问何意,公云:“睡气蒸枕热,则转一方冷处。”此非真知睡味,未易语此也。杜牧有睡癖,夏侯隐号睡仙[6],其亦知此乎?虽然,宰予昼寝[7],夫子有朽木粪土之语。尝见侯白所注《论语》[8],谓“昼”字当作“画”字,盖夫子恶其画寝之侈,是以有朽木粪墙之语。然侯白,隋人,善滑稽,尝著《启颜录》,意必戏语也。及观昌黎《语解》[9],亦云:"昼寝"当作"画寝",字之误也。宰予,四科十哲[10],安得有昼寝之责?假或偃息,亦未至深诛。若然,则吾知免矣[11]。(卷十八)

【注释】

① 丁崖州:丁谓,真宗时拜相,仁宗即位后罢为崖州司户参军。参见第186页第5则注释⑤。

② 长箪(dān):王安石《台上示吴愿》诗中作"长簟"。见《王文公文集》卷六十九。

③ 吕荥阳:吕希哲,字原明,学者称荥阳先生。参见第765页第10则注释⑨。

④ 蔡持正:蔡确,字持正,元丰中尝为相。参见第461页第15则注释②。

⑤ 孝先:边韶,字孝先。东汉学者,以大肚而喜昼眠闻名。参见第261页第8则注释②。

⑥ 夏侯隐:传说唐大中末道人。据《浙江通志》卷二百引《仙传拾遗》:"(夏侯隐)大中末游天台,独止一室,或露宿草树间。每登山渡水,则闭目而睡,比至则觉。人呼'睡仙'。"

⑦ 宰予:孔子弟子。宰予昼寝,见《论语·公冶长》:"宰予昼寝。子曰:'朽木不可雕也,粪土之墙不可杇也。于予与何诛?'"

⑧ 侯白:字君素。隋臣。参见第6页第6则注释②。

⑨ 语解:即《论语笔解》,旧题韩愈、李翱撰。其注曰:"'昼'当为'画'字之误也。宰予,四科十哲,安得有昼寝之责?假或偃息,亦未深诛。"

⑩ 四科十哲:孔子弟子中最优秀者,分四科,计十人。《论语·先进》:"子曰:'从我于陈蔡者,皆不及门也。德行:颜渊、闵子骞、冉伯牛、仲弓;言语:宰我、子贡;政事:冉有、季路;文学:子游、子夏。'"

⑪ 吾知免矣:意谓我知晓可以免于祸害了。语出《论语·泰伯》:"曾子有疾,召门弟子曰:'启予足!启予手!《诗》云:"战战兢兢,如临深渊,如履薄冰。"而今而后,吾知免夫!小子!'"

19. 二张援襄

襄、樊自咸淳丁卯被围以来[1],生兵日增[2]。既筑鹿门之后[3],水陆之防日密。又筑白河、虎头及鬼关于中,以梗出入之道。自是孤城困守者凡四五岁,往往扼关隘不克进,皆束手视为弃物。所幸城中有宿储可坚忍,然所乏盐、薪、布帛为急。时张汉英守樊城[4],募善泅者,置蜡书髻中,藏积草下,浮水而出。谓鹿门既筑,势须自荆、郢进援[5]。既至隘口,守者见积草颇多,钩致欲为焚爨用,遂为所获,于是郢、邓之道复绝矣[6]。既而荆阃移屯旧郢州[7],而诸帅重兵皆驻新郢及均州河口以扼要津[8]。又重赏募死士,得三千人,皆襄、郢、西山民兵之骁悍善战者。求将久之,得民兵部官张顺、张贵(军中号张贵为矮张),所谓大张都统、小张都统者,其智勇素为诸军所服。先于均州上流名中水峪立硬寨,造水哨,轻舟百艘,每艘三十人,盐一袋,布二百。且令之曰:"此行有死而已,或非本心,亟去,毋败吾事。"人人感激思奋。是岁五月,汉水方生,于二十二日,稍进团山下,越二日,又进高头港口结方阵。各船置火枪、火炮、炽炭、巨斧、劲弩。夜漏下三刻,起碇出江,以红灯为号。贵先登,顺为殿,乘风破浪,径犯重围。至磨洪滩以上,敌舟布满江面,无罅可入。鼓勇乘锐,凡断铁絙攒杙数百[9],屯兵虽众,尽皆披靡避其锋。转战一日二十馀里,二十五日黎明,乃抵襄城。城中久绝援,闻救至,人人踊跃,气百倍。及收军点视,则独失张顺,军中为之短气。越数日,有浮尸溯流而上。被介胄,执弓矢,直抵浮梁,视之,顺也。身中四枪六箭,怒气勃勃如生,军中惊以为神,结冢敛葬,立庙祀之。然自此围益密,水道连锁数十里,以大木下撒星桩,虽鱼鳖不得度矣。外势既蹙,贵乃募壮士至夏节使军求援[10]。得二人,能伏水中数日不食,使持书以出。至桩若栅,则腰锯断之。径达夏军,得报而还。许以军五千驻龙尾洲以助夹击。刻日既定,贵提所部军点视登舟,失帐前亲随一人,乃宿来有过遭挞者。贵惊叹曰:"吾事泄矣!然急出,或未及知耳。"乃乘夜鼓噪,冲突断絙,破围前进,众皆辟易。既度险要之地,时夜半天黑,至小新城,敌方觉,遂以兵数万邀击之。贵又为无底船百馀艘,中立旗帜,各立军士于两舷以诱之,敌皆竞跃以入,溺死者万馀,亦昔人未出之奇也。至钩林滩,将近龙尾洲,远望军船栉栉,旗帜纷纭。贵军皆喜跃,举流星火以示之。军船见火,皆前相迎,逮势近欲合,则来舟北军也。盖夏军前二日,以风雨惊疑,退屯三十里矣。北军盖得逃卒之报,遂据洲上,以逸待劳。至是,既不为备,杀伤殆尽。贵身被数十创,力不支,遂为生得,至死不屈,此是岁十一月十七日夜也。北军以四降卒舆尸至襄,以示援绝,且谕之降。吕帅文焕尽斩四卒,以贵附葬顺冢,为立双庙,尸而祝之,以比巡、远[11]。明年正月十三日樊城破,三月十八日,襄阳降,此天意,非人力也。同时有武功大夫范大顺者,与顺、贵同入襄。及襄城降,仰天大呼曰:"好汉谁肯降?便死也做忠义鬼。"就所守地分自缢而死。又有右武大夫、马军统制牛富,樊城守御,立功尤多。城降之际,伤重不能步,乃就战楼,触柱数四,投身火中而死。此事亲得之襄州、顺化老卒[12],参之众说,虽有微异,而大意则同。不敢以文害辞没其实,因直书之,以备异时之传忠义者云。(卷十八)

【注释】

① 襄、樊自咸淳丁卯被围:咸淳三年(1267)九月,蒙古军沿汉水白河口、新城、鹿门山等地筑堡,截断襄阳、樊城供给,为围城之始。后数年,宋援军屡为蒙古所败,而蒙古亦不能下二城。七年,忽必烈改国号为元。九年正月,蒙元兵分五路攻樊城,城破。二月,襄阳守将吕文焕势穷援绝,遂折箭出降。此役历时五年馀,以宋兵败城破告终。

② 生兵:蕃兵。此指蒙古兵。时忽必烈征调十万兵马,以阿术为征南都元帅,围攻襄、樊。

③ 鹿门:山名。在襄阳府东南约三十里(今湖北襄阳市襄州区东津镇境内)。《后汉书·逸民传》李贤注引《襄阳记》曰:"鹿门山,旧名苏岭山。建武中,襄阳侯习郁立神祠于山,刻二石鹿,夹神道口,俗因谓之鹿门庙,遂以庙名山也。"汉末庞德公、唐孟浩然、皮日休皆隐居于此。

④ 张汉英:奉化(今属浙江宁波市)人。原京湖安抚制置大使孟珙部将,曾镇守随州、淮安等地。咸淳八年(1272)为樊城守。九年正月,城破,战死。据《浙江通志》卷一百六十四引《两浙名贤录》:"(汉英)幼聘吕氏女,后女双瞽,请辞。汉英曰:'聘时无恙,而今丧明,命也。'卒娶之。"

⑤ 荆、郢:南宋荆湖北路荆门军(治今湖北荆门市)、京西南路郢州(治今湖北荆门市钟祥市)。位于襄阳府南及东南。

⑥ 郢、邓之道:即襄阳府南北出入之道。郢在襄阳东南,邓在樊城西北。邓城,古邓县治所(今湖北襄阳市樊城区西北团山镇)。

⑦ 荆阃:指荆湖北路帅司。阃,地方将帅官衙。时李庭芝为京湖安抚制置大使,帅司驻郢。

⑧ 新郢:郢州旧城位于汉水之东,宋又于汉水西筑新城,称新郢。均州(治今湖北十堰市丹江口市均县镇),在襄阳府西北。此句谓从东南、西北两端沿汉水扼要津以援襄阳。

⑨ 铁絙(gēng)攒杙(yì):粗铁索与密集木桩。布于水面以拦截舰船。

⑩ 夏节使:夏贵。理宗时,官至枢密都承旨、四川安抚制置使兼知重庆府。度宗即位后,为沿江制置副使知黄州。元军围襄樊,令移师郢州会合策应,为元将阿术所败。恭帝即位,为淮西制置使。德祐二年(1276),以淮西地降元,授参知政事,擢中书左丞。

⑪ 巡、远:张巡、许远。唐安史之乱,守睢阳城,城破被俘杀。参见第736页第20则注释⑥。

⑫ 襄州、顺化:此处用唐代旧称。襄阳府唐时称襄州,而唐顺化军节度驻蔡州(治今河南驻马店市汝南县)。"顺化老卒",指南宋名将孟珙枣阳军。孟珙,字璞玉。其祖为岳家军部将,驻随州,遂家于枣阳(今属湖北襄阳市)。珙长于军中,有勇力与军谋。嘉定间,率部击退犯襄阳之金军。绍定五年(1232),金廷为蒙古军所迫,退至蔡州。时珙为鄂州江陵府副都统制,联合蒙军元帅塔察儿攻蔡。端平元年(1234)正月,宋蒙联军破城,金哀宗自缢,金亡。珙还襄阳,授武功郎、权侍卫马军行司职事。二年,蒙古军南侵川蜀、荆襄,珙率军拒之,先后战于蕲州、江陵、黄州等地。蒙古军退,升枢密都承旨、京湖制置使。嘉熙二年(1238),收复襄阳府,又为宁武军节度使、四川宣抚使兼知夔州。淳祐元年(1241),改京湖安抚制置大使,寻封汉东郡公,兼知江陵府。数遣兵袭扰蒙古军河南要塞,声名显赫。六年,病卒于江陵府治。赠太师,追封吉国公,谥忠襄。

20. 兰 亭 诗

永和兰亭禊饮集者四十二人[1]，人各赋诗，自右军而下十一人，各成两篇，郄昙、王丰而下十五人[2]，各成一篇，然亦不过四言两韵，或五言两韵耳。诗不成而罚觥者十有六人，然其间如王献之辈[3]，皆一世知名之士，岂终日不能措一辞者？黄彻谓古人持重自惜[4]，不轻率尔，恐贻久远之讥，故不如不赋之为愈耳[5]。余则以为不然，盖古人意趣真率，是日适无兴不作，非若后世喋喋然，强聒于杯酒间以为能也。史载献之尝与兄徽之、操之，俱诣谢安，二兄多言，献之寒温而已[6]。既出，客问优劣，安曰："小者佳。吉人之辞寡，以其少言，故云。"今王氏父子群从咸集，而献之诗独不成，岂不平日静退之故邪？（卷十九）

【注释】

① 永和兰亭禊饮：指东晋永和九年（353）三月上巳，王羲之与谢安、孙绰等四十一人聚饮于山阴（今浙江绍兴市）兰亭，行修禊事。参见第113页第9则注释①。

② 郄昙、王丰：昙字重熙，高平金乡（今山东济宁市金乡县北）人。太尉郄鉴次子。官散骑常侍、徐兖二州刺史。谥曰简。王丰，《会稽志》卷二十作"王丰之"。官行参军。

③ 王献之：字子敬。王羲之第七子。参见第597页第46则注释⑫。

④ 黄彻：字常明，莆田（今属福建）人。宣和六年（1124）进士及第，授辰溪县丞，调沅州军事判官。历麻阳、嘉鱼、平江令，忤权贵而弃官归乡。张浚欲辟入幕府，不就。著有《䂬溪诗话》十卷。下文所引，见《䂬溪诗话》卷十："当时得预者，往往皆知名士，岂献之辈终日不能措词于十六字哉！窃意古人持重自惜，不欲率然，恐贻久远讥议，不如不赋之为愈。"

⑤ 愈：胜过。

⑥ 寒温：指问候冷暖起居。

21. 安 南 国 王

安南国王陈日煚者[1]，本福州长乐邑人[2]，姓名为谢升卿。少有大志，不屑为举子业。间为歌诗，有云："池鱼便作鹍鹏化，燕雀安知鸿鹄心。"类多不羁语。好与博徒豪侠游，屡窃其家所有，以资妄用，遂失爱于父。其叔乃特异之，每加回护。会兄家有姻集[3]，罗列器皿颇盛，至夜，悉席卷而去，往依族人之仕于湘者。至半途，呼渡，舟子所须未满，殴之，中其要害。舟遽离岸，谢立津头以俟。闻人言，舟子殂，因变姓名逃去。至衡[④]，为人所捕。适主者亦闽人，遂阴纵之。至永州[⑤]，久而无聊，授受生徒自给。永守林呈，亦同里，颇善里人。居无何，有邕州永平寨巡检过永[⑥]，一见奇之，遂挟以南。寨居邕、宜间[⑦]，与交趾邻近。境有弃地数百里，每博易[⑧]，则其国贵人皆出为市。国相乃王之婿，有女亦从而来，见谢美少年，悦之，因请以归。令试举人，谢居首选，因纳为婿。其王无子，以国事授相。相又昏老，遂以属婿，以此得国焉。自后，屡遣人至闽访其家，家以为事不可料，不与之通，竟以岁久难以访问返命焉。其事得之陈合惟善佥枢云。（卷十九）

【注释】

① 安南国：唐置安南都护府（治今越南河内市）。参见第 34 页第 4 则注释⑤。南宋孝宗时，正式赐名安南国。

② 长乐邑：县名。南宋隶福建路福州。

③ 姻集：婚姻宴集。

④ 衡：南宋荆湖南路衡州（治今湖南衡阳市）。

⑤ 永州：南宋荆湖南路永州（治今湖南永州市零陵区）。

⑥ 邕州永平寨：在南宋广南西路邕州（治今广西南宁市南）西南边境，又称禄州（今越南谅山省禄平县）。

⑦ 邕、宜：邕州、宜州（今属广西河池市）。此句“寨居邕、宜间”颇费解，宜州在邕州之北，永平寨在邕之西南。或此“宜”非宜州耶？存疑。

⑧ 博易：交易；贸易。

22. 莫氏别室子

吴兴富翁莫氏者，暮年忽有婢作娠[①]。翁惧其妪妒，且以年迈惭其子妇若孙，亟遣嫁之。已而得男，翁时岁给钱米缯絮不绝[②]。其夫以鬻粉羹为业，子稍长，説羹于市[③]。且十馀岁，莫翁告殂，里巷群不逞遂指为奇货[④]，悉造婢家唁之。婢方哭，则谓之曰：“汝富贵至矣，何以哭为？”问其说，乃曰：“汝之子，莫氏也。其家田园屋业，汝子皆有分，盍归取之？不听，则讼之可也。”其夫妇皆曰：“吾固知之，奈贫无资何？”曰：“我辈当贷汝。”即为作数百千文约，且曰：“我为汝经营，事济则归我。”然实无一钱，止为作衰服被其子[⑤]，使往，且戒曰：“汝至灵帏，则大恸且拜，拜讫可亟出。人问汝,谨勿应,我辈当伺汝于屋左某家,即当告官可也。"其子谨受教。既入其家,哭且拜,一家骇然辟易。妪骂,欲殴逐之。莫氏长子亟前曰:"不可,是将破吾家。"遂抱持之曰:"汝非花楼桥卖羹之子乎?"曰:"然。"遂引拜其母曰:"此,母也,吾乃汝长兄也,汝当拜。"又遍指其家人云:"此为汝长嫂,此为次兄若嫂,汝皆当拜。"又指云:"此为汝长侄,此为次侄,汝当受拜。"既毕,告去,曰:"汝,吾弟,当在此抚丧,安得去?"即命栉濯,尽去故衣,便与诸兄弟同寝处。已,又呼其所生[6],喻之以月廪岁衣如翁在日[7],且戒以非时毋辄至,亦欣然而退。群小方聚委巷茶肆俟之,久不至。既而物色之,乃知已纳,相视大沮,计略不得施。他日,投牒持券,诉其子负贷钱。郡逮莫妪及其子问之,遂备陈首尾。太守唐少刘掾叹服曰[8]:"其子可谓有高识矣。"于是尽以群小具狱,杖脊编置焉。(卷二十)

【注释】

① 作娠:怀孕。

② 缯絮:绢帛丝绵。亦指绢帛丝绵所制衣服。

③ 誇:叫卖。

④ 不逞:为非作歹之徒。

⑤ 衰(cuī)服:丧服。

⑥ 呼其所生:叫来他的生母。

⑦ 月廪岁衣:按年、月给予粮米与衣帛。

⑧ 唐少刘掾:此处姓名称谓似有误。存疑。

23. 读 书 声

昔有以诗投东坡者,朗诵之而请曰:"此诗有分数否[1]?"坡曰:"十分。"其人大喜。坡徐曰:"三分诗,七分读耳。"此虽一时戏语,然涪翁所谓"南窗读书吾伊声"[2],盖善读书者,其声正自可听耳。王沔字楚望[3],端拱初,参大政。上每试举人,多令沔读试卷。沔素善读,纵文格下者,能抑扬高下,迎其辞而读之,听者忘厌。凡经读者,每在高选。举子凡纳卷者,必祝之曰:"得王楚望读之,幸也。"若然,则善于读者,不为无助焉。(卷二十)

【注释】

① 分数:程度;比例。

② 吾伊:又作"伊吾""咿唔"。读书声。"吾伊声",原诗为"声吾伊"。见黄庭坚《考试局与孙元忠博士竹间对窗夜闻元忠诵书声调悲壮戏作竹枝词三章和之》(其一):"南窗读书声吾伊,北窗见月歌《竹枝》。我家白发问乌鹊,他家红妆占蛛丝。"(《山谷诗集注》卷九)

③ 王沔:字楚望。其善读事,参见第250页第34则。

24. 台妓严蕊

天台营妓严蕊字幼芳[①],善琴弈歌舞、丝竹书画,色艺冠一时。间作诗词有新语,颇通古今。善逢迎,四方闻其名,有不远千里而登门者。唐与正守台日[②],酒边[③],尝命赋红白桃花,即成《如梦令》云:"道是梨花不是,道是杏花不是,白白与红红,别是东风情味。曾记、曾记,人在武陵微醉[④]。"与正赏之双缣。又七夕,郡斋开宴,坐有谢元卿者,豪士也,夙闻其名,因命之赋词,以己之姓为韵。酒方行,而已成《鹊桥仙》云:"碧梧初出,桂花才吐,池上水花微谢。穿针人在合欢楼[⑤],正月露、玉盘高泻。　蛛忙鹊懒,耕慵织倦,空做古今佳话。人间刚道隔年期,指天上、方才隔夜。"元卿为之心醉,留其家半载,尽客囊橐馈赠之而归。其后朱晦庵以使节行部至台,欲摭与正之罪,遂指其尝与蕊为滥。系狱月馀,蕊虽备受棰楚,而一语不及唐,然犹不免受杖。移籍绍兴,且复就越置狱,鞫之,久不得其情。狱吏因好言诱之曰:"汝何不早认,亦不过杖罪。况已经断,罪不重科,何为受此辛苦邪?"蕊答云:"身为贱妓,纵是与太守有滥,科亦不至死罪。然是非真伪,岂可妄言以污士大夫,虽死不可诬也。"其辞既坚,于是再痛杖之,仍系于狱。两月之间,一再受杖,委顿几死,然声价愈腾,至彻阜陵之听。未几,朱公改除,而岳霖商卿为宪[⑥],因贺朔之际[⑦],怜其病瘁,命之作词自陈。蕊略不构思,即口占《卜算子》云:"不是爱风尘,似被前缘误。花落花开自有时,总赖东君主[⑧]。　去也终须去,住也如何住。若得山花插满头,莫问奴归处。"即日判令从良。继而宗室近属,纳为小妇以终身焉。《夷坚志》亦尝略载其事而不能详[⑨],余盖得之天台故家云。(卷二十)

【注释】

① 天台:县名。南宋隶两浙东路台州(今属浙江)。

② 唐与正:唐仲友,字与正,金华(今属浙江)人。淳熙间为台州守,后为朱熹奏劾,罢。参见第626页第5则、第772页第17则。

③ 酒边:宴集饮酒中。

④ 人在武陵:指隐居避世。用陶渊明《桃花源记》中武陵渔人误入桃花源典,后借"武陵"或"武陵源""武陵溪""武陵川""武陵滩"等,指隐居避世之地。

⑤ 穿针人:指闺妇。旧俗,七夕夜妇女穿七孔针向织女乞求智巧。

⑥ 岳霖商卿:岳霖,号商卿。岳飞第三子。飞遇害时,霖年仅十二。隆兴元年(1163),敕复右承事郎,授南赣都督。淳熙三年(1176),知钦州。后历提点刑狱公事、转运判官、太常卿、左司郎中等,累官朝请大夫、敷文阁待制、广东经略安抚使兼知广州。绍熙三年(1192)卒于官,年六十二。

⑦ 贺朔:唐宋以元日、五月朔日、冬至行大朝会之礼,称元日、五月朔日之朝会为贺朔。

⑧ 东君主:司春之神。此处有双关义,借指主宰其命运之官员。

⑨ 夷坚志:《夷坚志》五十卷,宋洪迈撰。已残阙。今传本以涵芬楼排印二百六卷本搜辑较备。内容多为神怪故事和异闻杂录,亦载当时市井生活,颇为宋以后戏曲、小说所取资。

25. 陈　孝　女

陈孝女,钱塘人也。父业儒,尝受勇爵[1]。漫游江淮间,居胭脂岭下[2],家粗给。乙亥兵火[3],挈家永嘉山中,悉为盗所掠,仅留一女十岁,携之丐食以归。故居荡不复存,因寄五里塘旧仆家[4]。闻殊胜寺设粥供[5],日携女子就寺丐食。凡数月,僧扣所以,颇怜之,俾留众寮供榜疏职[6]。时孙元帅下李知事者,东平人也[7],颇知书,亦寓寺旁。暇日至寺,必从容与僧谈,欲谋一士为友。僧以陈为荐,一见投合如久要[8],馆谷加厚,其女亦得其家欢心。居数月,当丁丑仲春,女子忽谓其父云:"吾母墓在故居侧,数年不至矣。闻主人禁烟将为湖山游[9],能乘此机,一往拜扫否?"父以告,李欣然与俱。既至墓所,拜奠罢,李偕携酒饮旁舍。女悲泣不已,久之,勉之还,则泣告曰:"比闻李氏今将北归,吾父子必将从之。父老子幼,南北万里,何日可再至吾母墓下,此所以痛也。"言与泪俱下,父亦感痛。而女蹶踊呼号[10],声振林木,久而仆地,视之,死矣!李义之,因与墓邻敛而祔于母冢之旁云。呜呼!古有曹、饶二娥[11],焜耀史册[12],著为美谈。今陈氏女,年甫十四,而天性至孝,抱冢泣死,视前修为无愧矣[13]。因详著,以俟传忠孝者。(卷二十)

【注释】

① 勇爵：武将。《左传·襄公二十一年》："庄公为勇爵，殖绰、郭最欲与焉。"杜预注："设爵位以命勇士。"

② 胭脂岭：在杭州西湖西北畔。《咸淳临安志》卷二十八："胭脂岭，在九里松曲院路之西。土色独红，因以名之。"

③ 乙亥兵火：德祐元年(1275)十月，元军渡江南下，自建康兵分三路进攻临安。阿剌罕率右路军出广德，攻取独松关；董文炳率左路水军，入海直取澉浦；统帅伯颜亲率中军主力进攻常州。二年正月，南宋请降，献传国玺于伯颜。三月，元兵入临安，掳宋恭帝至大都，南宋实亡。

④ 五里塘：在杭州城东北。《咸淳临安志》卷三十八："五里塘，在艮山门外尉司衙侧。"

⑤ 殊胜寺：《咸淳临安志》卷八十一："殊胜寺，在艮山门外三里。建隆元年，吴越王建。元系最胜寺，治平三年改，赐今额。"

⑥ 供榜疏职：任誊录、抄写(文书、告示等)之职。

⑦ 东平：府名。金隶山东西路，府治须城(今山东泰安市东平县)。此李知事当为由金仕元。

⑧ 久要(yāo)：旧交。

⑨ 禁烟：犹禁火，寒食节。古以清明前一天(一说前两天)为寒食节，禁火冷食。

⑩ 擗踊(bì yǒng)：捶胸顿足。哀痛貌。

⑪ 曹、饶二娥：曹娥，东汉会稽郡上虞县(今浙江绍兴市上虞市)人。相传其父五月五日迎神，溺死于舜江中，尸骸流失。曹娥年十四，沿江哭号十七昼夜，投江而死，后抱父尸出。世人感之，改舜江为曹娥江，历代多有敕封。入《后汉书·列女传》。饶娥，字琼真，唐饶州乐平(今江西景德镇市乐平市东)人。相传父渔于江，遇风涛，舟覆，尸不出。饶娥年十四，哭于水上，不食三日，死。俄雷电大震，父尸浮出。乡人礼葬之，朝廷旌表其闾，柳宗元为立碑。入《新唐书·列女传》。

⑫ 焜耀：明照；照耀。

⑬ 前修：前贤。此指曹、饶二娥。

人名索引

一、凡选文中出现的人物，均予以收录，注文中另有涉及的不收。

二、以人物姓名为主目，其字、号、别名、官职、爵号、谥号等附注括号之内。

三、帝王及皇族等以常见谥号、庙号或封号为主目，括注其姓名。

四、妇女有姓无名者，一律注明从属关系。

五、所有人物按主目音序排列，注明页码于后。上、下册页码用“/”分隔。

A

B

C

F

G

H

J

K

L

M

N

O

P

Q

R

S

T

W

X

Y

Z

图书在版编目(CIP)数据
唐宋笔记选注. 下 / 倪进选注. —上海：上海教育出版社，2015.12
(历代笔记选注)
ISBN 978-7-5444-6472-7

Ⅰ. ①唐… Ⅱ. ①倪… Ⅲ. ①笔记—注释—中国—唐宋时期 Ⅳ.①Z429.4

中国版本图书馆CIP数据核字(2015)第295207号

历代笔记选注
唐宋笔记选注
下
倪 进 选注

出　　版　上海世纪出版股份有限公司
　　　　　上 海 教 育 出 版 社
版　　次　2015 年 12 月第 1 版
书　　号　ISBN 978-7-5444-6472-7/H·0243

www.ingramcontent.com/pod-product-compliance
Lightning Source LLC
Chambersburg PA
CBHW081128300726
48982CB00005B/883
* 9 7 8 7 5 4 4 4 6 4 7 2 7 *